列宁社会批判思想研究

On Lenin's Social Critical Thought

张振鹏◎著

图书在版编目（CIP）数据

列宁社会批判思想研究 / 张振鹏著. —北京：中央编译出版社，2022.8
ISBN 978-7-5117-4221-6

Ⅰ.①列… Ⅱ.①张… Ⅲ.①列宁主义-社会批判论-研究 Ⅳ.①A821.64

中国版本图书馆 CIP 数据核字（2022）第 129379 号

列宁社会批判思想研究

责任编辑	李媛媛　彭永强
责任印制	刘　慧
出版发行	中央编译出版社
地　　址	北京市海淀区北四环西路 69 号（100080）
电　　话	（010）55627391（总编室）　（010）55627308（编辑室） （010）55627320（发行部）　（010）55627377（新技术部）
经　　销	全国新华书店
印　　刷	北京时捷印刷有限公司
开　　本	710 毫米×1000 毫米　1/16
字　　数	400 千字
印　　张	20
版　　次	2022 年 8 月第 1 版
印　　次	2022 年 8 月第 1 次印刷
定　　价	98.00 元

新浪微博：@中央编译出版社　　　微　信：中央编译出版社（ID: cctphome）
淘宝店铺：中央编译出版社直销店（http://shop108367160.taobao.com）　（010）55627331

本社常年法律顾问：北京市吴栾赵阎律师事务所律师　闫军　梁勤
凡有印装质量问题，本社负责调换，电话：（010）55626985

国家社科基金后期资助项目
出版说明

　　后期资助项目是国家社科基金设立的一类重要项目，旨在鼓励广大社科研究者潜心治学，支持基础研究多出优秀成果。它是经过严格评审，从接近完成的科研成果中遴选立项的。为扩大后期资助项目的影响，更好地推动学术发展，促进成果转化，全国哲学社会科学工作办公室按照"统一设计、统一标识、统一版式、形成系列"的总体要求，组织出版国家社科基金后期资助项目成果。

全国哲学社会科学工作办公室

序　言

列宁社会批判思想是从社会批判视域对列宁革命思想的概括、凝练和总结。列宁社会批判思想具有超前性和引导性双重效应，对后世的马克思主义者社会批判思想产生了积极的影响和促发效应，二者既有思想底质的同步性又有时代蕴含的非同步性。在对马克思主义宣传、展示和系统化理论事业上，尤其是将科学社会主义从理论推展实践层面，建立起人类文明第一个社会主义国家，列宁的贡献居功至伟、不可磨灭，而列宁社会批判思想则是这一历史功绩不可分割的组成部分。该课题研究成果对列宁思想体系的研究具有积极有效的促动意义。

列宁社会批判思想体系的庞博程度超过马克思和恩格斯，使得体系的建构、论证成为课题研究的重大挑战，而最终完成的学术体系并不十分紧密，只能通过结构范式予以系统化。列宁以《怎么办？》和《唯物主义和经验批判主义》为代表的革命和哲学思想遭受西方学界多年的猛烈批判，无论是西方马克思主义还是西方列宁学无不如此，其理论视域一直延展到当代。从理论视域看，列宁社会批判思想体系的建构和论证，捍卫了该思想的科学性和合理性，实现列宁革命思想体系的关键性建构；从实践视域看，列宁社会批判思想体系的构建论证，捍卫了科学社会主义的科学性和权威性；在应对各种思潮和理论对马列主义的围攻上，列宁社会批判思想作出了积极的回应；列宁社会批判思想在历史唯物主义领域发挥出重要的补充作用，坚决捍卫了科学社会主义的革命性和纯洁性。

列宁社会批判思想奠基于理论与实践相结合的大时代，其系统化、完备化、复杂化程度超过马克思和恩格斯社会批判思想架构。因为马克思和恩格斯在奠基和缔造革命理论的大时代，面临的更多是科学社会主义的理论课题；而列宁社会批判思想面临的不仅仅有理论的时代缔造、挑战和完善，更有科学社会主义从理论走向现实的大背景、大舞台、大格局，理论自身和理论实践引发的巨大争论以及延续的周期也比肩马克思和恩格斯。列宁社会批判思想体系实践跨度长，涉及论题多，研究范围广，基本形成三个既相对独立又密切联系的体系构成：其一是理论构建，包含哲学批判、政治批判、经济批判、文化批判组成的社会批判体系；其二是思想图谱，借助思想理论延伸的人物关系，阐释列宁与卢卡奇、葛兰西、柯尔施的分歧与比较，列宁与普列汉诺夫的论战与分歧，这是列宁社会批判思想的体系图谱。其三是时代衍射，通过列宁世界历史理论阐释、现代化理论探究、列宁全球化理论论释、西方马克思主义理论诘难、西方"列宁学"理论批判，论演出列宁社会批判思想的时代蕴含，由此实现列宁社会批判思想的整体性研究。

　　社会批判既是一种理论构成，也是一种独特的研究方法，其最大的价值就在于对既成事实和理论阐发出深彻、厚重、贯穿性的思考，对列宁社会批判思想的研究也是如此。借助社会批判视域进行一次学术史的透视，对列宁社会批判思想实现完整化、系统化的思考，将马列主义的理论进程和实践进程完整系统地结合起来，将列宁社会批判思想进程和马克思、恩格斯社会批判思想进程完整系统地结合起来，将列宁社会批判思想和马克思主义继承者社会批判思想历程完整系统地结合起来。就学术视域来看，社会批判研究并不新颖，但针对列宁革命思想的社会批判性研究则是独特的，也是独到的。既能展示无产阶级革命导师列宁缔造革命理论的科学性和革命性，也能展现列宁捍卫马克思主义思想体系的坚决性和正义性，更能释放出马克思列宁主义伴随社会主义革命和建设进程的开放性和进步性。

　　西方学界对列宁的研究颇为热衷，无论是西方马克思主义还是西方列宁学，都产出巨量的研究成果。国内学界对马克思社会批判理论的研究成果极为丰硕，但对列宁社会批判思想的直接研究却显得单薄，该学术研究成果可以促使国内学界对列宁社会批判思想的研究予以深彻关注，同时也为马克思主义理论研究拓展独特的视野；成果对推动列宁社会批判思想的研究具有积极的引导作用，能为马克思主义社会批判理论的系列性研究奠定基础，也能为当代中国的社会批判理论研究添砖加瓦。

目 录

第一部　理论构建

第一章　哲学批判 ········· 3
一、实践观批判与拓展 ········· 3
二、辩证观批判与改造 ········· 11
三、唯物史观批判与捍卫 ········· 19
四、自然观批判与超越 ········· 25

第二章　政治批判 ········· 32
一、民粹主义批判 ········· 32
二、帝国主义批判 ········· 41
三、修正主义批判 ········· 49
四、官僚主义批判 ········· 60

第三章　经济批判 ········· 74
一、农业问题批判性思考 ········· 75
二、农民问题批判性论析 ········· 82
三、党内错误经济思想批评 ········· 89

第四章　文化批判 ········· 92
一、文化批判分期 ········· 92
二、阶级文化批判 ········· 98
三、文化类别批判 ········· 102

四、无产阶级文化任务 ………………………………………… 110

第二部　思想谱图

第五章　分歧与比较——列宁与卢卡奇、葛兰西、柯尔施 ……… 119
　　一、卢卡奇与列宁思想的异时态理解 ……………………… 119
　　二、葛兰西与列宁意识形态理论比较 ……………………… 130
　　三、柯尔施对列宁哲学的批判及回应 ……………………… 143

第六章　论战与分歧——列宁与普列汉诺夫 ……………………… 151
　　一、思想交汇及时代超越 …………………………………… 151
　　二、十月革命分歧与争执 …………………………………… 156
　　三、能否实行社会主义争论 ………………………………… 160

第三部　时代衍射

第七章　列宁世界历史理论阐释 …………………………………… 169
　　一、世界历史基本内涵 ……………………………………… 169
　　二、世界历史逻辑进程 ……………………………………… 177
　　三、世界历史双重范式 ……………………………………… 183

第八章　列宁现代化理论探究 ……………………………………… 189
　　一、农业现代化理论 ………………………………………… 189
　　二、工业现代化理论 ………………………………………… 197
　　三、文化现代化理论 ………………………………………… 201

第九章　列宁全球化理论演证 ……………………………………… 207
　　一、列宁全球化理论总体论释 ……………………………… 207
　　二、全球化视域下民族主义论 ……………………………… 219
　　三、全球化视域下世界体系论 ……………………………… 224

第十章　西方马克思主义理论诘难 ………………………………… 233
　　一、话语系迥异语境 ………………………………………… 233

二、多维度否定批判 ··· 242
三、关系学合理论析 ··· 251

第十一章　西方"列宁学"理论批判 ························· 257
一、西方"列宁学"总体性阐释 ································· 257
二、西方"列宁学"视域中列宁社会批判思想 ············· 270
三、西方"列宁学"与西方马克思主义异同 ················ 278
四、"东方列宁学"创论及体系构筑 ·························· 286

参考文献 ··· 301

第一部　理论构建

第一章　哲学批判

在哲学批判的体系中，首先，列宁展开实践观的批判与拓展，包括三个方面的内容：实践思维视角的批判性解读；逻辑学、辩证法、认识论的批判性唯物论基点；实践观发展的三个周期。其次，列宁完成辩证法路径的批判与改造：包括唯心辩证法的批判与改造；逻辑学意义上批判的辩证法思考；认识论意义上批判的辩证法认识。再次，列宁实现唯物史观的阐释和捍卫：包括驳斥存在意识等同论，论证唯物史观基本问题原理；批判庸俗经济决定论，阐明政治对经济的反作用；批判人性天定论，揭示人类社会运行本质规律；批判唯心史观，捍卫历史发展与个人的关系原理。最后，列宁实现了自然科学观的批判、超越和开拓：包括"现代物理学的危机"及批判；"物质消失论"及批判；"没有物质的运动论"及批判。

一、实践观批判与拓展

实践观是列宁阐释其哲学思想的批判性视角，也是他展开经验主义批判的认识论基础。在马克思社会批判思想经典论释基础之上，系统地阐释了自己在实践观领域的认识。在研究黑格尔《逻辑学》的基础上，同时在参考马克思的《资本论》中，列宁完成对唯物辩证法的阐释，实现了逻辑学、辩证法、认识论三者的统一，总结了唯物辩证法理论的基点。列宁指出，实践的唯物主义者想要完成实践观的阐释，首要的前提是把实践的基点、活动、蕴含纳入科学的认识过程。这既是实践唯物主义者和"黑格尔接近"[1]的"直接"时候，也是明确实践的根本问题的时候。列宁的实践观有自己酝酿、产生、发展的基本过程：由最初对实

---

[1] 《列宁全集》第五十五卷，北京：人民出版社2017年版，第181页。

践主体、实践客体及实践标准等问题展开论释；然后是列宁完全克服了机械唯物主义的缺陷，走向辩证唯物主义和实践唯物主义的认识领地，使得自己的实践观不断走向成熟；最后是列宁哲学研究达到成熟的标识。① 关于实践观的系统性和科学性思考，列宁借用批注的形式，在《黑格尔〈逻辑学〉一书摘要》中完整地展示出来，这一思考涉及认识与实践、主体与客体、客观反映与能动创造的辩证关联关系。

（一）实践观辩证批判视野

列宁的实践观思想来自对马克思恩格斯实践观思想的吸收和继承。马克思奠基的实践观的起点也是列宁实践批判的起点。恩格斯在《费尔巴哈论》中系统地阐释了实践观的存在范式，在《〈社会主义从空想到科学的发展〉英文版导言》中科学论证了实践观的基本体系。列宁吸纳了马克思和恩格斯关于实践批判的经典论释，并系统地展开自己关于实践批判的思考。列宁准确地把握了马赫主义在认识论领域的误区，借助辩证唯物主义思想武器展开系统的批判。在列宁看来，马赫主义那里没有什么新东西，不过是对认识的"巧妙的伪造"。马赫主义存在的最大的问题就是对"历史哲学"关注得太少。② 就是说，马赫主义缺少自己的历史逻辑和历史真实语境的支撑。所以，要实现对马赫主义的系统批判，就要在认识论的领域中摆开战场，而且要抓住他缺少历史哲学的真实内涵予以展开。

1. 认识论实践基础

列宁的《唯物主义和经验批判主义》，重点章节都是以认识论为线索延伸的，而且非常注重两种不同认识论之间的系统比较，并且在系统的比较中实现整体的批判。列宁分析了马赫主义认识论的思想路径，阐释了马赫主义认识论从康德走向休谟、然后再走向贝克莱的唯心主义认识论路线。在这个篇章中，列宁更为准确地阐释了唯心主义认识论之间的内在关联，准确地揭示了马赫主义认识论是如何一步步走向唯心主义认识论王国的思想轨迹。列宁借助自然科学领域中的新发现，借助科学的思考和认识来批判马赫主义认识论，使之成为应对唯心主义认识论的

---

① 李茂主编：《马克思主义哲学发展简史》，郑州：河南人民出版社1985年版，第239页。
② 《列宁全集》第十八卷，北京：人民出版社2017年版，第346页。

有力武器；自然科学的成就与辩证唯物主义方法论的辩证结合，成为批判马赫主义认识论的锐利武器。列宁批判了马赫主义历史观，尤其是这种历史观的认识论基础——一种唯心主义的认识论。关于认识的来源和基础，列宁明确指出：认识论的基础来自人的实践活动的"总和"。而"认识论的首要的和基本的观点"就是"生活"的观点、"实践"的观点。① 更为准确地来说，坚持用实践的视角来阐释认识论，因为实践是检验认识是否准确的标准。这是不可回避的哲学向度。不仅如此，列宁还从历史唯物主义的高度阐述了在这个领域中的思考：历史最核心的本质就在于社会存在决定社会意识、社会意识反映社会存在的辩证统一关系。但列宁看来的社会存在是非常具体的、生活的、实际的。说得更为简单一些就是"过日子"，就是我们衣食住行的各种活动和行为，如生产、交换和消费、生育、生活、生计等等的活动。② 这是最基本的生产活动，也是最基本的生活。而这样的生产和生活活动就是决定意识的基础，是人类自身获得认识的基础。更为重要的是，人类自身在所有生产生活实践中获得的认识，都必须在它来源的实践活动中予以检验。这就是实践检验认识的基点。

2. 辩证唯物主义实践依据

列宁在《唯物主义和经验批判主义》中明确指出，这是一个唯心主义之风肆虐整个哲学殿堂的时期。为此，列宁不得不高举唯物主义大旗，奋起反击马赫主义掀起的倒退性思想风潮。因为这样的唯心主义是极其虚伪的唯心主义，它们只接受唯物主义一小部分的内容，而且还是歪曲性接受的。尤其是这样的歪曲只是为了给自己的唯心主义打掩护、找借口。因为马赫主义关心的只有一件事，那就是集中自己全部的理论焦点："保护或恢复下半截的唯心主义"。③ 这无疑会让自己陷入唯心主义的泥淖。同时在自然科学领域中也出现了否定客观物质存在的思潮，这就是列宁不得不奋起捍卫马克思主义的世界观和方法论，捍卫这个科学的思想体系。实践的基础之上，辩证唯物主义认识论路线实现了物的实在性和客观独立性，又能确定感觉的认知性和反应性。辩证唯物主义认识论路线的基点就是"对象，物体"。就是在认识主体的主观意识之外的物

---

① 《列宁全集》第十八卷，北京：人民出版社2017年版，第144页。
② 《列宁全集》第十八卷，北京：人民出版社2017年版，第340页。
③ 《列宁全集》第十八卷，北京：人民出版社2017年版，第345页。

质存在，这样的物质存在是不以人的意识为转移的。认识主体只有在这个客观存在的基础之上获得自己的感觉和认识，这样的感觉和认识不过是外部世界的映像而已。这样的感觉和认识不是随意得到的，它只能在人类自身的实践活动中获得。而且这样的实践无一不是具体的、客观的、"生动"的活动。因为实践本身就是实践主体的对象性活动，这样的活动既肯定主体对象的客观实在性，又肯定实践主体把握对象的主观能动性。列宁还从实践活动的结果论证辩证唯物主义认识论路线的科学性，并以此批判马赫主义的错误。列宁吸纳和借鉴了恩格斯关于实践活动的基本观点。列宁指出，实践活动的结果最大的意义就在于能检验认识的正确与否，能否得出这样的结论：从物到感觉的认识路线是正确的，而马赫主义坚持从感觉到物的认识路线一定会遭到实践的否决。但无论如何，以实践为基础，是批判唯心主义、证实唯物主义的现实基础和依据。

3. 相对主义实践批判前提

马赫主义在阐释自己的唯心主义理念时有一个别致的特点：它不是直截了当地否定物质的存在，而是通过否定思维和存在的同一性来否定物质存在的客观性，以此达到表达唯心主义立场的目的，这当然是违背唯物辩证法基本原则的。为了反对这种打着唯物主义幌子、其实贩卖的是相对主义的货色，辩证唯物主义就必须在唯物论和辩证法相结合的基础上实现自己实践批判的目的。列宁借助批判的唯物实践认识论揭露了相对主义存在的根本缺陷。实践活动的前提是肯定物质的先在性及意识认识物质的能动性，这是实践认识的唯物论。但最关键的还是认识活动的辩证法，那就是认识是一个辩证发展的过程，从物到感觉、从现象到本质、从具体到抽象。这个辩证过程不但是不可或缺的，而且还是一个不断演进、符合否定之否定的规律性过程。脱离了这一过程，就不是一个完整的辩证认识过程，甚至不是一个科学的认识过程。只有坚持这样的认识过程，才能得出唯物的、辩证的、科学的结论。无论是马赫主义还是物理学唯心主义，他们的错误都出在这里。也就是说，没有唯物的、辩证的认识过程，就不可能得出科学的认识结论。而马赫主义和物理学唯心主义根本不在乎自己最初是否站在了唯物主义和辩证法的立场上。列宁还从实践标准的视角上进一步驳斥了相对主义的唯心主义本质。实践标准的基础之上，才是检验真理的真正"验金石"。这是辩证唯物主义和相对主义最大的区分所在。在列宁看来，"一切知识的相对性"就在我们的思考和认识不断走向和接近"客观真理"的过程中被确证。而相对主义的唯心主义本质就在于相对知识接近对象的时候,否定规律性、否定规律的决定性,否定相对认识在走向真理过程中,必须面对"历史条件"存在的"制约"和客观世界确定的"界限"。① 这是相对主义的唯心主义走向荒谬的直接归因。而列宁的依据是充足的、实际的,因为列宁的真理认识是建立在人类近现代史上巨大的自然科学成就基点之上的。

(二) 实践唯物主义批判基点

列宁明确指出,不掌握黑格尔的辩证法,就不可能真正掌握马克思的《资本论》。这样的阐释过程就是完成了逻辑学、辩证法、认识论三者的统一,也实现了唯物辩证法理论的论释。更为准确地说,实践才是唯物辩证法的理论基点。列宁在阐释黑格尔哲学思想的时候,没有忽视唯物辩证法这一最重要的概念。列宁指出,在黑格尔那里,实践是"生命"、是由"认识的理念"和"绝对理念"组成的。这个构成体系不是空洞僵死的逻辑形式,而是完全符合人类社会认识的一般逻辑过程。在实践唯物主义的认识论视野中,哲学的全部意义不仅仅在于"解释世界",更在于"改变世界"。实践唯物主义者的全部目标不但是要旗帜鲜明地反对现存的事物,更重要的是改变现存的事物。这是实践唯物主义的基础问题、根本问题、核心问题。

1. 唯物辩证法理论基点

列宁明确指出,在唯物主义的视野中去"阅读黑格尔"既是科学的也是合理的。借助"恩格斯的说法"就是:在黑格尔那里,我们需要坚决抛弃的不过是他关于"上帝、绝对、纯观念等等"论调的蛊惑②,在列宁的研究视野中,黑格尔哲学著作完全可以解读到马克思主义唯物论思想的萌芽,而不是一般意义上的唯心主义理论呓语。在对黑格尔《逻辑学》关于"绝对理念"的解读中,列宁看到的是唯物主义的启迪,而不是唯心主义的大成。"'关于绝对理念'的整整一章,几乎没有一句话讲到神。"这个"神"当然指的是黑格尔的绝对观念。③ 在阅读黑格尔

---

① 《列宁全集》第十八卷,北京:人民出版社2017年版,第137页。
② 《列宁全集》第五十五卷,北京:人民出版社2017年版,第86页。
③ 《列宁全集》第五十五卷,北京:人民出版社2017年版,第202页。

《历史哲学讲演录》中，列宁进一步阐释了对唯物辩证法理论基点的认识。实践是人类自身最基本的活动，也是人首要的活动。人类借助这样的活动和自己面对的自然发生各种各样的关系，以满足自己的生存和发展需求。当然，自然不是简单的、毫无回应地面对和承受人的选择活动，而是无意识地生发出一系列的被动反应。这样的反应是对人类自身活动的直接作用。这样的作用使得人不得不做出进一步的反应，借助自然的力量来反对自然。"人就使自然界反对自然界本身"，① 这就是人的创举、人的发明、人的精神和产品，其实就是人制造的工具。这样的工具其实是自然的，来自自然，也高于自然。工具是人的精神产品，却高于人自身的精神。这里对工具的最高定义就是把它看作是高于自然界的对象。其实不是严格意义上的对象，而是人的主体，人的主体精神的延伸。列宁指出，这是精神的，也是物质的；这是自然的，也是历史的；这是唯心的，也是唯物的，这是"历史唯物主义的萌芽"。

2. 实践唯物主义根本问题

列宁在论释黑格尔哲学著作时明确地表达出，实践的唯物主义者想要达到改造世界的目的，首要的前提就是把实践的基点、实践的活动、实践的标准引入认识论的体系。这是实践唯物主义者"直接""接近""黑格尔"② 的时候，列宁在这里也确证了实践唯物主义的根本问题。正如列宁自己所说的，这些明确的阐释可以在《关于费尔巴哈的提纲》中见到。③ 但列宁认为，马克思关于实践根本问题的认知，其最初的思路来自黑格尔。也就是说，当马克思意识到实践的"能动方面"的时候，也是马克思确定客观实践的时候。实践的认识获得自己最关键的突破，并展示了能动性、积极性、创造性共在的本质蕴含。列宁对此做出这样的评价：意识的能动性是积极的、巨大的，也是富于创造性的。意识的伟大意义在于帮助人类自身"创造客观世界"，这是实践唯物主义对人的意识能动性的直接表述，也是对人的意识能动性的最大肯定。④ 其实也是对实践唯物主义根本问题的揭示。因为世界的非能动性，所以"世界不会满足人"；因为人自身的能动性，人决心在改

---

① 《列宁全集》第五十五卷，北京：人民出版社2017年版，第274页。
② 《列宁全集》第五十五卷，北京：人民出版社2017年版，第181页。
③ 《列宁全集》第五十五卷，北京：人民出版社2017年版，第181页。
④ 《列宁全集》第五十五卷，北京：人民出版社2017年版，第182页。

造世界的活动中满足自己，人最终达到自己改变世界的实践目的。① 当然，列宁没有再提及马克思的观点——唯心主义从意识的实践活动中激发了人的主动性、能动性和创造性，而不是借助价值的诉求阐释实践的根本内核。这里的价值诉求就是对"善"的追求，而这样的价值追求不过是"对外部现实性的要求"，展示出全部实践活动的价值——就是人的价值"要求"和"外部现实"实现完整的结合。这里的"善"其实是实践主体——人的能动性品质，实践活动的价值性标准。② 列宁延续了马克思关于实践、关于实践品格的认识。这样的认识包含着这样的基本结论：那就是实践本身是高于理论认识的。这完全归因于实践具有的"普遍的"和"直接"的"现实性的品格"。③

（三）批判的实践观发展周期

列宁的实践观主要集中在实践主体、实践客体及实践标准等问题上的阐释。列宁在《唯物主义和经验批判主义》中，展开对实践观核心问题的阐释，奠基了辩证唯物主义实践观。在《哲学笔记》中，列宁实现了对实践观的进一步升华、概括和总结，这是列宁辩证唯物主义思想走向成熟的重要节点。也就是说，列宁在自己的认识路线上，完全克服了机械唯物主义的缺陷，走向了辩证唯物主义和实践唯物主义的认识领地，也使得自己的实践观不断走向成熟。列宁的《哲学笔记》集中了列宁在俄国十月革命前夕的理论研究过程和成果，包括对黑格尔思辨哲学的思考和研究。笔记以大量的摘要、相当的札记、诸多的评语和穿插的短篇，展示了列宁革命思想成熟的基本过程，是列宁批判的实践观成熟的标识。④ 关于实践观的系统性和科学性思考，列宁借用批注的形式，在《黑格尔〈逻辑学〉一书摘要》中完整地展示出来。

1. 批判的实践观奠基

在实践的标准问题上，列宁阐释了自己的看法。"实践的标准"既是"确定"的，又是"不确定"的，是二者的统一和结合。说其"不确定"，那是因为我们需要明证人类自身的认识能力和认识水平，尤其是要

---

① 《列宁全集》第五十五卷，北京：人民出版社2017年版，第183页。
② 《列宁全集》第五十五卷，北京：人民出版社2017年版，第183页。
③ 《列宁全集》第五十五卷，北京：人民出版社2017年版，第183页。
④ 李茂：《马克思主义哲学发展简史》，郑州：河南人民出版社1985年版，第239页。

证明人类不能让"人的认识"僵化教条、固定自封,成为"绝对"的认识;说其"确定",那是我们需要唯物主义的精神武器,需要一个最基本的结论、最基本的思考,以便和所有的"唯心主义和不可知论"分子及其"一切变种"展开激烈的、"无情的斗争"。① 也就是说,实践的标准是确定性和不确定性的统一。列宁非常明确自己在实践标准问题上的认识,就是坚持马克思主义的实践标准观,否则就没法和各种实用主义和主观主义实践标准观划清界限。但列宁的实践标准也是一个不断认识进步的过程。最初的列宁没有把唯物辩证法彻底地贯彻在自己的实践观中,模糊地界定了康德主义和休谟主义的基本观点,而且是根据费尔巴哈的观点,而不是根据黑格尔的观点进行的,这是列宁实践标准不成熟的表现。但列宁还是在最基本的视域中继承了马克思主义的实践观内容,提出一系列合理科学的认识。列宁指出,在实践标准的基础上,我们得到的只能是"唯物主义"的观点,而不是唯心主义的认识。②

2. 批判的实践观拓展

列宁批判的实践观是一个不断拓展延伸的过程。这一历史周期展示了列宁批判的实践观认识和进步过程。从《唯物主义和经验批判主义》奠基的关于实践批判的基本前提、基本问题到基本标准,然后延展到《哲学笔记》中批判的实践观的开拓。《马克思主义的三个来源和三个组成部分》系统阐释了马克思主义的基本源泉和基本构成,由此也奠基了列宁社会批判思想的批判的实践观内质。然后是《卡尔·马克思》一文。文章在对无产阶级革命导师马克思的介绍中,明确了列宁自己批判的实践观的要旨。列宁指出,就辩证唯物主义的来源和组成而言,马克思和恩格斯是18世纪法国唯物主义的批判者,而不是他们完全的继承者。这样的认识也完全符合他们对费尔巴哈机械唯物主义的态度。更准确地来说,辩证唯物主义是上述两者的发展和超越。这样的区分也意味着列宁的实践观已经完全融入了唯物辩证法,实现了和机械唯物主义的区分,消除了自己世界观中的不科学成分,这也是马克思主义认识论发展的新阶段。在《卡尔·马克思》这篇介绍性文章里,列宁进一步总结了机械唯物主义的缺陷:物质运动的机械性、世界发展的形而上学性、

---

① 《列宁全集》第十八卷,北京:人民出版社2017年版,第144页。
② 《列宁全集》第十八卷,北京:人民出版社2017年版,第141页。

社会历史领域的唯心主义。为此,列宁强调指出,辩证唯物主义的终极旨归就是要为全世界的无产阶级确立自己的实践观,为解放自己、最终解放全人类奠定最坚实的理论基础。

3. 批判的实践观成熟

《哲学笔记》是列宁批判的实践观成熟的标识。成熟的标志就是实践主体与客体辩证关系的确立、实践活动的把握、实践最本质的特性、实践活动的意义,都得到系统完善的阐释和论证。实践的主体是具有能动性的人,实践的客体因为有了人的改造,也具有了不可剥落的"自在之物"的性质。但无论如何,这样相对立而存在的统一体最终在具体的、现实的、自主的实践活动中统一起来。也正因为有了这样的实践活动,主体才实现了对客观世界的能动反映,才有了主观世界和客观世界相结合的创造过程。而且,主体认识世界的水平越高,主体作用于客体的能力也就越强,主客体相结合的过程也就越进步、越复杂,相互间的联系和关系就越紧密,相互间的作用和制约关系也就越大。但无论如何,只要把握实践的真实品格,就是把握关于"普遍性"和"直接现实性"的实践要素①,就能真正把握实践对认识的积极意义,意识到实践是客体存在的条件,是主体发挥作用的前提。可以看出,列宁的实践观已经实现了科学的、体系的建构,而且也是一个不断探索、不断追求、不断完善的过程。列宁批判的实践观实现了马克思主义实践观的时代性开拓。

二、辩证观批判与改造

列宁积极地批判和改造了黑格尔的唯心辩证法。批判就是对其唯心主义展开实践的、彻底的、辩证的哲学批判;改造就是拯救淹没在思辨哲学体系中的精髓辩证法,实现革命的、历史的、实践的批判性变革。《逻辑学》是最能代表黑格尔唯心主义辩证法哲学的著作,这部重量级的著作在西方及全世界的思想界享有盛誉,被称为"黑格尔的圣经"。列宁给予《逻辑学》以高度的评价:这是黑格尔逻辑学的最高"总结",是黑格尔逻辑学的集中"概要",也是这位唯心主义大师的"最高成就",尤其是黑格尔思辨哲学的"实质"②。列宁对《逻辑学》的评价、

---

① 定鸿章编:《马克思主义原理纲要》,武汉:武汉大学出版社1985年版,第138页。
② 《列宁全集》第五十五卷,北京:人民出版社1990年版,第202—203页。

概括和总结，就是对黑格尔唯心辩证法批判与改造的行动。列宁阐释了逻辑学意义上的辩证法，就是在实践的基础上阐释辩证法与逻辑学的一致性，实现黑格尔逻辑学的深刻解读。列宁还阐释了认识论意义上的辩证法，就是在旧唯物主义批判的基础上，实现认识论和辩证法的统一。

（一）唯心辩证法批判与改造

列宁在钻研黑格尔《逻辑学》的哲学著作后，对辩证法的思考获得飞跃性提升，并在《卡尔·马克思》一文中概括出来：否定之否定；飞跃；渐进过程的中断；从量到质的转化；矛盾；联系；过程。更为简明扼要地来说，就是"关于对立面的统一的学说"。这是对辩证法的高度概括，是辩证法的"核心"。① 列宁对辩证法核心的概括，在马克思主义哲学发展史上还是第一次。可以说，列宁能实事求是地肯定黑格尔哲学中的合理思想，从不吝惜自己的溢美之词。深刻、卓绝、纯粹唯物主义②等等，屡屡出现在自己的哲学笔记中，完美地展示了列宁展开实践批判的革命性本质，既有从现实出发、精益求精的本质精神，又坚守了无产阶级革命领袖最基本的价值典范。在坚决反对黑格尔的观念运动中实现对辩证法的彻底改造，在黑格尔思辨的神秘主义体系中实现辩证法的革命拯救。

1. 黑格尔哲学整体性论释

列宁的《哲学笔记》对《大逻辑》摘录最多，批注最多，研究的程度最深刻。在列宁看来，这不是黑格尔的唯心主义著作，而是一本关于唯物主义的阐释；这里"最少"的是唯心主义，"最多"的是唯物主义。这是"矛盾"的，但是事实上的。③ 在认识黑格尔辩证法的问题上，列宁用到一个非常有意思的说法："辩证的方法。"也就是说，在列宁的哲学视野中，黑格尔的辩证法体系还不是科学的体系，最有价值的是他的辩证方法，我们最需要做的就是接受和吸纳其科学合理的成分，排斥其非科学的体系。在这个问题上，列宁不止一次提到恩格斯的说法，黑格尔的哲学体系是颠倒的，观念成为客观世界运行变化的基础。就是把客观世界的运行、变化和发展转变为观念的运行、变化和发展，而不是相

---

① 《列宁全集》第五十五卷，北京：人民出版社2017年版，第192页。
② 《列宁全集》第五十五卷，北京：人民出版社2017年版，第172页。
③ 《列宁全集》第五十五卷，北京：人民出版社2017年版，第203页。

反。辩证唯物主义者要做的就是将这个颠倒的体系重新颠倒过来。就是把意识的东西客体化，把物质的东西主体化。列宁借助恩格斯的言论表达了对这个问题的认知：从18世纪法国的唯物主义思想家到英国启蒙运动思想家再到德国的哲学家那里，推动他们思想前进的绝不是他们所"想象的那样"，是依靠"纯粹思维的力量"。恰恰相反，思想和思维的进步完全依借"自然科学和工业"的力量。它们的猛烈发展和极为迅速的进步不但成为社会进步的力量，尤其也是思想进步的力量。这样说来，就黑格尔的哲学体系而言，无论是其"方法"还是其"内容"，不过都是物质的文明和进步，不过是唯心主义对唯物主义颠倒式的思考而已。用马克思的话总结就是："在黑格尔手中，辩证法是倒立着，必须顺过来。"① 列宁最终做出了这样的概括和总结：推动思想进步的力量是物质而不是精神，物质的辩证法缔造了观念的辩证法。我们不能在观念的世界中去创造真实的世界，而只能在真实的世界中去创造观念的世界。② 这既是对黑格尔辩证法的科学评价，也是对人类社会认识的总结。

2. 黑格尔唯心主义总体革命

对于黑格尔绝对精神的呓语，列宁予以坚决的批判。在列宁看来，黑格尔是一位极其"推崇知识"的哲学大家，但他所有知识体系的认知都不过是"神的知识"。这样的知识无论在其辩证法的王国里怎样界定了黑格尔的伟大和时代的超越，但他本人却是一位不折不扣的、"彻底的唯心主义者"。③ 列宁批判到，黑格尔整个哲学体系都是关于唯心主义的哲学胡说和"关于绝对的呓语"。④ 在黑格尔看来，精神存在的本质不过是"对立物的绝对统一"，而且能表现出绝对的丰富性。这样的丰富性构成黑格尔视野中的绝对精神世界，而且，这个绝对精神世界的丰富性远远超过物质世界的丰富性。这是列宁所批驳的黑格尔神秘主义哲学的巢穴所在。列宁批判了黑格尔在《哲学史讲演录》中极力吹捧唯心主义而极力贬低唯物主义的做派。黑格尔的极力吹捧先是从柏拉图开始的，他极力赞扬和肯定柏拉图的"自然哲学"，渲染柏拉图充满"神秘主义"色彩的"理念"哲学才是真正的哲学。列宁批判道，在唯心主义大家黑

---

① 《马克思恩格斯文集》第九卷，北京：人民出版社2009年版，第441页。
② 《列宁全集》第五十五卷，北京：人民出版社2017年版，第177页。
③ 《列宁全集》第十八卷，北京：人民出版社2017年版，第279页。
④ 《列宁全集》第五十五卷，北京：人民出版社2017年版，第86页。

格尔那里,"神秘主义""唯心主义""唯灵论"都是一体性的存在,只是在形式上展示了自己多样性的变身,并在无产阶级革命的时代展现为"僧侣主义"是一样的。黑格尔的理论旨趣最主要的一点就是抹杀和鄙视唯物主义。列宁尖刻地驳斥道:这不过是"一大堆神秘主义的陈词滥调"。① 黑格尔对待唯物主义是刻薄寡情的,就像德谟克利特的后母刻薄冷漠地对待德谟克利特一样。作为马克思主义的经典作家,列宁很明确地表达了自己对待黑格尔哲学的态度:要"用唯物主义观点来读黑格尔",这是我们无产阶级革命者对待黑格尔著作最好的方式,那就是展开无情批判,并以此成为黑格尔主义的最佳批判者和改造者。②

3. 黑格尔辩证法的批判肯定

黑格尔严肃地批判了康德关于人的理性能力的认识。在康德看来,人的理性认识能力是有限的,尤其是人的理性不能认识他所认定的客观世界存在的自在之物。黑格尔反对这种观点,认定人的理性思维能够认识世界。在这个问题上,列宁坚决站在黑格尔的一边,支持了黑格尔在这个问题上的立场。列宁认为,在人的理性认识能力的问题上、人对客观世界的自在之物的认识问题上,黑格尔对康德的"驳斥是完全正确的"。③ 列宁指出,当马克思主义者站在实践的基础之上、引入实践的认识标准时,马克思主义者关于人的认识能力和对客观世界的本质性认识是"和黑格尔接近的"。④ 离开辩证法这一革命性的思想,对无产阶级的革命来说是不可想象的。列宁指出,黑格尔的逻辑学是研究和认识马克思哲学的"理论之眼"。更为具体地来说,黑格尔的全部逻辑学,是我们研究和学习"马克思《资本论》"的总线索。黑格尔的逻辑学是读懂马克思的《资本论》的理论钥匙。⑤ 列宁还不遗余力地推进黑格尔哲学思想的研究,在去世约两年前,向苏联理论界提出:从唯物主义的观点对黑格尔的辩证法展开长期研究的计划,并建议组成专门的研究会,在组织体系和运行机制上,保证黑格尔思想的研究。⑥ 列宁即便在 1914 年

---

① 《列宁全集》第五十五卷,北京:人民出版社 2017 年版,第 241 页。
② 《列宁全集》第五十五卷,北京:人民出版社 2017 年版,第 86 页。
③ 《列宁全集》第五十五卷,北京:人民出版社 2017 年版,第 142 页。
④ 《列宁全集》第五十五卷,北京:人民出版社 2017 年版,第 181 页。
⑤ 《列宁全集》第五十九卷,北京:人民出版社 2017 年版,第 5 页。
⑥ 《列宁专题文集 论辩证唯物主义和历史唯物主义》,北京:人民出版社 2009 年版,第 328 页。

到 1915 年炮火纷飞的战争年代，都没有停止对《逻辑学》和《哲学史讲演录》等哲学名著的研究。他非常赞扬赫尔岑的说法，"辩证法是革命的代数学"。① 但列宁坚决反对一切学究式、经院式的研究，提倡把辩证法的研究成果运用到俄国无产阶级革命的事业中去。辩证法是俄国无产阶级推动自己革命的理论先导，是奠基无产阶级革命学说的理论基点。从这个视角来看，黑格尔的理论功绩也是不可磨灭的历史一页。

（二）逻辑学视域批判的辩证法

在列宁看来，黑格尔的逻辑学是极为深刻的思维体系，具有丰富的方法论和世界观内容。这里所有的"实在的内容"都获得了自己"活生生的""形式"，而且实现了形式和内容的高度统一。就是说，内容和形式实现了对立面的统一，逻辑学获得了自己的辩证法视野。更进一步来讲，逻辑学不是僵死、教条、干巴的思维框架，而是一种关于思维的学说。逻辑学对"思维的外在形式"不感兴趣，它只愿意探究"一切物质的、自然的和精神的事物"内在规律。黑格尔的逻辑学是很宏大、很具有思想"野心"的体系。它要阐释的是"关于世界的全部具体内容"，而且以探索这个世界运行变化发展的基本规律为要义。更高度的概括就是，黑格尔的逻辑学里，我们看到的是关于"世界的认识的**历史**的总计、总和、结论"。② 黑格尔借助逻辑学实现对世界的整体性思考，就意味着他完成了辩证法的整体阐释，逻辑学和辩证法获得内在的、系统的、完整的统一。

1. 黑格尔逻辑学深刻解读

在列宁看来，黑格尔的逻辑学具有丰富的内容和形式，而且和辩证法实现了从外在到内在的统一。也就是说，辩证法获得了逻辑学的思维形式和内容，逻辑学实现了辩证法的整体存在和演绎过程。列宁更为深刻地指出，黑格尔的逻辑学具有深刻的内在表达和丰富的外在形式。如果以为逻辑学只有"抽象的普遍"，那就大错特错了。黑格尔的逻辑学包含着"特殊东西"，就是关于世界运行变化的"丰富的普遍性"。也就是说，黑格尔的逻辑学不再是一个"绝妙的公式"，而是展示了辩证法一般的形式与内容丰富性的高度统一，获得一种普遍性的认识。这个认

---

① 《列宁全集》第二十一卷，北京：人民出版社 2017 年版，第 262 页。
② 《列宁全集》第五十五卷，北京：人民出版社 2017 年版，第 77 页。

识不是"抽象的普遍",而是"丰富性"的普遍,包含着"特殊的、个体的、个别的"普遍。① 所以,宏大的辩证法不再是抽象的体系,而是富于严密推理认识的逻辑学;思辨的逻辑学不是逻辑学的思辨,不是僵死呆板的外在思维形式,而是具有能动性的逻辑、活的逻辑,辩证法恰恰是展示这一能动性过程的思维方法。为了深刻解读逻辑学与辩证法内在与外在的一致性,列宁在自己的《哲学笔记》中通过对"概念"的理解予以完成。概念的一般理解都是抽象的、非感性的,这是和"感性"直接对比的结果。但在列宁理解的逻辑学和辩证法中,哲学不是概念的堆积,逻辑不是刻板的公式,辩证法不是抽象的概括。恰恰相反,列宁坚持具体的、感性的、统一的去理解逻辑学和辩证法,并进一步去思考哲学、认识世界。在列宁看来,人类在没有获得自己对"范畴"的深刻把握之前,面对"自然现象之网",只能让自己停留在"本能"的状态、"野蛮人"的生存。人在自然面前没有自己的独立性,人属于自然的一部分。自从人类掌握了关于"范畴"的能力,就获得了一种把自己和自然分野的能力。更为简单地来说,"范畴"就是人类社会"认识世界的过程中的梯级"。我们只有踩着这样的"梯级",才能走出"自然现象"的钮结。②

2. 辩证法与逻辑学的统一

列宁把黑格尔的《逻辑学》和马克思的《资本论》放置在同一个理论地平线上,并得出一句最具影响力的名言:不研究黑格尔的《逻辑学》,就不能真正读懂马克思的《资本论》。列宁在实践批判的基点上实现了逻辑学和辩证法的统一,以此实现对十月革命的直接推动并成功奠定了其理论合法性。列宁将马克思恩格斯打开的理论思域开拓到新的层次和水平上。列宁的做法很明确,就是先给黑格尔的逻辑学予以正名,对黑格尔的逻辑、概念和范畴作出具体的分析和阐释,给那些试图贬低黑格尔辩证法的人们予以一击。在那些诋毁黑格尔逻辑学的人的眼中,逻辑学不过是"教人思维"的学说,辩证法也从自觉形态降低为"实例的总和"。③ 在列宁看来,这是毫无理性思维能力的偏见,是将思想的珍珠抛弃于粪堆的低级做法。为此,列宁把旧的形式逻辑和黑格尔的辩证

---

① 《列宁全集》第五十五卷,北京:人民出版社2017年版,第83页。
② 《列宁全集》第五十五卷,北京:人民出版社2017年版,第78页。
③ 《列宁全集》第五十五卷,北京:人民出版社2017年版,第305页。

逻辑予以区别。在旧的形式逻辑那里，无论是概念之间还是思维体系之间，都缺乏"内在的必然的联系"。就是理论缺乏部分与部分之间的过渡。① 但这样的问题在黑格尔那里都得到完美的克服。从旧的形式逻辑到黑格尔的辩证逻辑，逻辑学实现了自己具有"差别"的"内在发生"，实现了逻辑体系内部与外部之间以及相互之间的"联系"，而且是一种"内在的必然的联系"。也就是说，逻辑学完成了对立面的统一，形成了一种完整的理论学说。实践辩证法就是逻辑学和辩证法一致的逻辑切点。在这个基础之上，我们不能停留在旧的思维模式之中，而是应该把事物的运行变化看成是一种有生命力的存在，一种可以互相转化的东西，一种可以在思维中实现统一的世界内容。这就是黑格尔的辩证法和逻辑学带来的思考世界和认识世界的高度。而马克思主义者要实现的不过是在实践中将"差别的内在发生"② 和"内在的必然的联系"③ 统一起来，这也是辩证法和逻辑学真正统一的时候。

（三）认识论视域批判的辩证法

列宁在认识论的整体性批判视域下阐释了对辩证法的思考。为此，列宁明确指出，黑格尔逻辑学的认识论和马克思辩证法的认识论在本质上是相接相近的。黑格尔在绝对精神的视野下实现了认识论和辩证法的统一，马克思是在实践批判的基点上实现了辩证法和认识论的统一。也就是说，黑格尔的"辩证法"和"马克思主义的认识论"④ 是同一的。列宁在《谈谈辩证法问题》中提出这个观点，旨在说明马克思主义与黑格尔辩证法的一致性。更为重要的是，列宁要应对普列汉诺夫机械唯物主义的挑战，清除自己世界观领域中旧的思想残余。尤其是要在自己的革命进程中捍卫唯物辩证法的科学性和权威性，走出普列汉诺夫给列宁曾经铺设的机械唯物主义理论阵地。

1. 旧唯物主义辩证法批判缺失

列宁指出，以普列汉诺夫为代表的马克思主义者没有转向辩证唯物主义的立场，不可能掌握这一最新的、科学的世界观，所以，只能让自

---

① 《列宁全集》第五十五卷，北京：人民出版社 2017 年版，第 81 页。
② 《列宁全集》第五十五卷，北京：人民出版社 2017 年版，第 82 页。
③ 《列宁全集》第五十五卷，北京：人民出版社 2017 年版，第 81 页。
④ 《列宁全集》第五十五卷，北京：人民出版社 2017 年版，第 308 页。

己停留在旧唯物主义的视域中，在拒斥唯心主义的同时，竟然一起抛弃了围裹在唯心主义体系中的辩证法，最终让自己倒退到黑格尔的狭隘视域。列宁指出，普列汉诺夫的旧唯物主义视野是"粗陋的、简单的、形而上学的"。因为在他狭隘的视界看来，唯心主义是需要彻底颠覆的哲学胡说。① 但唯心主义盛开的思维之花，其实是绽放在人类智慧树上的一道美丽的风景。更为准确地说，"唯心主义就是僧侣主义"，它夸大和神化了关于世界的本质性认识。就是把自己在客观世界中认识到的某一"特征""方面""侧面"，"片面"地予以扩展、扩大、扩张。使得自身对客观世界的认识完全脱离了认识的自然来源，展示为一种"神化了的绝对"存在。对唯心主义来说，即便是事物的"一个成分"，也能够在"无限复杂的"辩证过程中，打通走向僧侣主义王国的道路。② 但对于唯心主义而言的这一关键缺陷，机械唯物主义者就没有清醒地认识到，这样认识过程的缜密程度是所有坚持旧唯物主义路线的人们死活不愿意认可的。列宁尖刻地讽刺道，自以为"聪明的唯物主义"其实远比不上"聪明的唯心主义"对人的主观能动性的开启程度。更为准确地说，普列汉诺夫不但不懂得真正的辩证法，而且还抛弃了辩证法。他把对立面的同一仅仅"当作实例的总和"。③ 在他看来，辩证法不是认识客观世界规律的方法论，而是一种不可饶恕的错误。普列汉诺夫放弃了辩证法，而关于"哲学科学的辩证法本身"，他"却没有说什么"。④

2. 认识论和辩证法整体性批判

在批判了旧唯物主义不懂得辩证法之后，列宁明确提出，要在辩证法的立场上把认识论和辩证法统一起来，因为认识论本身就是辩证法。列宁从人的最基本的认识过程阐释了这一科学结论。也就是说，"从最简单、最普通、最常见的"东西开始认识世界和思考世界，这也是辩证唯物主义认识和改造世界的逻辑起点。⑤ 在这个认识过程中获得概念，然后是命题、判断，再然后是推理过程。当我们获得自己推理的结论的时候，我们会在自己的实践活动中去检验自己的推理，如此反复。就是从

---

① 《列宁全集》第五十五卷，北京：人民出版社2017年版，第311页。
② 《列宁全集》第五十五卷，北京：人民出版社2017年版，第311页。
③ 《列宁全集》第五十五卷，北京：人民出版社2017年版，第305页。
④ 《列宁全集》第五十五卷，北京：人民出版社2017年版，第236页。
⑤ 《列宁全集》第五十五卷，北京：人民出版社2017年版，第307页。

最一般的开始到最抽象的推论,再到抽象的一般,这样的认识和实践过程就是辩证过程。这样的每一个过程都是发现辩证法、论证辩证法、践行辩证法"一切要素的胚芽"。而辩证法也在这样的认识过程中获得了对"人类的全部认识所固有的"思考。① 这不仅仅是辩证法的思考,问题在于这本身就是辩证法。当然,列宁没有忽略这样的认识:黑格尔的唯心辩证法还不是唯物辩证法,不是马克思主义科学的世界观和方法论。就是说,无论是黑格尔抽象的逻辑学,还是总在探索自己延伸路径的认识论,都在"全部自然生活和精神生活"② 中获得延伸。世界本身和世界的过程以及世界运行变化的规律,都转变成"人的主观意识中的反映",但就是黑格尔这样的唯心辩证法,为唯物辩证法的出场奠定了合理的基础。③ 当黑格尔的唯心辩证法脱下神秘的思辨外衣、站在客观实在的实践基础上的时候,就是辩证法为自己开辟了新的道路的时候。这也是辩证法认识过程的总体阶段,也是列宁所阐释的唯心辩证法自己把自己"倒过来"的时候。逻辑学和认识论实现了辩证法的融纳过程。因为逻辑是过程的,认识也是过程的。

三、唯物史观批判与捍卫

在唯物史观领域,列宁同样做出了自己极为重要的时代贡献。驳斥存在意识等同论,捍卫唯物史观基本问题原理;捍卫唯物史观基本问题,阐释了社会历史现象的客观性认知;批判庸俗经济决定论,阐释上层建筑与经济基础的作用与反作用原理;展开"人类天性论"的颠倒性批判,实现人类社会运行发展本质规律的思考;批判民粹派对历史主体的主观认识,实现对人民群众历史作用的界定,捍卫历史发展与个人的关系原理;揭露哲学超党性的实质,批驳了马赫主义"超党性"哲学的陈词滥调,阐释哲学的党性原则,实现对哲学党性原则的坚决捍卫和论释。

(一)驳斥存在意识等同论

列宁指出,波格丹诺夫犯的错误就在于根本不知道哲学的基本问题是什么,更不可能知道物质和精神之间的关系。所以在社会历史领域中,他自然会继续犯错误。列宁指出,在资本主义运转的经济体系中,尤其

---

① 《列宁全集》第五十五卷,北京:人民出版社2017年版,第308页。
② 《列宁全集》第五十五卷,北京:人民出版社2017年版,第73页。
③ 《列宁全集》第五十五卷,北京:人民出版社2017年版,第154页。

是范围广及全世界的经济体系中，其复杂庞博的程度是难以想象的。这种"错综复杂的变化的总和"，使得我们思考、认识及把握的能力难以为继。而我们至多能发现其中"变化的规律"，尤其是这些变化所"发展的客观的规律"。列宁甚至用一种夸张的语调说，"即使有七十个马克思"[1] 都不能准确地把握这种错综复杂的变化。这就是社会存在和社会意识的决定性和反映性问题上的辩证关系。这样的批判和认识，延伸到社会历史领域，最终实现对社会历史现象的客观性认识。

1. 波格丹诺夫的大肆歪曲

在《唯物主义和经验批判主义》中，列宁批判道，波格丹诺夫大肆歪曲唯物史观，提出了极其反动的社会存在和社会意识"等同论"的荒谬观点。波格丹诺夫顽固地认定，人类自身和人类社会的生存与发展完全取决于人的意识，尤其是人的社会意识，而不是什么社会存在。波格丹诺夫极端夸大意识的作用，完全忽视了社会存在的前提和基础性。他说，为了"人们的生存斗争"，人类"只有借助于意识"[2] 才可以实现。在波格丹诺夫那里，意识的决定性是毋庸置疑的，对人类社会来说更是如此，因为"没有意识就没有交往"。在波格丹诺夫唯心视界看来，人类社会全部的生活内容都是"心理的生活"，社会的存在和社会的意识是同体的，因为"社会性和意识性是不可分离的"存在。问题的关键是，在波格丹诺夫看来，社会意识的存在没有任何关于社会存在的先在性。而且，波格丹诺夫还没有让自己停留在这样的认识层面上，而是不断添加着更荒谬的东西。社会存在和社会意识是等同的，这就是波格丹诺夫荒唐透顶的结论。[3] 在这里，我们可以清楚地看到，波格丹诺夫严重夸大了社会意识的特殊性，而且用这个特殊性抹掉了社会存在的普遍性。尤其是他招摇的旗帜竟然是社会存在和社会意识具有不可分性的说法，更是一种严重的歪曲。在二者不可分的基础上，把社会存在和社会意识等同起来，社会存在的先在性、客观性和基础性被剥离，波格丹诺夫完成了它认定的、所谓的、对唯物史观的改造任务。

2. 社会基本问题深刻捍卫

社会存在和社会意识是不可能真正等同的。就物质世界发展的一般

---

[1] 《列宁全集》第十八卷，北京：人民出版社2017年版，第340页。
[2] 《列宁全集》第十八卷，北京：人民出版社2017年版，第337页。
[3] 《列宁全集》第十八卷，北京：人民出版社2017年版，第337页。

过程来说，物质的先在性完全决定了意识存在的第二性。列宁强调指出，人类自身"是作为有意识的生物互相交往的"。这样有意识的生物种群首先是存在的，然后才涉及交往问题。存在是不是先于意识呢？波格丹诺夫怎么就想不到这一点呢？列宁进一步驳斥道，波格丹诺夫坚持的观点，就是将"有意识的生物互相交往"这个环节排除在外，也不能得出这样的结论。① 列宁借助资本主义社会发展运行的态势来分析和论证唯物史观视野中社会存在和社会意识的对立统一关系。列宁指出，即便是在人类社会自身的意识非常发达进步的社会状态，人类社会首先展开和进行的是自身以及社会的各种交往活动，展示着这种交往活动的能力。但这并不意味着人类社会首先拥有自己的社会意识，这是不言而喻的。波格丹诺夫尤其没有意识到人类借以生存发展的社会，在其实践的基础上会生成哪一种形式的社会关系，包括这样的社会规律会给社会关系和社会交往带来什么样的影响力。为了更准确、更简捷地论证问题，列宁引证了一个最简单的市场交易行为作为例证。这样的行为必然和自己所在的世界发生多种关系和交往，但这样的关系和交往的存在不一定有同等的意识、同等的自觉、同等的判断。这就是社会存在和社会意识不能等同的直接缘由。列宁进一步指出，社会意识只是社会存在的反映，但也是一种近似的、相对的反映，而不是完全的、彻底的、纯粹的反映，二者总会存在一定的差距和空间。

3. 社会历史活动客观认知

在论证社会存在和社会意识辩证关系的基础之上，列宁阐释了社会历史现象的客观性问题。其实就是关于社会历史现象背后存在的客观规律是什么？列宁指出，社会历史也就是某种程度上的社会存在，它们的产生、运行、变化和发展是客观的，不以人的意志为转移的。反过来说，就是我们所依赖的社会，这样的社会既是属于人的，也是属于人的"有意识"的"存在和发展"。但这样的"存在和发展"又不完全依赖人们的意识，列宁以此嘲讽了波格丹诺夫在意识和存在关系这个问题上的无知和荒谬。列宁指出，波格丹诺夫就是在没完没了地强调社会意识完全可以脱离社会存在而存在，这都是些毫无意义的废话。列宁在阐释社会存在和社会意识的辩证关系原理时指出，社会存在是先于社会意识的，

---

① 《列宁选集》第二卷，北京：人民出版社2012年版，第218页。

也是高于社会意识的存在。作为"有意识的生物",人类社会自身最高的价值和最高的任务,就是把握和认识自己最基本的活动——经济活动。因为这种经济活动是社会存在最基础最关键的部分。这是把握和认识社会运行"客观逻辑"中"一切主要之点",然后才能把握好社会存在的其他内容。在这样的认识基础之上,人类才能实现其社会意识对社会存在的"清楚地"反映、"明确地"表达、"批判地"展示、整体地"适应"。① 这是社会存在的客观性意义,也是社会存在对社会意识的先在性意义和决定性意义,这同时也是人类社会的使命所在。可以看出,列宁在这个领域的阐释,极大地推动了唯物史观的进步。

(二) 批判庸俗经济决定论

在如何解决工人阶级的待遇和福利的问题上,庸俗的经济派学家们都坚持一些极不现实、极为庸俗的论调。列宁明确指出,所有的斗争都是经济斗争,所有的"经济斗争"最终都要转变成"政治斗争"。俄国社会民主党最要紧的历史任务就是把"这两种斗争"紧密地结合起来,使得经济斗争成为政治斗争的基础,使得政治斗争成为经济斗争的升华,最终,实现俄国无产阶级革命就是为了自身的解放而展开的"统一"的、"阶级"的、革命的、批判的"斗争"。这样的革命斗争不是为了单独的经济解放,而是政治的解放、整体的解放。所谓的政治解放,就是夺取国家政权,建立无产阶级专政,维护苏维埃的政治制度,维护社会稳定,最终维护全体民众的"政治权利",争取俄国无产阶级及劳苦大众的"政治自由"。② 列宁在这里阐释了经济斗争和政治斗争相结合的原理,并提醒社会民主党人,这是无产阶级展开革命斗争的重要工作和任务,是列宁对无产阶级革命学说的发展。

1. "经济派"庸俗经济决定论

庸俗的经济派学家们非常喜欢从经济视角去看世界和解决问题,即便走入难以置信的死胡同也在所不惜,以至于让自己沦陷在庸俗经济的世界里难以自拔。在如何解决工人阶级的生存和福利待遇问题上,庸俗经济学家们就犯了类似的错误。庸俗的经济派学家们认定,"任何社会主

---

① 《列宁全集》第十八卷,北京:人民出版社 2017 年版,第 338 页。
② 《列宁选集》第一卷,北京:人民出版社 2012 年版,第 276 页。

义"选择和任何政治行动①,都比不上给工人们实实在在的利益,哪怕是增加一个戈比。这既是对社会经济行为极端庸俗化的理解,更是对无产阶级坚持和奋斗的社会主义的纯粹污蔑。庸俗经济学家更为庸俗的就是完全否定了所有政治行为、政治行动和政治活动的意义,让自己停留在一种毫无希望和毫无意义的经济活动中,将自己命运的改变、社会的进步、文明的更替完全置之脑后,这是不可容忍的。而且在庸俗经济学家看来,工人阶级似乎只要有那么一点工资待遇的改善就可以让自己满足地停下来,然后继续接受资本家的盘剥。这样说来,庸俗经济学家们眼中给工人们增加的那一点戈比已经完全变成了不切实际的笑话。更为糟糕的是,庸俗经济学家们这样的论调,只能引诱部分工人放弃改变自己被剥削、被压迫的命运,放弃革命斗争,放弃自己的经济利益和政治利益,尤其是放弃通过武装斗争的方式来争取自己的解放。

2. 政治经济学辩证原理阐释

列宁指出,所有的经济活动都是基础性的,但这样基础性的存在又不能决定政治行为的选择。所有的政治行为都是阶级行为,都关涉到一个阶级生存发展的态势。所以,不能以一定的、相当的或者是模糊的经济行为代替政治行为。就是说,经济基础的决定性作用不能取代政治行为的重要性,尤其是不能代替政治斗争的作用。在列宁看来,经济斗争不过是一种次要性斗争,一种具有"合法性"的斗争,其实就是"工会斗争"。但这样的斗争不能代替无产阶级的政治斗争,因为政治斗争才是最关键的斗争,也是工人阶级最重大的利益。这个利益决定着工人阶级是否夺取政权,是否得到解放。更为准确地来说,经济利益只能通过政治行动予以保障,而不是庸俗经济学家们所蛊惑的、多发几个戈比和卢布就能解决的问题。也就是说,无产阶级自身命运的改变需要自己坚决的政治斗争才能实现。尤其是必须展开坚决的"无产阶级和农民的专政"并取代"资产阶级专政"。因为只有这样颠覆旧的统治秩序和统治结构的政治革命②才能实现自己的目标。也就是说,无产阶级发动的经济斗争,不过是解决了工人阶级的生活待遇问题、生活条件问题、生活环境问题。这都是暂时的改变,是局部的改变,不可能在本质上解决工

---

① 《列宁全集》第二卷,北京:人民出版社2013年版,第97页。
② 《列宁全集》第二十九卷,北京:人民出版社2017年版,第240页。

人阶级的解放问题——就是无产阶级遭受的经济剥削、政治压迫、精神禁锢的问题。

（三）批驳英雄史观

民粹派对历史主体的认识完全停留在主观性的概念状态。所以，历史过程和人民群众没有什么最直接的关系，这是一种典型的英雄史观，是民粹派解答历史的基本视野。列宁在1894年的《什么是"人民之友"以及他们如何攻击社会民主党人》一文中，系统地批判了民粹派的唯心史观，确立无产阶级的历史主体地位，制定正确的革命斗争策略，组织无产阶级展开反对资产阶级的政治斗争，这是无产阶级获得自己历史自觉性的行动。

1. 民粹派历史主体主观性认识

在历史主体的认识上，民粹派陷入彻底的唯心主义境地。在他们看来，历史虽然不是神创造的，但也不是人民群众创造的，而是超乎一般群众的英雄创造的。人民群众不过是一些没有头脑、没有创建，尤其是一群没有思想的群氓，怎么可能成为社会历史的主体，怎么可能成为社会历史前进的引领者。说得更为简单明确点就是，"历史是由活的个人创造的"，而不是人民群众创造的；尤其是那些"有思想""有感情"的"个人"① 在自己全部的社会历史活动中创造的，而不是有能动性、创造性、计划性的人民群众和历史进程相统一相结合创造的。历史过程和人民群众没有什么最直接的关系，这是一种典型的英雄史观。列宁坚决反对民粹派这种分裂社会历史活动和人民群众的做法，反对将二者进行主观意志的分割。在列宁看来，在民粹派简单粗暴的自由意识和意志神话中，历史是主观的、选择的、是宿命的。民粹派坚决反对历史进程的决定论和规律论，也反对人民群众的历史主体论。需要指出的是，马克思主义的决定论是不否认人的理性、人的意志、人的能动性，而且在历史必然性的基础上展示了人最丰富的主观能动性。历史不是哪个个人简单的决定和选择，而是在"历史必然性"的作用和指导下，和"个人在历史上的作用"相互联系、相互对接促成的。在真正的马克思主义者看来，人类社会历史的全部活动，就是具有历史主创性、能动性和选择性的个

---

① 《列宁全集》第一卷，北京：人民出版社2013年版，第376页。

人和历史进程共同作用的"行动构成的"。① 历史的进程绝不是民粹派宣扬的神秘主义宿命论决定的。

2. 人民群众历史主体科学界定

列宁指出，唯物史观在肯定社会历史发展客观性的基础上，阐释了个人的创造性作用。也就是说，社会历史的真正主体是人民群众而不是民粹派所宣称的英雄人物。当然，历史主体就是站在特定的社会历史条件基础之上的、必须是一定社会关系中的主体。列宁在《民粹主义的经济内容及其在司徒卢威先生的书中受到的批评》一文中指出：个人的任何活动必须"以人类任何共同生活中的基本事实即生活资料的谋得方式为出发点"②，而不能从自己主观意志的思想王国为出发点。列宁在历史主体首创性和历史能动性的基点之上，科学地阐明人的历史能动性和历史规律性相互间的辩证关系。也就是说，社会历史主体的革命行动，就是要将历史活动的"个人因素"最终纳入到"社会根源"的一般性思索"方法"，③ 并以此阐释总体性运转的"社会经济形态"，界定由此生成的社会历史"概念"。④ 这就是科学社会主义者研究和思考社会历史规律的根本路径。以此，历史运转的过程、历史运行的机制、历史前进的动力，不是"历史活动家"⑤ 按照历史主体的时代需求所能展示的时代内容，而在于这些历史真正的主导者、活动者、参与者创造出超越"前辈"的"新的东西"。⑥ 关于历史主体的历史能动性和创造性，民粹派的思想家们是完全做不到的。不仅如此，民粹派分子在这样的思想蛊惑下，完全否定无产阶级和人民群众的历史主体地位，主张放弃和俄国沙皇的革命斗争。

四、自然观批判与超越

"现代物理学的危机"出现是必然的。先是中心力的论说被推翻的理论危机；然后是热力学原理的划时代出现、牛顿力学原理的革命性变

---

① 《列宁选集》第一卷，北京：人民出版社2012年版，第26页。
② 《列宁全集》第一卷，北京：人民出版社2013年版，第372页。
③ 《列宁全集》第一卷，北京：人民出版社2013年版，第377页。
④ 《列宁全集》第一卷，北京：人民出版社2013年版，第113页。
⑤ 《列宁全集》第一卷，北京：人民出版社2013年版，第365页。
⑥ 《列宁全集》第二卷，北京：人民出版社2013年版，第154页。

革、相对性原理对世界的新的阐释、物质和能量守恒原理对传统理论带来的挑战；再则是现代物理学的哲学倾向，使得物理学不再是一种科学原理，而是一种被事先设定的内容，现代物理学陷入神秘主义境地。列宁认为，"现代物理学危机"是暂时的，这样的争论和危机不可能在物理学史的延伸中持久存在。但在同时，这样的危机本身就是物理学的一场倒退。物理学的危机究其实质而言，就是旧物理学放弃了自己的唯物主义认识论，而且心甘情愿地接受了"唯心主义和不可知论的认识论"。① 列宁指出，"物质消失"论最大的理论危害就是"至今我们认识物质所达到的那个界限正在消失"。在辩证唯物主义的视野下，这是对客观世界最大的污蔑。② "没有物质的运动"观点出场是有其现实基础和原因的。因为自然科学还不够发达，人们在面对外在世界的时候失去了自己的自主性认识。其真正目的就在于割裂物质和运动二者之间的辩证关系，也由此抹杀了贯穿其中的无产阶级和资产阶级之间激烈的阶级对抗和斗争。

（一）"现代物理学危机"批判

在 19 世纪末 20 世纪初，法国赫赫有名的大科学家尤其是大数学家彭加勒看来，"现代物理学的危机"出现是必然的。但在列宁辩证的、历史的、社会批判的视野看来，无论是"现代物理学危机"还是关于"现代物理学危机"引发的各种争论，既不可能在物理学的发展进步中维持很久，也不可能在哲学界引发的、关于世界观的认识和争论中维持很久。列宁认为，历史是进步的，时代的车轮滚滚向前，绝不会停留在旧的视野中、旧的认识中、旧的世界中踟蹰不前，而是不断越过从理论到实践的各种障碍，走上新的发展道路。历史最终证明，列宁的认识没有错。但列宁也很明确地阐明，"现代物理学危机"的出现，本身就是历史的一场倒退。在列宁辩证唯物主义路线的批判下，所谓的"现代物理学危机"不过是相对主义形而上学方法泛滥使用后，导致物理学普遍否定唯物主义的科学方法，最终出现对整个物理学的否定。

1. "现代物理学危机论"

19 世纪和 20 世纪之交的世界数学的领袖彭加勒在 1905 年发表其具

---

① 《列宁全集》第十八卷，北京：人民出版社 2017 年版，第 269 页。
② 《列宁全集》第十八卷，北京：人民出版社 2017 年版，第 273 页。

有重磅影响力的一书《科学的价值》，书中提出和论述了"现代物理学危机"的观点。彭加勒认为，从近代自然科学发展的基本历程来看，这个危机的出现是必然的。首先，中心力的论说被推翻引发的理论危机。这个阶段最初就是以中心力理论来揭示物理世界，但热力学及电磁学理论的发展推翻了中心力的论说，物理学的分歧带来了巨大的理论分歧，并造成科学界的普遍危机。而且，这样的分歧分为两派，其一是传统的机械物理学家，他们只是将新理论的出现定格为新的发现，而不是什么现代物理危机。传统的物理学理论依然能解释物理世界的运行规律，阐释世界的本质。其二则是另外一派物理学家接受了新的物理学理论，认定这是新时代的物理学挑战。其次，"现代物理学危机"指的是热力学原理的划时代出现、牛顿力学原理的革命性变革、相对性原理对世界的新的阐释、物质和能量守恒原理对传统理论带来的挑战。最后，"现代物理学危机"在本质上是现代自然科学领域产生的哲学路线斗争，并由此产生对现代物理学带来挑战的危机。因为，在这种论调看来，物理学不再是一种科学原理，而是一种被事先设定的内容。

列宁明确指出："这是唯心主义的结论"。① 这样的结论无疑增加了物理学界对客观物质世界的普遍怀疑，彭加勒已经完全站在了唯心主义的那一边。在休谟主义者莱伊看来，"现代物理学危机"的代表人物彭加勒最具有代表性，他坚持认定的新的物理学"科学不过是符号的公式，是做记号的方法"。在彭加勒的科学世界里，所谓的科学不过是"因学派的不同而各异"，所谓的科学不但是"艺术爱好者的艺术品"，甚至是"功利主义者的艺术品"，科学的本质就是人类自身创造的、用来改造和征服外在世界的工具而已等等。莱伊得出自己的结论：这样的科学"就没有权利被称为科学"，② 科学的破产成为现实。

2. "现代物理学危机论"批判

在列宁看来，休谟主义者莱伊虽然指出了"现代物理学危机"的客观事实，但莱伊没有科学的世界观和方法论，所以不能准确地判断出旧物理学派接受了唯心主义和不可知论认识论，而且这种行为又受到了信仰主义分子的利用。列宁还指出，莱伊不能准确地划分机械派和概念派

---

① 《列宁全集》第十八卷，北京：人民出版社2017年版，第265页。
② 《列宁全集》第十八卷，北京：人民出版社2017年版，第267—268页。

的本质区别，其实是混淆了唯物主义和唯心主义之间的区别。在辩证唯物主义者看来，所谓的现代物理学危机，不过是"旧定律和基本原理被推翻"之后，在"意识之外"，外在的客观世界被完全忽视，不可知论甚嚣尘上，唯心主义统摄了唯物主义的全部世界，① 这就是现代物理学危机的本真原因。列宁指出，在实践批判的基本视域下，"现代物理学危机"不过是旧物理学放弃了自己的唯物主义认识论，而且心甘情愿地接受了"唯心主义"和"不可知论的认识论"。② 以至于让基督教式的信仰主义乘机进入现代物理学的领地，极大地扩张了"唯心主义者和不可知论者的愿望"，使得这种"代替"成为现实。他们这种行径被列宁称之为糊涂虫和半马赫主义者。列宁进一步阐述了"现代物理学危机"的原因。就是物理学界用数学概念代替了物质，用相对主义代替了辩证法，让自己沉湎在唯心主义和形而上学的世界里难以自拔，迅速导致物理学界的整体沦落。在这个"旧理论急剧崩溃的时期"，整个物理学界得不到辩证法的支持，必然导致唯心主义。③ 从认识论的角度来看，其实就是物理界没有处理好认识的绝对性和相对性问题，否认真理有相对性的一面，否认真理是一个无限接近客观事实的过程，最终让科学从相对主义走向唯心主义，这就是物理学危机的真相。用列宁的话来说就是，现代物理学正在经历它自己的新生过程，而这个新生的过程是痛苦的，痛苦的回报则是新生的"辩证唯物主义"，它是"活生生的、有生命力的生物"。④

（二）"物质消失论"批判

满脑子马赫主义观念的毕尔生顽固地坚持和宣扬"物质消失论"。列宁指出，面对日新月异发展的物理世界和不断运动发展的客观世界，我们就是借助辩证唯物主义这样先进的科学思维清理好我们的思维方法。正是在这个意义上，列宁明确指出，无论是哲学界喧嚣一时的"现代物理学危机"，还是新物理学界热闹非凡的"物质消失论"，其内在的本质不过是"新物理学陷入唯心主义"的简单镜像而已。更为简单准确地来

---

① 《列宁全集》第十八卷，北京：人民出版社2017年版，第270页。
② 《列宁全集》第十八卷，北京：人民出版社2017年版，第269页。
③ 《列宁全集》第十八卷，北京：人民出版社2017年版，第322页。
④ 《列宁全集》第十八卷，北京：人民出版社2017年版，第327页。

说，就是这些自命不凡的哲学家们和"物理学家不懂得辩证法"。① 他们没有掌握这个时代最先进和最具思辨性的思想武器，只能让自己沉湎在唯心主义的泥潭中难以自救。

1. 物质消失论

英国的马赫主义者毕尔生提出了一种"物理世界模型"的说法。他坚持认定，物质构成的成分是从"粒子"到"分子"再到"化学原子"，然后是从"最初的原子"到"电"和"以太"。在这样的物理世界观中，"原子非物质化了"，而且"意味着物质消失"了。在毕尔生看来，就是"电代替了物质"。② 满脑子马赫主义观念的毕尔生其实就是现代物理学界唯心主义者的典型代表，这样的言论影响了一大批物理学家，使得整个物理学界一片唯心主义的论调，成为促发"现代物理学危机"的重要因素。正如列宁所指出的，"现代物理学危机"、"物质消失"论，最大的理论危害就是"至今我们认识物质所达到的那个界限正在消失"，这是对外在的客观世界的直接蔑视。为了维护辩证唯物主义的权威，确立物质概念在世界观中的基本地位，列宁从认识论的视角对物质的内涵进行了阐释："物质的唯一'特性'"，就是它的客观实在性，它的不可分性，它的独立性、前提性和基础性。人类全部的意识活动首先在它之外然后在它之中。"哲学唯物主义是同承认这个特性分不开的。"③"物质消失论"在物理学界泛滥一时，就是因为科学家们放弃了自己的科学立场，放弃了唯物主义的世界观。更为准确地来说，就是放弃了具有"客观实在性"的物质观立场。

2. 物质消失论批判

"物质消失论"是"现代物理学危机"的核心论调和主题。其主要观点不过是絮絮叨叨地诉说物质边界的消失，尤其是人类社会面对的客观世界的界限的消失。人类的"知识正在深化"，而人类面对的危机正在加深。④ 借助辩证唯物主义思想武器，列宁批判了物理学界的"物质消失论"。列宁认为，这个论调的关键是争论物质世界的物理结构问题，

---

① 《列宁全集》第十八卷，北京：人民出版社 2017 年版，第 274 页。
② 《列宁全集》第十八卷，北京：人民出版社 2017 年版，第 271 页。
③ 《列宁全集》第十八卷，北京：人民出版社 2017 年版，第 273 页。
④ 《列宁全集》第十八卷，北京：人民出版社 2017 年版，第 273 页。

但无论正确与否，它本身无法否定物质的存在与否。更何况，物质世界的客观实在性本身是物理学所无法直接否定的。浅薄的马赫主义者看不到这一点，就想用自己在物理学领域中的错误认识，来完成否定物质世界客观实在性的意图。问题的关键是唯物主义和唯心主义是如何回答我们认识的泉源问题。物理学家们的脑子里被马赫主义唯心论灌满了视为真理的问题——就是关于世界本质的问题，这其实是一个与"物理世界""有关的问题"，关于世界本质和起源的问题。① 客观世界的物质实在性不能被物理学的结构问题所颠覆。从认识论的相对性原理来看，马赫主义者从"粒子论"到"分子论"、从"化学原子论"到"最初的原子论"、从"电论"到"以太论"，都不过是物理学世界认识的环节，都是自然过程的相对性认识。这样，列宁从完全相反的意义上认识了"物质消失论"。物理学家陷入唯心主义陷阱的主要原因就是：他们把具体化的物理世界和一般化的物质世界混淆起来。

（三）"没有物质的运动论"批判

针对 19 世纪中叶欧洲哲学界盛行的"没有物质的运动论"，列宁展开了坚决的批判。而要做到这一点，就是要实现辩证唯物主义与形而上学唯物主义之间的区分，这是真正的马克思主义者必须面对的时代挑战。同时还要实现辩证唯物主义与相对主义、辩证唯物主义与不可知论的本质性区别；同时，无产阶级革命进程中，辩证唯物主义面对的最大敌人就是唯心主义的挑战。应对这个敌人，既是列宁社会批判思想展开的时代任务，也是马克思主义必须应对的时代挑战，更是人类社会在自己的文明进程中必须思考的理论课题。这样的课题思考能够彰显人类社会进步的巨大能动性。

1. "没有物质的运动"论

"没有物质的运动"论这个深具唯心主义的代表性观点在 19 世纪中叶就出现在欧洲哲学界。"没有物质的运动"，这样的哲学观点出场是有其现实基础和原因的。那是因为那个时期的自然科学还不够发达，直接影响了人们对客观世界的认识。为了避免混淆思维与物质的关系问题，哲学家采取了将二者分裂的思考路径，设想着"没有实物的力"和"没有物质的精神"。后来的唯心主义家们又炮制了"唯能论"，就是不能准

---

① 《列宁全集》第十八卷，北京：人民出版社 2017 年版，第 272 页。

确把握物质与能量之间的辩证关系，主观臆断地割裂二者内在的关联关系，自然得出一整套的荒谬结论：没有物质的精神"没有物质的力"。①

2. "没有物质的运动"论批判

对于"没有物质的运动"这样的荒谬论调，约·狄慈根曾经作出了严肃的批判。恩格斯在《反杜林论》直接提出了最具有代表性的科学论断："没有物质的运动是不可想象的。"② 在辩证唯物主义者的科学视野中，物质和运动是辩证统一的、不可分割的、密切关联的。这也是马克思主义关于物质观和运动观的科学结论。但在唯心主义分子奥斯特瓦尔德之流看来，他们不把物质和运动进行完整系统的割裂，几乎得不出自己关于物质观和运动观的基本结论，这就是他们的"唯能论"。在这样的物质世界中，物质和精神这两个概念包括在能量概念之中，能量的运动过程替代了全部的物质和意识的运动过程。③ "没有物质的运动"④ 的荒谬论调，其真正目的就在于割裂物质和运动二者之间的辩证关系，也由此抹杀贯穿其中的无产阶级和资产阶级之间激烈的阶级对抗和斗争。但无论如何，"唯能论"本质上还是唯心主义的老调，是"穿着康德主义的服装出现"⑤ 的新的唯心主义。能量代替了物质，这样的混乱认识即便在物理学界都难以解释，使得"唯能论"同时成为唯物主义和唯心主义批判的靶子。那些喧嚣"没有物质的运动"的论调，就在于用精神和意识的运动代替全部的物质运动以至于整个世界的运动。

---

① 《列宁全集》第十八卷，北京：人民出版社2017年版，第279页。
② 《列宁全集》第十八卷，北京：人民出版社2017年版，第278页。
③ 《列宁全集》第十八卷，北京：人民出版社2017年版，第284页。
④ 《列宁全集》第十八卷，北京：人民出版社2017年版，第279页。
⑤ 《列宁全集》第十八卷，北京：人民出版社2017年版，第285页。

第二章　政治批判

列宁展开的政治批判包括民粹主义批判、帝国主义批判、修正主义批判和官僚主义批判,这是一个完整系统的批判体系,展示了列宁在政治思想领域的深刻认识。民粹主义批判包括俄国民粹主义的发展、民粹主义对革命力量的错误论断、民粹主义革命手段及道路的错误认知、民粹主义对俄国村社及人民工业的错误思考、民粹主义社会历史观及批判、民粹主义政治思想及批判。帝国主义批判论释了帝国主义的基本特征、帝国主义的掠夺本质和疯狂战争、帝国主义的最终前途。列宁批判了修正主义产生的根源、实质以及展开修正主义的必要性,并对伯恩施坦主义的具体理论展开批判。在官僚主义批判中,列宁阐释了官僚主义的含义、根源、危害以及反官僚主义的基本举措。

一、民粹主义批判

在俄国的革命发展历程中,民粹主义是一个不可绕开的话题。列宁详尽地阐释了民粹主义产生的时代背景、传播原因、基本流派、内容观点以及对革命造成的各种影响。民粹主义之所以在俄国的政治历史舞台上粉墨登场,就是因为俄国的工人阶级还没有形成成熟的革命力量。民粹主义革命依借的力量是农民阶级,列宁批判了民粹主义对革命力量的错误论断。列宁批判了民粹主义革命手段及道路的错误认知,因为革命民粹主义借助的是个人恐怖主义斗争手段,自由主义民粹主义坚持的是改良道路。在此基础之上,列宁对俄国无产阶级革命力量进行了科学思考和认知。列宁阐释了无产阶级革命道路及借助手段,批判了民粹主义对俄国村社的性质、地位及历史意义的错误认知。在社会历史领域,民粹主义坚持彻底的个人英雄史观。列宁同时对民粹主义政治思想展开批判,包括民粹主义均贫富思想批判,民粹派法律文化思想批判,民粹主义社会理想及批判，民粹主义乌托邦构想及批判。

（一）民粹主义发展历程及类别

民粹主义是俄国无产阶级革命和俄国实际情况相结合的产物，共经历了前后两个发展阶段。第一阶段是 19 世纪 60 至 70 年代的革命民粹主义，也就是旧民粹主义。在旧民粹主义那里，他们所依靠的革命力量是已经完全落后于时代的、保守、愚昧、顽冥不化的农民。当旧民粹主义革命失败以后，又将革命的手段和方式转向个人恐怖主义。新民粹主义也称之为现代民粹主义。他们在吸取旧民粹主义的经验和教训之后，转向改良式的革命道路。但无论采取哪一种革命道路和革命方式，都严重地违背了历史发展规律。就民粹主义的基本分类而言，其实就是对待资本主义的方式和方法的不同而已。

1. 革命民粹主义

什么是旧民粹主义，列宁给予了最为准确的阐释。就思想体系而言是"一个相当严整的观点体系"，而且这样的学说在当时的俄国是非常具有影响力的；① 就政治立场而言，民粹主义分子就是坚决放弃自由主义幻想的早期革命派，而且极其坚定地呼吁"到民间去"的政治派别。旧民粹主义展开到"民间去"②的运动，范围广泛，声势浩大，对整个俄国的革命和进步都产生了积极的影响，列宁予以积极的肯定。旧民粹主义的代表人物是巴枯宁和特卡乔夫，他们的支持者是一部分俄国知识青年和俄国底层民众的同情者。他们对待革命的方式就是到农村宣传民粹主义思想，赢取农民的支持，借助社会历史提供的大舞台，促动俄国革命目标的实现。就历史时期而言，旧民粹主义思想产生于资本主义发展的最初阶段。这个时段，俄国的无产阶级革命实力相对薄弱，无产阶级革命的时机尚未成熟。一部分革命党人对革命的前途和命运不可避免地带有纯粹和空想的成分。而俄国广大落后的农村地区的农民阶层实力还非常强大，部分俄国民主党人站在农奴的立场上，开始反抗封建沙皇的专制统治。这个时期，民粹主义分子流露出同情小农经济和小资产经济的苗头，尤其是把这个社会力量作为历史进步的主导力量，作为革命争取的对象。更为准确地来说，俄国的民粹主义在革命的初期是沙皇反

---

① 《列宁全集》第十七卷，北京：人民出版社 2017 年版，第 16 页。
② 《列宁全集》第五十五卷，北京：人民出版社 2017 年版，第 590 页。

动统治的全力反对者，而且坚信这个残暴野蛮腐朽的制度已经完全失去了它历史的存在价值，必须予以颠覆。随着第一次世界大战的展开，俄国国内外的各种矛盾尖锐到无以复加的程度，国内的反动统治力量和革命力量势同水火。这时期的民粹主义对国际工人运动持较为坚定的支持和肯定态度，对资本主义为祸人类社会的后果还能保持清醒的认识。当俄国无产阶级的革命走向低潮，这时期的民粹主义对俄国工人革命的失败已经开始持怀疑态度。面对革命的迷茫前途，民粹主义开始寻求新的革命道路和方式，试图借助俄国的农民来实现自己理想中的革命。民粹主义的暗杀活动被沙皇的反动统治残酷镇压之后，旧民粹主义掀起革命的运动彻底失败，很快退出历史舞台。

2. 自由主义民粹主义

由于革命形势的快速发展，旧民粹主义的革命方式已经明显不符合时代的要求。俄国的资本主义得到迅猛发展，俄国的农村地区在革命版图上的势力愈发单薄，农民式的革命道路不可能拯救俄国的命运。当旧民粹主义的革命道路失败的时候，就是新民粹主义出场的时候。新民粹主义的最大特点就是自由主义，代表人物是米海洛夫斯基、丹尼尔逊等人。他们坚决肯定资本主义在俄国的进步和发展，但又掩耳盗铃地拒绝接受资本主义是一个自然历史过程，而且坚持认定这是一个非常偶然的过程。所有的这一切最终暴露：所谓的自由主义民粹主义完全是小农经济和小资产阶级利益的代表者。不仅如此，自由主义民粹主义表面上吸纳和借鉴了很多马克思主义的理论成果，但又大肆扭曲马克思主义的革命理论，以此来证明无产阶级革命道路在俄国行不通。也就是说，自由主义民粹主义就是想用自己的小资产阶级革命理论代替马克思主义革命理论；用改革和改良的道路代替无产阶级通过战争和暴力手段推动的革命道路。当俄国的革命形势极为落后的时候，民粹主义的理论有其活动的巨大空间和场所；当革命的形势飞速发展的时候，民粹主义由革命的力量变成了反革命的力量。民粹主义的改良道路最终演变成无产阶级革命的绊脚石。列宁革命思想和革命历程除经历过一个短暂的和很不明显的民粹主义阶段之外，在批判民粹主义的思想和革命道路的基点之上，实现了自身的革命转变。列宁引导一个民粹主义小组走上了科学社会主义的革命之路。为了推动这场具有历史意义的革命行动，列宁开始系统地研究马克思主义理论，用这个科学的革命理论指导自己的革命行动。

列宁借助自己渊博的理论知识、醇厚的革命素养、严谨缜密的逻辑思维、雄辩有力的表达，实现了为"马克思主义者的观点辩护"的任务。① 更为准确地来说，列宁不但完成了这个任务，尤其是随着革命形势的进步和发展，他坚定地捍卫了马克思主义的科学权威，和民粹主义展开坚决的斗争，使得俄国的革命道路最终选择了科学正确的社会主义方向。

（二）民粹主义国情观错误认知

如何对待农村公社，这也是推动俄国革命不可回避的时代课题。列宁认为，在民粹主义者看来，俄国的农村公社是俄国革命的社会基础，是必须依借的社会力量。列宁严厉地批判了这种脱离社会历史进程的空洞言论。列宁明确指出，作为俄国传统社会根基的农村公社正经历彻底转型，成为资本主义社会在俄国发展的生产形式。更为准确地来说，俄国的农村公社在这场历史性的变革中正在走向解体，俄国的农民也不再是传统意义上的农奴，而成为俄国资本主义经济体系分割、吞噬、吸纳的旧的社会群体。这样的群体是以财产的多寡进行分类，而不再依照原有的经济身份予以分划。这完全归功于资本主义市场经济的雇佣劳动、产业租赁及高利贷等剥削方式运作的结果，而这样的变化是任何一个革命阶级都不能无视的现象。② 在资本主义狂潮的席卷之下，俄国的农村公社不得不面临解体的命运，它不可能成为社会主义革命的基础。

1. 农村公社错误认知批判

民粹主义者的眼里只有小资产阶级的利益，因为在革命道路、革命方式、革命手段及革命理想上的乌托邦本质，民粹主义其实就是一种不折不扣的空想社会主义。更为明确地来说，他们明面上是极力反对资本主义，但骨子里却是"倒退的社会主义"。他们断定俄国的社会主义革命需要借助这种传统的农村社会结构，就可以过渡到社会主义社会。当历史进入到资本主义疯狂发展的19世纪末的时候，俄国的农村公社受到了空前的冲击，农村经济严重萎缩解体，借助它作为无产阶级革命的社会基础已经绝无可能，民粹主义分子不得不改变自己对待农村公社的论调。列宁严厉地批判了民粹派通过保存农村公社就直接过渡到社会主义的错误论调。民粹派认为，这是俄国的实际国情决定的，完全区别于西

---

① 《列宁全集》第三十九卷，北京：人民出版社2017年版，第245页。
② 《列宁全集》第三卷，北京：人民出版社2017年版，第148页。

欧国家的革命道路。列宁在具体地分析俄国农村公社变革的基础之上得出结论：已经解体溃散的农村公社不可能成为俄国无产阶级革命的基础。特卡乔夫坚持认为，俄国的农村公社已经产生了一种深刻的公有制占有精神。俄国农民在生存本能上就是天然的、传统的、进步的"共产主义者"。列宁批判道，相比较西欧的农民，俄国的农民比民粹主义分子"更接近于社会主义"。① 这些形形色色的民粹派观点，只有一个共同的内容，那就是俄国的农村公社是走向社会主义的通天大道。

2. 人民工业错误认知批判

列宁批判了民粹主义对人民工业的错误认知。民粹派提出"人民工业"的概念。但这样的"人民工业"其实是他们眼中的小手工业者和家庭作坊的延伸和扩展而已。而且，这样的"人民工业"其实就是资本主义大工业的对立物。民粹派对这种"人民工业"展开了几乎瑰丽的想象：在这样的生产体系中，没有阶级，没有剥削，没有压迫，全部的产出都归劳动者所有，这样的生产方式比资本主义大生产的方式更具有效率、更有前途，也更有生命力，而且更能保障社会的公平和进步。② 列宁批判了民粹派这种乌托邦式的空想。因为他们所有的理解都是肤浅的、片面的，而且把资本主义进步的产业体系和落后的制度完全混淆。尤其是民粹派分子又分不清楚资本主义机器大生产与小手工业的关系，而这不过是一个低级阶段到过渡阶段再到高级阶段的发展关系而已，民粹派分子是认识不到这一点的。为此，列宁明确地告诉俄国人民，所谓的"人民工业"的手工业其实和资本主义大工业之间有着直接的、密切的、必然的联系。二者并不是什么绝对对立的关系，而是有着密切的、深刻的联系。也就是说，所谓的手工工业不过是"人民工业"的"萌芽关系"，而所谓的"人民工业"不过是手工工业直接地向前发展的结果。

（三）民粹主义革命观错误论断

列宁指出，俄国的资本主义发展不足，工人阶级的革命力量还没有完全展示出来，太过偏重农村和农民革命的民粹主义分子也看不到这样的历史进步，所以不可能借助工人阶级的革命力量完成自己的革命。列

---

① 《马克思恩格斯文集》第三卷，北京：人民出版社2009年版，第399页。
② 中国人民大学马列主义发展史研究所：《列宁思想史》，上海：上海人民出版社1988年版，第75页。

宁进一步指出，西欧和俄国工人阶级所享有的社会生存和革命环境截然不同，这也是民粹主义分子得出错误结论的原因。西欧的资本主义已经相当发达，无产阶级的革命运动已经经历了血与火的严格考验，而且建立了自己高度完善的工会组织，具有丰富的斗争经验和斗争能力。再加上福利制度的改革，使得西欧的工人阶级能够组织和进行大范围的革命行动，西欧的资产阶级政府在强大的革命力量之下愿意妥协与和解。而这一点，反动的沙皇政府和专制的资产阶级政府是绝对做不到的。列宁最终指出，俄国无产阶级革命只能依靠无产阶级作为自己的主导力量。

1. 民粹主义革命依借力量错误认知

首先，民粹主义革命依借的力量是农民阶级。民粹主义发动的革命运动所借助的力量是广大农民，而不是新生的无产阶级。列宁准确地认识到了革命民粹主义的错误，并对此展开了深刻的批判。当然，就革命的动机和勇气来说，革命民粹主义是值得赞赏的。他们借助的阶级力量也有深刻的社会历史原因。其次，俄国工人阶级还没有形成成熟的革命力量。俄国的工人阶级力量薄弱，缺乏严密的组织和领导，形不成强大有力的社会力量。他们的任何革命行动随时会遭受各种反动力量的残酷压制。俄国的工人阶级还没有受到马克思主义科学理论的系统熏陶，认识不到自己的历史地位和价值，还不能成为当时环境下最有影响力的力量。凡此种种，都是革命民粹主义分子看不到无产阶级革命力量的原因。可以说，民粹主义依靠农民阶级实现自己的革命理想完全陷入空想状态。用列宁的话来说，这是"冒牌社会主义"，而且是很可恶的社会主义。①最后，俄国无产阶级革命力量的科学思考和认知。在指正民粹主义分子借助革命力量的错误认识之后，列宁从正面阐释了工人阶级的革命自觉性和主动性。工人阶级在资本家的工厂里所遭受的压迫和剥削远远超过拥有自己土地和基本生产资料的农民。列宁总结道，"工人阶级的先进分子领会了科学社会主义，领会了俄国工人的历史使命时"②，他们就能号召一切进步人士去推翻专制制度，走向共产主义革命的胜利。

2. 民粹主义革命手段道路错误认知

列宁批判了民粹主义对革命手段及道路的错误认知：俄国的革命不

---

① 《列宁全集》第三十五卷，北京：人民出版社2017年版，第530页。
② 中国人民大学马列主义发展史研究所：《列宁思想史》，上海：上海人民出版社1988年版，第117页。

可能依靠"密谋家"的个人恐怖斗争就可以实现，也不能依靠自由民粹主义的改良道路来实现，而只有"依靠工人运动的革命党来进行"。俄国的社会民主党人应该通过"教育无产阶级"的方式而不是"组织密谋"的方式；通过"组织无产阶级"而不是组织农村公社的农民；是在工人中间进行"政治鼓动"① 而不是展开个人恐怖斗争和改良运动。列宁同时阐释了俄国无产阶级革命所必须借助的革命力量以及革命道路与方向问题。首先，民粹主义个人恐怖主义斗争方式批判。在如何实现革命的道路和手段问题上，革命民粹主义者深受个人英雄主义唯心史观的影响，大肆推崇个人恐怖活动，试图以暴力手段颠覆沙皇专制统治。他们完全无视无产阶级的革命力量，也看不到无产阶级革命力量的历史作用和潜在力量并且断言："我们这里没有城市无产阶级"——就是没有他们依赖的革命力量。其次，自由民粹主义改良道路批判。在革命民粹主义的个人恐怖主义道路彻底失败以后，民粹主义分子很快就改弦易辙，转向了一条全新的革命道路。就是说，革命民粹主义分子学乖了，放弃了暴力革命的方式和手段，开始用改良的方式寻求革命的成功。最后，无产阶级革命方式及道路。列宁继承了马克思在无产阶级革命力量方面的理论成果，并作出进一步的阐发。无产阶级成为人类文明历史上最革命的进步力量，而他们所遭受的压迫和剥削也是空前的。无产阶级才是打碎旧世界、创建新世界的革命力量。

（四）民粹主义资本观错误批判

列宁在《俄国资本主义的发展》中专门阐释了对待资本主义社会的科学态度。也就是说，要在历史的大背景和大舞台的视野上，客观地、科学地、辩证地考察俄国资本主义发展的进步性和消极性、历史必然性和历史能动性，尤其是认识到资本主义"经济制度的历史暂时性的深刻的全面的社会矛盾"和资本主义的历史进步性是"完全一致的"。② 列宁对民粹派资本主义观展开了深彻的批判。在社会历史领域，民粹派还坚持了错误的英雄史观，这是和马克思主义唯物史观相反的历史唯心主义。

1. 俄国资本主义历史客观性论释

在民粹派看来，俄国的资本主义完全是偶然的结果、主观的结果，

---

① 《列宁全集》第二十四卷，北京：人民出版社 1990 年版，第 27 页。
② 《列宁全集》第三卷，北京：人民出版社 1984 年版，第 548 页。

是俄国沙皇专制政府主观推行的结果，甚至是一种错误的移植和模仿。因为在一个完全没有资本主义发展历史和社会条件的国家，资本主义的出现绝对是主观的而不是客观的。即便资本主义在俄国获得了巨大的进步和发展，民粹派分子依然认为，资本家的大工厂和大公司绝不是俄国"工业的自然发展而出现的"。① 俄国的资本主义不但是偶然的，而且是"靠外力移植"的，其实就是俄国"政府的意志"产物。当然，这样的产物因为没有属于自己的社会历史环境，所以最终遭受"风雨飘摇的境地"，使得俄国无产阶级推动的革命面临很多复杂的局面。② 列宁指出，民粹派根本没有认识到资本主义发展的必然性，更看不清资本主义社会中最尖锐的阶级剥削、阶级对抗和阶级斗争。从经济的视角来看，资本主义不过是从小手工业到工场手工业再到机器大工业的发展进程。这个发展阶段涵盖了民粹派所认定的"从'人民生产'到'资本主义'的一切阶段"。列宁指出，资本主义在俄国就像"商品经济中社会分工"③ 能够无止境地发展是一样的。以此，人民的贫穷化和社会阶级的对抗化反而促进了资本主义的发展。

2. 俄国资本主义历史能动性分析

在民粹派看来，资本主义带来的全是灾难和破坏。无论怎么去看，资本主义的存在、发展完全是"不合理的"，这是对资本主义发展的机械论观点。④ 资本主义经济体系的存在"对国民经济是极有害的"。⑤ 因为资本主义的存在是原罪的，它"在现实的任何运行状态都必然引起一系列荒谬的后果"，引发混乱，造成灾难。⑥ 民粹主义者有一种偏执化的思维，那就是资本主义生产的存在，就是俄国"人民群众生活水平提高"的深渊，俄国的一切灾难都是资本主义带来的。只要资本主义经济体系在俄国具有核心影响力，俄国的社会历史进步就是"不可能的"。⑦ 所以，俄国的发展道路要避免"欧洲的不幸"，西方发达国家革命的无

---

① 中央编译局编：《俄国民粹派文选》，北京：人民出版社 1983 年版，第 657 页。
② 中央编译局编：《俄国民粹派文选》，北京：人民出版社 1983 年版，第 658 页。
③ 中央编译局编：《列宁专题文集　论资本主义》，北京：人民出版社 2009 年版，第 288 页。
④ 中央编译局编：《俄国民粹派文选》，北京：人民出版社 1983 年版，第 679 页。
⑤ 中央编译局编：《俄国民粹派文选》，北京：人民出版社 1983 年版，第 669 页。
⑥ 中央编译局编：《俄国民粹派文选》，北京：人民出版社 1983 年版，第 708 页。
⑦ 中央编译局编：《俄国民粹派文选》，北京：人民出版社 1983 年版，第 669 页。

产阶级革命的失败,是俄国人民最应该吸取的历史"教训",而且是最为深刻的"教训"。① 列宁批判了民粹派对待资本主义的错误态度,明确指出资本主义的历史价值。在列宁看来,错误的世界观和方法论,错误的阶级立场和错误的革命方向,导致俄国的民粹派根本"没有本领解释资本主义",不愿意"研究和弄清现实",还喜欢"耽于空想"。尤其是不能真正地把握社会历史进步的基础和进程,自然而然地得出全盘"否定资本主义的意义和力量"。②

3. 俄国资本主义前途合理性思考

俄国民粹派一边坚定地认为,资本主义大工业的发展给俄国的经济和社会发展带来了极其灾难性的后果。以丹尼尔逊为代表的民粹派分子在《我国改革后的社会经济概论》中写道:"1891 年的饥馑"就是关于资本主义罪恶存在的"一个证明"。③ 但另一方面,民粹派分子又极其错误地认为,俄国的资本主义竟然是俄国沙皇政府"错误政策"的结果。他们对资本主义的极端厌憎,完全来自他们对资本主义社会剥削本质的深刻认识,又犯了主观唯心主义的错误。普列汉诺夫阐释道,资本主义是一种什么样的制度,完全取决于它所建立的"合作制"。④ 而资本主义是一种既可能推进社会进步,也可能引发社会退步的制度。资本主义在西欧国家建立在"私人占有的原则上",在俄国则建立在"更为高级的原则之上",这个原则就是俄国的农村公社。因为工厂里的巨大变化——尤其是"劳动社会化"的时代变革,都不可能真正取代劳动人民在自己的土地上获得的基本权益,那就是对"劳动工具"的掌控和对"土地"的真实占有。尤其是城市里社会劳动关系的变革不能消弭俄国农村公社因为时代的"急剧变化"所带来的"社会感情、社会习俗"的巨大变革。⑤ 因此,俄国农村公社是可以依赖和借助的社会基础,这样基础之上的社会模式将是社会历史进步的阶梯。列宁批判了民粹派的无稽之谈,而且明确指出,这些观点都是一大堆"完全毫无意义的空话"。只有在社会运行规律的基础之上,历史主体才能彰显出其历史的创造性和选择

---

① 中央编译局编:《俄国民粹派文选》,北京:人民出版社 1983 年版,第 9 页。
② 中央编译局编:《列宁全集》第一卷,北京:人民出版社 2013 年版,第 86 页。
③ 中央编译局编:《俄国民粹派文选》,北京:人民出版社 1983 年版,第 720 页。
④ 中央编译局编:《俄国民粹派文选》,北京:人民出版社 1983 年版,第 493 页。
⑤ 中央编译局编:《俄国民粹派文选》,北京:人民出版社 1983 年版,第 493 页。

性，凭着个人的优秀能力就能创造历史和决定历史，这是不负责任的说法。

二、帝国主义批判

帝国主义展露出自己的端倪以后，世界很多著名的思想家和理论家都开始研究帝国主义。对帝国主义的思考和认识源起于19世纪中后期。约·阿·霍布森的《帝国主义》、希法亭的《金融资本》、卢森堡的《资本积累论》、布哈林的《世界经济和帝国主义》等著作，都从各个视角阐释论证了世界经济和帝国主义之间的密切关系。尤其是当俄国最初的革命领导人、优秀的马克思主义理论家考茨基，最终堕落为修正主义先锋、俄国无产阶级革命的叛徒，并撰写了《帝国主义》一文，他提出了一套称之为"超帝国主义论"的帝国主义观点。这是一篇充满了修正主义论调的著作，给俄国的无产阶级革命带来了巨大的思想混乱。为此，列宁专门撰写《帝国主义是资本主义的最高阶段》一书，对考茨基的"超帝国主义"以及其他学者的帝国主义论调展开深刻的批判，并阐释出列宁社会批判视域下的帝国主义理论。

（一）帝国主义基本蕴含

列宁指出，在帝国主义发展的时期，生产和资本的高度集中和垄断，必然是资本的集中和垄断。二者相互促动、密切关联，就是金融资本和工业资本的结合，最终是金融寡头和工业寡头的出现。在资本主义自由竞争的上升阶段，工业资本是其主要的资本运转形式；到了垄断资本主义阶段，金融资本成为最主要的资本运转形式，这是帝国主义出场的经济基础和现实依据。垄断资本缔造出金融寡头，帝国主义成为资本主义在新的历史阶段的新的表现形式。列宁为此专门指出，这样的形式就是帝国主义存在的基础，这样的基础就是现有金融的高度集中和垄断，然后是生产的高度集中和垄断。二者必须同时具备，才能促成工业资本和银行资本的相互融合，最终促生金融资本的形成，然后是庞大的垄断资本的形成，金融寡头的出现。帝国主义发展阶段，国家资本主义成为社会主义的未来过渡和历史促动。

1. 绝对垄断和高度集中

在马克思主义政治经济学原理的指导之下，在详尽的历史与经济材料的铺垫之上，列宁对资本主义的经济基质进行了深刻的研究并得出结论：自由发展的资本主义阶段，其最大的经济特征就是自由竞争；垄断资本主义发展阶段的经济特征就是集中垄断。但无论是自由竞争还是集中垄断，都是奔着利润的最大化而已。尤其是集中和垄断，不过是一种经济手段形成和积聚成一种经济实力，以获取更自由更有利更强大的生产和销售条件。就形成的过程而言，就是在自由竞争阶段，大企业大公司大集团不断确立对中小企业公司的竞争优势，实现庞大的资本积累，形成巨无霸式的生产、销售、占有和分配规模，最后达到攫取巨大剩余价值的目的。更具体地来讲，就是在自由竞争的资本主义生产条件下，依赖劳动生产率的提高，尤其是科学技术要素的增长实现大批量的生产以后，实现商品价格的降减。需要指出的是，列宁关于帝国主义集中和垄断的认识必须建立在时代发展的视野上予以思考。就是说，在列宁时代，帝国主义的集中和垄断还远远没有发展到最高阶段。而帝国主义的扩张本性决定，它必然走向跨越民族国家的视域，最终走向超国家和超民族的全球范围。事实证明，帝国主义的发展轨迹概莫能外，但在理论的底质上，列宁更偏重于从时间维度上对帝国主义垄断特性展开研究，而没有着力地推展在空间维度上的思考。从资本自身存在的不断扩张膨胀、侵袭、吞噬的本质来看，帝国主义时期的集中和垄断也是不可能局限在区域范围之内的。列宁借助竞争和垄断的辩证关系进一步阐明：帝国主义的竞争和垄断只能建立在更广的区域、更大范围、更高的层面。

2. 金融资本和寡头统治

随着金融资本实力的不断强大，它会不断扩张渗透到经济生活的每一个层面。先是借助与工商业的合作与监督，成功地渗透到工商业领域，然后再借助金融资本的扩张和渗透能力，介入到普通劳动者生活的方方面面，最终使得资本主义国家从个人到群团、从社会到国家、从国内到国外，金融资本控制了一切，金融寡头的实力和影响力与时俱增。列宁明确无误地指出，帝国主义形成和发展的进程中，最明显的特征之一就是促生了极少数的垄断者，尤其是金融的垄断者。从帝国主义金融业务的组织系统银行来看，他们也为金融资本和金融寡头的出现立下了汗马功劳。在帝国主义阶段，银行不再专注于最初的信贷业务，而是盯上了垄断资本这个大块头。为了实现这个雄伟的目标，银行不断渗透到工业垄断组织，而工业垄断组织为了获得更多的银行贷款，获取更多的垄断利润，也不断渗透到银行系统。这就是金融资本出现的现实基础，是金融寡头出现的必然结果。在如何界定金融资本的问题上，列宁批判了希法亭的错误。列宁指出，希法亭的错误就在于将自己的思考和认识简单地停留在流通领域。这样的思维方式和研究方法无疑是狭隘的、机械的，也是不科学的。希法亭认为，不可能从生产的角度去认识金融资本，当然也不可能认识金融资本的本质所在。列宁这样界定了金融资本的产生："银行资本和工业资本"的不断融合，就是金融资本产生的历史和现实条件。① 而金融寡头就是掌控金融资本的人，他们不但掌控着国家的经济命脉而且实际上掌控着国家机器，服务于自己的垄断集团。

3. 资本输出和世界盘剥

列宁指出，在自由竞争的资本主义发展阶段，商品输出是其最主要的经济形态。而在垄断帝国主义发展阶段，垄断资本输出和掠夺成为帝国主义制度的本质特征。② 相比较商品输出，这是一种新的剥削和掠夺方式，而且是更为隐秘狠辣的方式。这也是出自资本主义经济基础之中的结构性手段，和商品输出的外延性手段截然不同。为此，列宁作了极具前瞻性的批判：很明显，在人类社会即将进入的 20 世纪，我们都会看见"一种别具形式的垄断模式"，这种垄断模式会不断扩张变大。当它获得自己的组织形式的时候，就是垄断联盟出现的时候，而且这种联盟最终蔓延到整个西方发达国家。列宁明确指出，垄断组织的结构是金字塔形的，这和垄断结构是金字塔形是一样的。就是说，占据垄断联盟顶端位置的只能是少数国家。他们凭借自己得天独厚的垄断地位，然后"在先进资本主义国家"普遍造成"过剩资本"③ 的经济现象。大量过剩资本的出现和垄断资本是一种不可剥离的孪生关系。垄断资本是过剩资本的原因，过剩资本是垄断资本的结果；过剩资本是资本输出的物质基础，又是从国内投资市场走向国际投资市场的内在驱动。就垄断资本的输出本质而言，列宁指出，那不过是帝国主义的垄断性、寄生性、腐朽性、侵略性、掠夺性的坚实基础。而且，这样的坚实基础其实也是未来社会主义革命运动的经济前阶。

4. 国际垄断同盟的形成

在帝国主义时代发展阶段，商品输出的剥削掠夺方式转变为资本输

---

① 《列宁全集》第二十七卷，北京：人民出版社 2017 年版，第 358 页。
② 列宁：《帝国主义是资本主义的最高阶段》，北京：人民出版社 2001 年版，第 53 页。
③ 列宁：《帝国主义是资本主义的最高阶段》，北京：人民出版社 2001 年版，第 53 页。

出的剥削掠夺方式，殖民地经济成为帝国主义经济扩张的主要形式。为了掠夺更多更高更大的垄断利润，帝国主义垄断组织由民族形式转变为国际形式——就是从国家垄断联盟转变成为国际垄断联盟。而国际垄断联盟的出现就是为了掠夺和剥削国际范围内的财富，控制和占领整个世界市场，而不是叛徒考茨基所宣称的那样，是为了人类社会的和平。列宁尖锐地批判道，国际垄断组织就是为了掠夺世界财富才应时而生的，而绝不是什么慈善和爱心组织，更不可能为了世界和平努力奋斗。考茨基认为，这样的组织"给世界各国带来了资本主义制度下各民族间的和平的愿望"。列宁批判道，这是"最恶劣的机会主义"，是一场彻头彻尾的欺骗，而且"完全是一种诡辩"。[①] 列宁进一步指出，从私人垄断资本走向国家垄断资本、从国家垄断资本走向国际垄断资本，这是完全符合马克思主义基本理论的推论。因为在一个世界经济和交往普遍联系的世界，割裂世界的整体性大视域，只去谈帝国主义"一国的情况是荒谬的"。[②] 因为帝国主义时代就是国家突变发展的时代，世界市场的全球性联系，资本在全世界范围内的无限制扩张，使得国际化趋势成为垄断资本主义的基本特征。而帝国主义还在不断地扩张，不断地膨胀，不断地强化自己的统治，在全世界开拓自己的原料产地、资本市场、销售产地和殖民地体系，以此来维系本国的发展，这就是国家垄断资本主义被最终取代和超越的时候。

5. 国家资本主义过渡

在列宁看来，随着现实环境的变化，资本主义国家强调改变社会调解的分配模式，甚至实行普遍义务劳动模式，这是向高级别的计划性的模式转型。在列宁看来，这个转变的最大利好就是奠基了一种向新的国家过渡的条件和基础，而这个国家就是社会主义国家。也就是说，国家垄断资本主义和社会主义革命存在一种内在的、必然的、客观的联系。这样的联系是促生社会主义国家出现的最好过渡。它是"社会主义的前阶"。[③] 也就是说，"国家垄断资本主义是在为社会主义做最充分的物资基础，是共产主义的初始阶段"。而且要使得这样的物质基础转化为社会历史进步的基础，就是要国内外矛盾尖锐化到极致的状态，这样就会成

[①] 列宁：《帝国主义是资本主义的最高阶段》，北京：人民出版社2001年版，第65页。
[②] 《列宁全集》第二十九卷，北京：人民出版社2017年版，第351页。
[③] 《列宁全集》第三十四卷，北京：人民出版社2017年版，第290页。

为帝国主义统治战线最薄弱的链条，能直接引发和导致帝国主义统治体系的崩溃。当这个链条在风潮汹涌的无产阶级革命中断裂的时候，就是"国家垄断资本主义"走向溃散的时候，而且是它的经济成就"转化为社会主义"现实基础的时候。① 因为国际垄断资本在整个"文明世界"的深刻联系，就是现代工人国际性运动的经济与现实基础。② 而这一点，走在全世界无产阶级革命最前列的俄国工人阶级，在社会民主党人的领导下早就意识到了这一点。他们毫不隐讳这样一种观点：那就是俄国的无产阶级早已成为"无产阶级世界大军中的一支队伍"，他们掀起的革命运动已经变成"国际社会民主党的一部分"。③

（二）帝国主义战争本质

帝国主义的本质是贪婪的、自私的、野蛮的、血腥的。准确地来说，帝国主义不进行殖民掠夺和殖民战争就活不下去，战争是帝国主义生存发展的前提、基础和条件。从经济利益争夺到政治利益争夺再到军事利益争夺，其背后都是垄断资产阶级的利益争夺，帝国主义战争不可避免。也就是说，帝国主义的殖民侵略和掠夺为全世界落后民族的进步和解放打下了深厚的基础。但在同时，我们也能看出，帝国主义之间也出现了一种前所未有的、勾连极深的利益链条。在这个互相牵连、互相制约的利益链条中，全世界的反动力量都联结起来，这样的勾结和联合，无疑增加了无产阶级和殖民地人民实现革命任务的难度。

1. 瓜分世界狂潮

19 世纪末 20 世纪初，帝国主义国家凭借自己的资本、经济、军事等垄断实力，掠夺和统治了几乎全世界。所有弱小和落后的民族都变成了它们砧板上的肉，欧美发达资本主义国家把除去自己容身之地以外的全世界变成了自己的原料生产地、商品销售地和投资领地，帝国主义掀起瓜分世界的狂潮。二战以后，波澜壮阔的民族革命和解放浪潮，最终导致资本主义殖民体系的全盘崩溃，这也就是帝国主义王朝的全面瓦解，帝国主义侵略和殖民全球的可耻历史成为过去。这也使得后世很多学者一直想把帝国主义及其殖民侵略定格为一种历史现象而不是随着资本主

---

① 《列宁全集》第三十二卷，北京：人民出版社 2017 年版，第 364 页。
② 《列宁全集》第三十二卷，北京：人民出版社 2017 年版，第 374 页。
③ 《列宁全集》第六卷，北京：人民出版社 2017 年版，第 194 页。

义国家存在的永恒现象。还有人坚持认为，对帝国主义的存在及其本质性认识，需要以历史性和时代性的视野去深入思考。

2. 战争生存法则

无论是老牌的帝国主义代表英、法、德、意、俄，还是它们的新锐美、日等国，因为其垄断经济利益生成的垄断政治体制，再到垄断利润追求的本质，使得殖民侵略和殖民战争成为其生存的常态。也就是说，所有帝国主义战争及侵略行为的背后无一不是辛迪加、卡特尔、托拉斯诡谲无比的魅影和蚕食鲸吞的意图。而所有帝国主义国家的存在，不过是为了维护这些垄断组织而存在的国家机器罢了。所以，垄断资产阶级国家的政治领袖什么也做不成，他们只有随声附和这些背后的大东家，然后迫不及待地满足他们的掠夺意图。用列宁的话来说，进入垄断资本主义的世界，向我们显示的不仅仅是在经济上瓜分世界，而且要在军事上完成全面掠夺和占领，全世界的存在对它们来说不过是收入囊中和未收入囊中的海外殖民地、投资场所和商品市场而已。用更为简洁明了的一句话来说就是：经济利益的争夺转变成为政治利益的争夺，最后变成军事利益的争夺。军事利益的争夺就是掠夺殖民地，而这样的掠夺是全球性的。列宁指出，帝国主义的掠夺战争始发于19世纪70年代，这样的掠夺战争愈演愈烈。从更深的层次来讲，帝国主义之间的战争掠夺模式是从最初的分割世界领土和资源的斗争转为全球范围内的金融资本争夺。

3. 战争不可避免性

从理论的层面上来讲，列宁是通过资本主义经济政治发展的不平衡规律来阐释帝国主义战争是不可避免的规律的。列宁认为，这样的不平衡先是经济的不平衡，然后是政治的不平衡，再就是军事实力的不平衡。这些不平衡必然引发国际垄断组织金融实力的不平衡，最终是掠夺殖民地数量的不平衡。这样的不平衡是不可能通过任何常规手段予以解决的，只有战争的手段、血腥的手段、暴力的手段才能解决相互之间的争端。这就是列宁得出的"帝国主义战争是不可避免的"必然结论。但在两次世界大战以后，尤其是第二次世界大战以后，即便是帝国主义国家也深刻地认识到战争的互相毁灭和伤害，极大地抑制了帝国主义国家发动世界级掠夺战争的冲动。更因为全世界范围内的民族解放运动和无产阶级革命运动直接毁灭了帝国主义国家的战争基础。随着全球化进程的发展，世界政治经济文化的紧密度进一步加强，资本主义国家更愿意采取协调商谈的方式来解决相互间的争端。可以说，大范围的战争已经不是随随便便能发动起来的，和平的因素正在增长。

4. 战争的历史性

帝国主义战争是不可避免的。帝国主义在全球性的垄断利益争夺中结成世界级掠食者联盟。它们相互间的剧烈争夺使得全世界封闭落后的殖民地和半殖民地形成一个整体圈层，这样的圈层更方便他们的争夺。为了攫取更多、更大、更高的垄断利益，国际垄断资本家联盟最终形成，它们的最高利益就是追求全球的垄断统治。就是说，它们想独霸全世界的原料产地、销售市场和投资场地。当然，全球垄断者的贪婪和疯狂完全出自它们自身的安全和生存需要。因为只有占有更多的掠食空间才能保证它们自己的生存空间，商品输出形式转化为资本输出形式。对资本输出国家来说，这样可以攫取到更多更大更高的垄断利益；对资本的输入国来说，则大大加速了那些国家的资本主义发展。从这个层面来讲，就是侵略和掠夺加深的时候，就是殖民地人民反抗意识浓重，最终成长为强大的力量的时候。这里，也应该看到帝国主义的侵略和掠夺，给世界带来的进步和变化。所有的落后国家都是被掠夺和被剥削的对象，但它们也在这样的磨难中获得自己最艰难的进步，落后的经济制度开始崩溃，腐朽专制的制度开始坍塌。当这样的进步足以唤醒它们的民族意识和自主意识的时候，就是它们开始自己民族自救运动的时候、展开民族解放革命的时候。列宁还同时指出，当殖民地人民的反抗斗争日益强大的时候，就是殖民地的反动势力日益强大的时候。

（三）帝国主义腐朽命运

列宁指出，帝国主义无法脱逃自己垂死腐朽的命运，全世界帝国主义最终走向全部死亡的结局。作为列宁时代之后上百年的后来者来说，我们看到的世界和列宁所看到的世界已经大相径庭。尤其关于那个时代的理论启示、理论预言和理论判断，我们可以在相当程度上得出更合理的结论。就现下看来，列宁得出的结论只能是一种趋势性的预判，而不是一种必然性的结果。他没有探索清楚资本主义生产关系局部的调整能力，没有看到全球化浪潮对资本主义的再生和进步带来的巨大推进作用，尤其没有看清楚帝国主义国家在整体文明和进步的基础上，摆脱了列宁所预言的帝国主义整体命运的结局。这样的思考和认识对新时代的我们来说具有现实性的思考意义。

1. 帝国主义垂死腐朽的命运

列宁在《帝国主义论》中阐释帝国主义垂死、腐朽、崩溃的结局和命运。列宁的阐释和论证旨在严厉批判伯恩施坦等修正主义者的消极悲观情绪,极大地鼓舞无产阶级革命的热情和勇气。列宁在《国家与革命》中进一步指出,从私人垄断到国家垄断再到世界垄断,这是资本主义王国走向社会主义世界的第一步。为了更为准确地表达这种观点,列宁用了"接近"这一词汇。但这种"接近"更为准确地说是可以努力奋斗的方向,是一种可以实现的目标,这是革命乐观主义情绪的直接表达。而这里需要直接驳斥的则是修正主义者对社会主义革命前途的悲观论调。尤其是他们对改良主义不正常的偏好和对资本主义社会居心不良的粉饰行为,这是革命导师列宁必须予以坚决回击的内容。也就是说,面对一个腐朽、即将死亡的制度,无产阶级革命者最应该做的就是勇敢地掀起革命高潮,将它们送进历史的坟墓。但近百年的人类社会历史进程表明,距离帝国主义真正的垂死腐朽还有相当距离。

2. 帝国主义走向死亡的结局

就时代的发展情形而言,列宁得出的结论是合适的,也有实实在在的依据。列宁以美国为例证明了自己的看法。美国是当时资本主义国家中最富裕发达的国家,即便如此,表面上的富丽繁华也掩饰不住内在的萎缩和消退。美国因为各种地缘和资源优势,吸引了全世界的资金、技术和人才,进化为一个只需要印刷美元就可以过一种奢侈富裕生活的国家,致使国内的实体产业"不断缩减和萎缩",走向不可避免的衰败景象。[①] 而且在制度的运行模式中出现了前所未有的变化,那就是占有权和经营权的分离,所有权和管理权的分离,这必然造就一大批依赖货币资本生存的食利阶层,这是它寄生性的直接表现。列宁是在具体的数据和论据之下,看到了整个资本主义世界由于过度积累导致的全球范围内的过剩。这样的过剩不仅仅是资本的过剩,而且还有产能的巨大过剩。资本主义世界的生产已经完全投机化、虚拟化和泡沫化。资本主义经济体系的存在完全为了攫取剩余价值、为了牟利,它们对社会的进步没有任何兴趣,有的只是掠夺财富的热情。这样经济制度的极致就是上述"三化"

---

① 郑彪:《重读列宁的帝国主义论》,北京:中国经济出版社 2010 年版,第 185 页。

结果。所以，列宁得出了关于帝国主义的最终命运：它是寄生的，也是腐朽的，更是垂死的，帝国主义的最终命运将是不可避免地走向死亡。

3. 帝国主义及其发展趋势

对第一次和第二次世界大战来说，帝国主义之间的战争是不可避免的，但对资本主义社会的整体前途和命运来说，列宁低估了资本主义的自我修复能力，以及资本主义国家自我调整所促生的强大的生命力。资本主义的寄生性是不可否认的，但是资本主义的腐朽性和垂死性却是有待商榷的，事实上是不合适的。也就是说，列宁过于看重垄断给资本主义经济带来的滞碍作用，而没有看到它给资本主义经济基础和上层建筑带来的调整作用。就是没有看到资本主义制度还可以在更广阔的生存空间中获得一种良性促动，以此对资本主义制度的最终命运展示出积极倾向的认识。然后将符合于某个历史阶段的判断推展到整个历史阶段，这是不合适的，也是不科学的。从反面来说，考茨基的观点也不完全都是列宁所得出的一个叛徒式的结论，虽然考茨基掩盖了帝国主义国家存在的根本矛盾，不切实际地追求一种对时代来说不可能的永恒和平。但在一些具体的判断上，如资本主义现有制度的稳固性和再生性上，考茨基的结论是合适的。第二次世界大战之后的人类文明进程也证明，列宁关于帝国主义的一些判断是欠妥的。

三、修正主义批判

列宁指出，伯恩施坦主义是对马克思主义的全面修正，是原原本本的修正主义。伯恩施坦主义的理论本质是新康德主义，它的修正是全面的、彻底的，而且极具诱惑性和煽动力。列宁还阐释了伯恩施坦修正主义产生根源，包括它的思想渊源、阶级根源。伯恩施坦修正主义的体系，既有哲学领域的修正和批判，也有经济学领域的修正与批判，更有科学社会主义领域的修正和批判。列宁指出了批判伯恩施坦修正主义的必要性：是应对伯恩施坦修正主义给无产阶级革命带来巨大危险的需要，是应对俄国修正主义分子挑战马克思主义的需要，也是指导俄国无产阶级展开革命斗争的需要。列宁对伯恩施坦修正主义具体理论的批判，包括对伯恩施坦修正主义政党观的重点批判，对俄国修正主义的批判。

（一）修正主义总体阐释

马克思主义自从诞生那一天起，就是和层出不穷、各种各样的伪马克思主义、反马克思主义和非马克思主义展开全面斗争的过程。恩格斯过世以后，共产主义革命斗争失去中流砥柱，资本主义演化到帝国主义阶段，狡猾的资产阶级改变了自己对付工人的手段，大肆收买无产阶级代表，贵族化的政党领袖堕落为资产阶级利益呼喊的打手，马克思主义的修正者伯恩施坦就是在这样的背景下出现的。伯恩施坦主义就是修正的马克思主义，其理论实质是彻头彻尾的唯心主义，是新康德主义在新时代的代表形式。从哲学到政治经济学再到科学社会主义，伯恩施坦主义对马克思主义展开全面的修正，几乎否定了马克思主义所有代表性的观点。伯恩施坦修正主义的修正是全面的、系统的，在西方社会、政治、经济、文化及思想领域产生巨大的效应，充满了各种欺骗性、诱惑性和煽动性，给马克思主义的革命之路带来了巨大的挑战，列宁对此展开了深刻的批判。

1. 修正主义蕴涵

伯恩施坦主义其实是以伯恩施坦为核心形成的一整套篡改和修正马克思主义的理论体系。德国民主党人伯恩施坦在《社会主义的前提和社会民主党的任务》一书提出"最终目的算不了什么，运动就是一切"的口号。在这样的理论出发点和思路之下，伯恩施坦展开全面的修正，形成一整套伯恩施坦修正主义思想。伯恩施坦污蔑道，所谓的科学社会主义、历史唯物主义和剩余价值论根本不是什么科学的理论创新，它们不但否认了社会历史发展的进程性，还展示了马克思主义的非科学性。资本主义社会的灭亡和社会主义的胜利也绝不是什么历史必然性的结果，而是无产阶级努力奋斗的结果。社会规律性和历史决定性是完全不成立的。无产阶级革命斗争理论和无产阶级政党学说，是不折不扣的反社会、反文明、反进步、反人类的内容。所以，暴力的无产阶级革命是不可能实现的，改良的道路是走向社会主义的唯一道路。伯恩施坦几乎在每个领域都对马克思主义进行了修正和篡改，并且得到大批的拥趸，伯恩施坦修正主义泛滥在国际无产阶级革命运动大潮之中。

2. 修正主义本质

伯恩施坦主义有其深彻的理论渊源，他信奉新康德主义，坚决批判辩证法。他认为辩证法是马克思主义的"错误"，甚至是马克思主义"最致命之处"。马克思主义的错误和问题就来自这种黑格尔式的哲学呓语。在伯恩施坦那里，辩证唯物主义思维就是另一种形而上学，辩证法揭示的事物发展内在规律不过是一种思维的扭曲。为了阐释自己的理论，伯恩施坦将一大堆折中思想当作自己的理论基础，以此来重新揭示社会历史的发展进程。在伯恩施坦看来，马克思的劳动价值论没有什么价值，不过是一系列旧理论的"还原"，是工人展开的劳动过程在马克思那里的无意义"抽象"，而这样的劳动价值论和经济学史上的旧观点没什么分别。剩余价值不是什么划时代的经济学成就，而是一套"单纯的方式"、"假说"的方式、"公式"的方式。① 马克思关于资本一般积累的学说是空洞的，所以对资本主义经济危机的认识也是"贫乏的"。诸如此类，伯恩施坦全方位地篡改和修正了马克思主义的经济学原理。

3. 修正主义特性

在如何实现社会主义革命的问题上，伯恩施坦更是谬论迭出。他坚决反对通过暴力的方式夺取政权，反对无产阶级通过专政的方式维护自己的政权。因为专政是低俗的、恶劣的，拿不到社会历史的公开场面。而社会民主党人最应该做的，就是利用资产阶级民主给予的一切便利，来争取自己的民主权利和进步。而这样的民主形式无论是议会制还是人民代表制，都是可以借用的制度形式，都是无产阶级可以利用的、能帮助广大劳动人民进入新社会的阶梯。所以，在伯恩施坦看来，改良的方式、和平的方式才是最好的革命手段。因此，"最终目的，毕竟是次要的"，过程才是最关键的。② 伯恩施坦为此发出呼喊："运动就是一切"。只要工人能够行动起来，能够"精神抖擞地追求眼前的目的"，甚至这种最终的目标都不需要事先描绘一下。伯恩施坦满足眼前的目标及利益，放弃了工人阶级应该坚持的、伟大的奋斗目标，这是短视的，也是背叛性的。伯恩施坦最主要的依据就是资本主义自由和民主制度可利用的程度，因为它的存在还是有价值的，因为它在继续发展进步，所以完全可以利用。

4. 修正主义影响

在伯恩施坦看来，社会民主党人的重要任务就是积极推进资本主义

---

① 〔德〕爱德华·伯恩施坦：《伯恩施坦文选》，殷叙彝编，北京：人民出版社2008年版，第176页。

② 〔德〕爱德华·伯恩施坦：《伯恩施坦文选》，殷叙彝编，北京：人民出版社2008年版，第33页。

民主的发展，以达到最终促成资本主义民主向社会主义民主过渡的可能性。而且这样的过渡是和平的、民主的、非暴力的。伯恩施坦的言论极具诱惑性和煽动力，在德国社会民主党内、第二国际甚至整个欧洲都产生了极大的负面影响。当然，这样的言论也引发了一系列的回应。以卢森堡、倍倍尔为首的共产党人对伯恩施坦的言论展开系列的批判，其中，卢森堡的贡献尤为重要。但就整体而言，这些理论家和革命家的批判还停留在马克思主义的基本视野。更为准确地说，就是一些马克思原有理论的重复，达不到深层次的批判。他们只是把批判的矛头都指向伯恩施坦对马克思主义理论背叛这个最基本的视点上，对伯恩施坦的批判没有看到资本主义向帝国主义转变的时代大课题，在基本原理和方法论上也没有获得重大进步。面对世界政治经济社会的重大历史变迁，没有足够的理论突破和创新，不能很好地引领无产阶级革命的斗争，致使伯恩施坦之流的弄潮小丑兴风作浪，给国际共产主义运动带来极大危害。历史的大时代给了列宁这样的历史人物以历史性机遇，在批判修正主义的过程中，使得列宁主义成为时代的新旗帜。

（二）修正主义产生根源

修正主义的出现有着从理论到社会历史的诸多根源。列宁得出结论：在无产阶级革命的道路上，像伯恩施坦这样的修正主义出现是"不可避免的"，因为它具有深刻的"现代社会中的阶级根源"。需要指出的是，这样的"修正主义是国际现象"。在如何分析和认识伯恩施坦主义的问题上，卢森堡的视野与方法和列宁是完全一致的。就是说，这是一种思潮，不能简单地从个人的因素去判断，而是从社会历史的大背景中去认识。也就是说，在他们社会历史运动的大环境中去认识他们的阶级和阶级根源。列宁总结伯恩施坦主义出现的社会历史原因：它绝"不是偶然的现象"，不是马克思主义发展进程中个别人物对马克思主义事业的"罪孽、过错和叛变"，而是无产阶级革命事业中"历史"的、"时代"的、"社会"的"产物"。也就是说，伯恩施坦修正主义的出现绝不是偶然的而是必然的。① 为此，以列宁为首的无产阶级革命家和理论家对伯恩施坦修正主义展开了极为严厉的批判，捍卫了马克思主义革命理论的科学性和合法性。

---

① 《列宁全集》第二十六卷，北京：人民出版社2017年版，第264页。

1. 修正主义思想渊源

伯恩施坦修正主义不过是一大堆各种杂色理论的糅合，本质上就是一个打着无产阶级革命理论旗号，服务于资产阶级小资产阶级利益，在全社会推动改良革命的思想体系。卢森堡指出，伯恩施坦修正主义根本不是什么时代的理论创新，它什么都不是，就是一些理论的"垃圾堆"，是一些"思想体系的破片"，是很多大大小小"思想家的片断"。① 在卢森堡的批判视野中，伯恩施坦是一个彻头彻尾的改良主义者，他改造社会的手段是和平主义式的，而且充满了浪漫主义的色调。列宁指出，伯恩施坦修正主义那里根本没有什么新内容，更谈不上"什么发展和形成"，他的所谓的理论不过是直接和间接地从资产阶级政府到处都是的报纸杂志上搬过来的各种理论杂糅，然后打上社会主义的印记。这个理论的杂货铺是很可笑的。② 更为明确地来说，伯恩施坦主义就是"用资产阶级观点阉割马克思主义真理"③，是不折不扣的修正主义。在伯恩施坦的有限视野中，资本主义社会中的诸多因素都是遏制经济危机的手段：从垄断组织的扩张到资本主义社会交通手段的大力改进，从通信手段的飞速发展到信用制度的成熟，这些都是资本主义经济进步和强大的表现。伯恩施坦坚决反对无产阶级革命，拒绝通过专政和革命的手段夺取国家权力。他坚持认为，无产阶级不需要摧毁资产阶级国家的上层建筑就可以达到自己的目的，就是用和平的方式而不是暴力的方式来夺取国家政权。列宁进一步指出了伯恩施坦在无产阶级革命学说领域中对马克思主义的修正。

2. 修正主义阶级根源

需要指出的是，伯恩施坦修正主义的理论视野是偏狭的，它只看到资产阶级力量存在的历史和社会价值，而看不到无产阶级的力量，或者是过于夸大了资产阶级的力量而低估了无产阶级的力量。对于革命的前途和命运，伯恩施坦主义分子充满消极悲观的论调。他们害怕一切阶级斗争，不接受任何形式上的阶级斗争和阶级联合；害怕反动势力的镇压和迫害，打算放弃所有的阶级斗争；为了达到自己设定的革命目的，修

---

① 《卢森堡文选》上卷，北京：人民出版社1984年版，第140页。
② 《卢森堡文选》上卷，北京：人民出版社1984年版，第70页。
③ 《列宁全集》第二十一卷，北京：人民出版社2017年版，第97页。

正主义分子甚至不惜出卖革命和群众力量，以实现和资产阶级的妥协。列宁尖刻地批判道，这是些只知道自己不知道别人的人，只知道眼前利益不知道将来利益的人，只看到局部利益看不到全局利益的人。也就是说，这些眼界狭小的人不过是广大的小资产阶级而已，他们在资产阶级和无产阶级之间的对抗和斗争中找不到自己的位置，为了维护自己的利益又迷糊了自己的世界观和价值观，所以只能在二者之间坚持一些模糊的奋斗理想，这是修正主义产生的不可忽视的阶级根源。修正主义者认为，无产阶级革命只有大多数人口被无产阶级化才能真正推动和实现无产阶级革命。这是极其错误的，是对马克思主义的严重曲解。也就是说，革命阵营中永远都有那些只为了自己的阶级利益奋斗的人，不可能接受最革命的手段来维护全体受压迫受剥削阶级的利益，更没有为了人类社会的整体利益，去消灭资本主义制度这个最凶恶的敌人。列宁因此指出，从这个视角来看，无产阶级的革命只能依靠无产阶级自身，那些狭隘自私的小资产阶级只能在革命的斗争中被改造而不可能直接站在无产阶级这一边。

（三）修正主义批判价值

列宁认为，在俄国必须重视科学社会主义理论的宣传，展开对修正主义的坚决斗争，消弭这种反动理论对俄国革命的侵蚀。因为"只有革命马克思主义的理论"，才能真正地指导无产阶级革命运动。而俄国的社会民主党人要做的就是坚决捍卫无产阶级革命理论，坚持无产阶级革命事业，不要受修正主义这些所谓的"时髦理论"的侵扰，以免真正的马克思主义革命理论要么"被曲解"要么"庸俗化"，这简直是很难以容忍的事。① 列宁尖锐地讽刺道，伯恩施坦主义理论上是"费边主义"，"实践上是机会主义"，本质上"是登峰造极的机会主义和可能主义"附加"胆小的机会主义"。② 列宁对伯恩施坦主义的深刻批判，旨在指导俄国无产阶级展开革命斗争。

1. 应对无产阶级革命的挑战

对于修正主义的危险和挑战，卢森堡就直言不讳地宣称，这是一场

---

① 《列宁专题文集　论马克思主义》，北京：人民出版社2009年版，第83页。
② 《列宁全集》第五十三卷，北京：人民出版社2017年版，第207页。

无产阶级革命存废的斗争,① 是一场坚守社会主义性质的斗争,是一场涉及无产阶级政党"生死存亡"的斗争。② 更本质地来讲,这是两种制度、两种前途、两种命运的斗争问题。列宁对国内外无产阶级阵营批判伯恩施坦主义的动态极为关注,他借助各种关系寻找批判伯恩施坦主义的文章和报刊,了解修正主义的思想内容和产生的社会影响,以及对俄国无产阶级革命、欧洲社会主义革命运动产生的消极作用,以便更好地领导俄国社会民主党人。列宁还非常注重借鉴和吸纳俄国革命先驱之父普列汉诺夫展开的批判,通过各种途径收集到普列汉诺夫批判伯恩施坦的文章,如《黑格尔逝世60周年纪念》《伯恩施坦和唯物主义》《我们为什么应该感谢他呢?(致卡尔·考茨基的公开信)》《康拉德·施米特反对卡尔·马克思和弗里德里希·恩格斯》等,这些文章都是普列汉诺夫批判伯恩施坦的代表性文章。列宁高度赞扬普列汉诺夫站在唯物主义一元论的立场上,坚决支持批判新康德主义、批判修正主义的积极态度。列宁同时非常关注国际共产主义运动中召开的国际会议对伯恩施坦的批判。列宁还非常赞成德国民主党人在汉诺威大会上的做法,将伯恩施坦修正主义对无产阶级政党及其策略的攻击列入会议议题,正式讨论,形成决议,并展开全面的回击,以此捍卫马克思主义的科学性和权威性。

2. 应对修正主义分子的污蔑

伯恩施坦宣称,俄国人都接受和相信他的修正主义观点。列宁严正地指出,这是一种谎言,伯恩施坦在俄国只能遭到更可耻的惨败。为了对伯恩施坦修正主义做出最严谨、系统的批判,从霍尔巴赫到爱尔维修再到康德,列宁又认真地进行了一次哲学课程的补习。③ 因为列宁深切地知道,修正主义在新康德主义理论的支撑和支持下,如果不进行马克思主义哲学的深厚积淀,是不可能完成对伯恩施坦修正主义的深刻批判。因为伯恩施坦修正主义展开的斗争不过是一些立场不坚定的革命分子毫无意义、毫无原则的机会主义斗争,争取的不过是"局部的"解放而不是全面的解放。为此,俄国的修正主义分子竟发出公然号召,要求"俄国工人运动与俄国社会民主党"④ 接受修正主义观点,妥协退让,放弃

---

① 《卢森堡文选》上卷,北京:人民出版社1984年版,第71页。
② 《卢森堡文选》上卷,北京:人民出版社1984年版,第71页。
③ 《列宁全集》第四十四卷,北京:人民出版社2017年版,第31—32页。
④ 《列宁全集》第四卷,北京:人民出版社2013年版,第216页。

自己的革命阵地。在列宁看来，俄国修正主义分子所有的套路不过是"伯恩施坦那本'时髦的'书的翻版"，而且是很不好的"翻版"。① 列宁指出，俄国修正主义不过是一种比伯恩施坦修正主义更为"极端混乱的思想"，"根本没有独立的见解"。而且，俄国的修正主义明显"倒退了一大步"，② 俄国的修正主义相比较德国的修正主义要"差得多"。从这个角度来讲，俄国的修正主义分子比不上"伯恩施坦的百分之一"。③

3. 指导俄国无产阶级革命行动

1899年4月，列宁在第一次研读伯恩施坦修正主义代表性著作《社会主义的前提和社会民主党的任务》一书之后指出，他为自己身在修正主义思想"相当远的地方"而感到无奈，同时也为自己最初没有真正地接触和研读过伯恩施坦的著作，不能进行最直接的回应而感到歉意。正因为如此，他不能真正"了解'批评家们'的全部观点"，总是停留在旧阶段，总是"用'老眼光'看问题"。④ 而对于伯恩施坦的修正主义观点，列宁则做出了最激烈的回应，甚至到了有些愤怒的地步。列宁指出，伯恩施坦的观点极其低劣，完全是既有理论的重复；所谓的创新和深思，不过是一大堆"空洞的批评"。⑤ 为了实现对伯恩施坦主义深彻的批判，列宁在1899年至1900年之际翻译了伯恩施坦和考茨基该著作之后，在自己悉心研究和思考的基础上，撰写了书评，文章详细地阐释了伯恩施坦主义的本质，严厉地批驳了伯恩施坦主义的修正主义本质，揭露伯恩施坦背叛革命的真实目的，进一步指导俄国无产阶级革命的斗争。列宁明确指出，伯恩施坦缺乏革命的批判精神，尤其缺乏"严肃诚恳的批评"态度，⑥ 反而带来了成堆的问题；没有任何真正意义上的创新，而是一大堆的理论抄袭和堆砌。列宁指出，考茨基回应了伯恩施坦关于"马克思的学生'存心袒护、故意刁难'"的实质，其实是他们的理论没有现实依据，当篡改马克思主义的"刁难伎俩完全败露"后，⑦ 他们在无产阶级革命的大好形势之下不得不落荒而逃。

---

① 《列宁全集》第四卷，北京：人民出版社2013年版，第213页。
② 《列宁全集》第四卷，北京：人民出版社2013年版，第233页。
③ 《列宁全集》第四卷，北京：人民出版社2013年版，第233页。
④ 《列宁全集》第四十四卷，北京：人民出版社2017年版，第34页。
⑤ 《列宁全集》第五十三卷，北京：人民出版社2017年版，第207页。
⑥ 《列宁全集》第四卷，北京：人民出版社2013年版，第175页。
⑦ 《列宁全集》第四卷，北京：人民出版社2013年版，第180页。

(四) 修正主义体系批判

卢森堡批判伯恩施坦修正主义,从本质上来讲就是机会主义式的改良主义。在列宁看来,修正主义是一个相当规整的思想体系,打着无产阶级革命的旗号,其实就是小资产阶级思想体系。它对马克思主义进行了全面的修正,并在国际无产阶级阵营里产生了巨大的影响,形成修正主义思潮,给整个欧洲的无产阶级带来了极大的负面影响。列宁深刻地指出,所谓的修正主义,其实就是为了迎合资产阶级的利益而牺牲无产阶级利益的派别,他们所有的做法就是厚颜无耻地讨好资产阶级,以此实现对马克思主义的全面修正和歪曲。而这样的修正主要集中在哲学、政治经济学和科学社会主义三个领域,列宁的批判也主要集中在这个三方面。

1. 哲学批判

列宁曾经辛辣地讽刺了修正主义在哲学领域的人云亦云和对资产阶级教授荒谬结论的亦步亦趋。他们没有任何自己的新东西,全是照搬照抄,最终沦落为资产阶级的吹鼓手。从世界观的角度来看,伯恩施坦主义坚持的是新康德主义和马赫主义,信奉的是伦理社会主义。而所有的伯恩施坦主义都是唱着"回到康德"的高调,本质上都是伦理社会主义。① 其实,这样的哲学基础不过是唯心主义的先验论和先验的二元论而已。他们最终让自己走了一条否认哲学党性的修正主义路线。他们极端仇视辩证法,认为辩证法是科学的敌人,并且彻底否认进化论。他们试图寻找到一条消弭唯物主义与唯心主义分歧的路径,然后建立起一个超越唯物主义和唯心主义的哲学体系。考茨基也相信,马克思主义和新康德主义是完全可以结合起来的,这是典型的主观唯心主义,是经验主义世界观,并为俄国的右倾机会主义发展确立了自己的哲学基础。在信仰方面,伯恩施坦修正主义走得更远,他们坚持认定,信仰对国家来说完全是个人的事情。列宁驳斥了伯恩施坦主义分子修正马克思主义的卑劣目的并指出,这是一个"不说自明"② 的结果。伯恩施坦混淆了社会改良和社会革命的辩证关系,而且把改良和革命对立起来之后,试图用

---

① 彭树智:《修正主义的始祖——伯恩施坦》,西安:陕西人民出版社1982年版,第279页。
② 《列宁全集》第十七卷,北京:人民出版社2017年版,第13页。

改良代替改革，最终达到取消和废止无产阶级革命的目的，这样的用心极其险恶。卢森堡强调指出，无产阶级革命运动的手段无疑是改良和运动，但革命的最终目的是社会主义政权的建立。而伯恩施坦修正主义的改良计划其实就是为了保留资本主义的剥削制度，最终保留资本主义制度。更为简单地说就是"放弃社会主义运动的方针"，这完全是修正主义论调。① 列宁指出，为了达到自己改良社会的目的，伯恩施坦主义就是随机应变，迁就眼前的一切，并且为社会上所有的政治运动让路。它的本意就在于丢弃"无产阶级的根本利益"，包括"忘记整个资本主义制度"，这就是修正主义和修正主义的本质。②

2. 经济学批判

在修正主义者看来，资本主义社会没有贫困的普遍化，没有社会阶层的两极分化，没有小资产阶级被排挤的事实，没有机器大生产吞噬小工业者的结果，没有无产阶级的赤贫状态，没有什么尖锐的社会矛盾和社会对抗，资本主义社会一片繁荣景象，前途光明。就生产领域而言，科学和技术的任何进步，都会带来社会历史的巨大进步，对资本主义经济体系来说，都会最直接地破坏"小生产的基础"，这是生产力发展的必然结果。③ 也就说，伯恩施坦修正主义看不到生产力的推动下社会历史的变革作用。俄国的修正主义者考茨基就认为，资本主义和平力量的增长来自国内金融资本的互相依赖。同时，金融资本的国际化增长又促发了和平力量的增长，这是消除资本竞争关系的现实基础，尤其是可以消除资本集团之间形成的对抗性关系。这些和平力量的强大和增长，最终实现的是一个自以为可以消除资本主义社会所有矛盾和问题的"超帝国主义"。伯恩施坦主义者全面修正了马克思主义的经济危机理论。修正主义者认为，垄断组织的次第出现，交通工具的飞速发展，通信手段的日新月异，信用制度的不断成熟，使得资本主义社会经济危机的因素得到最大程度的抑制。资本主义获得更多的生机与活力，有了自己永远生存发展的基石，这就是伯恩施坦主义的救世良方。资本主义经济体系自身克服了经济危机的存在的条件，使得"过去发生的危机不再

---

① 《卢森堡文选》上卷，北京：人民出版社1984年版，第138页。
② 《列宁全集》第十七卷，北京：人民出版社2017年版，第17页。
③ 《列宁全集》第十七卷，北京：人民出版社2017年版，第15页。

重演"。① 列宁毫不客气地斥责了伯恩施坦的修正主义观点。他们犯了严重的近视病,根本看到不到资本主义制度蕴含的结构性、本质性和致命性缺陷,而是简单粗暴地把资本主义社会暂时出现的虚假繁荣当作一种永恒性的前景。列宁明确指出,历史的实践进程证明,"危机的时代并没有过去:在繁荣之后,接着就来了危机。"列宁得出和修正主义截然相反的观点和结论:资本主义就是必须面对"一次次政治危机和经济危机",最终导致"整个资本主义制度的完全崩溃",这是历史的必然结果。②

3. 科学社会主义批判

伯恩施坦认为,既然西欧的社会民主党放弃阶级斗争论转向阶级调和论,社会历史进程也同样决定德国和其他社会民主党人能够转向非阶级的斗争方式。其前途就是用资产阶级的民主共和制代替无产阶级的人民代表制。因为在伯恩施坦看来,资产阶级的民主制和无产阶级的代表制没有本质性的对抗内容,是完全可以调和的。列宁坚决驳斥伯恩施坦试图利用一点现实的权益引诱无产阶级放弃自己最基本的革命立场,也就是放弃自己革命阵地,最终放弃人类社会解放的奋斗目标。列宁指出,修正主义的矛头指向是"阶级斗争学说",因为这是"马克思主义的基础"。③ 在修正主义者看来,资产阶级的民主革命理论是"一致的""社会的""进步的",完全可以"作为历史唯一的实际动力"。但奸诈狡猾的伯恩施坦还没有这么坦荡,他彻彻底底地修正了科学社会主义理论,但他又遮遮掩掩地认为,他没有任何想法去"改变党的实际政策",他真正的人生追求就是实现"理论和实际、言语和行动的一致"。④ 更准确地来说,伯恩施坦真正的目的就是把阶级斗争为核心的社会民主党修正为改良为主的民主主义政党。伯恩施坦自信满满地认为,社会民主党所坚持的革命道路、革命方式和革命理论已经完全过时,以至于让自己走进革命的困局。如果社会民主党人能够迅速地转向新的革命斗争方向,即转变为"改良政党",那么,德国的社会民主党能够获得的革命成果

---

① 彭树智:《修正主义的始祖——伯恩施坦》,西安:陕西人民出版社 1982 年版,第 353 页。
② 《列宁全集》第十七卷,北京:人民出版社 2017 年版,第 15 页。
③ 《列宁全集》第十七卷,北京:人民出版社 2017 年版,第 16 页。
④ 中央编译局国际共运史研究室编:《德国社会民主党关于伯恩施坦问题的争论》,北京:生活·读书·新知三联书店 1981 年版,第 64 页。

及革命影响"将比今天更加大得多",这是一个完全的谎言。① 列宁客观地指出,伯恩施坦虽然看到了资本主义社会经济变化这一具体的事实,但其理论的本质是完全的、彻底的修正主义。列宁指出,伯恩施坦的思想表面是修正的其实是反动的,理论是时尚的但实践是倒退的。列宁最重要的历史使命就是坚决批判这种给革命带来巨大伤害和倒退的反动理论。

四、官僚主义批判

官僚主义是列宁坚决予以反对批判的社会历史现象。从社会历史主体的角度来看,官僚主义是人民当家做主的绊脚石,是马克思主义传播的破坏性机制,是拓展民主主义的障碍,是走社会主义道路必须予以清除的危险存在。列宁指出,分析了国家管理制度体系内的官僚及官僚主义,官僚主义的具体载体就是国家机关。列宁明确指出,国家机器的存在就是"官僚军事机器"的存在。② 即便是在高度发达、文明进步的资产阶级共和国中也不可避免地存在官僚主义。资本主义国家机器的官僚制度也不能改变资本主义制度的真实本质,因为它本身就是要被彻底摧毁的对象而已。在社会主义制度下,官僚主义机制不具备剥削制度和剥削阶级本质,而是一种旧时代问题的遗留,它不再是一种旧的统治形式而是一种不良恶习。在列宁看来,所有的官僚、官僚主义和官僚主义机制都表现为反对民主化。而对无产阶级来说,反对官僚主义最锐利的武器就是实现民主化。社会主义国家和政府要有面对最大困难的精神、要有无与伦比的勇气、要接受最大的牺牲来推动民主化的进程,反对一切形式和可能的官僚和官僚主义。

(一)官僚主义论释

官僚主义的存在有其深刻的经济、阶级和政治根源。资本主义官僚机构是资产阶级国家为了对付广大无产阶级和农民展开自己"革命运动"的国家机构。这些机构"首先是军事的,其次是法庭等等的官僚机构",当然也包括行政的、组织的、社会的等等。③ 这些官僚主义机构就

---

① [德]德爱德华·伯恩施坦:《社会主义的前提和社会民主党的任务》,殷叙彝译,上海:上海三联书店1965年版,第31页。
② 《列宁全集》第三十一卷,北京:人民出版社2017年版,第149页。
③ 《列宁全集》第四十一卷,北京:人民出版社2017年版,第218页。

是为了捍卫统治阶级的统治利益而发挥作用的国家机器，是对付人民群众的政治手段，是维护官僚权贵阶层地位的政治工具。说得更简单明确一点，官僚机构就是阶级压迫的国家工具和手段。从更具体化的层面来讲，官僚主义必须借助行政管理阶层以实现自己的存在形式。就是那些骑在人民头上作威作福的人，借助手中的国家权力，为自己和自己所在的官僚特权阶层牟利的人。他们肆无忌惮，恣意妄为，完全不受监督，在广大劳动人民群众的面前和自己的官僚上层结构面前，展现出两种截然不同的面孔：在权力和利益面前是顺从的奴仆，在人民面前是惺惺作态的嘴脸。列宁指出，官僚主义的本质是自私自利的，是毫不顾及人民群众利益的，而且将大多数人的利益置之不顾的做派。这一点，官僚主义的本质都是相同的，是最能体现官僚主义分子，尤其是符合"地主和资本家利益"的"国家权力"及其运行方式。①

1. 官僚主义基本蕴涵

"官僚主义一词可以在俄语译成'地位观念'。"这最能说明官僚主义的基本蕴涵。但对广大官僚主义者来说，官僚主义和他们就是臭味相投，大为受用，是他们极其自在享用的国家机器。官僚主义就是服从自己的利益、帮助自己从权力和体制向上爬的台阶，是他们"追求地位"而"忽视工作"的借口。② 列宁在各种场合、各种文件、各种文章都坚决地揭露和批判了官僚主义。列宁指出，官僚主义的出现有其深刻的社会历史原因。官僚主义诞生于奴隶制国家，在封建制国家获得成熟的发展形式，在资本主义社会中又获得新的发展形式。就资本主义社会运行的基本机制来看，那是因为奴隶和封建制度的残余、劳苦大众生存艰辛的环境、民主政治生活气息不浓等导致的。而资产阶级标榜建立的资产阶级民主制度则被官僚主义"束缚、限制、阉割和弄得残缺不全"，③ 这是官僚主义盛行的制度原因。官僚主义的运作和体现，必须借助官僚和官僚机关的存在。也就是说，没有"特殊地位"的"特权阶层"所运作的特权机关，就没有真正的官僚主义。④ 无论是从时间的维度还是从空间的存在，无论是从民族的形式还是从社会形态的表现，都能看到官僚

---

① 《列宁全集》第三十六卷，北京：人民出版社2017年版，第85页。
② 《列宁全集》第八卷，北京：人民出版社2017年版，第363页。
③ 《列宁全集》第三十一卷，北京：人民出版社2017年版，第111页。
④ 《列宁全集》第二卷，北京：人民出版社2013年版，第439页。

主义的种种痕迹。从野蛮、愚昧、落后的俄国专制制度到文明、发达、进步、自由的英国，到处都是不可回避、"不可或缺的官僚机关"，它是人类文明史肌体上不可回避的烂疮。①

2. 官僚主义产生过程

官僚主义的核心就是支持官僚特权阶层的基本利益，以一切形式、手段、途径和方式，反对国家权力的民主化，反对国家权力为人民群众所使用，反对国家权力公正、高效、共赢的运作机制。反面来说，官僚主义就是寻求国家权力的特权化、集权化和利益化运行。如果从权力运作、普及的群体角度来讲，官僚主义就是"反对一切官吏由选举产生，反对完全废除资格限制，反对官吏对人民直接负责"等各种旧的习气和旧做派。② 因为列宁领导建立的无产阶级革命政权是新型民主和新型专政的结合，是和历史上所有的剥削制度和剥削政权有着本质不同的国家政权，但这并不意味着社会主义制度下的国家机器和国家机构不存在官僚主义。更进一步来说，所谓的官僚主义就是脱离实际情况、脱离人民群众、脱离党组织，阻碍真理和真相的展现，阻碍人民群众民主权利的正常行使，妨碍了各级党员参与党的活动，推进党的组织正常运转，销蚀党的事业建设的积极性。列宁明确指出，发挥民主是克服官僚主义的绝密武器，这是理论联系实际的渠道，这是党联系群众的方式，是上级机关联系下级机关的手段，是发挥民主、应对官僚主义的基本方式。列宁的建党理论，反对官僚主义是其重要的理论组成部分，是列宁对马克思主义革命理论的重要贡献。列宁指出，俄（共）布代表的无产阶级夺取政权以后，必须学习和践行巴黎公社的原则，采取各种"实际措施"，实行"具有实际迫切意义"的国家管理行为，最终"能够彻底破坏官僚制"。③ 这是无产阶级政权的时代光芒。

3. 官僚主义制度区分

列宁指出了官僚主义在剥削制度和非剥削制度之下的区分。旧的剥削制度之下，官僚主义本身就是剥削制度的组成部分，是剥削、压迫、统治广大劳动人民的统治形式。而布尔什维克党建立的、人类历史上第

---

① 《列宁全集》第二卷，北京：人民出版社2013年版，第439页。
② 《列宁全集》第二卷，北京：人民出版社2013年版，第437页。
③ 《列宁全集》第三十一卷，北京：人民出版社2017年版，第113页。

一个非剥削的社会主义制度，本身就是作为反对官僚主义而存在的先进制度。更进一步来说，无产阶级制度本身就是为了消灭官僚剥削制度而缔造的新的制度。正如列宁所说的，无产阶级国家政权"做到了世界上任何一个国家都没有做到的事情"，就是真正地反对官僚主义。① 因为无产阶级国家政权和历史上所有的剥削制度下的国家政权存在着本质性的区别，因为这种政权的存在本身就是为了消灭"那种彻头彻尾都是官僚的和资产阶级压迫者的机构"。② 列宁在《俄国社会民主党人的任务》中指出，无产阶级是"彻底的民主主义者"③，他们是官僚主义最坚决的反对者。在总结巴黎公社革命政权运行的基本原则的时候，列宁就明确指出，无产阶级的革命政权和官僚主义是格格不入的，无产阶级政权的存在本身就是为了消灭官僚主义而存在的。因为在打碎旧的国家机器的基础上，在无产阶级政权严格的选举、撤换、监督和监察的制度下，"任何人都不能成为"真正的官僚和官僚主义者。④ 所以，反对一切形式的官僚主义，反对官僚机制的存在，成为俄共（布）不可忽视的历史任务。

（二）官僚主义根源

列宁指出，俄国是一个农奴制国家，有着持久的专制传统。这样的专制传统成为官僚主义存在的丰厚土壤。相比西欧其他国家，沙皇俄国是一个非常落后的宗法式的小生产国家。以农为主，农奴制普遍存在，小生产经济是最主要的生产方式，而且有非常浓厚的宗法色彩。而代表俄国工人阶级的布尔什维克掌握国家政权以后，为了兑现给广大劳动人民"和平、土地和面包"的承诺，新生的苏维埃政权重新分配了土地，大量恢复了已经被资本主义生产方式破坏掉的小农经济，使得以土地为主的小生产者数量剧增，社会结构出现剧烈的变化。在列宁看来，官僚主义的存在不是简单的思想观念问题，而是有其深刻的社会历史文化原因。为了更深刻地探讨官僚主义问题，尤其是要研究具体的实践问题，

---

① 《列宁全集》第三十六卷，北京：人民出版社2017年版，第154页。
② 《列宁全集》第三十六卷，北京：人民出版社2017年版，第154页。
③ 《列宁选集》第一卷，北京：人民出版社2012年版，第147页。
④ 中央编译局编：《列宁专题文集　论社会主义》，北京：人民出版社2009年版，第395页。

就必须研究"整个官僚主义的根源"① 问题。总体而言，官僚主义的存在有非民主传统的社会根源、宗法体系的经济根源、集权体制的政治根源、素养落后的文化根源。

1. 非民主传统的社会根源

专制传统的存在，使得官僚主义恣意生长，成为社会生活的常态化模式。人们适应了这种专制化的存在，对强权和专权极为敬畏，以致崇拜，使得民主习惯和传统成为最缺乏的生态营养元素。这样，无产阶级革命政党首先面对的将是所有陈腐衰败的历史旧元素，官僚主义则首当其冲，成为俄国布尔什维克党掌控国家政权的最大障碍之一。在生命弥留之际留下的政治遗嘱《给代表大会的信》中，列宁对官僚主义的社会根源予以深刻揭露：俄国的苏维埃政权机关完全是"从旧制度继承下来的"②，不可避免地带有旧社会的各种历史残余，而官僚主义就是首要的陈腐因素。列宁在《我们怎样改组工农检查院》一文中指出：苏维埃的革命是俄国社会历史进程的重大历史变革，但苏维埃的国家机关"在很大程度上"，不过是"旧事物的残余"。更为准确地来说，苏维埃的国家机关仍然携裹着大量的"旧式国家机关"的习气、作风和做派。③ 从这个角度讲，新生的国家政权其实也是旧社会的产物，携裹了太多旧社会的不良习气和因素，出现在社会历史的新平台上。在列宁看来，官僚主义是"往日的罪过"，是走向新生的社会主义新制度"不可避免"的现实和问题。④ 为此，列宁曾经作了一个极为精当的比喻：旧社会就像一个腐烂发臭的死尸，不断散发着各种可怕的病毒和细菌，然后腐蚀新生的苏维埃的健康肌体。

2. 宗法体系的经济根源

列宁总结了俄国混合性生产方式的基本特征：宗法色彩、小农经济、自给自足、小商品生产模式，混合了国家资本主义的生产要素，这同时也是社会主义国有制和集体制不可剥落的内容。但无论如何，这些截然不同的经济体系和结构都充满了浓厚的宗法色彩，因为这是俄国社会经

---

① 《列宁全集》第四十三卷，北京：人民出版社2017年版，第47页。
② 《列宁全集》第四十三卷，北京：人民出版社2017年版，第345页。
③ 《列宁全集》第四十三卷，北京：人民出版社2017年版，第377页。
④ 《列宁全集》第三十七卷，北京：人民出版社2017年版，第47页。

济结构的基本特征。宗法式经济最大的特点就是小生产群体、狭隘保守、封闭落后、顽冥不化。这样的经济体制滋生的无疑是懒散、拖沓、专制、集权的社会意识，豢养出来的一定是没有丝毫创新精神和革新精神的群体。这是官僚主义的温床，是腐朽的沙皇俄国实现自己专制统治的社会基础。在《论粮食税》一文中，列宁详尽地分析了官僚主义在这种宗法式生产的经济结构中的滋生和渗透，最终形成一种强大的坏习气，破坏了整个社会的进步和文明。列宁还分析了新生的苏维埃政权所处的险恶的国家环境，不能进行大范围的国际化生产、合作和交流，被严密封锁包围的生存空间，小生产经济模式成为主要经济模式。列宁最终得出这样的结论：官僚主义是"小生产涣散性和受压制状态的上层建筑"。① 反过来也成立，封闭、保守、落后的宗法式小生产成为新时期官僚主义存在的经济基础。这样的经济基础越是落后分散，新生的苏维埃国家机关的"官僚主义也就愈难避免"。②

3. 集权体制的政治根源

列宁指出，落后腐朽的沙皇封建专制制度是官僚主义存在的政治基础，而对革命初期的俄（共）布来说，最大的任务是保护好脆弱新生的国家政权。为了达到这样的目的，苏维埃政府不得不实行权力高度集中的战时共产主义制度。这样的制度在外围内困、新生政权极度艰难的条件下达到最佳效果，衍生出权力高度集中、运行体制极度僵化、国家机构迅速臃肿庞大的结果，使得官僚主义得以蔓延，成为滞涩无产阶级国家机关正常运作的重大挑战。列宁指出，俄（共）布面临的官僚主义存在以下特征：在"一切权力归苏维埃"的口号下导致严重的以党代政和党政不分；苏维埃在"取得政治上的绝对统治地位"之后，对其"全部工作"又缺乏积极、有效"实际的监督"；③ 委任制的大量存在也是官僚主义重生的一大基础。俄（共）布中央委员会"拥有巨大的权力"，这使官僚主义的存在具有了"极大的潜力"，严重地影响了苏维埃制度的民主和进步。④ 列宁还指出，全俄肃反委员会的存在也是对司法的破坏

---

① 《列宁全集》第四十一卷，北京：人民出版社2017年版，第219页。
② 《列宁全集》第四十一卷，北京：人民出版社2017年版，第42页。
③ 《苏联共产党代表大会、代表会议和中央全会决议汇编》第一分册，北京：人民出版社1964年版，第571页。
④ 《列宁全集》第四十二卷，北京：人民出版社2017年版，第419页。

以及对官僚主义体制的极大促动。

4. 素养落后的文化根源

列宁在《关于党纲的报告》中分析了官僚主义产生的文化根源。归根结底，文化教育素养的落后，是官僚主义在苏维埃国家机关存在的直接原因。尤其是国家机关及管理部门人员素质的低下落后、教育水平极其落后、文盲和半文盲居多数、资本主义经济发展极不充分，这都是官僚主义存在的文化土壤。列宁甚至斥责俄国几乎是整个欧洲最野蛮的国家。报告明确提出，要摆脱官僚主义的困局，就必须提高广大劳动人民的文化和教育水平，尤其是要提高苏维埃国家机关工作人员的文化教育素养。列宁指出，社会主义大厦不可能在愚昧野蛮落后的国家建立起来。为此，新生的苏维埃政府要做的最为重要的一件事，就是提高全体国民的基本素质，增强文明进步的底蕴，最终达到消弭官僚主义的文化根基。列宁在报告中不得不警醒苏维埃国家面临的两难境地：为了新生政权的革命性和坚决性，我们驱逐了那些教养低下、野蛮粗俗的官僚工作人员，但基于国家政权正常运作的需要，我们不得不把那些从门里赶出去的人又从窗口里接进来。所以，摆在新生的苏维埃政权面前的主要任务就是做好他们的"组织任务、文化任务和教育任务"。① 在大力提高其文化教育素养的基础上改造官僚主义存在的文化土壤。

（三）官僚主义表现

列宁自己也坦荡承认，在俄（共）布夺取政权以后，无产阶级的国家机关和政权体系使得官僚主义死灰复燃，在国家机关和机构里蠢蠢欲动。列宁指出，在夺取政权的最初时候，官僚主义并没有影响到我们的行动，也"没有引起我们的注意"，但随着国家政权的运作及国家机构存在的旧因素，官僚主义习气和作风在新的国家制度体系内"部分地复活起来"，严重影响社会主义民主制度优越性的发挥，这是列宁在《论粮食税》中论及的问题。② 在随后的苏维埃和俄（共）布的代表大会上，大会全体讨论并认识到官僚主义的表现形式、危害性及其存在后果。列宁指出，官僚主义习气和作风到处蔓延，严重地影响了国家机关的工作

---

① 《列宁全集》第三十六卷，北京：人民出版社2017年版，第154页。
② 《列宁全集》第四十一卷，北京：人民出版社2017年版，第217页。

效率，成为国家机运转中存在的"最大的毛病"。① 官僚主义习气、做派和作风成为布尔什维克党和苏维埃政府面对的敌人。

1. 权力过度集中

列宁指出，苏维埃的国家权力机关和行政机关权力过于集中，党政不分，以党代政现象很是严重。这样的问题不仅存在于地方权力机关也出现在中央政治局。尤其是关键的职能部门也不能做出自己最正确的决断，导致效率低下。党政不分和以党代政使得所有问题都等待中央和上层机关解决，最终导致顶层机关陷入日常的琐碎事务。列宁对此予以激愤的批判："各部门是一堆粪土，法令是一堆粪土。"② 权力集中造成整个国家的社会、经济和政治关系全部变异为一种极端的上下级关系。社会主义特有的革命性全部窒息在繁文缛节、上行下效的权力关系和行政关系中。权力的集中既可以造成"最大的跃进"，也引发了"极小的变革"。③ 二者兼而有之，使得苏维埃的革命事业处在两个极端状态。晚年的列宁更加清醒地认识到权力过于集中带来的极大危害：体制的弊端，效率的低下，贪腐的滋生，造成苏维埃各个机构之间处在一种极不正常的关系中。什么事都要拿到政治局来解决，什么事都等着政治局解决。似乎执政党要解决所有的问题，执政党成为唯一的权力运作体系。列宁明确指出，布尔什维克党要领导苏维埃政府展开工作，"但不是代替苏维埃"。否则，党政混淆，互相替代，就会给党和政府的工作带来很大麻烦。④ 历史往往带来很多遗憾，党政合一的运行原则在斯大林那里得到了进一步的发展。斯大林坚信党要管理国家，因为党是国家政权运转的核心，是苏维埃政府最"重要的政治问题或组织问题"。⑤

2. 形式主义泛滥

列宁批判了苏维埃政权机关形式主义泛滥成灾，文山会海，没完没了。这些官僚主义分子喜欢开会，总是在开会，而且不断地在开会。喜欢设立各种各样的委员会，喜欢用这些形式主义的东西代替真实具体的

---

① 《列宁全集》第五十二卷，北京：人民出版社2017年版，第288页。
② 《列宁全集》第四十二卷，北京：人民出版社2017年版，第404页。
③ 《列宁全集》第四十三卷，北京：人民出版社2017年版，第391页。
④ 《苏联共产党代表大会、代表会议和中央全会决议汇编》第一分册，中央编译局译，北京：人民出版社1964年版，第571页。
⑤ 《斯大林选集》上卷，北京：人民出版社1979年版，第415页。

工作，喜欢各种各样的计划和决议，以至到了连最简单的工作都不愿意做的程度。列宁还批判文牍主义成风。具体现实的工作变成文山会海，公牍文案。苏维埃的革命和建设事业变成文字游戏，陷入"浩如烟海的公文"①操作，造成大量的"怠工分子"，让所有的工作沉陷在"公文的泥潭"是一件极其可恶的事情。②这就是我们开始犯蠢的时候。蠢到连一个很简单的工作都做不好，做不好一点具体的、有益的工作。这样的糟糕状况导致莫斯科成为"全国最糟糕的"③地方。机构的臃肿庞大使得最愿意工作和付出的机关人员也不得不"钻在公文堆里"，最终使得"我们生气勃勃的事业断送在文版的汪洋大海里"，这不是布尔什维克党要的东西。④列宁还指出，机关空泛主义严重，老生常谈，废话连篇，舞文弄墨的习气严重地破坏了苏维埃的革命工作。列宁批评这种行为令人生厌，难以忍受。这不仅"滋生和助长官僚主义"⑤，而且本身就是官僚主义的习气，而且是"共产党员的官僚主义"。⑥

3. 严重脱离群众

列宁在谈及官僚主义的表现时，脱离实际、脱离群众，这是排第一位的表现形式。具体而言，就是主观主义严重，脱离实际情况；不从具体和现实的问题出发研究和解决问题，而是以自己的主观意志为出发点，这几乎是所有官僚主义的基本根源。脱离实际、脱离群众，就是官僚主义分子妄自尊大，蔑视真理和现实情况，"用纯粹官僚态度葬送实际工作"。⑦再就是特权主义思想严重，不能善待群众，脱离群众现象严重，以"官员自居"⑧，"官气十足"⑨，"摆委员架子"⑩，"在共产党员和非党工人之间"筑起"一堵墙"。⑪还有就是，脱离实际和脱离群众，使得官僚主义造成"贪污受贿"之风盛行，这种恶劣行为几乎"处处可见"，

---

① 《列宁全集》第四十二卷，北京：人民出版社2017年版，第405页。
② 《列宁全集》第四十二卷，北京：人民出版社2017年版，第387页。
③ 《列宁全集》第四十一卷，北京：人民出版社2017年版，第222页。
④ 《列宁全集》第四十三卷，北京：人民出版社2017年版，第252页。
⑤ 《列宁全集》第四十三卷，北京：人民出版社2017年版，第43页。
⑥ 《列宁全集》第四十三卷，北京：人民出版社2017年版，第44页。
⑦ 《列宁全集》第四十卷，北京：人民出版社2017年版，第354页。
⑧ 《列宁全集》第四十三卷，北京：人民出版社2017年版，第15页。
⑨ 《列宁全集》第五十二卷，北京：人民出版社2017年版，第266页。
⑩ 《列宁全集》第四十二卷，北京：人民出版社2017年版，第156页。
⑪ 《列宁全集》第四十一卷，北京：人民出版社2017年版，第244页。

成为司空见惯的现象，这是很不正常的。① 脱离实际和脱离群众使得各种奢侈浪费行为严重，开支金额巨大。尤其在"国家经济形势"极其"严峻"的背景下，每一个真正的共产党员都应该节约经费，为国家的前途和命运分心。② 但在事实上，脱离实际和脱离群众，不仅存在诸多的奢侈浪费行为，而且出现了很多的腐败行为，成为摆在共产党员面前的敌人。

（四）官僚主义危害

列宁指出，官僚主义给俄国的无产阶级革命政权带来了极大的危害。它直接改变了党的组织形式和工作方法，使得集中化的运作机制盛行一时，严重损害党和国家的形象。而且，官僚主义脱离实际、脱离群众、脱离党的基本组织。官僚主义的存在严重挤压了党的民主生活，引发"党内危机"。罗莎·卢森堡就指出，集中制和战斗命令制成为无产阶级政权官僚主义存在的温床，严重地扼杀了广大党员和干部的工作积极性、创造性，使得无产阶级的国家政权成为官僚特权阶层获益的工具，使得一切对无产阶级新生政权抱有希望和热情的人逐渐失去希望。

1. 严重损害党和国家形象

在俄共（布）的九大会议上，列宁指出，官僚主义是普遍存在的，隐现于我们的"许多管理总局和中央机关"。官僚主义的危害几乎不言而明，其最大的消极因素就是"严重地危害人民群众的合法利益"。③ 在很多著作、文章、文件中，列宁都阐释到了官僚主义的严重危害。不仅因为官僚主义和无产阶级革命的性质、价值、宗旨大相径庭，最主要的是官僚主义给社会主义革命事业带来的危害简直难以尽述。它不仅可以危害国家政权的建设，甚至可以危及到国家政权的坚固与否。列宁对官僚主义的危害已经到了深恶而痛绝之地步，从他把官僚主义比作毒草、脓疮、毒瘤、祸害就可以窥其一斑。在批判官僚主义的问题和立场上，列宁是毫不动摇、毫不妥协、毫不置疑的。因为官僚主义只维护一少部分人的利益，只愿意借助国家权利而不愿意为人民服务；官僚主义损坏

---

① 《列宁全集》第四十二卷，北京：人民出版社2017年版，第208页。
② 沈志华编：《一个大国的崛起与崩溃》上册，北京：社会科学文献出版社2009年版，第214—216页。
③ 《苏联共产党代表大会、代表会议和中央全会决议汇编》第二分册，中央编译局译，北京：人民出版社1964年版，第12—15页。

国家的形象，破坏党的影响，严重损害布尔什维克与人民群众的血肉联系，最终会影响党的执政地位。

2. 极大损害民众合法权益

列宁多次指出，官僚主义是伤害党群关系和干群关系最厉害的毒药。官僚主义就是一堵墙，一堵无形的墙，堵在党员和人民群众之间，直接隔断党和人民群众之间存在的血肉联系。列宁明确指出，官僚主义习气、作风和做派是破坏无产阶级革命事业"最可恶的敌人"。而且，布尔什维克党和苏维埃内部的官僚主义分子往往身居要职，产生的影响更大，更具有破坏力。① 当他们蜕变成彻底的官僚主义者的时候，他们就会高高在上，拉开自己和人民群众的距离，然后肆意挥霍人民和国家赋予的权利，损害了国家和人民的切身利益。因为官僚主义极大地伤害和破坏了劳动人民参与国家事务管理、参与社会事务的积极性，妨碍了他们建设社会主义事业的热情，使之成为无产阶级民主权利发挥的绊脚石。同时，官僚主义的存在使得国家政策难以有效推行，阻碍了俄国革命事业的整体进步。列宁进一步指出，俄国的布尔什维克必须努力，使得希望和热情填充在无产阶级的政权体系中，我们付出的可是无产阶级政权民主运行的代价。同时，官僚主义展现为各种压制，各种歪曲，各种徇私舞弊，各种特权，严重损害了广大人民群众的基本利益。这是苏维埃政权和布尔什维克党坚决反对官僚主义的直接依据。

（五）反官僚主义举措

反对官僚主义是一件长期艰巨的历史任务，它不可能在一朝一夕之间取得成功。因为在列宁看来，官僚主义根深蒂固、顽冥不化，难以在短时期内予以消除。只有和官僚主义进行长期不懈的斗争，面对它、研究它、思考它、批判它，才能真正彻底地战胜它。在《全俄苏维埃第八次代表大会文献》中，列宁指出，即便在自己的行动纲领中提出消灭官僚主义的任务也是不合适的。列宁指出，反对官僚主义"是整整一个时代的问题"②，这不是一两次全国代表大会就能解决的问题。列宁指出，应对官僚主义，不要说一次两次的失败，而是需要几十次的斗争和对抗，需要一种坚韧不拔的精神和意志才能和它作斗争。列宁指出了官僚主义

---

① 《列宁全集》第四十三卷，北京：人民出版社 2017 年版，第 17 页。
② 《列宁全集》第四十卷，北京：人民出版社 2017 年版，第 165 页。

根深蒂固又灵活多变的特点。针对这样的斗争对象，一般的手段和策略是行不通的。"官僚主义者是些狡猾的家伙，其中有许多坏蛋诡计多端。"① 列宁在《关于党的统一》等文章中阐释了对待官僚主义的基本策略，而且不断提醒党员干部，我们"需要采取千百个措施"来应对官僚主义。②

1. 改革领导体制

党政不分、以党代政、权力过于集中是官僚主义存在的制度要素，也是最重要的因素，这也是列宁为什么把解决权力集中问题当作应对官僚主义的首要问题。在俄共（布）八大会议上，列宁明确指出，权力集中是导致官僚主义的制度原因，同时论证了应对官僚主义问题的核心原则：那就是实现党政职能的彻底分开，党是领导机构，苏维埃是党的执行机构，二者的地位、作用、职能不能混淆取代。在俄共（布）九大的决议中，列宁进一步明确了应对官僚主义的基本原则：那就是党政分割，俄共（布）不能替代苏维埃。在修订和出台俄共（布）十一大的政治报告大纲中，列宁和莫洛托夫的通信直接明确了应对官僚主义的具体措施。就是必须明确俄共（布）和苏维埃的权限职责；明确规定苏维埃及工作人员的具体工作和具体权限、职责；俄共（布）要发挥核心的领导作用，不干涉和操纵具体的事务。可以看出，列宁领导的俄共（布）和苏维埃为了应对官僚主义的挑战，几乎是费尽心机，在路线、纲领、政策、方向、原则、干部工作、思想政治、理论宣传、素质教育等诸多方面夯实了具体内容，对俄共（布）和苏维埃反对官僚主义的斗争制定了最明确的蓝图和路线图。

2. 推动民主生活

在列宁看来，推动各级民主生活的进步和发展，是应对官僚主义最基本的举措；在工人、农民和部门工作人员等各个阶层展开民主生活是应对官僚主义的关键路径。为此，列宁在诸多的文件和文章中阐释了这一点。同时，准确地论证了党内外民主生活和官僚主义存在的对抗性关系。列宁指出，党内外民主生活不畅通的地方，就是官僚主义恣意妄为的时候；只要党内外的民主生活向前迈进一步，官僚主义就会在党和国家

---

① 《列宁全集》第五十卷，北京：人民出版社2017年版，第314页。
② 《列宁全集》第四十卷，北京：人民出版社2017年版，第262页。

机关的领地丢失一块；党内外的民主生活作风越来越张扬，就意味着官僚主义被抑制的空间越来越多。列宁在关于俄共（布）十大的材料中提出了应对官僚主义、促进各层民主的路线图。在"地方经济流转的自由"① 板块中提出了同地方官僚主义斗争的具体举措；在"工人民主"② 板块中借助经济基础与上层建筑的关系视角，促进各项民主行动；在"中央政治报告"板块中提出九项反对官僚主义的任务。任务既提及反对官僚主义的重大事件，也提出促进民主的关键问题，同时还明确了促进工人阶级内部民主的历史任务，论及了反对官僚主义的任务，指出反官僚主义的重要性和意义。列宁积极鼓励和动员全体党员参与党的民主生活活动，参与国家和社会的管理，在推进党的建设的进程中切实做好反对官僚主义的斗争，并使之上升为一系列的制度：坚决反对委任制而大力推行选举制，坚决反对秘报制而大力推行报告制，坚决反对独决制而大力推行监督制，坚决反对独断制而积极推行讨论制，坚决反对个人制而积极推行集体制。

3. 推动民主建设

列宁指出，党内的不平等现象是官僚主义存在的现实土壤。指明党内不公平现象存在的根源、表现的形式、展现的特征、造成的危害、应对的举措。列宁指出，在全党内推动平等，这是摆在党面前的一项重要的任务，这也是消除官僚主义最基本的途径和方式之一。这是列宁在《关于党的建设的当前任务》决议中提出的明确要求。列宁进一步指出，党内当前存在不公平现象的原因很多：为了应对俄共（布）和苏维埃掌控国家政权初期的各种斗争，导致权力过于集中、拥有特权的部门对其他部门造成挤压，这是官僚主义在俄国最为明显的表现；旧制度和旧习气的存在给国家机构造成工作人员之间的不平等，这是官僚主义存在的社会土壤；各种特殊的身份、角色、级别的存在也是党的内部存在不平等的原因，这是官僚主义存在的现实基础。不平等的现象和问题对俄共（布）和苏维埃的社会主义事业造成相当程度的危害，已经成为党和人民不得不面对的问题，成为新生政权战胜官僚主义的重大挑战。所以，推动党内平等，既要依靠党员坚定的党性原则，更要广大党员的觉悟、

---

① 《列宁全集》第四十一卷，北京：人民出版社2017年版，第367页。
② 《列宁全集》第四十一卷，北京：人民出版社2017年版，第362页。

忠诚、坚定，这是应对官僚主义产生的主体要素。对布尔什维克党来说，革命的经验是推动党内平等的基础，政治上的成熟是推动党内平等的条件，"自我牺牲的决心"① 是推动党内平等的灵魂。有了这样的基础、条件、决心和灵魂，俄国的布尔什维克党就不怕战胜不了官僚主义，这是我们应对官僚主义最厉害的武器。

---

① 《列宁全集》第三十六卷，北京：人民出版社2017年版，第228页。

第三章　经济批判

在列宁展开的农业问题批判性思考中,"永恒制度"批判确立了经济批判的根本性基础。就其本质而言,"永恒制度"不过是"合法马克思主义"的理论欺骗,试图设置出"人类社会的永恒范畴",为资本主义制度披上永恒的合法外衣。如何看待人类社会历史新周期的"贫困化"问题,是无产阶级革命者的重大历史课题。历史留给列宁的理论使命就是揭示"贫困化"的真相。在列宁社会批判的视域下,工人阶级的绝对贫困相对减弱,但"工人的相对贫困化"却是不争的现实。资本主义制度不是俄国人民进步的福音书,而是一场不折不扣的灾难。列宁严厉地批判了资产阶级学者炮制和鼓吹的"小农经济稳固论",阐明了"小农经济稳固论"的理论来源及基本观点。这样的理论成就为列宁应对俄国民粹主义分子的挑战奠定了深彻的基础。非马克思主义者和马克思主义者之间有一场关于"土地肥力递减论"的尖锐批判和反批判。列宁在马克思剩余价值论的基础上,借助科学技术发展和社会生产方式转变的视角,准确地把握了土地在资本主义生产制度下的价值蕴含问题。列宁非常注重对农民问题的思考。俄国的文盲问题较为严重,农民严重缺乏理解和接受新事物的能力,缺乏社会活动及政治参与能力,缺乏促进产业发展的科学能力。俄国农民深受旧文化的消极影响,旧的宗教信仰残留十分严重,资产阶级旧观念在农民群众中滋生蔓延,存在浓厚的大俄罗斯沙文主义传统。俄国农民的小农意识极为浓厚,深受"奥勃洛摩夫习气"的影响,新革命的洗礼及其存在状态还有待进步。同时,俄国的城乡文化联系缺失很多症结和关键性进步。列宁同时对党内经济工作重心转移的错误认识进行了批评。列宁指出,党的职能转化就是实现经济工作重心的尽快转移,在无产阶级掌控国家政权的条件下,推动社会主义建设事业的发展,坚决反对"不断革命论"的荒谬论调。列宁还对党内过分热衷空洞争论，严重影响党的建设事业提出批判，列宁坚决反对没有实质内容的政客空谈。

一、农业问题批判性思考

在农业问题的批判性思考中，列宁展开了"永恒制度"批判，"贫困化"问题批判，"小农经济稳固论"批判，"土地肥力递减论"批判。在"永恒制度"批判中，列宁批判了"合法马克思主义"者关于"永恒制度"的欺骗，明确指出资本主义制度不可能是"人类社会的永恒范畴"。在"贫困化"问题批判上，列宁指出，资本主义不是俄国人民文明进步的福音书，"工人的相对贫困化"是极为明显的现实。在"小农经济稳固论"批判中，列宁批判了资产阶级学者炮制和鼓吹的"小农经济稳固论"，阐明了"小农经济稳固论"的理论来源及基本观点，对"批评家"们的"小农经济稳固论"展开批评。在"土地肥力递减论"批判中，马克思主义者和非马克思主义者之间有一场理论斗争，列宁从科学技术发展视角及社会生产方式转变的基点上展示了自己的深刻批判。

（一）"永恒制度"批判

列宁指出，资本主义社会不仅仅是一种历史范畴，更准确地来说是一种经济范畴。它是人类社会发展到一定阶段的必然产物，也必将随着社会历史的发展走向灭亡。所以，"合法马克思主义"者关于"永恒制度"的论调是一场地地道道的欺骗。列宁尤其关注俄国资产阶级学者对资本主义社会颠倒黑白的论调，严词驳斥了他们的错误观点。因为在俄国的资产阶级学者看来，资本主义的存在就是一种永恒的存在。因为在他们充满人文主义的情怀中，资本是"为了继续生产而积累的劳动"[1]，资本主义范畴必然成为理想性范畴。

1. 资本永恒制度批判

列宁指出，无产阶级革命面对的重大挑战之一就是应对资产阶级学者对资本主义制度的美化和粉饰。列宁严厉地批判了资产阶级文人学者厚颜无耻的行径，并直截了当地指出了问题的本质所在。他们的目的很简单，就是全面"粉饰""资本主义"和"掩盖阶级鸿沟"。[2] 列宁一针

---

[1] 《列宁全集》第一卷，北京：人民出版社2013年版，第188页。
[2] 《列宁全集》第二十三卷，北京：人民出版社2017年版，第460页。

见血地指出，资产阶级学者不过是打着"合法马克思主义"旗号的骗子，他们完全抹杀和忽视俄国国内存在的尖锐的社会矛盾和阶级矛盾，全面美化资本主义制度，并吹嘘成资产阶级永恒的制度。列宁更为明确地指出，资产阶级学者看不到资本主义制度的经济本质和剥削本质。因为任何经济形态的存在都是经济基础与上层建筑相互作用的机制，都有其自身的客观规律。资本主义制度剥削阶级的存在，本身就是不可避免的客观事实。堂而皇之的资产阶级学者简直是闭着眼睛说瞎话，漠视无处不在的剥削，看不到资产阶级残酷压榨和剥削广大无产阶级和人民群众的事实。他们肆无忌惮地宣称，资本主义制度是人类社会的终极形式，是人类社会的最终选择。列宁深刻地批判道，资本主义社会自身存在的根基性缺陷决定，它绝不是人类社会发展的最后形式。更进一步来讲，资产阶级学者没有历史唯物主义的世界观做指导，不可能实现对资本主义经济制度的本质性批判。

2. 社会永恒范畴批判

列宁指出，劳动是创造价值的不竭源泉，是人类社会存在发展的永恒范畴。而资本不具备这样的永恒内涵，它只是资本家用来创造剩余价值的工具。它具有把剩余劳动转化为剩余价值的神奇功能，成为资本主义社会存在发展的底质性要素。无资本则无资本主义社会的存在和发展，这是任谁都不能忽视改变的客观现实。所以，资本是历史范畴，更准确地说是经济范畴。列宁更进一步指出，俄国的资产阶级学者对资本的非阶级和非剥削的定位，直接掩盖了资产阶级的寄生本性，也掩盖了资本主义社会无处不在的剥削现象，尤其是漠视了资本主义社会的剥削本质。这是列宁所不能容忍的。列宁深刻地批判道，把"资本"当作"人类社会的永恒范畴"，"从而抹杀"其作为人类历史上"一定的特殊的经济形态"① 的存在形式。问题是这种经济形态中，劳动的全部成果不属于劳动者，而属于非劳动者，而且这些劳动成果反过来成为压迫劳动者的东西，就是"用来剥削他人的劳动"。② 列宁指出，资本主义社会形态的剥削本质，注定是一种历史范畴的存在，它必将随着社会历史的进步而走进社会历史的幕后。残酷剥削和极端掠夺的本质，决定资本主义社会的

---

① 《列宁全集》第一卷，北京：人民出版社2013年版，第188页。
② 《列宁全集》第一卷，北京：人民出版社2013年版，第189页。

历史宿命，那就是不可避免地将自己送进自己挖掘的坟墓。而偏狭自私的资产阶级学者看不到这些本质所在。正如列宁所批判的，资产阶级经济学家犯的最大的错误，就在于没有历史性的视野，自然也没有科学的认识和结论，以致把资本主义制度当作"永恒的和自然的范畴"①，这是极其荒谬的结论和认识。

（二）"贫困化"问题批判

在如何看待资本主义的问题上，列宁和修正主义者及资产阶级学者产生了极大的分歧。在历史唯物主义的视域下，列宁很辩证客观地看待了资本主义的历史进步性，但也明确指出，不能将资本主义的历史进步性和历史消极性混淆，物质意义的增长不能替代社会意义的进步，资本主义不是俄国人民文明进步的福音书。也就是说，资产阶级带来的贫困更多是社会意义上的而不全是物质意义上的，"工人的相对贫困化"依然是极为明显的现实。

1. 资本主义不是俄国人民文明进步的福音书

列宁非常系统地指出，资本主义在俄国的发展带来了巨大的时代变迁：物质财富的巨大增长，精神财富的丰富，社会生活水平的提高，农奴对土地依附关系的瓦解，新思想的传播和解放等等，都是资本主义对俄国社会产生的推动作用。但列宁也明确指出，资本主义给俄国带来的不全是福音书，恰恰相反，它所带来的破坏和消极作用是巨大的、不可忽视的。尤其是资本主义给广大无产阶级和人民群众带来的普遍贫困，这个血淋淋的事实被修正主义者和资产阶级学者故意忽视了，伯恩施坦就是其中的代表。他借助资本主义发展带来的社会状况，否认普遍存在的贫困现象，宣称马克思的"贫困化理论"已经过时。对于这一点，就连考茨基也很有理论高度地指出，无产阶级和广大群众的贫困不是指纯粹的物质意义上的增长，而是社会意义上的存在。问题的关键是，资产阶级和无产阶级对社会财富的占有程度是极不相称的。为了论证自己的观点，考茨基同时借助恩格斯等马克思主义理论家的观点予以支持。资本主义社会贫困问题不仅仅是物质意义上的，更应该是社会意义上。这是历史唯物主义的认识视域，也是合理的、更是科学的认识。

---

① 《列宁全集》第一卷，北京：人民出版社2013年版，第188页。

2. "工人的相对贫困化"是极为明显的现实

关于工人的贫困化思考，列宁既借重了考茨基的观点，也积极地支持了他的观点。列宁指出，物质生活的部分进步不能取代社会生活领域的控制，不能抹杀经济制度深处残酷剥削和压榨的本质。列宁关于工人"相对贫困化"问题的认识，在这个意义上讲又是绝对的贫困化。坚持"贫困化理论"已经过时的还包括俄国的改良主义者和一部分机会主义分子。他们的观点给俄国无产阶级革命事业带来了极大的消极作用，使得列宁不得不积极应对以消除其负面效应。在《资本主义社会的贫困化》一文中，列宁通过引用德国社会经济状况的一系列指数并明确指出，资本主义社会发展的进程中，无论是普遍的贫困还是绝对的贫困，都是不容忽视的存在。德国工人收入水平相比较资本增长的水平存在巨大差异，物价上涨指数及工人工资的增长指数存在明显距离，这都能明证马克思的无产阶级贫困化理论是现实的、具体的、确切的。列宁指出，"工人的相对贫困化"[①] 是极为明显的现实。

（三）"小农经济稳固论"批判

针对资产阶级学者顽固地炮制和鼓吹"小农经济稳固论"，列宁在《农业中的资本主义》等文章中指出，马克思的"批评家"们所借助的理论是完全站不住脚的。因为他们看到的所谓的"先进的现代小农户的繁荣"都是社会中层的农民，都是在社会变迁中获益的群体。尤其是这些群体不具有代表性，只具有局部性效应。"批评家"们看不到广大农民的贫困化状况，尤其是意识不到他们所选择的农民代表，不过是地域的特殊性所产生的特殊群体。他们甚至借助这个特殊群体的特殊受益状况来诋毁产业化和工业化的技术先进性，并以此驳斥资本主义大工业带来的整体进步。针对"小农经济稳固论"的荒谬结论，列宁在1905年9月的《社会主义和农民》一文中予以严厉驳斥。小农经济其实是一种"特种商业性农业部门"，它们正借助"中小地产"让自己实现发财致富的梦想。但随着资本主义市场经济的肆意扩张，"租佃的发展、抵押的压迫、高利贷的盘剥"，"中小地产"正在经历"土崩瓦解"的局面。[②] 资产阶级"批评家"既看不清社会历史发展的趋势，又看不清农民这个饱

[①] 《列宁全集》第二十二卷，北京：人民出版社2017年版，第240页。
[②] 《列宁全集》第十一卷，北京：人民出版社2017年版，第288页。

受磨难的阶级在资本主义的扩张下生活每况愈下的局面。这些无可争辩的事实在他们的眼中简直是无。总体而言,资产阶级"批评家"看不到近代工业化带来的巨大变迁,专注于自己的狭隘视野,坚持自己农民小私有者的立场,最终只能被历史无情地抛弃。

1. 资产阶级学者炮制的"小农经济稳固论"

"小农经济稳固论"旨在为资本主义制度涂脂抹粉,宣扬资产阶级制度的合理性和进步性。这种论调最初出现在西斯蒙第的小农经济学理论中,但贯穿其中的反动论调其实是经济学理论的倒退。因为它只看到了资本主义大工业对社会的破坏和伤害,而没有看到资本主义社会产生的历史推动作用。西斯蒙第停留在小农经济的基本立场上,维护着落后的社会生产力和生产方式,让自己直接站在了历史的反面而不自知。而且试图用一种历史调和论的滥调协调日益尖锐的大工业与小农经济之间的矛盾,解决社会剧烈变迁带来的冲击,这是不可能成功的。总体来说,这是一种反动的论调,而不是什么革命性的阐释。随着国际无产阶级革命事业的展开,这种试图抹杀社会尖锐矛盾、寻求社会和解的论调反而有了很大的市场。为了积极推动俄国无产阶级的革命事业,列宁不得不拿起马克思主义的理论武器,坚决维护马克思主义政治经济学的科学性和权威性。

2. "小农经济稳固论"理论来源及基本观点

列宁指出,坚持"小农经济稳固论"的资产阶级学者师承西斯蒙第,由德国修正主义分子伯恩施坦、经济学家爱德华·大卫、奥地利经济学家赫茨、俄国"合法马克思主义者"布尔加柯夫等组成,他们形成一个反马克思主义理论联盟。这个联盟不断传播自己的"小农经济稳固论",给俄国的无产阶级革命造成了巨大的消极影响,破坏俄国工农联盟的形成。因为维持"小农经济稳固论"的论调一旦赢得部分农民的支持,就会直接分化革命队伍,分散了无产阶级革命的力量。"小农经济稳固论"坚持认为,小农经济才是社会发展的中坚力量,是最应该被保留和发展的经济体系。问题在于,小农经济的富裕恰恰是借助了资本主义工商业的发展,是名义上的农民,其实是商业化的农民和商业化的产业。他们是因为"位置的优越而获得特殊利益"的群体,是"依靠多数人的贫困而发财致富"[①] 的人群。更为荒谬的是,布尔加柯夫之流利用的竟

[①] 《列宁全集》第五卷,北京:人民出版社2013年版,第140页。

然是这个群体的数量规模——土地面积,而不是其经营的性质,也不是农户的规模。列宁指出,资产阶级的经济学家们尤其没有注意到,这些特殊群体的经营模式已经出现了农业专业化、生产半工业化、运作商业化、劳动力雇佣化、产品市场化的事实,而是在这种繁荣景象中简单地赞美小农经济,彻底否定工业化的社会大生产带来的历史进步性。

3. 列宁对"批评家""小农经济稳固论"批判

列宁还进一步分析了"批评家"们美誉小农生产效率的问题。"批评家"们真正的意图在于肯定小农经济模式,并以此否定大农户的产业效应。列宁指出,"批评家"们借助的数据资料是不充分的。他们完全没有计算大农户和小农户的生产成本,而是放大了小农户的投资成本,缩小了大农户的经营成本。在机器设备利用程度的计算上,"批评家"们也只计算机器设备的利用程度问题,而不涉及机器本身的配置和来源问题。他们还忽视大农户市场化发展的优势问题,有意夸大小农户的一些传统品质,如勤劳、忠厚、简朴等因素,试图用这些抽象的内容说明具体的问题,甚至把这些品质当作抵御大农户侵袭的武器。列宁还明确指出小农户生产存在的根本性缺陷:"滥用农民的劳动和生命力",也包括滥用牲畜体力、滥用土地肥力、滥用小生产活动中所有的外在物质力量。而狡猾的资产阶级"批评家"们不愿意认真研究这些情况,而是让自己陷入一种无聊的诡辩中。① 资产阶级"批评家"甚至顽固地诋毁近代化的机器设备,无耻地污蔑它们都是靠不住的东西。列宁最直接地驳斥道,只有稍具常识的人都知道,机械化带动下的"蒸汽机、条播机、脱粒机等"等机械工具,其工作效率、效能和效用,远远比人工劳动"更加'可靠和精确'"。而资产阶级"批评家"却是视而不见听而不闻,肆意污蔑拒斥,实在是荒唐透顶。②

(四)"土地肥力递减论"批判

如何看待土地的肥力问题,马克思主义者和非马克思主义者之间展开一场激烈的理论斗争。非马克思主义者顽固坚持"土地肥力递减论",针对资产阶级学者的颠倒性理论,在《土地问题和"马克思的批评家"》一文中,列宁予以严厉地驳斥,"马克思的批评家"只看到资本主义条

---

① 《列宁全集》第五卷,北京:人民出版社2013年版,第157页。
② 《列宁全集》第五卷,北京:人民出版社2013年版,第109页。

件下土地利用出现的不正常的现象和问题，而且严重地夸大了这种现象和问题带来的后果，却没有发现现象和问题的实质是什么。列宁指出，资本的内在竞争和生存的外在压力，使得资本主义经济制度下的土地生产能力和效率受到极为严重的掠夺。或者说，土地的使用状态和耕作状态受到严重破坏，没有得到最起码的或者是最基本的改善。问题的关键是，"资产阶级的辩护士"① 高调宣扬的论调"自然力的保守性"和"土地肥力递减规律" 是极端错误的。列宁断言，"马克思的批评家"② 视野中的理论是狭隘的、保守的，旨在为资本主义社会制度美誉，这个"辩护术和糊涂思想"③ 是不科学的，也是反马克思主义的。

1. 马克思主义者和非马克思主义者理论斗争

如何看待土地的肥力问题，也是19世纪末20世纪初马克思主义者和非马克思主义之间的一场理论焦点。资产阶级学者炮制这样的理论，意在转移社会矛盾，转移无产阶级革命斗争的重心。这就是无产阶级革命家不能听之任之、奋起斗争的原因。争论的焦点包括从土地肥力的自然循环及保持关系到农产品的数量和质量问题，然后涉及产品的分配和剩余问题、资本主义社会的矛盾及社会关系问题。资产阶级学者认为，土地的所有权和经营权的分离导致经营者对土地肥力经营漠视的、放纵的、掠夺式的开发和利用，导致土地肥力的必然下降。就是说，土地的有限经营使得经营者在土地上追加的劳动和资本越来越少，必然导致劳动产品的不断递减，最终成为一种必然的、普遍的规律。资产阶级学者同时还主观臆断地找到了一条堂而皇之的理由，如果土地没有遵循肥力下降规律，哪怕是保持平均的、等量的产品收入，那几乎意味着不再需要开拓新的土地以满足社会的基本需求。这样，"土地肥力递减规律" 横空出世，农产品的数量下降、社会上的物价上涨、农民的贫困都可以一股脑地推向自然原因、土地肥力下降的原因。这样，土地的私有制就变得合情合理，资本家与此毫无关系，农民的贫困、农奴制的残余与地主、资本家的盘剥毫无关系，资本主义的存在也具有了直接的合理性。

2. 科技发展视角及生产方式转变基点批判

列宁同时借助科学技术发展的视角及社会生产方式的转变，进一步

---

① 《列宁全集》第五卷，北京：人民出版社2013年版，第146页。
② 《列宁全集》第五卷，北京：人民出版社2013年版，第84页。
③ 《列宁全集》第五卷，北京：人民出版社2013年版，第210页。

驳斥了"土地肥力递减规律"的荒谬论调。列宁指出，马克思早在批评李嘉图的级差地租理论时就指出了这类理论的错误之处。"土地肥力递减规律"最大的问题就在于借用算术模式计算了土地使用的成本、耗费及资本投入问题，而且极大地忽视了社会经济条件，尤其是忽视了生产方式的关键因素，必然让自己走入谬误之地。在资本主义的生产条件下，对于剩余价值的疯狂追求，为了应对生存的极端压力，激烈的市场竞争导致经营土地的资本家不断追加投资，增加土地的使用率和利用率，导致土地的产出率不是越来越低，而是越来越高。"土地肥力递减规律"只适合于生产技术保持不变的状态，而这不是资本主义生产的固定格式。也就是说，资产阶级学者们炮制的"土地肥力递减规律"，只是"极其相对地、有条件地适用于技术没有改变的情况"。① 资本主义发展的竞争压力和剩余价值追求，使得"飞涨的地租又阻碍着农业的进一步发展"，② 同时还造成了农业劳动者的普遍贫困。从另一个层面来讲，垄断的出现使得土地及土地上延伸的农业生产资料不断集中。列宁指出，农业工人阶级的绝对贫困和相对贫困都是很现实的情况。工人阶级贫困的本质在于资本主义制度的占有、剥削和掠夺制度，而不是什么自然界的恩赐减少的缘故，尤其不是什么土地肥力递减的问题。坚持这样论调的人只能是毫不掩饰的"资产阶级的辩护士"，是极其荒谬的观点和论调。③

二、农民问题批判性论析

列宁之所以能在农民问题上获得很高的理论成就，就在于把历史唯物主义的一般原理和俄国具体的国情、民情科学、系统地结合起来，④ 使之成为马克思主义农民问题科学阐释的重要成部分。可以说，列宁把马克思主义的农民问题提升到新的高度，巩固了俄国的工农联盟。十月革命胜利后的第二天，列宁就通过苏维埃政府颁布新的土地法令，以最快的速度和效率解决农民阶级最挂心的土地问题，积极推动新经济政策

---

① 《列宁全集》第五卷，北京：人民出版社2013年版，第89页。
② 《列宁全集》第七卷，北京：人民出版社2013年版，第98页。
③ 《列宁全集》第五卷，北京：人民出版社2013年版，第210页。
④ 〔苏〕高里科夫等著：《列宁是怎样写作的》，刘循一译，北京：生活·读书·新知三联书店1984年版，第4—5页。

的实施。在后来的经济建设进程中，列宁指出，俄共（布）如果不能立即采取快速、高效、积极有力的政策来解决农民生活的基本需求，提高农业生产效率，不把农民的利益问题放在第一位予以解决，那简直等于"放弃无产阶级专政"。① 列宁在各种场合、文件和著作中多次指出，俄国农民是俄共（布）展开无产阶级革命的关键组成部分。但俄国的农民整体素质差，文盲问题较为严重；文化水平严重落后，旧文化的消极影响深厚；小农意识极为浓厚，政治觉悟低；城乡文化联系缺失明显，成为社会主义建设的重大现实问题，甚至成为无产阶级革命和社会主义建设的重大挑战。而对这些客观事实的思考，就涉及无产阶级革命和社会主义建设的策略、方法和路径的问题。列宁对此展开严谨、系统的批判和思考。

（一）文盲问题较为严重

在俄国社会主义革命和建设推进的过程中，列宁逐渐意识到农民的文盲问题已经严重地滞碍了俄国的整体进步。使得俄共（布）不得不在理论上予以重视，同时在经济建设、政治建设和文化建设中予以高度关注。列宁指出，沙皇俄国时期，俄国曾涌现过世界级别的艺术、文学和科学大师，但这并不意味着广大劳动群众受到了较好的文化和素质教育。在残酷的专制时代，这些被剥夺受教育权的民众成为社会主义建设事业的一分子，使之成为无产阶级革命不得不考虑的问题。全国民众四分之三都是文盲，妇女的识字率达不到千分之一，列宁为这种现状感到痛心疾首。这样的受教育状况，只能证明：俄国依然是一个愚昧、野蛮、落后、保守和封闭的国家，而这样的落后状况在整个欧洲都是绝无仅有的。为此，列宁发出这样的感叹：俄罗斯是一个文盲遍地、观念保守、文化落后、制度腐朽的国家，推进社会主义建设都成为历史的重大挑战，遑论共产主义社会的理想问题。对此，马克思和恩格斯有类似问题的论释，列宁也具体地分析了俄国农民文化素质落后的表现。

1. 俄国农民素质匮乏接纳新事物能力

在列宁主导推动的新经济政策中，如何提高俄国农民的文化素质成为一项重要任务。列宁指出，由于农民的文化素质普遍较低，接受能力太差，导致农民对俄共（布）推行的新经济政策产生怀疑，甚至出现很

---

① 《列宁全集》第二十七卷，北京：人民出版社2017年版，第122页。

多否定新经济政策的言论和行为,严重阻碍了俄国社会主义建设事业的进程。为此,列宁强调,俄共(布)各阶层党员要积极带头,各级政府要大力合作推动,把俄国民众的学习当作"一项严峻的任务"① 来抓。而解决这一问题就是从民众的识字习文开始,逐步提升民众的文化素质。否则,新经济政策的推行是一件非常可笑的事情。只有普通民众的文化素质提高了,他们的接受能力增强了,社会主义的建设事业才有希望。

2. 俄国农民缺乏社会活动及政治参与能力

列宁指出,为了提高俄国农民参与社会活动和政治活动的热情及能力,政治教育的意义首当其冲,这是解决问题的关键。文盲的普遍存在,使得俄国农民理解能力低下,导致其参与活动的能力低下,甚至缺乏起码的参与热情。列宁指出,只要俄国的土地上还有大量的文盲存在,就奢谈高高在上的"政治教育"是荒唐的。所以,解决政治教育成为摆在俄共(布)面前的一项政治任务,而完成这个政治任务的前提就是清扫俄国农民的文盲问题。列宁掷地有声地说出:"文盲是处在政治之外的"。"不识字就不可能有政治",文盲之间只有谎话连篇、只有流言传递、只有蜚语偏见,这是不可容忍的。② 可以看出,作为人类社会最复杂的活动之一,政治行为必须具备一定的文化素质,因为这是政治行为最起码的要件。人的思想意志只有通过自身融入的政治行为才能真正转化为彻底的行动。

3. 俄国农民缺乏促进产业发展的科学能力

俄国是一个非常落后的工业化国家,落后程度在整个欧洲都是名列前茅的。俄国的农民更是这片落后区域的丑陋疤痕。俄国的农业生产几乎都是传统耕作模式:从土地分割到分片经营,从基本农具到运作模式,从机械设备到市场化程度,都是俄国落后传统的象征。俄国的农业产业发展,不要说与已经兴盛于整个欧洲的电气化没有渊源,就是传统的大机器设备都异常稀缺少见。鉴于此种状况,列宁强调指出,为了实现俄国农业的整体电气化,实现俄国社会主义经济的腾飞,就必须解决俄国农民群体的文化和科技知识匮乏的问题。列宁尖锐地指出,文盲的大量存在,使得在俄国的广大农村地区推广农业新技术成为"最大障碍"。

---

① 《列宁全集》第四十二卷,北京:人民出版社2017年版,第203页。
② 《列宁全集》第四十二卷,北京:人民出版社2017年版,第210页。

文盲的普遍存在，使得苏维埃政府没法在广大的农村地区推行电气化工程。尤其是文化知识的普遍缺失，使得俄国农民根本不知道如何将新技术、新设备、新工艺"应用到工农业上去"，使得农业产出效率低下、效能损耗极高、效应完全不能匹配投入比例。① 列宁还从农业产业的基础性阐释了解决农民文化及科学素质的重要性。如果不解决俄国农民自身的落后状况，就不可能改变俄国的小农经济模式，现代的机器大工业更是无从谈起。失去了"这个基础"，"我们就没有出路"，所有的经济建设都不能完整展开，所有关于社会主义建设事业的"伟大的计划都会落空"。② 这是布尔什维克党推动人类解放事业的悲哀。

（二）旧文化消极影响深厚

列宁在很多文章、讲话和文件中都明确指出，俄国的旧文化积弊太深、积重难返，后期在资本主义发展阶段又渗合了资产阶级的不良文化，成为俄国农民进步的巨大障碍。列宁在很多场合论及了俄国的旧文化问题：农奴制文化的无穷遗毒，宗教偏见严重，大俄罗斯沙文主义猖獗，资产阶级贪婪成性的自私等等，沉疴泛起，混杂于俄国的文化土壤，造成一个巨大的精神文化囚笼，人人被圈禁在里面难以自拔。列宁明确指出，必须将广大的农民从落后精神文化的牢笼中解救出来。旧制度和旧文化的遗毒太深，他们几乎是在"吃母亲奶的时候"③ 就受制于这种文化氛围，最后在他们的身上打上持久性的烙印。

1. 奥勃洛摩夫习气浓厚

俄国农民因为长期受到沙皇俄国农奴制度的愚昧统治，再加上自给自足的生产方式使得整个俄国国民的社会经济生活狭隘保守、落后闭塞、因循守旧、不思进取、小农意识极为浓厚。这种极为落后的生态方式和文化心理受到了列宁的严肃批判。这是一种典型的中世纪一样的文化心理，被列宁称之为"奥勃洛摩夫习气"。这是列宁借用俄国作家冈察洛夫同名小说中的主人公而总结的、俄国旧式农民身上的各种坏习气：愚昧落后、顽固保守、懒散怠惰、庸碌消极等。列宁指出，这种落后的文化心理给俄国的革命和进步带来了巨大的阻碍，极大地破坏和销蚀了广

---

① 《列宁全集》第三十九卷，北京：人民出版社2017年版，第336页。
② 《列宁全集》第四十卷，北京：人民出版社2017年版，第149页。
③ 《列宁全集》第三十九卷，北京：人民出版社2017年版，第341页。

大俄国农民参与到社会主义建设事业的进程中的积极性，而且这样的问题已经成为俄国无产阶级革命事业不可忽视的问题。在1922年3月《论苏维埃共和国所处的国际和国内形势》一文中，列宁指出了小农意识问题的严重性。俄国人民已经经历三次伟大的历史新革命的洗礼，分别是1905年的革命和1917年的二月革命、十月革命。即便如此，浓厚的小农意识也没有丝毫减退，成为销蚀社会主义革命热情的不良存在。这种坏风气不仅存在于地主阶层，还存在于农民阶层；不仅存在于知识分子中间，还存在于工人和共产党员中，这是一件不可容忍的事。列宁直接指出，"奥勃洛摩夫习气"① 最直接地妨碍广大农民、工人和共产党员为苏维埃社会主义建设事业发挥积极作用。

2. 宗教信仰残留十分严重

作为东正教的宗主国，俄国本身宗教信仰泛滥，再加上其他宗教根深蒂固的影响，即便进入十月革命以后，俄国的广大地区依然沉浸在泛滥的宗教情绪中难以自拔。宗教的后世期待及麻醉作用，极大地影响了广大群众的革命和建设积极性。因为这是封建沙皇专制统治者为维护自己的专制统治找到的最根本的精神基础。他们厚颜无耻地宣称自己就是广大农奴的拯救者和庇护人，一切人间不公和邪恶都是那些贵族老爷们的勾当。宗教信仰还是反动资产阶级政府借助的精神工具。列宁痛斥道，宗教信仰给俄国人民带来了巨大的荼毒和伤害。宗教消极负面的影响力就在于欺骗广大劳苦大众满足于现世的生存，学会"顺从和忍耐"，将全部活着的希望、价值、意义、幸福都"寄托在天国的恩赐上"。列宁指出，"宗教是人民的鸦片"，它彻底毁掉了俄罗斯"自己做人的形象"，使得俄国农民再也不奢求去过有点"人样的生活"。② 列宁强调指出，只有不断消除深厚的宗教影响，才能翻新封建专制制度的文化土壤，让俄国村社的农民真正过上现代化的生活，通过马克思主义的无神论教育，彻底抛弃旧宗教侵蚀下的"农奴制等等的文化"。③

3. 陈旧观念大量滋生蔓延

资本主义在俄国的发展对俄国广大群众的精神文化产生了巨大影响。

---

① 《列宁全集》第四十三卷，北京：人民出版社2017年版，第12页。
② 《列宁全集》第十二卷，北京：人民出版社2017年版，第131页。
③ 《列宁全集》第四十三卷，北京：人民出版社2017年版，第382页。

因为在列宁看来，资产阶级统治下的俄国社会，只能大量地培养出自己的观念同情者，而且不断涌出对资产阶级价值观、文化观、道德观大唱赞歌的、虚伪的知识阶层，他们个个自私透顶、"只关心自己而不顾别人"，① 永远都想着自己。这种落后狭隘的品性一旦传播，在俄国落后的封建专制文化土壤中就会生根发芽，最后是滋生蔓延、开花结果，成为毒害广大群众的毒花毒草。列宁批判道，俄国的农民一旦有了土地，一旦有了余粮，就会变成厚颜无耻的"剥削者"。只要自己的余粮越多，自己就越会获利，他根本就不会在乎其他农民的忍饥挨饿。"赚我的钱，其他一切都与我无关"，自私自利的心理和习惯侵蚀和伤害了俄国群众的文化品质。②

4. 沙文主义情节依然存在

在俄国，大俄罗斯沙文主义一直根深蒂固，影响了整个俄国人的思维模式及行为习惯。作为一种消极性的历史文化，它在俄国广大民众中一直拥有广阔深厚的市场。但这种文化本身是一种落后的民族偏见，它阴魂不散，高傲自大地宣扬俄国民族的优越论，卑劣地轻视俄罗斯以外的其他所有民族，顽固地相信所有除俄罗斯之外的民族都应该受俄罗斯民族的支配。列宁指出，这种劣质文化是不可能在一夜之间消失的，"这种腐蚀作用是不能一下子就消除的"，③ 只有在不断的世界观和价值观的教育中得以缓解。而落后、保守、封建的广大农村地区就是这种劣质文化的土壤。所以，摆在俄共（布）面前的一项重要任务，就是消除大俄罗斯民族主义的负面影响。

（三）城乡文化联系缺失明显

为了推行新经济政策，列宁在马克思恩格斯奠基的合作化思想的基础之上，阐释和论证了自己的合作化思想，引导俄国广大农民走上社会主义新道路。这是对马克思主义农民问题的重大推动和发展，这也是列宁确定的、应对城乡文化联系缺失的症结和关键。就是通过合作化的道路和方式，引导农民参与到社会主义建设的进程中，以此缩短俄国巨大的城乡差异。列宁指出，在新经济政策的条件带动下合作社是对农业进

---

① 《列宁全集》第三十九卷，北京：人民出版社2017年版，第341页。
② 《列宁全集》第三十九卷，北京：人民出版社2017年版，第341页。
③ 《列宁全集》第二十九卷，北京：人民出版社2017年版，第158页。

行社会主义改造的一种有利形式。"在生产资料公有制的条件下",俄国的布尔什维克党要取得社会主义建设的最终胜利,就必须展开农村合作社的建设,引导俄国的广大农民走上自己新生的道路,并由此建设俄国的"社会主义的制度"。① 这是列宁在社会组织形式上应对城乡文化联系缺失的态势及其挑战的基本举措。列宁指出,除了重视教育、加强文化建设、增加城乡联系的预算、消除农民在文化领域尤其是精神领域的野蛮和半野蛮状态之外,更重要的是借助组织化的形式消除俄国的城乡差别。

1. 缺失症结和关键

在俄国的社会主义事业建设的构图中,列宁指出了俄共(布)在城乡文化交流上的失误问题。列宁指出,俄国新生的苏维埃政权在城市的文化建设上力度很大,成效明显。但对广大农村的文化建设重视极为不够,严重忽视了这个广阔地区的文化建设问题,尤其忽视对俄国的广大农民的思想教育和文化素质的提高。列宁还指出了问题的症结和关键:那就是无产阶级掌控政权之后,城市和广大农村地区除了"正式预算和正式联系"② 外,几乎没有其他任何紧密的联系方式,相互间的交流更是无从谈起。列宁极为愤慨地指出,这是一个不可原谅的错误,我们占领的城市几乎没有对广大的农村地区做过任何像样的事情。广大农村地区还在苟延残喘的旧制度下呻吟,我们的阶级兄弟农民完全生活在旧文化和旧思想体系的阴影中,变成俄共(布)在全国推进社会主义事业的巨大阻碍。

2. 缺失态势及挑战

列宁指出,城市给农村在"政治、经济、道德、身体等等方面的消极影响"③ 几乎无处不在。在整个俄罗斯的地理版图上,"在沃洛格达以北、顿河畔罗斯托夫及萨拉托夫东南、奥伦堡和鄂本斯克以南、托木斯克以北有一片片空旷地带",都是广阔的农村地区,这里穷乡僻壤极端落后,完全被愚昧的"宗法制度"、浓厚的"奥勃洛摩夫"习气、"野蛮"

---

① 《列宁全集》第四十三卷,北京:人民出版社2017年版,第369页。
② 《列宁全集》第四十三卷,北京:人民出版社2017年版,第364页。
③ 《列宁全集》第四十三卷,北京:人民出版社2017年版,第364页。

和"半野蛮"的生存状态控制。① 列宁指出,广大的农民阶层如果没有先进的文化和思想占领他们的精神阵地,他们就不可能拥护我们的新政策,以致延续到不可能支持我们的新制度。列宁指出,要推动苏维埃政权下的城乡文化交流,巩固社会主义建设的新阵地,这是一个极其艰难曲折的建设过程,俄共(布)上下要有充分的思想准备,要打一场艰难的攻坚战。

三、党内错误经济思想批评

列宁对党内经济工作重心转移的错误认识进行了批评。列宁指出,党的职能转化就是实现经济工作重心的尽快转移,让全党上下以至全国尽快进入社会主义建设事业的轨道。列宁同时对无产阶级掌控国家政权下的"不断革命论"展开批评。列宁指出,党外很多干部和群众依然喋喋不休地坚持所谓的"不断革命论",这是一种极其错误的思想倾向,是一种严重夸大革命作用的个人英雄主义做法。列宁批评党内部分人士热衷空洞争论所带来的严重影响:他们全部参与了毫无远见的空洞争论,而且还煞有介事地提出自己各种各样的纲领,严重地影响了苏维埃建设事业的进程;列宁严厉批判没有实质内容的政客空谈,阐明了党内陷入这种空洞争论的极大危害。

(一)经济重心转移错误认识批评

1. 实现经济重心尽快转移

十月革命以后,列宁对党内一度出现的错误思想倾向予以严厉的批评。列宁指出,无产阶级革命结束以后,俄共(布)最迫切的一件任务就是由一个完全的革命党向执政党的转化。但党内很多人看不清革命发展的形势,拒绝这样的历史性转变。为此,列宁提出两个最具有代表性的观点:其一,目前"唯一的危险,就是夸大革命的作用",以至于影响到党的革命工作的重心转移问题;② 其二,就是"多谈些经济",尤其是要少谈些关于经济建设错误认识的话题,展开实际行动,实现经济建设重心的尽快转移。③ 列宁认为,党内很多同志根本跟不上革命的发展

---

① 《列宁全集》第四十一卷,北京:人民出版社2017年版,第216页。
② 《列宁全集》第四十二卷,北京:人民出版社2017年版,第257页。
③ 《列宁全集》第三十五卷,北京:人民出版社2017年版,第92页。

进程，过分夸大革命手段的作用，以为激烈高涨的革命手段可以解决一切问题。

2. 展开"不断革命论"批评

列宁指出，在社会主义建设的进程中，在布尔什维克掌控国家政权的前提下，党外很多干部和群众依然喋喋不休地坚持所谓的"不断革命论"，意图夺取所谓的全世界革命的胜利。这是一种极其错误的思想倾向，是一种严重夸大革命作用的个人英雄主义做法。列宁指出，在战争与革命阶段，俄共（布）在军事和政治斗争上的优点，在新的形势和历史条件下，正在转化为缺点，而且变成了我们"最危险的缺点"。我们就是要意识到这个缺点，然后纠正这个缺点。就是说，我们要完成现实的任务，需要有未来的眼光、超前的眼光，最起码也是向前看的眼光。"用昨天的办法"来解决今天的"问题"，这是绝对要不得。① 列宁告诫全党：决不能过分夸大革命的作用，要多谈些经济，少谈些政治，尽快实现工作重心的转移。"对于一个真正的革命者来说"，就是忘记了马克思主义最基本的科学方法论，忘记革命的事业总是要"有效地运用革命方法"才能真正地解决问题，而且要恰当地认识到社会历史活动的"限度和条件"。做不到这一点，就会丧失和毁灭革命的成果，"而且一定会毁灭。"② 可以说，在革命工作重心转移的重大历史关头，列宁的高瞻远瞩再一次走到了历史的最前头。

（二）热衷空洞经济问题争论批评

1. 空洞争论严重影响

在俄共（布）领导的社会主义经济建设事业中，列宁还批判了党内部分人士过分热衷于空洞争论的倾向。列宁指出，在党内工作重心从革命转向经济建设的时候就爆发了激烈的争论。这个争论先是由托洛茨基挑起的，然后是"工人反对派""民主集中派""诺根派""梁赞诺夫派"和"伊格纳托夫派"参与其中，他们全部沉湎于毫无远见的空洞争论，而且煞有介事地提出自己各种各样的纲领。因为涉及范围太广，日益激烈的争论引发了党内激烈的政治斗争，严重影响了苏维埃建设事业的进程。面对这种极大影响和破坏性的党内内耗，列宁极其愤怒，不得

---

① 《列宁全集》第四十二卷，北京：人民出版社 2017 年版，第 360 页。
② 《列宁全集》第四十二卷，北京：人民出版社 2017 年版，第 257 页。

不停下手头的经济工作予以应对。

2. 严厉批判政客空谈

在俄国经济建设的进程中,列宁严厉地批评了托洛茨基挑动政治内斗的错误行径,严厉地批评了党内陷入这种空洞争论的危害。列宁指出,这"都是毫无实际意义的'全党讨论'",而且使党的人力、物力、注意力、时间脱离生产工作,"是没有重要的内容的政客的空谈。"① 在党的十大报告会上,列宁再次指出这种空洞争论的危害:我们的俄共(布)"完全不能容许""这种奢侈行为"。这样的争论毫无意义而且"无疑是犯了错误",而且这样的错误是极其有害的。② 列宁指出,对现下的俄共(布)来说,大力推动国家的经济建设,"收获更多的粮食,开采更多的煤炭","消除饥荒",解决国内民生最迫切的问题,这就是我们的政治:经济方面的政治,国家建设的政治。

---

① 《列宁全集》第四十卷,北京:人民出版社2017年版,第288页。
② 《列宁全集》第四十一卷,北京:人民出版社2017年版,第11页。

第四章 文化批判

列宁阐释了文化批判的分期。在文化批判的初期阶段,列宁完成了文化批判的主体、根本动因及真实本质的阐释,实现了"全人类性"和"纯艺术"的文化批判思考;在文化批判的确立阶段,列宁完成了文化批判思想体系的确立,倡导无产阶级文化批判的意义,建设和发展社会主义文化事业;在文化批判的完善阶段,列宁倡导布尔什维克党必须展开自己的文化批判,推动文化批判思想的实践进程。列宁阐释了对资本主义文化的思考。俄国文化落后根源于反动的沙皇专制统治,欧洲文化进步得益于蔓延整个欧洲大陆的资本主义的历史性进步。列宁展开的文化批判,首先是对资产阶级民族文化本质展开的批判,然后是俄国民粹主义文化思潮的批判。列宁在科学详尽地分析了资本主义文化的时代背景及历史基础之后阐释了资本主义文化的历史进步性和革命反动性。在继承无产阶级革命导师科学理论的基础之上,列宁阐释了无产阶级的文化态度和任务,同时论释了文化的国际化与"国际主义文化"之间的区别。

一、文化批判分期

列宁展开文化批判的基本历程是一个现实的追索过程,这与社会历史进程的激荡和时代的进步有着最直接的关联。在批判沙皇封建专制政府落后腐朽的文化基础之上,同时还展开民粹与修正主义文化批判,列宁真正的蕴意就在于为无产阶级文化的时代出场奠定先期的理论基础。因为无产阶级文化才是俄国无产阶级革命最需要的精神土壤。在阐释无产阶级文化的基础之上,列宁致力于无产阶级文化事业,并力图将马克思主义的文化学说和俄国无产阶级文化实现深度联结,以此实现马克思主义文化在俄国的时代发展。在此系统论证的基础之上,列宁确立了自己文化思想的科学构建。列宁的文化批判历程共分为三个阶段，包括文化批判的初期阶段、文化批判的确立阶段、文化批判的完善阶段。

（一）文化批判初期阶段

文化批判的初期阶段，列宁在《什么是"人民之友"以及他们如何攻击社会民主党人？》一文中阐释了自己在文化领域的最初思考。列宁阐释了文化批判的主体、根本动因及真实本质，同时对俄国当初充满矛盾和危机的社会予以深度思考。这既是对民粹主义分子展开的回应，更是对国际机会主义分子的反击，这是列宁运用科学社会主义原理展开文化批判的起点。列宁还批判道，经济派打着"为思想而斗争"的口号，戴着"全人类性"的虚假面具，为了所谓的"纯艺术"展开唯一的斗争——经济斗争，并因此完全放弃了其他形式的斗争，这是极其荒谬和错误的。

1. 文化批判主体、根本动因及真实本质

列宁指出，文化批判的主体是"具有自己一切思想和感情的个人"，而"人类的这些社会思想原来起源于社会存在"，起源于人类社会最基本的活动。① 马克思指出，文化发展的根本动因是其最基本的经济基础，而文化的进步发展能够引发具有持续性、历史性的"变迁的行动"，而这些历史的变迁活动又成为新的文化发展的动力。② 而对俄国人民的文化发展进程来说，就是准确地把握俄国社会经济关系对抗的全部过程和全部形式，才能准确地研究俄国文化的"联系和一贯发展"。③ 就是在"俄国历史和现实的基础"④ 之上，才能真正认识和思考俄国文化的发展历程。而不是像米海洛夫斯基为首的民粹主义分子那样，优雅地坐在自己家里的书斋，毫无意义地空谈着关于俄国人民远大的文化生活和"生活问题的理想"⑤，这是极其荒谬的。所以，俄国民主党人"应当辩证地研究人类思想、科学和艺术的历史"，而且只有在这样的历史基础之上，

---

① 中国人民大学马列主义发展史研究所：《列宁思想史》，上海：上海人民出版社1988年版，第104页。
② 《马克思恩格斯文集》第四卷，北京：人民出版社2009年版，第304页。
③ 《列宁选集》第一卷，北京：人民出版社2012年版，第77页。
④ 《列宁全集》第一卷，北京：人民出版社2013年版，第267页。
⑤ 《列宁全集》第一卷，北京：人民出版社2013年版，第264页。

才能真正地把握俄国人民文化的历史和历史的文化。① 在《我们拒绝什么遗产?》一文中,列宁指出,民粹主义分子打着继承文化遗产的旗号,简单粗暴地抛弃俄国优秀传统文化,以及他们所有辩证的理论性批判,不过是在掩饰攻击和污蔑文化的真实本质。列宁指出,俄国人民的文化历程必须在俄国人民各个社会阶层的"物质利益中去寻找"。② 在这场文化斗争中,无产阶级是中坚力量,布尔什维克的"全部经验表明","要重视承认党的领导作用。"③ 尤其要准确地把握到,俄国只有布尔什维克党才能真正地引导俄国人民实现"改变旧社会"的历史性任务。④ 而且,无论在武装斗争的战线还是在文化革命的战线,这个核心地位和作用是不可动摇的。

2. "全人类"和"纯艺术"文化批判口号

从《怎么办?》到《同经济主义的拥护者商榷》再到《我们运动的迫切任务》的系列文章,列宁对"经济主义"的"全人类"和"纯艺术"文化思想进行了系统的批判。列宁指出,"经济主义"坚持改良的方式推进革命进程,究其本质而言,那是把社会主义革命文化完全做了庸俗化的处置。经济派表面上喊出极其高调的口号——"为思想而斗争",尤其给自己的奋斗理想和目标打上了"全人类性"的标签,在形式上显现得无比优越和进步。这些所谓的为了"纯艺术"的革命派别,竟然把经济革命当作唯一的革命,把经济斗争的方式当作唯一的斗争方式,完全忽视了从政治到思想斗争、从观念到价值、从文化到心理等各种形式的斗争。这不仅仅是对经济革命和经济斗争的庸俗化理解,更是对马克思主义关于文化革命作用的庸俗化理解。俄国的民主党人如果采取这样的革命方式,那将是一种可耻的错误。最终会导致无产阶级革命的失败。列宁指出,"没有革命理论",就没有革命的行动。⑤ 思想文化的进步和发展最终转化为社会主义革命意识和政治自觉性,通过宣传的方式、教育的方式、"灌输"的方式予以实现。⑥ 因为思想文化的宣传和

---

① 董立武、张耳编选:《列宁文艺思想论集》,北京:中国社会科学出版社1986年版,第421页。
② 《列宁全集》第二卷,北京:人民出版社2013年版,第384—385页。
③ 《列宁全集》第三十九卷,北京:人民出版社2017年版,第445页。
④ 《列宁全集》第三十七卷,北京:人民出版社2017年版,第130页。
⑤ 《列宁全集》第二卷,北京:人民出版社2013年版,第445页。
⑥ 《列宁全集》第十一卷,北京:人民出版社2017年版,第198页。

动员是传播社会主义文化最有力的武器。列宁指出，在这个问题上，经济主义派别明显犯了教条化的错误，宣扬一种"高于生活的革命"论调，那是严重歪曲无产阶级革命本意的行为。① 他们是不可能完成针对文化战线的斗争的。列宁指出了无产阶级文化艺术的革命本质，批判了资产阶级文化的唯利主义、个人主义和无政府主义的本质。

(二) 文化批判确立阶段

列宁指出，无产阶级群众的文化教育是一个重要事业。只有加强年轻一代的文化教育素质，才能真正完成社会主义文化建设事业。这是列宁文化批判确立阶段的思考和阐释。列宁指出，在一个到处都是"文盲的国家"，建设社会主义是不可能的，遑论"建成共产主义社会"，无产阶级的革命事业必须建立在文化高度发达的基础之上。② 列宁批评了消极对待这个问题的机构和组织，而布尔什维克党更不能忽视对资产阶级文化思想体系消极妥协倾向的批判。就是要让这类破坏和消极性文化情绪对民众造成的负面影响降低到最低水平。列宁同时还指出，共产主义文化是人类社会道德境界的深刻组成，而社会主义文化是共产主义文化建设的基础和前提。

1. 文化批判思想确立

列宁文化批判思想体系的确立时期，是苏维埃政权建设到新经济政策的发展阶段。列宁在一系列的文章和论著中，提出关于苏维埃文化建设的方针、政策、策略、方法等内容，以此构建文化批判的基本框架。在1919年俄共（布）八次代表大会上通过的《关于党纲的报告》中，列宁对文化批判的思想进行了系统的阐释。列宁指出，苏维埃政权应该把文化建设列上重要日程。列宁还批判了那些对苏维埃文化建设事业盲目乐观的情绪。因为俄国的布尔什维克党内外都非常明确地知道，"俄国文化不发达"意味着什么？有什么后果？③ 而且文化建设是一个综合性的"组织任务、文化任务和教育任务"④。但由于群众文化素质的低下等原因，"目前这个任务对于我们是极端困难的"⑤。

---

① 《列宁全集》第六卷，北京：人民出版社2013年版，第59页。
② 《列宁全集》第三十九卷，北京：人民出版社2017年版，第344页。
③ 《列宁全集》第三十六卷，北京：人民出版社2017年版，第150页。
④ 《列宁全集》第三十六卷，北京：人民出版社2017年版，第154页。
⑤ 《列宁全集》第三十六卷，北京：人民出版社2017年版，第155页。

2. 无产阶级文化批判

列宁指出，资产阶级的文化本质就是为了维护资产阶级利益的剥削文化，它的内质是专制的、腐朽的、倒退的。无产阶级只有确立了自己的文化体系，才能真正解释资产阶级的文化本质，并依靠理论教育，强化意识形态的工作，推动无产阶级文化建设，引领广大人民建设自己的新文化。但因为各种各样的原因，无产阶级的新生政权只有妥善地借助资产阶级知识分子和文化机构，才能达到传播和宣传无产阶级革命文化的目的。尤其是要在非科学、非民主、非进步的文化要素之上，打造无产阶级自己的文化大厦，这是一件历史性的事业。列宁为此专门指出，没有资产阶级知识分子和文化机构的参与和实际指导，依靠现有的社会基础，革命政权"向社会主义过渡是不可能的"，因为它们的存在也是无产阶级革命文化建设事业的基础和构成。①

3. 社会主义文化事业

为了进一步阐明无产阶级文化的基本蕴涵，在马克思主义基本理论的佐证下，列宁在《关于无产阶级文化》一文中，阐释了无产阶级文化建设的理论体系。从无产阶级文化建设的概念到基本原则，从科学的方法论到发展的旨趣及前景，几乎无一不涉。这也是列宁无产阶级文化批判思想成熟的标识。列宁进一步指出，无产阶级文化的历史出场，必然有其深刻的文化背景。从历史的发展进程来说，无产阶级文化是继奴隶社会文化、封建社会文化和资本主义社会文化之后，吸纳其全部文化精髓，"从人类知识的总和中产生出来"，并以此为基础，创造出人类历史上更伟大、更辉煌、更先进的文化体系。② 也就是说，无产阶级的革命文化就是要汲取国内外的优秀文化，反对一切空洞、虚伪、腐朽、专制、没落的落后文化。无产阶级文化是属于广大劳动者和知识分子的精神力量，为全人类的社会主义革命事业提供智力支持。无产阶级的革命文化就是在马克思主义科学世界观和方法论的指导下"真正的无产阶级文化"、社会主义的文化、奋斗中的共产主义文化。③

---

① 《列宁全集》第三十四卷，北京：人民出版社2017年版，第160页。
② 《列宁全集》第三十九卷，北京：人民出版社2017年版，第11页。
③ 《列宁全集》第三十九卷，北京：人民出版社2017年版，第374页。

（三）文化批判完善阶段

列宁在无产阶级文化批判的思想领域撰写了大量的作品、文章和文献。在新经济政策实施阶段，列宁的文化批判思想已经成熟，最终走向系统和完善阶段。晚年时期的列宁曾指出，无产阶级需要"真正的文化革命"。① 这场文化革命就是要处理好政治、经济与文化之间的关系。尤其要消除文化发展中的诸多问题与积弊，解决好和平时期文化建设"两个划时代的主要任务"② 等各种文化实践问题。

1. 必须展开文化批判

《新经济政策和政治教育委员会的任务》是列宁文化批判思想成熟的标志，是列宁晚年文化探索的经典性文献。列宁指出，新时期的文化建设事业是建立和维护社会主义经济的关键要素，是巩固苏维埃政权建设的重要环节，是实现社会系统管理的必然要求。这一阶段的文化批判就是要明确自己的基本立场，划清和各种机会主义分子的界限，同时要剔除社会主义文化建设事业中各种非社会主义的"混乱认识"，并予以最坚决的批判。列宁指出，布尔什维克党必须展开自己的文化批判，而这样的文化批判重点要针对资产阶级的世界观，尤其要针对弗兰格尔、白卫军这些反动分子的文化内容展开斗争。而且要在当前的文化宣传实践中"说明应该如何建设社会主义"③。同时，文化战线的斗争还必须动员劳动群众参与进来，展开对传统的封建思想意识和各种"非马克思主义的社会主义"思想的批判。而且这样的斗争必须是"坚忍不拔的""不屈不挠的""始终如一的"，这也是无产阶级革命文化的内在品质。④ 对那些抹杀党的文化领导作用的各种无党派分子和无政府主义文化倾向更要展开顽强的斗争。这是布尔什维克党展开文化批判和文化斗争的关键所在，也是文化战线上非无产阶级和无产阶级不能站在同一个起点上的原因。

2. 文化批判思想完善

在文化批判思想的完善阶段，列宁制定了新时期文化建设的总路线

---

① 〔苏〕尼·布哈林：《布哈林文选》中册，北京：人民出版社1981年版，第249页。
② 《列宁全集》第四十三卷，北京：人民出版社1987年版，第371页。
③ 《列宁全集》第三十九卷，北京：人民出版社1986年版，第449页。
④ 《列宁全集》第四十二卷，北京：人民出版社1986年版，第211页。

和总方针，强调要解决好无产阶级文化与资产阶级文化之间的文化同化和文化滞后问题。列宁还对文化建设的原则和规律进行了新的探索。他指出，坚持马克思主义的指导原则，这是苏维埃俄国文化建设的根本。列宁认为，布尔什维克党人领导的这场革命，是一场真正的社会主义革命，而这场革命同时也是一场真正意义上的文化革命。① 在《论合作社》中，列宁指出了在俄国进行文化建设存在的问题、挑战及根本路径。列宁明确阐释道，沙皇俄国经济落后、政治专制、制度腐朽、文化极其落后，要推动无产阶级文化革命，其难度是可想而知的，应该说，这场革命对我们来说是极困难的，② 但又是非常具有实际意义的。这样的文化革命旨在为社会主义建设事业填充深厚的文化土壤。列宁在《宁肯少些，但要好些》一文中指出，文化革命的推动和发展需要循序渐进，要和俄国落后的文化背景相结合，要符合俄国人民实际的文化需求。俄国的社会主义文化建设进程，最忌讳"急躁冒进"，因为它所带来的坏处是"最有害的"。③ 在文化批判的完善阶段，列宁总结了展开文化批判的重要性，同时也明示了展开文化批判的基本步骤、注意事项和奋斗目标等等。

二、阶级文化批判

俄国民粹主义者对待资本主义文化的态度是教条的、左倾的，甚至是武断的和粗暴的。他们竟然昏头昏脑地要求"遏止""阻止""制止"资本主义文化的存在，因为资本主义文化是人类社会的灾难，不需要加以任何分辨地予以拒斥。在详尽地分析了资本主义文化的时代背景及历史基础之后，列宁指出，资本主义文化既有其历史的落后性，也有其历史的进步性。资本主义及其文化的存在本身就是历史的产物和表现。和欧洲的中世纪和封建社会文化相比较，资本主义的官僚文化是历史的巨大进步，资本主义文化就是人类社会的"幸福"；但相比较社会主义的革命文化，资本主义文化就是不折不扣的"祸害"，④ 就文化发展进程的本质而言，资本主义文化不过是人类社会自身在不断剥离自然化的过程

---

① 《列宁全集》第十七卷，北京：人民出版社 2017 年版，第 389 页。
② 《列宁全集》第四十三卷，北京：人民出版社 2017 年版，第 10 页。
③ 《列宁全集》第四十三卷，北京：人民出版社 2017 年版，第 382 页。
④ 《列宁全集》第二卷，北京：人民出版社 2013 年版，第 410 页。

中，又不断获取社会化的过程，而这个社会化就是人类不断地获取自己的生存、生活和思维方式的本质性蕴涵。人类每一次获得这样的转变就是人类社会的巨大进步。而资本主义文化就是这样进步的重要关节点，是人类社会"历史地形成的需要"，是在不断替代"自然的需要"① 中进步的结果。这是列宁在融入俄国的宗法社会文化和欧洲发达资本主义文化的批判性思考之后，阐释的关于资本主义文化的科学结论。

（一）反动统治文化落后的时代根源

列宁在自己的系列论作中用最严谨的数据，展开最系统的调查研究之后得出结论：在俄国表面上占据主导优势的农村经济体系中，资本主义文化带来的文明和进步是不容置疑的。更明确地来说就是，资本主义文化的进步性就在于颠覆、毁坏封建社会文化的种种"封建羁绊"，让人类社会的文化体系摆脱"宗法的""田园诗般的""天然尊长"的关系的种种束缚，从而推动社会历史的深刻进步。在列宁看来，俄国的文化落后状态是毋庸置疑的。这一点他在很多论著中都予以明确的阐释和论证过。列宁公开指出，无论是落后的公民文化水平，还是落后的文化设施，包括落后的文化心理和文化体制，终极的原因都是因为腐朽落后反动的封建沙皇专制统治。就是说，"野蛮的国家"、野蛮的状态才有近乎野蛮的文化，而俄国野蛮文化是无产阶级解放运动最危险的敌人，这是俄国无产阶级革命运动必须予以解决的大问题。

1. 野蛮国家的野蛮文化

在《论国民教育部的政策问题》中，列宁运用一系列准确的数据来阐明居民的识字率、国民的受教育程度、文盲占据总人口的比率等诸多要素，通过和欧洲先进国家的纵向比较之后得出结论：俄国已经沦落为一个野蛮的国家，这样的野蛮状态，在整个欧洲都是独一无二的，而且"已经到了令人难以置信的地步"，列宁明确指出，这是一个不可容忍的局面。② 即便和美国的国民教育程度进行比较，俄国也是极其落后的。列宁通过现代图书馆的数量，分析和比较了俄国和整个欧洲在公共文化设施领域的差距问题、俄国公民在享有和使用最基本的文化设施的限制

---

① 《马克思恩格斯文集》第八卷，北京：人民出版社2009年版，第69—70页。
② 《列宁全集》第二十三卷，北京：人民出版社2017年版，第110页。

问题，以求证自己的结论。① 俄国的文化设施开放是有等级的、受限制的，是不合理的，甚至是歧视性的，这也是令人深感痛心的。在《为国民教育能够做些什么》一文中，通过具体详实的数据，列宁批判了俄国沙皇专制制度下的文化设施使用理念：各种偏见，各种毫无意义的不公平开放。为此，列宁不得不发出这样的感叹：这真的不能使我"感到高兴啊！"② 西方国家在文化领域中的各种开放和进步"在我们神圣的祖国俄国是没有的"③。

2. 无产阶级文化的敌人

在列宁社会批判的视域下，在20世纪初已经不断展开社会主义革命的俄国，其文化依然野蛮、愚昧、落后、专制、保守，痛苦地折磨着全体俄罗斯人。而农奴制的最大问题就在于"因循守旧、备受压抑和野蛮无知的传统"。④ 这样的文化传统早已形成"沉重的枷锁"，紧紧地扼住俄国人民呼吸自由气息的通道，使得整个时代都沉陷在几乎窒息的状态中。更不要说俄国的无产阶级推动革命所展开的"政治思想"的进步和发展。⑤ 可以看出，列宁所阐释论证的问题是一箭中的。因为制度的控制和压制在短时间内不可能得到矫正。而对努力推动社会主义革命文化的革命党人来说，这样的制度和制度残余已经变成了"无产阶级的解放运动和全体人民的文化发展的最凶恶和最危险的敌人，"尤其是无产阶级革命推进自己的文化建设中必须全力应对的敌人。⑥ 列宁在此也明确地指出，资本主义作为人类社会不可回避的历史阶段，它所带来的历史进步性是毋庸置疑的，但它严重地破坏了生产者的生存意识和革命意识，造成"生产者愚钝"的普遍现象，而且无产阶级只有"自己掌握自己的命运"，才能彻底地拯救自己。⑦ 这样的革命意识和革命行动，在落后愚昧的俄国是没有的，而这样的社会历史条件对推进文化的发展进步无疑是阻碍性的。

---

① 韦定广：《后革命时代的文化主题》，北京：人民出版社2011年版，第143页。
② 《列宁全集》第二十三卷，北京：人民出版社2017年版，第366页。
③ 《列宁全集》第二十三卷，北京：人民出版社2017年版，第365页。
④ 《列宁全集》第六卷，北京：人民出版社2013年版，第383页。
⑤ 《列宁选集》第一卷，北京：人民出版社2012年版，第72页。
⑥ 《列宁全集》第六卷，北京：人民出版社2013年版，第415页。
⑦ 《列宁全集》第一卷，北京：人民出版社2013年版，第381页。

（二）生产方式奠基欧洲进步文化

列宁明确指出，资产阶级的自由民主思想及制度给整个西方文化带来了革命性变化。列宁科学辩证地阐释了资本主义生产方式给整个欧洲文化带来的进步和解放，因为这个生产方式能摧毁一切让劳动人民沉睡愚昧的封建文化制度。列宁也明确指出，经过农奴制改革的俄国也获得了这样的进步，在文化领域尤其如此。因为，欧洲的文化进步启动了俄国人民的解放斗争，不但是经济领域和政治领域的斗争，更是文化和思想领域里的斗争，这场斗争是俄国人民走出自己文化愚昧落后境地的关键。

1. 先进生产方式带来欧洲进步文化

列宁指出，平等、自由劳动、辩论原则使得民智大开，让资产阶级的民主政治得到历史性的进步。尤其是权力制衡、自由政治、选举制度等政治文化的进步，给深陷腐朽专制、愚昧落后、残酷黑暗的中世纪文化带来致命一击。资本主义的文化进步首先带来自由经济的进步，它所携带的自由价值是不容怀疑的。它能让那些先前活得卑微的人们不再"对小警官卑躬屈节"，不再那么卑贱低微地活着。① 从更深远的经济意义来说，资本主义的发展颠覆了农奴制社会携裹的宗法血缘关系和人身依附关系的文化；资产阶级发动的工业革命，使得狂热运转的机器实现了"工业与农业完全分离"的文化；② 资产阶级的疯狂扩张使得整个俄国"分散的小市场连成一个全国性的市场"、全国性的文化；③ 生产效率和社会文化实现前所未有的迅猛发展。这是资本主义给整个社会带来的进步，但这样的进步同样带来了前所未有的文化灾难。这样的灾难使得全体劳动者不仅仅在承受"本地吸血鬼的支配"，而且要在全国范围内承受"大资本的支配"，但这样的"支配",④ 又促成广大劳动者承受"压迫、死亡、粗野、使妇女儿童身心受到摧残"的文化机制和文化环境。⑤ 这样的惨重代价，带来的必然是精神世界的压制、文化生命的极

---

① 《列宁全集》第一卷，北京：人民出版社2013年版，第354页。
② 《列宁全集》第三卷，北京：人民出版社2013年版，第501页。
③ 《列宁专题文集 论资本主义》，北京：人民出版社2009年版，第295页。
④ 《列宁全集》第一卷，北京：人民出版社2013年版，第206页。
⑤ 中共编译局编：《列宁专题文集 论资本主义》，北京：人民出版社2009年版，第295页。

度窒息。

2. 欧洲进步文化启动俄国解放斗争

在列宁看来，全体劳动者只有走上"解放的有组织的阶级斗争"①之路、革命之路，走上文化自觉和文化进步的发展之路，俄国落后的文化关系才能走出自己的狭隘性、封闭性、保守性和落后性。俄国居民的文化"自觉性和主动性的发展"才能成为必然。② 这样，"中世纪的"文化"壁障"被彻底摧毁，俄国"地区、地域和职业"③ 的文化区别消除了，文化的"巨大发展"和进步，使得俄国居民者能够开始掌握自己的命运，开始推进和创新属于自己的文化生活，推进文化事业的进步，实现文化主体的价值。更进一步来说，工业生产力的巨大进步，统一市场经济的快速发展，劳动社会化的市场管理使得俄国居民的文化生活实现巨大的转变，"精神面貌的改变"为之一新，④ 必然引发俄国居民文化生活的深刻变化，最终引起整个社会文化体系的质变。列宁也明确指出，要建设俄国无产阶级革命文化，就必须首先战胜资本主义经济体系所构建的经济基础，毁灭其文化力量存在的"最深源泉"，在此基础之上，构建"新的更高的社会生产方式"，以此作为无产阶级革命文化的现实基础，⑤ 才能孕育最先进的无产阶级文化，推动无产阶级走向新生的精神世界。

三、文化类别批判

关于资产阶级民族文化的本质，列宁批判了革命阵营内动摇分子抹杀文化的阶级性，展示了狭隘的文化意识。列宁对民粹主义文化思潮的批判是俄国社会思想需求的全部内容。因为民粹主义分子坚守的都是落后、顽固、偏激的文化论调，是俄国经济浪漫主义"向后看"的文化思维形式。在对狭隘的民族主义文化批判中，列宁主要是针对"整体民族文化论"和"民族文化自治论"展开的，因为资产阶级文化"背叛了祖国和民族的文化"。在列宁看来，"民族文化自治"是一个伪命题，"民

---

① 《列宁全集》第一卷，北京：人民出版社 2013 年版，第 206 页。
② 《列宁全集》第三卷，北京：人民出版社 2013 年版，第 282 页。
③ 《列宁全集》第二卷，北京：人民出版社 2013 年版，第 208 页。
④ 《列宁全集》第三十六卷，北京：人民出版社 2017 年版，第 32 页。
⑤ 《列宁全集》第三十七卷，北京：人民出版社 2017 年版，第 17 页。

族文化自治"是民族平等的假象。

(一) 资产阶级文化批判

列宁坚决反对和批判社会民主党阵营的部分动摇分子大肆鼓吹和喧闹"整体民族文化"和"民族文化自治"。他们借助这些貌似超前积极的文化口号,完全出卖了无产阶级革命的文化利益,最终厚颜无耻地倒向资产阶级的怀抱。列宁指出,俄国社会民主党阵营的动摇分子是极其狭隘的,他们竟然把"乌克兰的文化"当作俄国无产阶级的代表性文化,然后又狭隘、极端地把这种地域文化同"大俄罗斯的文化"进行整体性的对立。在列宁严肃的批判视野中,这是对无产阶级文化事业,尤其是对无产阶级文化利益最无耻的出卖、最卑劣的叛变。

1. 革命阵营动摇分子抹杀文化阶级性

20世纪初,帝国主义之间的矛盾更加尖锐,伴随着这场深刻的、席卷全世界的争夺战,帝国主义在各个方面包括文化领域对社会主义国家政权展开全面围攻。尤其是社会民主党阵营的一部分动摇分子,大肆鼓吹和喧闹"整体民族文化"和"民族文化自治"。而这样的文化论调最直接地抹杀了文化的阶级性。这些摇摆分子都在奢谈"民族文化",坚持认为民族与民族之间存在差异性,而这样的差异性"把不同民族的工人分开",然后"用'民族的口号'来愚弄他们"、欺骗他们,最终要牺牲他们。① 这些最终倒向资产阶级怀抱的动摇分子还向"俄国民主派"进行宣战,批判他们背叛了俄罗斯民族文化,宣称俄国民族文化已经完全陷入分裂,而且这种文化分裂已经完全没有弥补的可能性,俄罗斯"文化的完整性"被破坏了,无产阶级代表的民族文化毫无前途可言。列宁尖锐地指出,革命党人的背叛者打着"全世界无产者联合起来"的旗帜,彻底完全地"背叛了祖国和民族文化",也背叛了自己的阶级文化。②

2. 列宁批判动摇分子狭隘性文化意识

在列宁看来,社会民主党人阵营内在文化领域里的背叛行径,"只能

---

① 《列宁全集》第二十四卷,北京:人民出版社2017年版,第250页。
② 黄力之:《列宁无产阶级文化理论的探析》,载《毛泽东邓小平理论研究》,2011年第5期,第62页。

有利于资产阶级"。① 俄国社会民主党阵营的动摇分子动机是卑劣的、行为是肮脏的。他们只有一个目的,那就是厚颜无耻地投向资产阶级民主派的怀抱,极端谄媚下作,目的竟然是为了替他们宣传资产阶级的帝国主义文化。更为可耻的是,这些动摇分子打着宣传"民族文化"的旗号,旨在"钝化、愚弄和分化工人",使饱受资产阶级剥削压迫的工人阶级反过来"听任资产阶级摆布",没有比这更卑鄙的勾当了。② 为了回击对资产阶级民主派的欺骗和愚弄,有力应对动摇分子蛊惑人心的行径,列宁创造性地提出"两种文化"理论,就是既有资产阶级文化又有无产阶级文化。③ 无产阶级的文化就是无产阶级解放自己、最终解放全人类的文化,是自己从"民主主义"走向共产主义的文化,是民族工人运动走向"全世界工人运动"的文化,是国家的民族文化走向世界的"国际文化"。④ 而且两种文化之间的斗争成为国际和国内文化斗争的主要焦点。

（二）民粹主义文化批判

列宁指出,民粹主义分子坚守的都是落后、顽固、偏激的文化论调,俄国经济浪漫主义坚持一种"向后看"的文化思维形式。列宁深刻地指出,民粹主义的经济浪漫主义荒谬透顶地把"古代宗法式环境"生长的文化移植到"充满疯狂竞争和利益斗争的大机器工业时代",这其实也是一个资产阶级文化获得重大发展的时代。⑤ 而这样的文化只能让落后的俄国变得更加愚昧、野蛮、落后。列宁指出,民粹主义所谓的文化不过是"欧洲浪漫主义"在俄国不良生存环境滋生的"变种"而已,其实就是极不成熟的俄国资产阶级文化。⑥ 列宁展开对民粹主义文化思潮的批判,不仅确立了民粹派文化批判的开端,而且探寻了俄国民粹主义分子的思想和文化根源,最终形成列宁文化批判理论体系。列宁展开的俄国民粹主义文化的系统批判,反映了俄国社会文化思想需求的全部内容。

---

① 《列宁全集》第十一卷,北京:人民出版社 2017 年版,第 31 页。
② 《列宁全集》第二十四卷,北京:人民出版社 2017 年版,第 127 页。
③ 《列宁全集》第二十四卷,北京:人民出版社 2017 年版,第 134 页。
④ 《列宁全集》第二十四卷,北京:人民出版社 2017 年版,第 123 页。
⑤ 《列宁全集》第二卷,北京:人民出版社 2013 年版,第 206 页。
⑥ 《列宁全集》第二卷,北京:人民出版社 2013 年版,第 217—218 页。

1. 民粹主义坚守的落后顽固偏激文化论调

在自由民粹主义分子看来，民族文化就是为了"遏制""阻止""制止"资本主义的破坏，而且要完全毁掉资本主义社会发展的文化大厦。在列宁看来，这是一种近乎疯癫的"反动狂叫"。① 民粹主义文化对俄国农村公社及劳动组织存在一种不切实际的精神狂想和文化幻想，他们坚持认为，"农民村社"应该"被看作是一种比资本主义更高、更好的东西"，农村公社延续的村社文化是俄国最先进的文化，只要对它稍加进行改造革新，就可以促生新的社会制度，就可以促生新的文化体系。民粹主义还极力否认"'知识分子'和全国法律政治机构"与物质利益之间的深切关系，尤其是关于一定社会、一定阶级、一定物质利益之间的联系。② 其实就是坚决否认俄国的民粹文化和俄国的社会历史进程、阶级发展进程有任何联系。这是列宁在《我们拒绝什么遗产》中总结出来的关于俄国民粹主义文化的核心要义。我们在这里可以得出一个明白无误的结论：俄国的民粹主义分子已经完全超越了自己所在的时代，在很具体、很现实的文化问题上，已经完全落后于自己所在的世界。让自己的民粹文化最终陷入又愚蠢、又落后、又顽固、又偏激的旋涡中难以自拔，对无产阶级的革命会造成无可估量的损失，列宁只能予以最坚决的批判和应对。可以这样说，民粹主义分子最后一点进步的东西也淹没在喋喋不休的历史口水中，退化成"一种反动的和有害的理论"，③ 自然而然地生发出反动有害的文化。

2. 经济浪漫主义"向后看"的文化思维

列宁批判指出，经济浪漫主义思想来自西斯蒙第的古典经济学原理。可这些理论奠基的只能是更加落后的文化形式。这些古典理论不过是看到大工业给人类社会带来的各种负面效应，试图让小资产阶级的生产方式重回社会舞台的中心位置。并以此为据，大力鼓吹和宣传小资产阶级的文化。用列宁的话来说，这是一种典型的"向后看"的思维形式，必然促生"向后看"的文化思维，也必然眷恋落后的文化形式。而俄国的经济浪漫主义则试图用手工业行会"这种狭隘的原始的需要所产生的联

---

① 《列宁全集》第二卷，北京：人民出版社2013年版，第406页。
② 《列宁全集》第二卷，北京：人民出版社2013年版，第406—407页。
③ 《列宁选集》第一卷，北京：人民出版社2012年版，第120页。

盟当作典范",并把"这种标准、这种典范应用于资本主义社会",这是完全是一种削足适履的做法。① 这也是列宁在1895年撰写的《评经济浪漫主义》中阐释的重要思想。列宁指出,经济浪漫主义试图在互不相容的生产方式夹缝中,寻找到两种文化共存的模式。民粹主义分子认为,沙皇统治下的俄国中世纪的村社文化就是未来俄国社会发展的文化基石。而且依此对抗资本主义大工业文化对俄国农村公社文化的破坏,并依靠俄国的村社文化实现新社会的文化建设。这是荒唐的、讥讽的,是文化历史观的彻底倒退。因为俄国的民粹主义分子以自己的经济浪漫主义为理论出发点,阐释的不过是小资产阶级的文化形态而已。尤其是经济浪漫主义以此为理论基点,自不量力地向资产阶级文化展开宣战。问题在于,经济浪漫主义抛弃了"历史现实主义",② 不仅仅对资本主义文化,甚至对人类的整体文化都陷入一种非历史、非现实、非阶级的虚构性看法。

3. 民粹主义文化思潮批判是社会思想需求

列宁很早就对民粹主义的文化思潮展开批判。而且,当一个马克思主义者和"一个民粹主义者"展开文化论战的时候,这样的文化内容几乎可以成为俄国社会思想文化需求的全部。甚至可以说,列宁正是在对民粹主义文化展开尖锐系统的批判中,才使得马克思主义文化理论和俄国的革命实践得以结合,使得无产阶级革命文化站立在历史舞台的最前方,成为引领无产阶级革命斗争的精神动力和智力支持,这也是无产阶级生发革命的丰厚土壤。《农民生活中新的经济变动》是列宁批判民粹派文化的开端,《评经济浪漫主义》指出经济浪漫主义文化的思想和文化根源。在《什么是"人民之友"以及他们如何攻击社会民主党人?》和《左派民粹派论马克思主义者之间的斗争》两篇文章中,列宁完整系统地批判了俄国民粹主义文化内容,最终形成列宁文化批判理论体系,给民粹主义小资产阶级利益的思潮予以坚决打击。

(三)民族主义文化批判

列宁批判民族主义文化四处兜售贩卖的"整体民族文化论"和"民族文化自治论"。列宁同时还批判道,资产阶级政府倡导宣传的"民族

---

① 《列宁全集》第二卷,北京:人民出版社2013年版,第208页。
② 《列宁全集》第二卷,北京:人民出版社2013年版,第410页。

文化"是一场地地道道的欺骗。俄国的资产阶级民主派开始宣传一种否定阶级内涵的"民族文化",但最终完全背叛了俄国的民族主义文化,站在俄国文化阵线的对立面,成为俄国历史上反动的、腐朽的、落后的文化力量。列宁指出,资产阶级民主派总是在奢谈各种"民族文化"论调,而且他们在革命的实践活动中最终变成了"祖国和民族文化"十足的背叛者。① 这是不可容忍的,也是不可接受的。列宁更是一针见血地指出了这种文化背叛行为的本质意蕴。当俄罗斯整个社会还没有严重的阶级分裂和阶级对抗的时候,"民族文化"完全具备作为俄罗斯民族统一而完整的口号而存在,并以此作为俄国人民向封建主义和教权主义文化展开斗争的时代旗帜。

1. "整体民族文化论"批判

在列宁社会批判的视野下,资产阶级民主派"民族文化"是严重丧失阶级本性的论调。列宁对资产阶级民主派的"整体民族文化论"和"民族文化自治论"展开深刻的批判,以此形成自己独特的民族文化观。列宁指出,进入帝国主义时期的沙皇俄国为了维护自己的专制统治,试图在残酷之极的军事镇压和政治高压的政策下,推行一种大俄罗斯化的民族文化政策。就是强制推行国语文化,强制推行各种文化政策消除民族的特殊性。② 而这个最基本的政策就是"强迫俄国其他各族居民使用仅占俄国居民少数的大俄罗斯人的语言",就是用俄语代替所有的民族语言,这是一种典型的语言沙文主义行径。③ 俄语成为行政、法庭和学校的统一用语,④ 成为全国通用的语言。俄国的自由派还欣然为此做辩:因为"俄罗斯语言是伟大而有力的",是俄罗斯民族文化最为丰富的代表,而且它的存在也必将代表其他民族的文化存在。因为它是属于人类的"伟大的"文化,它是全世界各个民族的"文化宝藏"。⑤ 而且沙皇专

---

① 黄力之:《列宁无产阶级文化理论的探析》,载《毛泽东邓小平理论研究》,2011 年第 5 期,第 62 页。
② 钱乘旦编:《欧洲文明:民族的融合与冲突》,贵阳:贵州人民出版社 1999 年版,第 218 页。
③ 《列宁全集》第二十四卷,北京:人民出版社 2017 年版,第 312 页。
④ 钱乘旦编:《欧洲文明:民族的融合与冲突》,贵阳:贵州人民出版社 1999 年版,第 219—220 页。
⑤ 《列宁全集》第二十四卷,北京:人民出版社 2017 年版,第 313 页。

制政府非常支持对俄语采取"强制和灌输"① 的行政措施。列宁指出，"强制性实行国语"是严重违背民族平等原则的。这是对国家权力的极度滥用，是沙皇专制政府的独裁专政行为，是狭隘的民族主义文化表现。列宁指出，资产阶级自由派的这种文化强制行为，只能"加深敌对情绪，造成无数新的摩擦"，"增加不和和隔膜。"② 列宁是站在民族平等的基础上坚持"语言完全平等"的原则。③ 这样，没有任何一个民族拥有比其他民族更多的文化特权，更不可能拥有"侵犯少数民族的权利"。④ 这是列宁对狭隘的民族主义文化最尖锐的批判。

2. "背叛了祖国和民族的文化"

随着资本主义生产方式的系统发展和完善，俄国国内的阶级斗争变成赤裸裸的现实，两个阶级之间的文化斗争进入白热化状态，所谓和平统一的俄罗斯民族文化直接分裂为"剥削者"文化和"被剥削者"文化这一直接而残酷的"既成事实"，即分裂的文化现实。⑤ 这样的文化历史大背景下，"民族文化"的口号不再是民族统一的符号，而是资产阶级文化伪装其残酷的阶级统治的手段，两个阶级之间巨大的文化鸿沟被掩盖，整个俄罗斯民族似乎沉湎在完美的文化生存状态中。"民族文化"的口号成为资产阶级政府欺骗无产阶级的有力手段。尤其是这样的文化口号对无产阶级的文化革命和文化斗争产生了"严重的腐蚀作用"，使得很多工人阶级团队和组织丧失了文化辨别能力，失去了革命的文化斗志和勇气，俄国无产阶级争取自身文化的自由的事业遭受巨大的挫折。为此，列宁展开了激烈的文化批判，严厉斥责俄国资产阶级的行为是卑鄙无耻的、"反动肮脏的勾当"，⑥ 资产阶级民主自由分子恣意宣传的"'民族文化'的口号"不过是"资产阶级的骗局"。⑦ 为了应对资产阶级自由分子展开的文化欺骗，列宁创造性地提出了"两种文化"之说，直面资产阶级发动的思想文化挑战，为俄国无产阶级思想文化战线的斗争巩固了最坚实的革命阵线。列宁指出，两种文化之间的斗争是俄罗斯

---

① 《列宁全集》第二十四卷，北京：人民出版社2017年版，第314页。
② 《列宁全集》第二十四卷，北京：人民出版社2017年版，第314页。
③ 《列宁全集》第二十九卷，北京：人民出版社2017年版，第431页。
④ 《列宁全集》第二十四卷，北京：人民出版社2017年版，第60页。
⑤ 《列宁全集》第二十四卷，北京：人民出版社2017年版，第10页。
⑥ 《列宁选集》第二卷，北京：人民出版社2012年版，第335页。
⑦ 《列宁全集》第二十四卷，北京：人民出版社2017年版，第125页。

自近代以来一直存在的文化现象和事实。代表着两个对立斗争的阶级，展示着两种截然不同的文化蕴涵：就是资产阶级和无产阶级文化。阶级性质的直接分野使得这两种文化成为阶级斗争的前沿阵地，也是每一个民族都必须面对的两种分立性文化。① 而这种对立、对阵、对抗的文化，其实是两种截然不同的阶级文化，一个属于统治阶级文化，一个属于被统治阶级文化。而资产阶级民主派宣传的"民族文化"就是要混淆这两种文化之间的差别。可以看出，列宁的两种文化之说是对马克思主义文化理论的重大发展。

（四）民族文化自治批判

列宁指出，"民族文化自治"完全是一个伪命题。而资产阶级政党和集团最直接的目的就是用这些"精致的""文化形式"，"把资产阶级民族主义思想灌输到工人中去"，② 以便为资产阶级的文化统治服务。列宁明确指出："在真正民族平等和彻底民主制的条件下，'民族文化自治'是多余的；宣传'民族文化自治'就等于宣传精致的民族主义"。③ 在真正的政治平等、经济平等和文化平等的社会到来之前，所有关于"民族文化自治"的喧嚣都是民族平等的假象。

1. "民族文化自治"完全是伪命题

"民族文化自治"的真实目的就是实现自己的政治文化主张。为此，资产阶级民主派不惜提炼出一整套的"民族文化自治"纲领。打着文化发展的旗号，实现自己的政治意图。这套纲领不但在"所有犹太资产阶级政党"④ 那里获得广泛的支持，而且还深刻地引诱了社会民主党内的分裂分子。因为这样的文化主张和列宁代表的社会民主党人提出的"民族政治自治"是直接相对立的。列宁指出，在整个欧洲，要实施所谓的"民族文化自治"，只有在那些市场经济非常发达的国家才有资格提出来，才有可能予以推行。即便如此，这些先进的国家并没有这样做，而是让一个几乎是欧洲最落后的国家提出来了。更为荒唐的是，这样的主张不仅仅是被"犹太资产阶级政党和许多冒牌的社会主义市场集团"提

---

① 《列宁全集》第二十四卷，北京：人民出版社2017年版，第134页。
② 《列宁全集》第二十四卷，北京：人民出版社2017年版，第141页。
③ 《列宁全集》第二十四卷，北京：人民出版社2017年版，第372—373页。
④ 中国社会科学院民族研究所编：《列宁论民族问题》，北京：民族出版社1987年版，第188页。

出来，更荒谬的是它竟然被堂而皇之地采纳了。其实，所谓的"民族文化自治"就是借助保障民族文化发展自有的机构，有计划有步骤地推行这个文化纲领和文化计划。更为简单的推行步骤就是"按民族分学校"。①

2. "民族文化自治"是民族平等假象

因为没有经济和社会基础的平等为铺垫，"民族文化自治"只能给人一种民族平等的假象，不可能真正考虑到与民族文化直接关联的政治和经济因素，没有考虑到这些因素所关联的基础。俄国极端落后的经济和文化条件下，社会不公平达到前所未有的境地，在资产阶级政府的推行下，这是没有任何形式上的进步和革命结果的。它不但造成工人之间的"思想分裂"，而且必然招致各个民族之间的文化"隔绝"，最终造成民族间的分裂和对抗关系。② 所以，在资产阶级民主派那里，无论是"民族文化自治"的主张，还是由它衍生的文化纲领，包括它试图推行的文化计划都不过是文化骗局的鬼把戏。列宁最终要告诉我们的是：所谓的"民族文化自治"，就是揭示资产阶级民主派虚伪、欺骗的本来面目，而布尔什维克党这样做的目的，就是捍卫"全世界工人运动"的文化，最终促进全世界"各民族"文化的共同发展、共同进步。③

四、无产阶级文化任务

在文化"生活条件"的基础之上及其社会基础以及相对应的阶级基础之上，必然孕育出属于各个阶级的文化体系，也必然衍生出"民主主义和社会主义"的文化"体系"。这就是"占统治地位的文化"，资产阶级的文化；当然，也必然有被统治阶级的文化，无产阶级的文化。④ 在如何对待文化的问题上，列宁采取了典型的阶级分析方法。列宁认为，文化问题既不能以"某个知识分子的诺言和善良的愿望"为出发点，也不能求助于社会历史进程的"一般原则"，而是以社会历史的现实基础为出发点。列宁明确指出，无产阶级的革命历程必须打造属于自己的文

---

① 《列宁全集》第二十四卷，北京：人民出版社 2017 年版，第 251 页。
② 中国社会科学院民族研究所编：《列宁论民族问题》，北京：民族出版社 1987 年版，第 308—309 页。
③ 《列宁全集》第二十四卷，北京：人民出版社 2017 年版，第 235 页。
④ 《列宁全集》第二十四卷，北京：人民出版社 2017 年版，第 126 页。

化理论,在阶级分析和阶级斗争的立场上分析文化的蕴涵,团结国际上一切可以参与到无产阶级文化阵营的革命力量,建立无产阶级革命的文化、建立民主主义运动的文化、建立世界工人革命的文化。在社会发展的历史进程中辩证地肯定和传承资产阶级文化,并确立无产阶级在社会主义革命和建设道路上的文化战略。

(一) 文化阶级分析阐释

更为准确地说,对待民族文化,也需要阶级分析的科学视角予以辩证的对待,以确定民族文化中剥削阶级文化和非剥削阶级文化的区分。尤其是要区别性对待民族文化中蕴含的阶级斗争——统治阶级和被统治阶级之间的对抗和斗争。在无产阶级革命风起云涌的时代,无产阶级和资产阶级斗争如火如荼的历史进程中,这样的文化区分是合适的,也是科学的。而且,这样的文化对抗和斗争在经过大工业文化洗礼的每个民族文化体系中都存在着。当然,无产阶级在没有夺取国家政权的时候,它的文化是不占统治地位的文化。无产阶级文化必然遭受资产阶级文化的压制、控制和扼杀。而无产阶级最明确的态度就是:不但要用阶级分析方法准确、科学地阐释资产阶级和无产阶级文化,更要坚决地推动无产阶级文化事业的发展。

1. 阶级的客观的相互的关系文化

文化先是民族的然后才是阶级的。先具备民族内涵、民族品质和民族属性,然后在阶级社会中依据阶级利益、阶级归属、阶级原则、阶级价值等要素去分析文化要素。就无产阶级的阶级要素而言,这是一个和资产阶级完全不同的阶级存在、不同的"习惯语"、不同的"思想"、不同的"观念"、不同的"习俗"、不同的"道德"、不同的"规则"、不同的"宗教"、不同的"政治"。在资产阶级看来,工人阶级和他们相比较就是完全不同的存在,甚至可以当做"不同的种族一样"对待。① 所以,在如何考察民族文化的问题上,列宁要求无产阶级从"现代民族生活的事实"出发、从民族的经济生活出发、从民族的社会生活出发,尤其是要从"某个国家和世界各国各阶级的客观的相互关系"出发。这样的出发点和思考基础恰恰是马克思主义方法论体系中最基本的分析方法,尤其是阶级分析的方法。马克思和恩格斯也认定,在阶级对抗的社会,

---

① 《马克思恩格斯文集》第一卷,北京:人民出版社2009年版,第438页。

阶级分析方法是研究社会历史进程最基本的方法。列宁也传承发展了这一科学的方法论，就是从马克思主义的观点，即从阶级斗争的观点来分析和解决问题。毛泽东也阐释了对待传统文化的基本思路和策略，尤其是如何对待封建文化的问题："剔除其封建性的糟粕，吸收其民主性的精华"，这是我们对待传统文化的科学态度，也是马克思主义辩证法在民族文化领域中的运用。①

2. 现阶段超阶级文化的不存在性

列宁具有独创性的"两个民族"理论，是从民族文化视角阐释的文化理论，而且是典型的阶级分析方法的思考和运用。列宁指出，每个民族和民族文化其实是两个阶级之间的对立和对抗。而很多思想家和理论家犯得最多的错误，就是试图用一个代替其中的另一个，以抹杀民族之间的阶级对立和对抗，就是忽视民族内部的文化斗争。用列宁的话来说，在民族文化的问题上，俄国人民不能犯盲目狭隘的保守主义和冒进主义错误。一边把乌克兰文化当作俄罗斯文化的代表，一边又把它和大俄罗斯文化"整体对立起来"。② 对于民族文化，列宁还创造性地运用了代表性人物的区划模式，准确地把握了民族文化中无产阶级文化和资产阶级文化之间的对抗和斗争。列宁指出，这样的分派一方是资产阶级文化，一方是无产阶级文化。列宁赞扬车尔尼雪夫斯基用自己的文化革命精神去宣传农民革命的文化思想，是站在农民文化方面的"革命家"代表。③普列汉诺夫是俄国马克思主义的代言人，是马克思主义文化的传播者。而剥削阶级的代言人都是俄国大资本家、大地主、反革命政党、保皇党、匪帮、黑帮的首领人物。他们无疑都是站在革命文化对立面的那一方。列宁进一步指出，"两种文化"其实根源于两个对抗阶级的存在，就都有自己的民众基础——资产阶级和被压迫阶级、劳动群众和被剥削群众的整体存在，二者是对抗的、斗争的文化。

（二）文化的国际化推展

关于文化的国际化发展，马克思恩格斯明确指出：资产阶级开拓了全世界的生存空间，这样的活动范围越是宽广，各地域民族的文化就越

---

① 《毛泽东选集》第二卷，北京：人民出版社1991年版，第707页。
② 《列宁全集》第二十四卷，北京：人民出版社2017年版，第134页。
③ 《列宁全集》第二十四卷，北京：人民出版社2017年版，第134页。

是开放，越是走向世界文化。① 这样，民族的文化成为国际的文化，国际的文化也越成为民族的文化。列宁借鉴了马克思关于文化国际化的很多理论成果，揭露了西方资产阶级思想家关于文化国际化认识的本质。列宁的文化国际化和国际主义文化理论遭受各种非难，因为列宁坚持的是"一种自然的民族间的文化交流和文化融合，是非暴力"的。在这一问题上，列宁尖刻地批判了俄国沙皇政府的文化专制主义行径。列宁强调指出，"各个民族在平等基础上和睦相处"②，形成多元的国家文化，使之成为各个民族平等基础上文明的进步的文化。文化的国际化融合最终将在"一般经济生活、政治、科学等等"基础之上，促成"国际统一"的大文化的彻底"形成"。③ 这个历史性的融合被列宁形象地比作一个跨民族的大磨坊。这就是真正意义上的文化国际化，是人类社会共同选择的国际主义文化。

1. 全球化的关键性推手

伴随着资本的全球扩张，资本主义世界所有的文明成果和文化形式必然传递到世界各地。所以，文化的国际化和国际文化主义就必然成为马克思主义者必须研究和关注的话题。列宁继承和发展了"马克思主义文化就是世界文化"这一思想，并且在新的时代背景和新的国内外环境之下做了进一步的探究：人类社会的经济文化生活、政治文化生活、精神文化生活在资本的推动下，开始大规模的国际化，而无产阶级推动的社会主义制度必将使其"完全国际化"。④ 在列宁看来，文化国际化的基础是人类共有的"整个经济、政治和精神生活"；"各民族彼此间各种交往的发展和日益频繁"是文化国际化的主要方式和手段；"民族隔阂的消除"是文化国际化的必然结果；"资本、一般经济生活、政治、科学等等的国际统一的形成"⑤ 是人类社会共同追求的文化格局。总体来说，社会主义全面整体的发展才是文化国际化的最终选择；从小的格局和视角来看，就俄罗斯的文化国际化发展势态而言，尤其是像圣彼得堡这样

---

① 《马克思恩格斯文集》第一卷，北京：人民出版社2009年版，第540—541页。
② 《列宁全集》第二十四卷，北京：人民出版社2017年版，第235页。
③ 《列宁全集》第二十四卷，北京：人民出版社2017年版，第129页。
④ 中国社会科学院民族研究所编：《列宁论民族问题》，北京：民族出版社1987年版，第197页。
⑤ 《列宁全集》第二十四卷，北京：人民出版社2017年版，第129页。

的大城市为底蕴，混合了复杂的民族结构和文化构成成分以后，会成为民族文化国际化的重要基地和推手。这是"世界各国和各地区资本主义"文化的规律。道理是一样的，"大城市、工厂区、矿区、铁路区以至一切工商业区"① 的民族结构越是庞大，民族构成愈是复杂，由此走向国际化的民族文化也愈是具备民族文化底蕴和基质。民族文化越是丰富，民族文化的国际化越是成为全球化发展的重要推手。

2. 消除民族隔阂与差别

文化国际化的真正意义就在于消除民族之间的隔阂、差别，引导全世界的各个民族文化走上共同发展、共同进步的道路，这是文化国际化的必然结果。文化国际化的趋势是随着资本主义社会发展趋势而发展的。"这种趋势每过 10 年就显得更加强大"、更加具有影响力。② 而在文化国际化或者是文化国际主义的大视野下，一切狭隘文化的视野和结论都是不科学的。从"强制性国语"③ 到"民族文化"再到"民族文化自治"，④ 这些结论无一不彰显国内资产阶级在民族文化问题上的局限性。而对坚持无产阶级革命道路和方向的俄国社会民主党人来说，如何对待民族文化、如何对待民族文化的国际化问题，是摆在无产阶级革命政党面前的一项重大文化课题。就历史发展的大趋势而言，直面民族文化的国际化，推动民族文化的国际化，以至接受民族文化的国际化，尤其是接受"各民族共同的（国际的）文化"，这是人类社会文化进步的必然结果。只有顺应了这样的文化发展潮流，才能真正地做到与时俱进，真正开拓出马克思主义文化的新领域、新阶段、新境界。这样的文化方向和道路，其实就是要走出民族文化上的各种"狭隘性""片面性"和"局限性"认识，最终选择走向完全的、彻底的、进步的、民主的"国际主义文化"之路。⑤

3. 文化国际化遭受非难

在文化国际化和国际主义文化的认识上，列宁的思想受到了李普曼的恶意攻击。他坚持认定，列宁的国际文化否定了文化的民族性存在，

---

① 《列宁全集》第二十四卷，北京：人民出版社 2017 年版，第 234 页。
② 《列宁全集》第二十四卷，北京：人民出版社 2017 年版，第 130 页。
③ 《列宁全集》第二十九卷，北京：人民出版社 2017 年版，第 477 页。
④ 《列宁全集》第二十八卷，北京：人民出版社 2017 年版，第 400 页。
⑤ 《列宁全集》第二十四卷，北京：人民出版社 2017 年版，第 61 页。

是非民族的，是一种失去社会历史和民族特质的纯粹文化。在李普曼民粹主义文化视野中，国际文化是各个民族的共同文化，是超脱了一切民族形式以及民族狭隘性的文化。这样的国际文化在表面上是超脱了一切民族狭隘性的国际文化，但却失去和抹杀了它事实存在的民族文化基础。只有是民族的才是国际的，文化尤其如此。在列宁看来，没有民族形式的文化就是超越民族思想的文化。这样的文化既没有"适合工人的语言，"也没有"适合工人生活的具体民族条件"，不可能成为无产阶级和社会民主党人追求的"民主主义的和全世界工人运动的各民族共同的文化"①。李普曼式的国际文化论调其实是打上国际化印迹的国际民粹主义。列宁指出，任何国际文化都不能抹杀民族文化的特性，反过来也成立，就是不能否定民族文化的国际性。"国际文化不是非民族的"，李普曼只是用一句没有用的废话来掩饰事物的真正本质。斯大林在1925年的一次演讲中延伸和扩展了列宁的这一思想：无产阶级文化是全人类文明体系中的文化，它是包容的、广阔的、普遍的，是在吸纳全世界最优秀文化的基础上衍生出来的文化，它以自己的民族文化为底蕴、为前提、为基础，最终成长为全世界的文化。

4. 推进民族文化国际化

列宁提出了无产阶级革命者推进民族文化国际化的发展趋势及基本原则。就是说，无产阶级是极力赞同、支持和欢迎这一国际化的发展趋势的，而且要努力地推动这一趋势。但无产阶级绝不能借助于暴力或特权的方式予以推动。列宁同时还严厉地斥责了李普曼在这一问题上的扭曲认识："谁没有陷进民族主义偏见"，谁就会看到资本主义在全世界范围内的发展给所有落后保守民族的带来破坏效应后的历史进步性，这样的双重历史效应对俄国这样的后进国家来说尤其如此，这是文化国际化的历史进步性。② 列宁的文化国际化认识和思考最终被历史证明是科学的、正确的。总体来看，列宁的文化国际化认识是19世纪末20世纪初人类社会发展的大背景之下获得的。"各民族共同的文化"③ 历史进程是在无产阶级革命者领导下进行的，是全世界各个民族共同参与、共同进步、共同努力的民族文化运动。这样的文化运动既纳含了各个民族的优

---

① 《列宁全集》第二十四卷，北京：人民出版社2017年版，第125页。
② 《列宁全集》第二十四卷，北京：人民出版社2017年版，第132页。
③ 《列宁全集》第二十四卷，北京：人民出版社2017年版，第298页。

秀文化，同时又吸纳了彻底的、民主的、科学的"社会主义的成分"，这是文化国际化的最终旨向。① 以此发展的国际文化才是真正的民族文化，而这样的民族文化才是真正的国际文化，而这里推动的文化运动恰恰是"国际资本的联合"奠基的历史性基础。②

---

① 中国社会科学院民族研究所编：《列宁论民族问题》，北京：民族出版社1987年版，第197页。
② 《列宁全集》第二十四卷，北京：人民出版社2017年版，第251页。

第二部 思想谱图

第五章 分歧与比较——列宁与卢卡奇、葛兰西、柯尔施

西方马克思主义的历史出场就是为了给西方发达国家的无产阶级探寻新的革命出路的思想流派。这是列宁领导的十月革命胜利以后，社会主义革命和建设展开轰轰烈烈的历史进程，给西方发达国家的无产阶级带来的剧烈震荡和反应。基于迥然不同的政治、经济、文化、思想和社会背景，在西方马克思主义者的创始人和缔造者卢卡奇、葛兰西和柯尔施那里，既有对马克思主义的新阐释，也有对马克思主义的歪曲；既有对马克思主义时代继承人列宁的肯定和支持，也有大幅度的批判和否定。西方马克思主义的创始人在很多方面对马克思主义甚至是全盘地批判和否定，但基本站在马克思主义的基本立场、基本动机、基本方法上，阐释了截然不同甚至和马克思主义完全相反的"马克思主义"。就他们和列宁的理论关系而言，卢卡奇走的是一条开始反对和批评为主、最终走进和接近列宁思想体系的道路。从总体性辩证法到意识形态的领导权斗争，无不如此。葛兰西在实践哲学的基点上，突出意识形态领导权的革命斗争问题，尤其是文化领导权争夺的革命问题，而且阐释了视角不同而立场完全相同的革命斗争策略问题。柯尔施开始走的是一条部分否定和批判、最终全盘否定和批判的思想进路。

一、卢卡奇与列宁思想的异时态理解

卢卡奇对列宁和列宁主义展开了全面的评价，从《历史与阶级意识》到《列宁》，展示了卢卡奇从批评列宁到最终走进列宁的思想历程。从意识形态批判问题的注解到意识形态批判的价值性论析，都展示了马克思主义者和西方马克思主义缔造者之间的思想分野。卢卡奇的总体性历史辩证法和列宁的唯物辩证法存在相当程度的差异，总体来说，二者

的理论起点不同、理论侧重点不同、理论路径不同、理论目的不同。

(一) 卢卡奇的总体评价

卢卡奇眼中的列宁是激进的，但也是极其冷静的、现实的、理性的领袖。卢卡奇很赞赏列宁这一点，现实主义的基调、现实主义的做派、现实主义的目标，然后有了现实主义的结果。这就是列宁自己也非常愿意坚持的革命作风——"必须对具体形势进行具体分析"。这样的分析不仅仅是具体的分析，更是历史的分析、现实的分析，尤其是关于人的分析。卢卡奇对列宁进行了全面的评价，开辟了研究列宁的新路径。卢卡奇指出，列宁的历史性卓越和现实性的伟大在于他方法论及方法论的本质，而不是列宁那些正确的决断和行动中找到自己可以适用的套路。如果这样做了，这就是对列宁的严重误解。但从另一种思维来看，列宁主义也是"一种漫画式的、庸俗化的"存在。①

1. 卢卡奇对列宁的全面评价

卢卡奇对列宁进行了一次全面的评价。在这个西方马克思主义的先驱和代表看来，列宁所代表的布尔什维克都是新型的革命者，列宁就是这些新型革命者的代表，而且是他所知道的"一位完全新型的革命者"。卢卡奇指出，很多国家的无产阶级在革命的转折关头，运动中的很多领导人和代表分子都会转向左翼甚至极端化。但列宁领导的俄国布尔什维克党则有些右翼的做派，就是让自己适应于资产阶级社会的做派。在卢卡奇看来，列宁领导的无产阶级革命就是在这样的路线和政策中获得成功的。但无论如何，集合他所了解的列宁，卢卡奇表述了自己对列宁的最高敬意。卢卡奇认为，他是一种综合性的考察，这样的考察使得列宁的"个性形象"高大起来，列宁在其卓越努力的奋斗下建立了人类历史上第一个苏维埃政府，使得列宁成为社会主义革命伟人的典型。卢卡奇指出，列宁是一位伟大的马克思主义者，是世纪之交新时代的开拓人。从这一点讲，怎么高度评价列宁都不算过分。

2. 卢卡奇的列宁研究新路向

西方马克思主义开山鼻祖卢卡奇为西方无产阶级选择和论证了一条与俄国革命截然不同的方向和道路。这样的革命道路，意识形态的主导

---

① 〔匈〕卢卡奇：《列宁》，坎布里奇：马萨诸塞理工学院出版社 1927 年版，第 90 页。

权斗争远远大于政治权利的主导权斗争。这样的视域之下,卢卡奇眼中的列宁是一位非常激进的革命者。列宁也非常喜欢表达激进的观点,也促进了非常激进的革命过程。当然,这一点也不影响列宁对国内和国际形势的准确判断,并获得一个极其"现实的定义"。① 在卢卡奇看来,列宁的思想和信仰坐标从来没有动摇过。因为即便是为了促进自己为之奋斗的革命事业,有一些右翼的想法和做法,既是可以理解的,也是可以接受的。但这丝毫不意味着列宁会对无政府主义言论和思想感兴趣,更不可能接受和展开任何关于无政府主义的做派。为了实现自己的革命理想,列宁的决断非常果敢。他非常清楚自己奋斗的社会主义革命事业必须建立在资本主义的土壤之上,而且非常明确这样的认识:革命的先决条件是人们从资本主义的利己主义"向社会主义过渡"②。值得肯定的是,卢卡奇明确地注意到了列宁在这方面的代表性言论:社会主义革命其实与资本主义社会息息相关,资本主义为社会主义革命提供的基础性和现实性的东西是必不可少的,甚至是"受到资本主义损害的人"提供的。③ 更为明确地说,卢卡奇革命视野中的列宁是一位非常理性的"现实主义"者,他的意愿就是把各种角色、各种利益、各种诉求、各种目的集合起来,形成巨大的社会力量完成革命追求。

3. 列宁主义"漫画式的庸俗化"

卢卡奇认为,列宁是无产阶级革命导师中第一次严肃地提出了革命的主观因素的意义问题。这是一个很具体也很现实的问题。这样的问题涉及对革命形势的准确判断,涉及对革命进程的准确把握,也关系到革命是否成功的问题。卢卡奇称赞了列宁对这个革命极为关切问题的敏锐意识和科学认知,认为这是自马克思以后,列宁应对革命形势做出的极为重要的释义。卢卡奇总结了列宁在这一方面的思考。在列宁看来,任何社会危机其实都是人的危机、人的生存危机。就是人们不能按照原有的意愿活下去,就不得不以革命的形式甚至是反动的方式表现出来。这就是社会变革的主观因素,这样的因素也是俄国无产阶级发动革命的主观要素和条件。而对俄国的无产阶级政党来说,就是利用这些主观因素,

---

① 《列宁全集》第五十六卷,北京:人民出版社2017年版,第89页。
② 《列宁全集》第四十一卷,北京:人民出版社2017年版,第51页。
③ 〔匈〕卢卡奇:《卢卡奇谈列宁的性格》,姜其煌译,载《今日马克思主义》,1971年第15卷第9期。

施加各种可能性的影响，促成革命行动。卢卡奇指出，仅仅让自己停留在一般的、现实政治的层面上理解列宁是浅薄的，甚至是错误的。在列宁那里，没有什么一成不变的"公式"，没有永恒不改的"格式"，更没有什么能够适用各种情况的"一般规律"。列宁最成功的地方就是以历史辩证的探索为基础，得出自己的革命性认识和论断。卢卡奇指出，如果按照最一般的见识和"机械"性的一般化思维，那只能对列宁做出误解的判断，最后只能让自己看到"一种漫画式的、庸俗化的列宁主义"。①

（二）卢卡奇的思想历程

如何看待列宁及列宁的革命思想，卢卡奇经历了一个较大的转折过程。从《历史与阶级意识》对列宁展开的批判，尤其是针对辩证法的批判可谓尖刻。但在其后期的著作《列宁》中，卢卡奇对列宁革命思想的批判出现深度转向，对列宁的辩证法予以高度评价："列宁的实践使辩证法比他从马克思和恩格斯那里继承时具有了一种更广阔、更完全和理论上更发展的形式。"② 列宁的唯物辩证法就是应对第二国际修正主义和机会主义的锐利武器。卢卡奇为此专门指出，列宁的唯物辩证法"不仅使马克思主义学说在被庸俗马克思主义降低和曲解了几十年之后，恢复了它的纯洁性，而且使它的方法本身发展了，具体化了和成熟了"③。可以看出，在卢卡奇那里，唯物辩证法成为其撰叙《列宁》全书的一条红线。卢卡奇还突出了自己总体性范畴的阐释，把现实中的矛盾、社会斗争中的阶级矛盾，当作认识社会历史进程的"基础与核心"。"社会通过矛盾过程"，就是"从一种矛盾向另一种矛盾转化的状态中，或者说在一种革命的方向中发展"。卢卡奇的辩证法已经完全站在了唯物辩证法的视野之中。就是卢卡奇自己所说的："我已经接近于列宁在《哲学笔记》中确定的对立统一学说是辩证法核心的思想"。④

1.《历史与阶级意识》与列宁

卢卡奇《历史与阶级意识》一书的出版，在整个西方学界及国际共

---

① 〔匈〕卢卡奇：《列宁》，坎布里奇：马萨诸塞理工学院出版社1927年版，第90页。
② 〔匈〕卢卡奇：《列宁》，坎布里奇：马萨诸塞理工学院出版社1927年版，第87页。
③ 〔匈〕卢卡奇：《列宁》，坎布里奇：马萨诸塞理工学院出版社1927年版，第88页。
④ 〔匈〕卢卡奇：《列宁》，坎布里奇：马萨诸塞理工学院出版社1927年版，第55页。

产主义运动中引起轩然大波。国际领域的共产主义认定卢卡奇所宣扬的马克思主义就是活脱脱的修正主义。《历史与阶级意识》共有八篇文章,撰写时间分布于1919年至1922年间,这是欧洲无产阶级革命转入低潮时期,卢卡奇开始自己的流亡生涯,详细地学习了列宁的著作,并开始系统地反思西欧国家的无产阶级革命之路,然后撰写的代表性论著。卢卡奇认为,列宁已经完成改变世界历史命运这一历史结果。而卢卡奇真正要做的,就是开始反思自己先前的革命道路与革命途径的问题。他开始转变自己先前过分相信第二国际的革命观点,放弃采取激进的革命立场获得革命成功的想法。卢卡奇认定,西欧的无产阶级既不能像第二国际一样直接向资产阶级议会投怀送抱,也不应该放弃能让西欧无产阶级很快成功的革命道路。这样的思想受到了列宁的严肃批判。但随后的卢卡奇开始调整自己的历史观,不断接近历史唯物主义路线,尤其是在列宁著名论文《共产主义运动中的"左派"幼稚病》一文中获得重要启示。卢卡奇认定列宁是世界无产阶级革命的伟大导师,在政治路线上开始不断走向列宁主义。

2. 卢卡奇在《列宁》中的转变

随着欧洲无产阶级革命浪潮的退却,西欧资本主义社会进入新的发展周期,结束流亡生活的卢卡奇在系统地研究列宁的著作和思想之后,进而对整个西欧国家的无产阶级革命提出完整系统的理论阐释。而这样的阐释使得卢卡奇实现了对列宁主义的新的理解。1924年,《列宁》一书正式出版,标志卢卡奇成为一位严肃的列宁主义者。就卢卡奇自己而言,这部著作本身就是对列宁主义的系统阐释和思考。而卢卡奇的思考点、理念和列宁是一致的,都是站在无产阶级革命实践的基础上,阐释了无产阶级的革命性问题、无产阶级革命与党的领导问题等等。卢卡奇得出自己的结论:列宁主义成功的最基本依据就是把马克思主义和俄国的具体实际情况相结合,最终缔造了第一个社会主义国家,这是历史性的伟业。卢卡奇在阐释列宁主义之际,将列宁主义同第二国际及无产阶级革命中形形色色的机会主义进行了系统的比较。卢卡奇得出结论,列宁"既不是一个经验主义者,也不是一个教条主义者,而是一个实践的理论家,一个理论的实践家"。① 卢卡奇在《列宁》一书中阐释的思想对

---

① 〔匈〕卢卡奇:《列宁》,坎布里奇:马萨诸塞理工学院出版社1927年版,第99页。

《历史与阶级意识》既有一般的传承关系，也超脱了先前思想的僵局，开始走向更系统、更完整、更合理的思想领地。这是卢卡奇真正站在了列宁主义阵地的时候。

在《列宁》一书中，卢卡奇已经克服了自己的唯心主义立场，克服了机械宿命论的观点，在历史辩证法的基础上反对马克思主义的庸俗化，唯物史观成为该书的指导性世界观。卢卡奇开始站在历史现实的起点上强化列宁主义的思想核心。卢卡奇指出："公正无误地面对事实，不抱有任何幻想"，这是参与和推进社会主义革命事业的每一位马克思主义者都必须承担的"神圣职责"。① 而列宁完全做到了这一点。在历史的过程中，在"生产力和阶级斗争"② 相结合的历史形态中，列宁把握了人类社会发展的基本规律，阐释了俄国无产阶级革命的基本理论。卢卡奇突出阶级意识问题，强调无产阶级在革命历程中的主体和能动性问题。但卢卡奇也明确指出，任何主体能动性都不能脱离历史和现实世界的客观实际，而去启动一场革命的行动。无产阶级进行的任何革命都必须在先锋队组织的领导下才能完成。卢卡奇严厉地批判了第二国际的机会主义路线，反对宿命论，反对将马克思主义认定为"非历史、非辩证的和折衷主义的现实政治的牺牲品"。③ 坚持辩证法是最基本的革命立场，而列宁主义就是这一立场的实践表现。总体而言，从《历史与阶级意识》到《列宁》，卢卡奇的思想经历了革命性的转变，并成为欧洲无产阶级革命中最为重要的思想者，并对后世的马克思主义产生重大影响。卢卡奇开辟的思想路线，成为马克思主义的有机构成部分，并且和经典马克思主义相得益彰。

（三）意识形态理论比较

在卢卡奇那里，资产阶级意识形态就是在资产阶级利益体系中生成的对抗性阶级意识。但是在列宁那里的理解是截然不同的。列宁指出，资产阶级的意识形态其本质就是在"金融资本"的体系中生发出来的，但在形式上又属于"非经济"的基本构成，是资产阶级上层建筑的基本构成，内含着"金融资本"内质的"意识形态"。④ 在意识形态理论的方

---

① 〔匈〕卢卡奇：《列宁》，坎布里奇：马萨诸塞理工学院出版社 1927 年版，第 18 页。
② 〔匈〕卢卡奇：《列宁》，坎布里奇：马萨诸塞理工学院出版社 1927 年版，第 19 页。
③ 〔匈〕卢卡奇：《列宁》，坎布里奇：马萨诸塞理工学院出版社 1927 年版，第 56 页。
④ 《列宁全集》第二十七卷，北京：人民出版社 2017 年版，第 397 页。

法论释义上，卢卡奇认为，资产阶级意识形态深具厚重的历史性、社会性和现实性积淀，远远比社会主义意识形态获得完整得多的形式和内容，这是研究资本主义意识形态的方法论视角。而在列宁的意识形态方法论视野里，历史唯物主义是认识资产阶级意识形态的理论武器，是揭露其阶级本质的方法论体系。历史唯物主义从本质上来讲，就是"说明历史的方法"。而且这种历史性的方法本身又具有"科学"性和"唯一"性。① 卢卡奇在总体性的批判原则下，反而针对的是物化和物化意识这一局部性目标。列宁一样延续了强烈的批判精神，揭露资产阶级意识形态的欺骗性、虚假性和虚幻性特质。无产阶级意识形态的斗争就是为了让无产阶级获得完全彻底的解放。在卢卡奇看来，无产阶级革命的成功与否，完全"取决于它的阶级意识"的成熟程度。②

1. 意识形态概念界定

意识形态及意识形态理论的斗争是社会主义革命必须予以关注的内容。但马克思恩格斯的意识形态蕴涵是否定性的，是批判的对象，是虚假性主体的意识构建。列宁褪去了意识形态理论的否定性蕴涵，代之以中性化的色彩，借以表达对时代意识形态的合理化认知。也就是说，在列宁那里，意识形态上升到一般层面，表达出对阶级社会的整体概括。意识形态就是"金融资本的政策和意识形态"。③ 意识形态成为各统治阶级捍卫自己权益的精神工具，成为特定阶级表达自己诉求和观念的表象体系。卢卡奇站在了列宁这一边，肯定了意识形态属性的内涵，而且明确反对将意识形态进行否定性的概括。卢卡奇坚定认为，意识形态只有在认识论的范畴上"不再被理解为'错误的意识'"。尤其不是至今很多思想家都认定的那样，而是借助马克思后期的意识形态蕴涵，把它阐释为不仅仅能认识经济活动，而且能协调经济活动的矛盾，能缓解经济活动产生的冲突的必要"手段"，以此，意识形态的历史性和现实性"作用才能得到理解"。这是关于意识形态合法性与合理性的依据。④ 在卢卡

---

① 《列宁选集》第一卷，北京：人民出版社2012年版，第14页。
② 〔匈〕卢卡奇：《历史与阶级意识》，杜章智等译，北京：商务印书馆1999年版，第131页。
③ 《列宁全集》第二十七卷，北京：人民出版社2017年版，第397页。
④ 〔匈〕卢卡奇：《关于社会存在的本体论·上卷——社会存在本体论引论》，白锡堃译，重庆：重庆出版社1993年版，第334页。

奇看来，意识形态的本质存在是一种对立的、矛盾的、冲突的关系存在。资产阶级的阶级意识也同样如此，展示了利益关系的"相互对立和矛盾"状态。① 以此，列宁和卢卡奇在意识形态的认识上是有偏差的：列宁偏重于整体性和阶级性蕴涵，而卢卡奇偏重于调协性和现实性阐释。在卢卡奇看来，意识形态是协调"社会冲突"的"核心之点"，是社会进步的重要前阶。② 意识形态是非阶级的存在，在阶级社会发挥着非阶级的作用，这是卢卡奇的基本观点。

2. 意识形态批判注解

在卢卡奇看来，资产阶级的意识形态理论传承已久，根深蒂固。但列宁意识形态体系也具有强大的战斗力，使之成为对付民粹派和资产阶级的精神武器。卢卡奇认为，历史唯物主义是一种特殊的意识形态，只有借助总体性批判原则，才能打破资本主义社会意识形态的围拢，实现人的主体性和主体性意识的觉醒。总体性才是意识形态理论的方法论基础。总体性既强调总体的存在，更强调主体与客体的整体性。总体性的原则之下，意识形态构筑了社会客体的存在，但社会主体完全可以展示出总体性"构筑的目的"及其"宗旨"。③ 虽然这种意识可能是能动性的也可能是非能动性的。坚持总体性的方法论原则，就是要"获得一种理论、一种意识，用这种理论和意识去唤醒无产阶级"。④ 这才是卢卡奇真正的目的。在卢卡奇看来，无产阶级革命斗争其实就是一场又一场意识形态的斗争。列宁领导的这场斗争就是为了"捍卫和实现一种明确的世界观，即马克思主义的世界观"。⑤ 同时还要和形形色色修正的马克思主义做斗争。在列宁看来，这些意识形态的斗争都是检验是否具备马克思主义理论品质的试金石。

在面对资产阶级意识形态的问题上，卢卡奇和列宁一样延续了强烈的批判精神。在卢卡奇看来，物化已经成为资本主义社会的整体性现象，成为固化社会的罪魁祸首。物化的存在使人的存在"客体化"，最终导

---

① 〔匈〕卢卡奇：《历史与阶级意识》，杜章智等译，北京：商务印书馆1999年版，第120页。
② 〔匈〕《卢卡奇文选》，北京：人民出版社2008年版，第367页。
③ 张秀琴：《物化、总体性与阶级意识——卢卡奇意识形态理论研究》，载《社会科学论坛》，2005年第7期，第9页。
④ 孙伯鍨：《卢卡奇与马克思》，北京：法律出版社1997年版，第85页。
⑤ 《列宁全集》第十九卷，北京：人民出版社2017年版，第311页。

致人的存在"非人化",人的意识不再是人自身的意识,而是物的意识、物化的意识。人失去了自己的存在本质,失去了自己作为人的意义。人和自己的本质相分离,和自己的意识相分离,人失去了自己作为人的主体价值。在物化意识的分离下,工人阶级失去了自己的阶级意识,失去了自己作为社会历史主体的地位。① 尤其是资本主义越是发展,其物化结构越是固化,越能"深入地、注定地、决定性地侵入人的意识里"。而且在资本主义越是成熟的社会,物化存在就越是普遍,而物化社会的最终结果就是物化意识的普遍生成。② 也就是说,"物化意识"究其本质而言,还是活脱脱的"资产阶级的阶级意识",这是不可否认的资本"物化社会结构"在意识形态领域的反映。③ 所以,反对和解构物化,消解物化意识,这是欧洲无产阶级展开革命的新的目标。

3. 意识形态批判价值

列宁指出,意识形态的斗争是无产阶级斗争最为重要的一环。"没有革命的理论,就不会有革命的运动"。④ 只有意识形态斗争才能使得无产阶级由"自在阶级"变为"自为阶级",⑤ 才能担当起解放自己、改造世界的历史性任务。列宁还明确指出,在帝国主义时代展开意识形态斗争的必要性和重要性。因为资产阶级意识形态已经"渗透到工人阶级"队伍中。⑥ 完不成意识形态领域的斗争,也不可能完成无产阶级的历史任务。而无产阶级要展开这样的斗争,就是要揭露资产阶级意识形态的虚伪性和虚假性。卢卡奇赞成列宁的观点并明确指出,没有无产阶级意识形态的教育和斗争,就没有无产阶级的时代进步。无产阶级意识形态的斗争就是为了让无产阶级"从资本主义创造的生活方式的意识形态束缚中解放出来",而且是完全的、彻底的解放。⑦ 意识形态的解放是无产阶

---

① 〔匈〕卢卡奇:《历史与阶级意识》,杜章智等译,北京:商务印书馆 1999 年版,第 154 页。
② 〔匈〕卢卡奇:《历史与阶级意识》,杜章智等译,北京:商务印书馆 1999 年版,第 159 页。
③ 王晓升:《西方马克思主义意识形态理论》,北京:社会科学文献出版社 2009 年版,第 18 页。
④ 《列宁全集》第六卷,北京:人民出版社 2013 年版,第 23 页。
⑤ 《毛泽东文集》第八卷,北京:人民出版社 1999 年版,第 391 页。
⑥ 《列宁全集》第二十七卷,北京:人民出版社 2017 年版,第 421 页。
⑦ 〔匈〕卢卡奇:《历史与阶级意识》,杜章智等译,北京:商务印书馆 1999 年版,第 359 页。

级自身解放的核心构成。只有在意识形态领域先战胜资产阶级，才有可能在全社会的领域中战胜资产阶级，才能迫使包括资产阶级在内的各种社会力量"为新社会服务"，而且是完全自愿的服务。① 而无产阶级革命是否成功、成功度如何，都最直接地取决于无产阶级意识形态的成熟度，就是取决于无产阶级的"阶级意识"，这是无产阶级革命不可回避的时代课题。② 总体而言，卢卡奇的意识形态理论是非常具有历史性的进步意义的。它延伸在特殊的历史语境中，展示出在具体问题上进行具体分析的方法域思考，在新的时代中实现对马克思主义"特定的具有时代气息"的"新创造和新发展"。③ 需要明确的是，列宁首倡的"科学的意识形态"概念，展示了其深刻的时代意义。列宁的意识形态理论展示了深刻的批判性和革命性，就是对资产阶级全部的意识形态假象、所有关于资产阶级自我美化的谎言、所有关于资产阶级自身盘剥嗜血的辩护、所有关于自己侵袭掠夺世界的无耻行径的掩盖，所展开的深刻的批判。列宁的意识形态理论是"完整的世界观"，对把握马克思主义在意识形态领域的主动权和话语权，具有历史性的进步意义。④

（四）辩证法思想比较

列宁思想理论的起点是辩证法、逻辑学、认识论三位一体的思想，而卢卡奇则重点阐释了马克思主义学说体系的总体性原则。卢卡奇认为，总体性的范畴在理论和实践的双重范畴上展示社会的整体面貌。所以，主体必须是社会的主体，是融入在社会历史进程的主体，是和社会客体相结合的主体。在总体性的原则下把握历史的主体性，这是卢卡奇辩证法认识社会的统一过程。列宁是在客观性的历史进程中论证了无产阶级革命的合法性与合理性；卢卡奇非常注重无产阶级的阶级意识和自我主体性。列宁的辩证法路径是认识论的视角，从认识的基础到认识的根源；卢卡奇则完全不同，从逻辑学的视角来阐释辩证法的体系。列宁的辩证

---

① 〔匈〕卢卡奇：《历史与阶级意识》，杜章智等译，北京：商务印书馆1999年版，第362页。

② 〔匈〕卢卡奇：《历史与阶级意识》，杜章智等译，北京：商务印书馆1999年版，第131页。

③ 包毅：《列宁与葛兰西意识形态理论比较及其启示》，载《理论探索》，2012年第1期，第43页。

④ 中央编译局编：《列宁专题文集　论马克思主义》，北京：人民出版社2009年版，第67页。

法旨在为俄国无产阶级革命寻找理论支撑,卢卡奇的主体辩证法旨在展示深刻的社会批判逻辑。

1. 理论起点不同

无论是列宁还是卢卡奇,他们都是马克思主义思想的继承人和拓展者,他们的辩证法体系都属于马克思主义唯物辩证法的整体范畴,但二者的理论起点还是有很大的不同。列宁辩证法思想有黑格尔唯心辩证法的起点思维,受到《逻辑学》中结构逻辑的影响。列宁的辩证法深入马克思的《资本论》场域,深受马克思辩证法、认识论、逻辑学相统一思想的影响。列宁详尽地诠释了唯物辩证法的核心原则、关键范畴、基本规律、价值选择等内容。而且这些核心的理论元素都是从黑格尔那里继承的"有价值的东西",这是非常值得肯定的。① 在辩证法的阐释上,列宁受恩格斯的影响更多一些。他遵从恩格斯的研究思路,从黑格尔的逻辑学开始,走进恩格斯的自然辩证法,并把《资本论》中论及的辩证法和黑格尔的辩证法予以比较,形成了辩证法认识的新的阶段。而卢卡奇则有不同,他借助马克思的社会历史分析方法,重点阐释了马克思主义学说体系的总体性原则。由于受到恩格斯批判精神的启发,卢卡奇从黑格尔的《精神现象学》开启了人文主义要素的门户,全力阐释人的主体性意识,试图恢复被资本主义社会物化的人的主体价值。在阐释总体性原则的时候,卢卡奇强调的是社会历史的客观性过程。这样的客观性过程具有超越经验的意义,并因之实现对客观世界的总体性把握,也就是把握好社会发展的总体性状况,并将社会历史的演进过程展示在总体性的进程中。②

2. 理论重点不同

卢卡奇和列宁辩证法体系的侧重点是不同的。就列宁而言,他非常突出客观性的地位,强调客观性在社会历史进程中的作用,所以能得出无产阶级革命的必然性和可能性。列宁是在客观性的历史进程中论证了无产阶级革命的合法性与合理性,但这也是列宁和卢卡奇辩证法体系的分野之处。卢卡奇非常注重无产阶级的阶级意识和自我主体性,极其强调精神和意识的作用,并认定这是无产阶级革命成功的关键要素。卢卡

---

① 《列宁全集》第五十六卷,北京:人民出版社2017年版,第183页。
② 〔匈〕卢卡奇:《历史与阶级意识》,杜章智等译,北京:商务印书馆1999年版,第92页。

奇也以此为据，认为列宁的哲学体系有一些实证性色彩和机械性调门，并对此展开一系列的批判。在卢卡奇看来，人的要素是最关键的要素，主体性的地位具有优先地位，发挥着决定性的作用。卢卡奇以此为理论依据，来阐明西欧无产阶级革命失败的原因。阶级意识不成熟，主体能动性不足，历史主创性匮缺，都是西欧无产阶级革命失败的理由。卢卡奇进一步阐明了自己在这个问题上的立场。他认为，时代的马克思主义只有不断扩张人的主体价值，张扬主体的阶级意识，展示主体的历史价值，拓展主体的时代地位，才能将马克思主义推进到新的阶段。总体而言，列宁的辩证法体系是一种客体性辩证法，而卢卡奇的辩证法是一种主体性辩证法，二者的理论侧重点完全不同。

3. 理论路径不同

理论的起点不同，导致卢卡奇和列宁之间的理论路径也是大相径庭，形成了各具蕴涵的辩证法体系。总体而言，列宁的辩证法路径是认识论的视角，从认识的基础到认识的根源，从认识的起点到认识的中介，从认识的过程到认识的规律，从认识的目标到检验认识的标准，列宁完成了辩证法认识论的系统论证。所谓的哲学就是研究和思考人类认识规律的过程。卢卡奇则完全不同，他从逻辑学的视角来阐释辩证法的体系。就是在社会历史的过程中去认识辩证法，彰显历史的主体性，展示主体性视野下的主客体关系，尤其是试图解放主体被抑制的能动性和自我价值，将人的自我意识的解放和实现当作辩证法的重要任务。并通过阐发主客体的辩证统一关系来阐明辩证法的基本关系。在卢卡奇的主客体辩证法体系中，主体的自我生成、对象化的存在、对象的扬弃，形成完整的人的过程、社会的过程、历史的过程。更深一步来讲，卢卡奇构筑了自己的主客体辩证法，并在此理论基点上阐释自己独特的意识形态理论，论析了截然不同的历史辩证法。所以，在卢卡奇那里，辩证法就是人的历史，社会的历史。

二、葛兰西与列宁意识形态理论比较

葛兰西与列宁的理论分差主要集中在三个方面：领导权、意识形态和实践理论。在领导权方面：列宁坚持的是政治领导权，而葛兰西坚持的是文化领导权。在领导权与阶级同盟的关系上：列宁坚持的是工农政治联盟，阶级利益基础上的联盟，是建立在无产阶级专政和暴力革命基础上的联盟；而葛兰西则坚持的是文化的联盟、自愿的联盟，在多样化民主诉求的协调机制中和利益动态平衡中建立的联盟。在意识形态方面：列宁突出阶级意识，突出政治领导权，坚持明确的阶级阵线和党性原则；而葛兰西意识形态理论最主要的特点是它的公共性，作用场景是市民社会而不是以党性原则运作的政治领域。在理论基础方面：列宁无产阶级意识形态理论以历史唯物主义作为自己的哲学基础，在葛兰西那里则是自己的实践哲学。在实践方面：葛兰西与列宁在国家消亡、十月革命、革命战略等理论领域都展示出较大的差异性。

(一) 领导权理论比较

为了领导俄国的无产阶级革命，列宁阐释了系统的领导权思想，旨在领导俄国工人阶级推动的社会主义革命，意在建立人类历史上第一个苏维埃政权。列宁在书中详尽地阐释了无产阶级领导权的内容、要旨和原则。列宁指出，俄国的工人阶级在自己的革命行动中必须坚持自己的领导权。就是坚决不能把无产阶级在"革命中的领导权交给资产阶级"。葛兰西肯定了列宁的领导权理论，而且深受列宁领导权理论的影响。葛兰西给予列宁的无产阶级革命领导权思想以高度评价。在他看来，列宁阐释、论证和完成的无产阶级革命领导权思想是一次"伟大的'形而上学的'事件"。需要指出的是，这里的"形而上学"不是机械论的意思，而是辩证系统的思想体系。[①] 在葛兰西看来，列宁确立了无产阶级的领导权，就必然涉及工农阶级联盟的问题。在这个联盟中，无产阶级发挥着领导者的作用，广大被剥削被压迫的农民则是无产阶级的天然联盟。在建立无产阶级工农联盟的问题上，葛兰西虽然受到列宁的主要影响，但从来没有盲从，而是根据意大利无产阶级革命的实际情况，展开自己独立的思考和认识。

1. 领导权理论提出

在葛兰西看来，列宁的无产阶级革命领导权就是在展示无产阶级革命的彻底性、革命性和民主性。[②] 在这里，我们可以准确地把握到，列

[①]〔意〕安东尼奥·葛兰西：《狱中札记》，葆煦译，北京：人民出版社1983年版，第41页。

[②]〔意〕安东尼奥·葛兰西：《狱中札记》，葆煦译，北京：人民出版社1983年版，第558页。

宁最初阐释的领导权理论已经具备了政治领导权和暴力夺取领导权的意蕴。列宁指出，对俄国的社会民主党来说，提出领导权，就是要求"无产阶级群众和非无产阶级群众"展开的革命，必须掌控在无产阶级的领导之下，完成无产阶级革命的奋斗目标，为无产阶级和广大人民群众谋利益。也就是说，无产阶级的领导权就是坚持全面的领导、所有阶级的领导，从无产阶级到资产阶级再到小资产阶级的领导。① 列宁指出，在革命发展不成熟的阶段，无产阶级要学会和资产阶级分掌领导权。领导权的分立掌控理论，在资产阶级革命阶段是必需的，也是必要的。但在革命成熟的阶段，我们一旦有了和资产阶级分权的思想和行为，哪怕是一小部分和小小一段时间，都会招致无产阶级革命的失败。列宁指出，无产阶级绝不会也绝不能把自己的领导权"完全让给资产阶级"。② 如果这样做了，那几乎意味着把无产阶级革命的前途和命运"交给了自由派资产阶级政治家去支配"。③ 这对无产阶级来说，既是无法容忍的，也是无法接受的。更为准确地来说，无产阶级的领导权就是坚持自己的"民主主义"政治思想④和"立宪民主主义"⑤ 展开最坚决的斗争。这样的领导权其实意味着无产阶级革命的基本内容，是俄国社会民主党必须完成的历史使命。列宁明确指出，无产阶级对领导权的掌控程度，意味着引导农民"从自由派向工人民主派"的转变。⑥ 总体而言，列宁的领导权是无产阶级的领导权，是对广大无产者联盟的领导权，是政治上的领导权，其实就是关涉革命策略与战略的领导权问题。列宁同时也指出，革命的领导权不是万能的，必须有革命意识、革命意志、革命精神和革命文化的总体性作用，才能发挥出最大的威力。某种程度上讲，领导权是革命行动的硬件构成，革命意识和文化是一种软件要件，二者相得益彰，才能促成无产阶级革命的行动。就是列宁常说的："没有革命的理论，就不会有革命的行动"；⑦ "只有以先进理论为指南的党"，才能真正

---

① 《列宁全集》第二十九卷，北京：人民出版社2017年版，第148—149页。
② 《列宁全集》第十一卷，北京：人民出版社2017年版，第77页。
③ 《列宁全集》第十一卷，北京：人民出版社2017年版，第93页。
④ 《列宁全集》第五十六卷，北京：人民出版社2017年版，第58页。
⑤ 《列宁全集》第二十一卷，北京：人民出版社2017年版，第227页。
⑥ 《列宁全集》第二十一卷，北京：人民出版社2017年版，第51—52页。
⑦ 〔意〕安东尼奥·葛兰西：《狱中札记》，葆煦译，北京：人民出版社1983年版，第311页。

展示无产阶级革命的领导权。①

葛兰西提出无产阶级的霸权理论,旨在论证出无产阶级进行革命的"社会基础问题",以便为无产阶级推动自己的革命"创造一个联盟体系",来引导无产阶级和广大劳工展开"反对资本主义及资产阶级国家"的革命。共产党人所展开的革命行动已经获得"这种现实存在的真正阶级关系"。这既是无产阶级革命"成功地赢得了广大农民群众的赞同"、支持和拥护,② 也意味着意大利的共产党在某种程度上获得了自己的革命领导权。可以看出,葛兰西在吸纳和借鉴列宁无产阶级革命领导权理论的基础上,也系统地指出,领导权其实包含两个方面:其一是"'统治'和'智识与道德的领导权'";其二是"制服敌对集团"③ 和集团联盟的领导权。这是一个社会集团掌控国家政权的基本条件,甚至是前提条件。只有掌控了这样的领导权,才能成为国家的领导者,才能持续地实现自己的阶级领导。相比较列宁的领导权理论,葛兰西已经实现了泛化性解释。他不再局限于简单的无产阶级的领导权问题,而是拓展到所有统治阶级的领导权问题。

葛兰西同时还阐释了领导权的工人阶级和农民阶级的联盟问题,这样的联盟必须具备现实的具体的政治、思想及道德条件。尤其是这样的联盟必须"取得广大农民群众的拥护",而取得农民的赞成、支持和同意,是形成工农联盟的基本条件。葛兰西的领导权内涵和列宁提倡的"政治领导权"④ 概念非常接近。同时,葛兰西既肯定了列宁领导权理论对自己的影响,也明确地阐释自己在这一领域的新思考。西方学者朱塞佩·费奥里在《葛兰西传》中阐释了自己的看法。列宁是坚决反对各种经济主义派别的倾向性的,尤其是在这个具有重要意义的批判行动中,强化了文化斗争阵线的时代价值。因为这种领导权是无产阶级专政体系的核心内容,是它的理论补充。强化和突出思想领域的领导权,是马克

---

① 〔意〕安东尼奥·葛兰西:《狱中札记》,葆煦译,北京:人民出版社1983年版,第312页。

② Antonio Gramsci, *Selections from Political Writings* 1921–26, London: Hoare, Lawrence & Wishart, 1978, p. 443.

③ 〔意〕安东尼奥·葛兰西:《狱中札记》,曹雷雨译,北京:人民出版社2000年版,第38页。

④ 周凡:《重读葛兰西的霸权理论》,载《马克思主义与现实》,2005年第5期,第24页。

思主义理论体系的时代形式。费奥里更为明确地指出，文化和思想领域的领导权也是一种强制权利，"是一种行使政权的方法"，在无产阶级革命的时代既是必要的，也是强制的。这样的强制权利最大的意义就是"保障以广泛赞同为基础的政权的稳定性方法"，而且是一种很重要的方法。① 我们可以得出这样的结论：列宁的领导权是一种暴力基础上的政治领导权，葛兰西是一种在"自愿"基础上的"文化领导权"；列宁的政治领导权理论是为了应对反动政府对革命的镇压和反动势力的反扑，而葛兰西的文化领导权理论是为了深刻地"批判"在第二国际和第三国际占"正统"地位的修正的马克思主义者。

2. 领导权与阶级同盟

列宁指出，农民阶级是俄国社会中最底层的民众，是最没有权利的阶层，革命最要紧的就是领导这个阶级参与到无产阶级的革命队伍中来。俄国的早期革命，农民阶级参与得相当少，但等到了建国初期，面对国内外各种严峻的形势、国内外反动武装的干涉和破坏，尤其是无产阶级政权需要扩展到广大农村地区的时候，列宁意识到了建立工农联盟的极端重要性。必须"利用一切机会"，"获得大量的同盟者"。② 这是无产阶级推动社会主义建设事业最根本最关键的问题。葛兰西也在意大利无产阶级革命的斗争中逐步认识到建立工农联盟的重要性。他明确认定，建立无产阶级联盟，是无产阶级革命过程中的必然结果。意大利共产党要做的一件事就是把北方的工人和南方的农民联合起来成为强大的联盟。列宁成功地推动了工农联盟的建设，并给予意大利共产党的革命行动以积极的影响。葛兰西赞成列宁推动工农联盟的举措，并坚决支持本国共产党建立工农联盟。尤其支持意大利共产党参与到列宁领导的第三国际中来，建立起全世界无产者的国际联盟，共同推动全世界反法西斯的历史事业。

葛兰西得出结论：意大利的无产阶级要夺取政权，就必须建立自己的工农联盟，这样的联盟必须占有自己的阶级阵地；而且这个联盟具有广泛性，是一切反法西斯力量的联盟，尤其是全世界的反法西斯联盟。意大利共产党的认识和决断完全吻合国际共产主义运动的原则，得到了

---

① 〔意〕朱塞佩·费奥里：《葛兰西传》，吴高译，北京：人民出版社1983年版，第262页。

② 《列宁全集》第三十九卷，北京：人民出版社2017年版，第50页。

列宁的肯定和大力支持。但在如何对待无产阶级工农联盟的问题上,葛兰西和列宁是有分歧的。列宁建立的工农联盟是一个强有力的工农政治联盟。葛兰西认为工农政治联盟是建立在"自愿的'同意'"(the free consent)和"集体意志"(the collective will)原则之上的文化联盟,这样的联盟具有本质上的阶级同一性。在工农联盟的基础上,列宁和葛兰西也是各执一词。列宁认为,无产阶级的工农联盟是建立在共同的阶级利益基础之上,而且是根本的利益、历史的利益。所以,列宁非常坚定工人阶级在联盟中的领导地位和农民阶级的同盟者的作用。葛兰西质疑道,联盟领导权的存在是因为工人阶级和农民阶级天然的阶级同一性所决定的,而不是什么事先确定的、具有理性主义色彩的利益一致性。因为在具体的、复杂的、多变的无产阶级革命中,阶级和阶级之间以及各集团之间的多样化利益是很难一致的。在葛兰西看来,利益联盟是一种很难持久的联盟,列宁借助联盟的名义,建立在专政和暴力基础上的联盟是一种不稳固的联盟,这是形而上学的理性预设。在葛兰西文化领导权的视野中,只有在动态的利益平衡中建立的联盟才是稳固的联盟。为了论证自己在这一领域中的思考,葛兰西甚至提出"历史集团"这一概念,以此来实现他设想论证的工农联盟。

列宁和葛兰西在发挥共产党的领导作用上是一致的。列宁坚持无产阶级政党强有力的领导和坚决稳固的联盟关系,这是工农统一战线存在的根本原则。只有在稳固的统一联盟基础之上,无产阶级的领导权才能真正展示其革命性的地位和价值。就是完全按照社会主义精神展开革命行动,展示出他们作为自己领袖的领导能力和革命行动。葛兰西赞赏列宁这一思想,也非常肯定无产阶级作为"整个社会集团的先进分子",能够建立统一的工农联盟,然后整合出统一而强大的力量,尤其是集合那些"作为'经济'集团产生和发展起来的社会集团的那些要素",然后让广大工农成为坚定的革命力量,让自己成长为社会历史活动中优秀合格的"政治知识分子、领袖和组织者",成为无产阶级真正的"先锋队"。①

(二)意识形态理论异同

无论是列宁还是葛兰西都阐述了完整系统的意识形态理论,他们针

---

① 〔意〕安东尼奥·葛兰西:《现代君主论》,陈越译,上海:上海世纪出版集团2006年版,第5页。

对的批判对象一致,都是对第二国际的机会主义者、唯心论者和庸俗唯物论者发出的回应。在意识形态理论论域的界定上,列宁强调政治领域的领导权,葛兰西强调市民社会领域领导权;列宁意识形态的哲学基础是历史唯物主义,葛兰西意识形态的哲学基础是他的实践哲学;列宁意识形态的领导权是政治领导权,葛兰西则是精神领域和文化圈层的斗争;在革命路线上,列宁强调的是从革命家到群众的一般路线,这是一种典型的外部灌输路径;葛兰西更加强调意识形态的内部生成路径。

1. 意识形态理论共同点

列宁指出,俄国社会民主党需要的革命理论不可能凭空产生,而是孕育和成长在俄国轰轰烈烈展开的工人运动当中。革命的行动需要革命的理论,革命的理论需要革命的行动,二者互相促发,形成有效互动。同时,必须注意社会主义知识分子的地位、作用、影响力。列宁在这里展示了意识形态理论的主体要素,展示了无产阶级意识形态理论的主体能动性。在葛兰西那里,意识形态成为物质力量的存在形式,其巨大的动量成为无产阶级革命的关键要素。他说"物质力量是内容",意识形态成为其最主要的形式。[1] 葛兰西认为,俄国十月革命的成功,完全因为意识形态理论转化为物质力量的结果。[2] 这既是对十月革命的赞扬,也是对无产阶级意识形态能动性的肯定。葛兰西热情洋溢地称颂道,如果没有席卷欧洲的战争,没有无产阶级革命的巨大动量,就不可能唤起俄国人民的革命热情、"人民的集体意志"和无产阶级的阶级意志,并以此为十月革命"开辟道路"、走向社会主义事业的成功。[3] 可以看出,无论是列宁还是葛兰西,都非常注重发挥无产阶级意识形态的主体积极性,因为这是革命成功的重要条件。

晚年的列宁在意识形态概念的认识上褪去了阶级意识的色彩,而且也不再让自己的意识形态理论停留在原有的否定性认识阶段。就是把意识形态延伸为一种中性的概念,一种描述性的解释范畴中去。意识形态

---

[1] 〔意〕安东尼奥·葛兰西:《实践哲学》,徐崇温译,重庆:重庆出版社1990年版,第64页。

[2] 〔意〕安东尼奥·葛兰西:《火与玫瑰》,田时纲译,北京:人民出版社2008年版,第330页。

[3] 〔意〕安东尼奥·葛兰西:《葛兰西文选》,北京:人民出版社1992年版,第10页。

是一种全阶级的、"非经济的上层建筑",甚至是一种物质构成的意识形态。① 全部阶级就是指全部的社会各阶级都有自己的意识形态,都有自己在思想和精神领域里的诉求,表现为反映本阶级利益的阶级意识。中性化之后的概念成为一种工具性概念,只是表达特定阶级的特定的要求。在意识形态概念的中性化解释上,葛兰西和列宁是一致的,而且葛兰西非常赞赏列宁的结论。就是"从历史的角度",把意识形态当作物质力量的上层建筑予以分析研究。② 当然,这里的"观念论"就是意识形态、就是阶级意识,就是社会各个阶级在社会历史进程中精神和文化的诉求表达。这样的表达内容有差异性、分离性,甚至有对立性,但对整个概念本身的解释则没有任何本质的分差,这是列宁和葛兰西关于意识形态概念的理论共识,而且是具有共同进步性的理论阐释。

2. 意识形态理论不同点

理解的概念论域不同。在两极分化极为严重、两大阶级阵营对抗激烈的社会,列宁确证的意识形态有明确的阶级阵线和党性原则,这是不可含糊的。也就是说,意识形态的界定不可忽视,而且极为明确严厉,具有严明的纪律性和革命性。意识形态的历史任务就是唤醒俄国工人的阶级意识,而且要立场鲜明、坚持不懈地反对一切"轻视党性"的行径。③ 也就是说,无产阶级意识形态的阶级性和革命性在任何时间、任何地方、对任何人来说都不能被忽视和模糊。而西方马克思主义的代表性人物卢卡奇则认为,西方的上层建筑分为政治国家和市民社会两部分,前者受到国家机器的统治与管理,后者则受到意识形态的调控。因为深受卢卡奇的影响,葛兰西的意识形态最主要的特点是它的公共性,这个特性的作用场景就是市民社会,而不是以党性原则运作的政治领域。

依据的哲学基础不同。列宁的意识形态理论是表达无产阶级话语权的理论体系,代表无产阶级的利益,必然以马克思主义最具代表性的世界观——历史唯物主义作为自己的哲学基础。马克思在生产力变迁的基础之上,通过对社会经济结构的详细考察之后,阐释了人类社会经济形态产生、运行、变化、衰落的全过程,并揭示了人民群众作为历史创造

---

① 《列宁全集》第二十七卷,北京:人民出版社 2017 年版,第 397 页。
② 〔意〕安东尼奥·葛兰西:《狱中札记》,曹雷雨译,北京:中国社会科学出版社 2000 年版,第 291 页。
③ 《列宁全集》第二十四卷,北京:人民出版社 2017 年版,第 69 页。

者的主体地位。而这一切都意味着所有的广大被压迫者、被剥削者都必须面对自己的阶级和阶级变革，也意味着他们必须接纳自己阶级领域的意识形态。这也是列宁意识形态理论的理论基础。葛兰西则认为，"唯物主义"一词已经被第二国际形形色色的修正主义者和反马克思主义者泛滥使用，失去了它的基本界限和划分意义。在葛兰西看来，历史唯物主义是一种"批判和论战的哲学"，而在西方无产阶级革命的情势下，需要的是"一种完全定型的体系"、一种意识形态的体系。① 这个理论体系能够指引西方的无产阶级走向新的革命道路，而这个新的哲学体系就是葛兰西自己的实践哲学。这个新的哲学体系"开辟了历史新阶段"，是站在历史的新阶段之上的"完整的、独创的哲学"。新的哲学体系既能超越"传统唯心主义和传统唯物主义"思想体系的缺陷，又能完全把握唯物"辩证法的基本功能和意义"，持有自己时代哲学的"重要要素的意义"②。这样的哲学是创新的，也是革命的。它以"实践"为核心理念，完全诠释了人的意志与经济基础的基本关系。实践哲学的最大意义就是建构起自己意识形态的团队——"独立的知识分子集团"，以此促成意识形态斗争的领导力量和历史力量，这是展开意识形态斗争的组织保证。在这个强大团队的领导和组织下，实践哲学可以大范围、高效率地教育"人民大众"。③

定位的领导权不同。就俄国革命形势和现状而言，为了应对尖锐的阶级对抗和政治斗争，列宁非常强调意识形态斗争的领导权问题。对列宁这样的革命家而言，俄国革命就是摧毁旧的国家政权，应付国内外各种反动势力的挑战。所以，意识形态领域的斗争是尖锐的、对抗的，是流血牺牲的，是充满铁和血的战场。这里没有任何软绵绵的说教和慢腾腾的节奏，而是强有力的战斗。意识形态的领导权就是政治领导权，意识形态领域里的文化领导权只是在无产阶级夺取政权以后才会涉及的问题。葛兰西在这里的理念完全不同。葛兰西认定的无产阶级革命就是文化领导权的争夺，是一场意识形态的斗争，是精神领域和文化圈层内的

---

① 〔意〕安东尼奥·葛兰西：《葛兰西文选》，北京：人民出版社 2008 年版，第 268—269 页。
② 〔意〕安东尼奥·葛兰西：《实践哲学》，徐崇温译，重庆：重庆出版社 1990 年版，第 128 页。
③ 〔意〕安东尼奥·葛兰西：《狱中札记》，曹雷雨译，北京：中国社会科学出版社 2000 年版，第 305 页。

战斗。而且，谁能夺得文化领域斗争的领导权，谁就能取得革命的胜利。因为在成熟的市民社会基础上，在越来越发达的文化辐射下，无产阶级革命的最大任务就是揭露资产阶级意识形态的虚伪性和欺骗性，掌控文化霸权，让无产阶级的意识形态传输到广大市民社会中间，取代一切旧的意识形态，在夺取文化领导权之后再展开政治领导权的斗争。这是葛兰西意识形态领导权的基本阐释，和列宁的意识形态斗争之路恰好相反。

形成的传输路径不同。在列宁那里，意识形态是无产阶级自己"创立的"，应对的是工联主义的思想斗争，目的在于反"资产阶级的思想奴役"。① 所以，传输的路线就是实现"知识分子"到"劳动阶级的思想家"② 的转变。就是从革命家到群众的一般路线，这是一种典型的外部灌输路径。无产阶级的革命家能够继承和发展革命所需要的"哲学理论、历史理论和经济理论"，③ 并和自己展开的阶级斗争和广大群众的利益结合起来。无产阶级是坚决的革命阶级，能够投身于火热的斗争，能够团结那些和资产阶级完全分离的群体，将自己的革命理想和"经济斗争参加者的利益密切结合起来"，形成一个强大而统一的革命阵线。④ 然后在这个团结协作的斗争中解决一切理论的、政治的、策略的和组织的问题，最终实现自己的奋斗目标。葛兰西指出，无产阶级革命就是"无产者联合起来""同资本家"展开深入而激烈的斗争，⑤ 这就是无产阶级意识形态斗争的基本路线：基于阶级利益的斗争和自觉的工人运动的相结合。与列宁不同，葛兰西更加强调意识形态的内部生成路径，认为知识分子是无产阶级革命中极为重要的社会力量，是社会上层建筑的主要代表，是一个能够完整表达自己社会理想、现实需求、价值信念的特殊群体。知识分子在社会革命斗争中，尤其是尖锐的意识形态斗争中，更能展示出其无可替代的地位和作用。尤其是这样的革命能造就这样的社会群体，这样的社会群体在这样的革命中更能产生"同化和征服"⑥ 效应。在如何认识意识形态基本形式的问题上，葛兰西分化出三个层次：教式意见、

---

① 《列宁全集》第六卷，北京：人民出版社2013年版，第38页。
② 《列宁选集》第一卷，北京：人民出版社2012年版，第298页。
③ 《列宁全集》第二卷，北京：人民出版社2013年版，第29页。
④ 《列宁全集》第一卷，北京：人民出版社2013年版，第359页。
⑤ 《列宁全集》第六卷，北京：人民出版社2013年版，第351页。
⑥ 〔意〕安东尼奥·葛兰西：《狱中札记》，曹雷雨译，北京：中国社会科学出版社2000年版，第6页。

常识和哲学。一般来说,"哲学是对宗教和'常识'的批评和替代"。但在具体的生活环境中,哲学更多表现为人们在"各种各样的哲学或世界观"中作出自己的选择。① 以此,意识形态不能简单地局限在知识分子的集团中,而是要有广泛性和包容性的融合。②"实践哲学"真正的社会历史价值,就是在最广泛的、多层次的、宽领域的意义上的"一致性",尤其是意识形态领域的一致性。③ 在葛兰西看来,意识形态的斗争取决于知识分子对公共事业领地的占有程度,包括"宗教意识形态"等诸多领域。④ 就是说,意识形态的斗争取决于知识分子影响力的辐射范围,这是一种典型的内部传输路径。

(三) 革命实践分歧差异

十月革命是列宁领导无产阶级革命成功的标志性事件,是人类社会进入新纪元的关节点。它给整个世界带来了巨大的震动和反响,以致很多人明确反对十月革命。伯恩施坦如此,考茨基如此,连普列汉诺夫也如此。他们的理由多多,认为俄国革命的条件尚不成熟,俄国社会民主党人还没有足够的政治能力引领这场革命。唯有罗莎·卢森堡和葛兰西表示了肯定和支持。葛兰西勇敢地为十月革命进行辩护,但在某种程度上葛兰西又误会了十月革命。葛兰西借用军事术语阵地战和攻坚战的蕴涵来阐释了无产阶级革命的基本策略问题。

1. 葛兰西与列宁国家消亡论差异

在国家消亡论的理论层面上,列宁和葛兰西的理论分野非常明显。列宁承袭了马克思主义的国家观,认定国家存在的阶级本质是暴力机器的存在,是统治阶级维护自己阶级和经济、政治及文化礼仪的工具。国家是阶级斗争存在的必然结果,是阶级矛盾达到相当界限的调整型工具,并凌驾于社会整体之上的政治存在。⑤ 更本质地来讲,它是维持剥削、

---

① 〔意〕安东尼奥·葛兰西:《狱中札记》,曹雷雨译,北京:中国社会科学出版社2000年版,第236页。
② 〔意〕安东尼奥·葛兰西:《狱中札记》,曹雷雨译,北京:中国社会科学出版社2000年版,第114页。
③ 〔意〕安东尼奥·葛兰西:《狱中札记》,曹雷雨译,北京:中国社会科学出版社2000年版,第239页。
④ 〔意〕安东尼奥·葛兰西:《狱中札记》,曹雷雨译,北京:中国社会科学出版社2000年版,第38页。
⑤ 《列宁全集》第三十一卷,北京:人民出版社2017年版,第224页。

压迫和统治秩序的物质存在。国家的消亡只能是阶级斗争,只能是无产阶级的阶级斗争。关于国家的消亡理论,列宁继承了马克思和恩格斯关于国家理论的科学认识,在无产阶级革命推展到新的历史阶段得出自己科学考察的结果。国家的消亡是一个持久性的历史过程,而不是一蹴而就的选择和奋斗,尤其是以"国家或半国家"的模式,走向消亡。① 但在此历史基础之上,阶级国家之间的更替则是血腥的、暴力的、冲突的,甚至需要你死我活的革命斗争。这样的历史基础之上,最终才是无产阶级缔造的最后一个国家形式的"自行消亡",这是人类社会历史的最后选择。②

在葛兰西那里,国家分为两个阶段:第一个是政府国家阶段,第二个是市民国家或者是伦理国家阶段,第二个阶段也是国家消亡阶段。可以看出,葛兰西把市民社会的基本理念融入国家范畴之中,并以此来阐释自己的国家理论,尤其是借此论证国家的消亡问题。为此,葛兰西批判了先前的国家理论都忽视了市民社会的存在意义,而且把市民社会的存在降低到政治社会的层面,混淆了国家存在的真实底蕴。依照葛兰西的看法,国家构成就是政治社会加市民社会的构成。葛兰西认为,在政府国家阶段,社会运转的基本机制和原则是强制的、专制的。但在市民国家阶段,社会运行的机制和原则是"合法性"的"给予"和"同意"。③

2. 葛兰西对十月革命的误解

葛兰西支持俄国无产阶级革命,但在具体定位十月革命的问题上又倒退了。葛兰西认为,俄国布尔什维克领导的这场革命与其时说是一场革命,还不如说是一次事件。葛兰西的定位明显使得十月革命变调降位,成为一次不值得大书特书的意识形态革命。葛兰西认为,在十月革命发生的原因上,在革命发生的要素上是因为社会主义的广泛宣传,促成了俄国人民在意识形态领域战胜了资产阶级的意识形态。也就是说,这场彻底的、全方位的历史性变革成为一场不折不扣的意识形态革命。葛兰西没有遵循历史唯物主义的基本原理来看待这场革命,也没有看到俄国

---

① 《列宁选集》第三卷,北京:人民出版社2012年版,第124页。
② 《列宁全集》第三十一卷,北京:人民出版社2017年版,第127页。
③ 〔意〕安东尼奥·葛兰西:《狱中札记》,曹雷雨译,北京:中国社会科学出版社2000年版,第218页。

的经济基础和状况引发的这场颠覆上层建筑的变革。葛兰西把俄国参与帝国主义三年战争带来的灾难性结果一笔扫过，代之以自以为是的意识形态转变促成的革命。就是在经济事实的基础上形成的"社会的意志"和社会的行动。① 葛兰西最后得出结论：十月革命是反对《资本论》的革命，这样的荒谬结论受到了很多马克思主义者的严词批驳。总体来讲，葛兰西没有真正把握什么是马克思主义，没有真正理解什么是无产阶级革命，什么是十月革命的本相。他是一个不彻底的马克思主义者。

3. 革命战略思想迥异

葛兰西确定的革命战略打上了深厚的国家理论印记。他认为，必须依借市民社会的基本特性来制定无产阶级革命的基本战略。② 就是借助成熟的市民社会奠基，展开对上层建筑的"现代战争"。③ 所以只能采取阵地战的方式逐步予以占领。而且占领的方式和手段是意识形态的占领、文化霸权的确立、"精神、意识的发散"，最终实现"新世界观"的全面传播。历史集团的力量日趋强大，最终实现文化阵地的全盘占有，这就是无产阶级革命胜利的时候。在葛兰西看来，在经济政治文化都极为落后的俄国进行革命，因为没有成熟的市民社会基础，也就没有深厚的民众基础，就是没有成熟的意识形态和文化氛围，革命的敌人又极其反动、强大。要获得革命的成功，就必须采取坚决、快速、高效的运动战策略。在葛兰西的眼中，俄国十月革命的成功就是无产阶级展开的一场成功的运动战。而且，葛兰西也明确指出，夺取政权之后的无产阶级不再适合使用运动战的方式来巩固无产阶级革命政权，而是要在新的阵地战中夺取文化领导权，实现对市民社会的完全占有。如果用暴力革命的运动战应对意识形态斗争的阵地战，必然会遭受失败。无产阶级意识形态的合法性斗争只有在广泛的群众教育中才能占领最后的阵地。可以看出，葛兰西的革命策略和路径是正确的，都是具体问题具体分析的结果，是对马克思主义革命斗争策略的继承和发展。但总体来说，和列宁的国家政

---

① 〔意〕安东尼奥·葛兰西：《反〈资本论〉的革命》，米兰：前进出版社1917年版，第34页。

② 〔意〕安东尼奥·葛兰西：《狱中札记》，曹雷雨译，北京：中国社会科学出版社2000年版，第191页。

③ 〔意〕安东尼奥·葛兰西：《狱中札记》，曹雷雨译，北京：中国社会科学出版社2000年版，第218页。

权理论偏重暴力和专政夺权的道路及策略还有迥异之处。

三、柯尔施对列宁哲学的批判及回应

柯尔施在自己的代表性论作《马克思主义和哲学》中,把批判的矛头指向列宁和列宁主义。这和卢卡奇把批判的矛头主要指向恩格斯的自然辩证法及认识论是大不相同的。而且,柯尔施的批判是"全面的""系统的",甚至也是彻底的,涉及列宁主义的方方面面,从唯物论到辩证法,从认识论到历史论。在后期的一系列著作中,从1934年的《我为什么是马克思主义者》到1938年的《卡尔·马克思》再到1950年的《关于今日马克思主义的十个论点》,柯尔施对列宁的批判几乎延续为他一生的理论事业。柯尔施最尖刻的指责就是:列宁不是一个真正的马克思主义者,列宁背叛了马克思。① 这是他自认的一种新的马克思主义观。共产国际对柯尔施的观点提出了严厉的批判,但柯尔施不为所动,直接回应了对他的批判。而且在自己的论著和文章中展开了一系列尖刻的反批判,他毫不隐讳地认为,"共产国际自身内部"正在演化和形成投靠敌人和护卫敌人的"哲学流派",这是一件难以容忍的事实。② 柯尔施公开打出了西方马克思主义流派的旗帜。

(一)柯尔施对列宁哲学的批判

在推进无产阶级革命的历史进程中,列宁不得不将哲学斗争的焦点从唯物辩证法转向唯物主义的捍卫,尤其是辩证唯物主义的权威性问题。就像列宁所说的,转向唯物主义的斗争,那是因为那个时候的马赫主义者和资产阶级哲学家已经转到认识论问题的研究了。而且在认识论的领域中只愿意片面地、歪曲地接受辩证法的内容,他们的研究重心绝大多数已经转向"保护或恢复下半截的唯心主义"问题了。正如列宁自己所说,我们的敌人研究兴趣的转变使得我们不得不做出相应的理论调整。这是根据思想气候的变化做出的相应性变化。③ 也就是说,为了应对马赫主义者的思想挑战,马克思主义者不但要做出对应性的工作,而且要

---

① 〔德〕卡尔·柯尔施:《马克思主义和哲学》,王南湜、荣新海译,重庆:重庆出版社1989年版,第57页。
② 〔德〕卡尔·柯尔施:《马克思主义和哲学》,王南湜、荣新海译,重庆:重庆出版社1989年版,第12页。
③ 《列宁全集》第十八卷,北京:人民出版社2017年版,第345页。

做出严厉、有效的对抗性斗争。但这样的理论斗争形势和工作,柯尔施不但不能理解,而且还站在了资产阶级的唯心主义哲学那里,并为他们的行为做出辩护。柯尔施认为,当代流行的资产阶级哲学只是和科学有一些矛盾。这样的矛盾不需要马克思主义哲学做出如此严厉苛刻的反映。在柯尔施那里,在所有的哲学和全部的科学之中,占据主导地位的依然是自己的唯心主义哲学,而且这样的情况已经维续了几十年。问题是这样的结果本身不是"唯心主义世界观造成的"。① 这样的结论当然是对列宁唯物主义哲学斗争转向的否定。

1. 辩证法思想的历史倒退呈现

柯尔施否定列宁的辩证法思想。在柯尔施看来,马克思和恩格斯对黑格尔唯心主义哲学的变革是彻底的,也是系统的,这样的变革也促成了马克思主义历史哲学的诞生,实现其理论基础的彻底变革。马克思在黑格尔观念辩证法的"自我运动"中发现了世界运行变化的规律,就是社会历史运动的规律。这个变革的革命性成果就是历史唯物主义的诞生。在柯尔施看来,无论是马克思还是恩格斯,他们在自己的思想领域里最突出的理论贡献就是展示了历史的运动本质。当然,柯尔施所认定的本质绝不是什么马克思主义的历史本质,而是关于革命运动的本质,而且这样的历史本质是绝对的存在。这是一种极为荒谬的结论。也就是说,柯尔施将辩证法归结为历史领域的东西。对于列宁的哲学思想和变革,柯尔施则指出:"列宁对黑格尔唯心主义哲学的这种'唯物主义的颠倒'至多只涉及一种术语上的变化"。列宁没有意识到他自己所犯的一个严重的错误,那就是颠倒了马克思的唯物辩证法成果,将哲学独断论重新恢复,时代的哲学思考重新倒退到康德和黑格尔的水准线上,这是历史的哲学和哲学的历史的"拖回"。②

也就是说,列宁的辩证法都是非批判的、是机械论,没有真正把握唯心辩证法到唯物辩证法转变的关键和实质,而且抛弃了辩证法的批判性和革命性。柯尔施的批判其实对准的是列宁及苏俄马克思主义思想偏重于客观实在性及历史必然性的阐释,并忽视了人的能动性及主体性。

---

① 〔德〕卡尔·柯尔施:《马克思主义和哲学》,王南湜、荣新海译,重庆:重庆出版社1989年版,第80页。

② 〔德〕卡尔·柯尔施:《马克思主义和哲学》,王南湜、荣新海译,重庆:重庆出版社1989年版,第79页。

但如此绝对地否定列宁的辩证法则是完全不成立的。柯尔施还说，列宁界定的认识是一种趋向绝对真理的无限上升认识，认识论的水平退化了，变成镜子式的映射。列宁更大的过错就是放弃了理论和实践相统一的原则，违背了辩证唯物主义的基本原理，马克思主义在列宁这里得到的不是进步而是退化到二元论哲学的境地。柯尔施因此得出结论："列宁的唯物主义哲学"已经完全过时了，根本不合适作为新时代无产阶级革命运动的理论支撑。① 可以看出，柯尔施对列宁哲学的批判不是头头点点、枝枝节节的问题，而是体系性的批判、整体性的批判。

2. 唯物主义权威是形而上学的

在柯尔施的批判性视野中，列宁的哲学没有建立起自己最基本的理论原则。列宁哲学的立场和态度是错误的，完全服务于无产阶级的革命实践，而且进行了形而上学式的、武断的甚至是简单粗暴的切割，随心所欲的取舍。在柯尔施看来，列宁从来没有真正关心自己的唯物主义认识论是否正确，也不关心这个唯物主义世界观是否能够认识世界。他只关心自己的理论能否指导无产阶级革命，能否夺取国家政权。或者说，为了夺取国家政权，列宁不得不让自己的"唯物主义哲学应用于无产阶级"革命。这样的研究思路，完全是功利的和现实的，就是不得不让自己去研究和思考唯物主义哲学。柯尔施因此指出，列宁哲学只能在"资本主义尚未充分发展的国家里"施展手脚、发挥作用，展示出自己有限的历史作用。② 无论柯尔施的批判是否准确和科学，但柯尔施的批判本身提出了一个极为重要的理论问题。这个问题关涉马克思主义自身与马克思主义构成部分的关联关系是什么？柯尔施在《马克思主义和哲学》中阐释到，马克思主义社会活体对象的灵活性决定了"理解和把握的理论"的灵活性。也就是说，马克思主义是"实践的理论"，具有充足的生命力与活力。③ 柯尔施得出自己的结论：历史唯物主义才是真正的马克思主义。在《卡尔·马克思》一书中，柯尔施用"历史性与非历史

---

① 〔德〕卡尔·柯尔施：《马克思主义和哲学》，王南湜、荣新海译，重庆：重庆出版社1989年版，第12页。
② 〔德〕卡尔·柯尔施：《马克思主义和哲学》，王南湜、荣新海译，重庆：重庆出版社1989年版，第78页。
③ 〔德〕卡尔·柯尔施：《马克思主义和哲学》，王南湜、荣新海译，重庆：重庆出版社1989年版，第22页。

性"来阐释和界定马克思主义哲学。但柯尔施又提出这样的观点：马克思主义哲学理论是整体的，但马克思主义的具体实践则是碎片化的，列宁在思想的本质上反而背叛和颠覆了马克思主义。① 在柯尔施看来，列宁根本没有认清人类社会运行中哲学发展的基本趋势，而是设定了一种人为的转变。这种转变的核心点就是哲学斗争重心的转化。更为明确地来说，就是哲学斗争中的"思想气候"变化。

3. 列宁哲学本质的实用功利性

在柯尔施看来，列宁的哲学世界似乎被实用主义和功利主义全盘占据，所有的哲学问题和思考都以功用和效用为依据来思考问题，这是柯尔施所不能容忍的。而且，柯尔施还使用了"政治功用性"来阐明列宁哲学浓厚的实用主义色彩和政治目的。柯尔施还指出，列宁用哲学的党性原则衡量了所有的哲学、艺术和科学，这是对哲学的亵渎、对艺术的伤害、对科学的颠覆。列宁的哲学就没有什么进步性的东西，都是不值得关注的、所谓的哲学言谈。更糟糕的是，列宁的唯物主义哲学充满了各种荒唐的矛盾和不一致，但他的追随者却从来没有放弃过对他和他哲学的盲从。在柯尔施看来，列宁本人根本不关心唯物主义哲学本身的正确与否，他的哲学体系也不是建立在马克思主义最基本的哲学原理之上。为此，柯尔施指出，在自己的革命实践活动之上和政治原则之下，列宁的哲学变成了无产阶级进行革命的"唯一哲学"，而他的实践就变成了这种哲学的实践。

4. 哲学价值的极端倾向性批判

柯尔施指出，列宁哲学的时代价值就在于他以最坚决的态度反击了资产阶级哲学的围攻，严厉驳斥"各种唯心主义派别哲学"对马克思主义的污蔑。列宁就是在自己的革命实践过程中，展示了自己时代哲学的"极端严厉性"②、社会批判性和革命斗争性。这种批判的严厉性是真正的马克思主义者都必须坚持的东西，即在哲学研究和思考上坚持一种纯粹的、彻底的哲学态度、哲学精神、哲学品质。也就是说，列宁在研究

---

① 〔德〕卡尔·柯尔施：《马克思主义和哲学》，王南湜、荣新海译，重庆：重庆出版社1989年版，第38页。
② 〔德〕卡尔·柯尔施：《马克思主义和哲学》，王南湜、荣新海译，重庆：重庆出版社1989年版，第66页。

哲学问题的时候，关注的从来都是非哲学的内容和非哲学的东西，哲学就是应该研究哲学应该研究的问题和内容。在柯尔施的眼中，列宁对马赫主义的批判，就是将哲学问题政治化，就是哲学和革命实践生硬联系的现实化。柯尔施反对列宁这样的说法："马克思的学说之所以万能，就是因为它正确"。① 这是一种独断论式的梦呓。

（二）柯尔施批判列宁哲学的时代回应

柯尔施批判列宁的哲学体系成为一种批判哲学或者是社会哲学。柯尔施进一步批判道，列宁的哲学并不是进步的，而是添加进很多落后性的东西。对于早期的西方马克思主义哲学家来说，他们都坚持一种观点：马克思主义哲学不是包打天下的济世良药，并不是能够解决阶级革命道路上所有的理论与现实问题。这是人类进入到人的实践领地自然界之后的必然结论，这也是柯尔施批判列宁的哲学底蕴所在。总体而言，列宁哲学的解释模式和柯尔施不在同一个地平线上，列宁强化唯物主义认识论是应对时代挑战的必然选择，列宁是理论家和革命家的合体而柯尔施不是，柯尔施对斯大林模式的批判转接给列宁是不公正的，柯尔施最终蜕变成为一个彻头彻尾的反马克思主义者。

1. 非同一地平线哲学解释模式

从更深的本质来讲，马克思主义哲学本身是认识论模式的哲学体系，它注重阐释的是世界的本质和运行的一般规律。而早期西方马克思主义哲学几乎全部偏重于实践论的解释模式。这样的解释模式，自然都是纳入到社会实践活动中的考察对象，而不是本身需要去研究的对象。马克思主义哲学恰恰这样去做了，这恰恰是西方近代哲学研究的困局所在。近代西方哲学就是走不出主客体对立的格局、不能解决自然与历史的对抗关系。这正如柯尔施所指出的：自然界是有限存在的实体，尤其是作为"全部历史和社会前提的、肉体的人"的前提存在。自然界的存在具有不可置疑的先在性和客观性。也就是说，它最大的特点就是以自身的存在而存在，不需要依借"人类活动"的构成而存在。这样的存在构成了"自然条件"的基本形式和"宇宙的发展"的基本内容。自然的存在也是"科学的前提"。但在柯尔施看来，就认识和思考世界的视角来看，

---

① 〔德〕卡尔·柯尔施：《马克思主义和哲学》，王南湜、荣新海译，重庆：重庆出版社1989年版，第79页。

这些前提都不能"构成它的出发点"①。所以，在马克思的哲学体系中，"社会范畴"才是认识自然界的起点，"自然界并不是直接影响世界历史"，至多只是作为一种中介的方式、认识的内容而存在。自然界的作用是间接性的，只是在人与自然、人与人、人与社会关系之间"发生的、物质生产过程"②中才发挥作用。总之，列宁哲学的解释模式和柯尔施不在同一个地平线。

2. 唯物认识论应对的时代挑战

柯尔施批判列宁忽视辩证法，将哲学的重心转向唯物主义，导致马克思主义哲学的认识论化。这需要具体分析。列宁哲学思想基本都是在《唯物主义和经验批判主义》阐释和论证的，这也是特定时代、特定问题的特定产物。列宁是为了完成无产阶级革命的指导问题，面对的是马赫主义和俄国形形色色唯心主义变种的挑战问题。列宁只有高扬唯物主义的大旗才能应对这场世纪挑战。问题的起点是因为敌人的挑战而不是列宁自己的设置。捍卫唯物主义的权威就是捍卫马克思主义的权威，这一点柯尔施没想到。列宁强化了对唯物主义认识论的研究，这是应对唯心主义挑战的锐利武器和必然选择。所以，列宁也是在论战对象的道路上做出的应对举措。至于列宁在认识论的范畴阐释了对实践的认识，这是列宁所处时代哲学认识的局限性，这个过错完全归结为列宁也是不对的。

3. 理论家和革命家合体与分体

关于柯尔施指责列宁哲学的实用主义和功利主义的问题，这是不正确的。列宁的哲学素养极为深厚，远超过柯尔施本人。公正地来说，列宁本人的理论成就也是高于柯尔施的，这是柯尔施本人所没有意识到的问题。最主要的是，列宁还是一个革命家，他要运用马克思主义来解决现实问题，来指导俄国的无产阶级革命，来指导当时已经轰轰烈烈展开的国际共产主义运动。理论和实践深度结合的环节，这是柯尔施所没有做到的。当理论转化到实践过程中，它的理论韵味会淡化，理论的实践

---

① 〔德〕卡尔·柯尔施：《卡尔·马克思》，王南湜、荣新海译，重庆：重庆出版社1993年版，第114页。
② 〔德〕卡尔·柯尔施：《卡尔·马克思》，王南湜、荣新海译，重庆：重庆出版社1993年版，第112页。

意义会上升；当实践活动提炼到理论层面的时候，它的实践动量会增加，实践的理论扩张会缩减。这一层的理论与实践的能动关系，柯尔施是想不到的。当列宁将哲学家和革命家的角色合二为一且随时可以切换的时候，柯尔施还让自己停留在哲学家的层面上思考问题，而且总是以自己的哲学思维来批判列宁的实践理论，这是不合适的。柯尔施还指责列宁总是用哲学的视角去考察科学，这是不公正的。哲学和科学从来都不是一分为二的。用哲学的眼光去考察科学，是为了审视科学的高度与确切性；用科学的材料去填充哲学的世界，那是科学对哲学的促发，二者的辩证统一关系是不可抹杀的。列宁只认可哲学可以作为自然科学的世界观和方法论，是自然科学家应该学习和把握的哲学，可以成为他们认识自然和改造自然的工具。当然，自然科学家这样的举动会促进哲学的进步，号召哲学家和科学家结盟是为了带动哲学的深度思考，当然也为了促进科学的进步。这是马克思主义哲学愿意去践行的哲学道路和科学道路。更为准确地来说，人类文明的进步，怎么能离开哲学和科学的双子星座呢？

4. 彻头彻尾的反马克思主义者

20 世纪 30 年代后的柯尔施由一个反列宁主义者变成了一个反马克思主义的蜕变者。在柯尔施的一系列著作中，他的观点步步跟进，调门一次比一次高，否定得一次比一次严厉。到了最后，柯尔施几乎完全否定了马克思主义哲学，蜕变成一个彻头彻尾反马克思主义者。柯尔施认为，马克思主义的基本原理是普遍性和特殊性的统一，尤其是它的特殊性更为显著。也就是说，这样的特殊性不是体现为一种实证性，而是一种批判性。更为准确地来说，马克思主义哲学就是批判哲学。这个批判的哲学体系不在于肯定资本主义的文明成果，而在于阐释和论证正在分崩离析、腐朽衰败、濒临死亡的资本主义社会。也就是说，马克思主义对"观赏现存的世界"没有兴趣，重点在于对现存世界"进行积极的改造"，问题是在柯尔施看来，这样的改造并不是成功的。[①] 可以这样说，柯尔施否定了马克思主义哲学的普遍性价值，而强调和突出了它的批判性，割裂了科学性和批判性之间的辩证统一关系。柯尔施后来又认定，

---

① 〔德〕卡尔·柯尔施：《我为什么是马克思主义者》，载《马列主义研究资料》，1983 年第 3 期，第 246 页。

马克思主义不包括任何关于"基础"和"上层建筑"的一般理论。再后来就直接宣称:"马克思和恩格斯的学说今天在何种程度上在理论上有效和在实践上可行的,再也没有意义了。"① 这几乎是直接的、全盘的否定。柯尔施指出,马克思主义的学说都是含混不清的,只有一部分重要的方面可以发挥出不同的职能、适用于不同的场合。如果马克思主义展示其对整个工人阶级运动的指导性和科学性,那简直是荒谬的企图、反动的空想。如果时代的无产阶级想打造新的理论与实践相结合的统一理论,首要的任务就是颠覆马克思主义在革命运动中理论指导上的权威性。马克思主义的同义词就是新的空想社会主义。马克思的功绩和地位也不过是一位社会主义革命的先驱和奠基者而已。马克思主义最后在苏联和其他国家的发展不过是一种意识形态化的发展,尤其是一种虚假的意识形态化,这本身就是马克思主义学说的本质性缺陷。可以看出,柯尔施已经完全变质,成为一个彻头彻尾反对马克思主义的人。

---

① 〔德〕卡尔·科尔施:《关于今日马克思主义的十个论点》,载《新大众哲学》,2018年9月30日。

第六章 论战与分歧——
列宁与普列汉诺夫

普列汉诺夫是俄国和国际工人运动中最著名的活动家，亲自缔造和创建了俄国社会民主党，是最早在俄国传播马克思主义的思想家，在整个欧洲享有盛誉。早期的普列汉诺夫是列宁最尊敬的师长和战友，对于普列汉诺夫的历史功绩和思想地位，列宁曾给予高度的评价和肯定：杰出的马克思主义哲学家，俄罗斯民族的文化巨人；俄国的社会民主党人谁不愿意研究普列汉诺夫的全部哲学著作，谁就不可能成为一个真正的马克思主义者，不可能真正推动俄国的无产阶级革命运动。普列汉诺夫的理论素养和成就是俄国人民的骄傲，他的理论著作是马克思主义思想阵营的优秀作品。普列汉诺夫是列宁走向马克思主义革命事业的引路人。普列汉诺夫和车尔尼雪夫斯基一样，都是俄国革命的时代先锋，是"大俄罗斯"进步的、"民族文化"的卓越"代表"。1903年以后，普列汉诺夫开始转向孟什维克路线，和俄国的无产阶级革命事业逐渐分道扬镳。

一、思想交汇及时代超越

普列汉诺夫思维开阔，才华卓绝，是俄国最早接受和宣传马克思主义的革命先驱，对列宁产生过不但是"很大的"，而且是"决定性的作用"。普列汉诺夫对黑格尔的偏爱影响了列宁哲学研究的倾向，普列汉诺夫对黑格尔哲学的高度赞扬及热情也影响了列宁。列宁对普列汉诺夫的哲学思想予以总体评价：列宁肯定了普列汉诺夫坚定的哲学立场，以及他在唯物史观领域的坚定性和不彻底性，批判了普列汉诺夫多变的政治态度。列宁与普列汉诺夫哲学思想的关系既是并行的又是分野的。

（一）普列汉诺夫哲学思想总体评价

普列汉诺夫的政治立场复杂多变，但其哲学成就还是很高的。对马克思主义哲学来说，虽然其后的思考和研究没有根本上的突破，但在"唯物史观、哲学史和美学""三大哲学领域"所获得的成就也不容忽视。总体来说，在俄国马克思主义理论阐释和传播的历史阶段，普列汉诺夫的贡献最大，也最有成就。列宁指出，普列汉诺夫的理论贡献"尤以唯物史观为最"。①

1. 坚定的哲学立场和多变的政治态度

纵观普列汉诺夫的一生，他的政治立场复杂多变，但其哲学立场却是非常坚定。坚定的哲学基本立场，科学的世界观和方法论，广泛而准确的批判对象，革命且彻底的斗争精神，普列汉诺夫展示了一个马克思主义思想家的完美形象。从马赫主义的激烈斗争到造神派的思想批判，从寻神派的理论对阵到与资产阶级哲学家的唇枪舌剑，无论是社会思想史的研究，还是文学、美学和文艺方面的著述，普列汉诺夫既展示了革命家的气度、风范和果敢，又表现出俄国文化巨人的高度、境界和水平。19世纪90年代，普列汉诺夫先后撰写了几部具有非常代表性和影响力的著作：《论一元论历史观的发展问题》《论个人在历史上的作用问题》和《马克思主义基本问题》，而且，普列汉诺夫在思想王国的探索一直没有停滞。

2. 唯物史观领域的坚定性和不彻底性

普列汉诺夫坚持认为，唯物史观领域是马克思主义哲学最需要开辟的新领地，唯物史观的认识程度和思考水平直接关联着无产阶级革命的斗争，影响到社会主义理论的发展水平。更明了地说，唯物史观是无产阶级改造世界的方法论体系，是探讨人类社会运行规律的思想阵地。唯物史观的利益观面向全人类的利益，这是所有马克思主义者都应该仰止的内容。但普列汉诺夫也显示了部分理论观点的不彻底性，露出机会主义路线的倾向。当普列汉诺夫转向倒退、反动革命立场的时候，其理论原则性错误也不断显现。因为理论上的倾向和政治领域的实践活动是分不开的。但总体而言，普列汉诺夫哲学思想的错误倾向基本涵盖在"旧唯物主义倾向""机械论""阶级调和论""机会主义"②等几个方面。

---

① 王荫庭：《普列汉诺夫读本》，北京：中央编译出版社2008年版，第11页。
② 刘佩弦、马健行：《第二国际若干人物的思想研究》，北京：中国人民大学出版社1994年版，第290—302页。

(二) 普列汉诺夫对列宁的深刻影响

1. 黑格尔思想偏爱影响列宁研究倾向

当第二国际的思想领域泛滥着"回到康德"的唯心主义路线,并将黑格尔束之高阁的时候,恰好是普列汉诺夫挚心研究黑格尔的时候。普列汉诺夫认为,黑格尔是人类思想史上将永远占据"最前列地位的人"。因为人类在思想领域里的巨大进步和飞跃都是由黑格尔完成的,从辩证法到逻辑再到历史,从法律到美学再到哲学史,最后是宗教史,事关人类文明进步的思想阵地无一不是被黑格尔开拓到新的水平。人类的思维世界在黑格尔那里几乎是"面貌一新",折磨人类多年的形而上学思维僵局被打破,辩证法闪着辉煌的光芒走向人类,黑格尔的辩证思想是马克思主义历史出场最坚实的哲学奠基。普列汉诺夫尖刻地嘲讽那些诋毁黑格尔哲学的人:只有那些"毫无哲学修养的""可怜虫"才把黑格尔的哲学称之为"反动派的哲学"。普列汉诺夫指出,马克思是黑格尔哲学的科学继承人,马克思主义的产生、发展、进步和研究离不开黑格尔辩证法的深刻积淀。

2. 黑格尔哲学的称颂影响鼓舞了列宁

1899 年在西伯利亚流放的列宁,正是在普列汉诺夫《唯物主义史论丛》的影响下,开始系统地研究黑格尔、研究康德、研究法国唯物主义。这是列宁走上马克思主义革命道路的思想启迪。总体来说,这是因为普列汉诺夫对黑格尔的高度评价及研究热情,极大地影响和鼓舞了列宁。使得列宁在自己的革命道路上几乎没有经历像其他马克思主义导师那样的思想转折过程。但普列汉诺夫对黑格尔的研究还停留在旧的思想阶段,没有完全走进马克思恩格斯的社会批判视野,没有将辩证法、认识论和逻辑学在唯物主义的思想基点上实现内在的统一,忽视辩证法是对客观世界对立统一关系的认识。而这恰好是列宁突破的哲学视野。当然,列宁是在普列汉诺夫开辟的哲学领地打开了哲学新天地。列宁在黑格尔的辩证法体系和普列汉诺夫的唯物史观思想体系的积淀之下,将马克思主义哲学推进到新的历史阶段。[①] 而普列汉诺夫最没有想到的就是,列宁其实是在研究他本人的哲学思想的进程中,实现了其哲学思想的升华,

---

① 王荫庭:《普列汉诺夫读本》,北京:中央编译出版社 2008 年版,第 1 页。

成为伟大的马克思主义者。

(三) 列宁对普列汉诺夫思想的超越

普列汉诺夫的哲学思想对列宁产生了极大的影响，甚至是决定性影响，而且这种影响是积极的、进步的、科学的。① 因为青年列宁对哲学的兴趣远超过对现实问题研究的兴趣。波德林对普列汉诺夫和列宁的关系和角色进行了极为准确的解释。一位是专注于思想研究的理论家，一位是倾心革命行动的政治家。二者对理论和现实的关注度是不一样的，当理论的成熟和提炼是世界观确立的基点时，普列汉诺夫对列宁的影响是巨大的，但当实践的行动决定一切的时候，就是列宁离开沉湎在理论世界的普列汉诺夫的时候。当然，列宁的思想历程是一个机动性的"流变过程"，而不是一个具有"绝对同质性"的演进阶段。② 列宁和普列汉诺夫的思想关系经历了依附、并行、超越三个最基本的历程。③

1. 思想依附与发展

列宁思想体系最初的发展阶段是一个纯哲学和纯理论的研究阶段，重在确立自己的科学世界观。这个时段，列宁还没有自己代表性哲学论著，他的哲学思想主要通过政论文章表达出来，也是列宁对普列汉诺夫深刻依附的思想阶段。列宁在 1893 年写下了《什么是"人民之友"以及他们如何攻击社会民主党人？》一文，核心内容是反对民粹主义，哲学世界观与方法论和普列汉诺夫几乎如出一辙。这个时段，普列汉诺夫以物质生产到经济结构的基本思路来阐释历史唯物主义基本理论，以实现对民粹主义唯心史观的批判。而列宁则是从社会关系的角度去分析和思考问题，还没有从生产力的角度去分析问题。列宁在 1895 年的一篇文章中论释道，"社会主义""是现代社会生产力发展的最终目标和必然结果"。虽时限节点不一，但理论的路径和根基一致。列宁在研究《神圣家族》时，开始关注人民群众的历史地位问题，强调唤醒俄国工人阶级的"自我意识"，鼓励他们实现自己的"阶级自觉"，实现对民粹主义从

---

① 张一兵：《回到列宁——关于"哲学笔记"的一种后文本学解读》，南京：江苏人民出版社 2008 年版，第 87 页。
② 张一兵：《回到列宁——关于"哲学笔记"的一种后文本学解读》，南京：江苏人民出版社 2008 年版，第 3 页。
③ 张一兵：《回到列宁——关于"哲学笔记"的一种后文本学解读》，南京：江苏人民出版社 2008 年版，第 3—9 页。

理论到实践的整体超越。在如何看待环境等外在因素问题上，列宁已经开始超越普列汉诺夫的环境决定论；在无产阶级革命具体的实践问题上，列宁和普列汉诺夫开始出现分歧。当列宁开始工人阶级从自发到自觉的斗争实践时，普列汉诺夫还停留在哲学言论的引文论证阶段。列宁对普列汉诺夫不喜欢关注俄国的革命实践有些抱怨：普列汉诺夫只字不提俄国的具体情况，对俄国的革命和前途就是搬弄几句毫不相干的引文，没有任何实质性的思考和研究。因为这个时期的列宁在马克思主义世界观领域已经超越了普列汉诺夫。列宁阐释论证的实践唯物主义已经站在了时代哲学的最前沿，而他的马克思主义导师普列汉诺夫还停留在形而上学唯物主义哲学的层面上。无论是理论上的论证还是在革命实践中与俄国具体实情的结合，列宁已经超越了普列汉诺夫的狭隘视野。但总体上又是一致的。

2. 思想并行与分野

从 1906 年延伸到 1913 年，这是列宁研究和掌握唯物主义思想的阶段。这个时段，俄国民主社会党在哲学世界里的主要敌人是马赫主义，其主要任务是揭露马赫主义在世界观领域的唯心主义本质。这个时段，列宁依然追随着普列汉诺夫，在哲学唯物主义的视野中反对唯心主义和机会主义。但普列汉诺夫在主客体关系上的认识没有和实践辩证地结合起来。普列汉诺夫的研究思路影响了列宁，引导列宁对马克思主义理论再一次展开系统研究。但这个时段的列宁，其研究思考的路线依然是普列汉诺夫式的哲学唯物主义。在《伯尔尼哲学笔记》中，列宁系统地研究了大量的经典哲学著作，实践辩证法的出场使得列宁有了彻底批判马赫主义的哲学基础。在这一个时段，列宁实现对马赫主义的系统批判。这一时段的列宁开始关注和研究认识论问题，而且意识到哲学认识和实践活动相结合的一般原理。列宁和普列汉诺夫的哲学视野开始出现裂痕。

3. 思想超越与批判

第三个阶段就是列宁对普列汉诺夫的超越和批判阶段。这个时段，列宁在自己人生及革命思想历程中，第三次对黑格尔的哲学思想进行系统的研究、学习和思考。列宁既认识到黑格尔哲学思想对马克思主义思想体系的奠基性作用，更由此准确地把握到了普列汉诺夫在世界观和方法论领域中的错误。列宁开始站在哲学的高度上批评普列汉诺夫转接在政治领域的思想错误。列宁找到了俄国无产阶级革命斗争的现实路径，并完成了这一斗争的理论准备。而普列汉诺夫不但停滞在过去,还出现了各种思想倒退,这就是列宁批评普列汉诺夫的时候。无论是最初的追随还是后来的超越以及相互间的争论,包括列宁对普列汉诺夫的批评,既不影响普列汉诺夫的重大历史贡献,也不影响列宁对他的高度赞扬和肯定。

二、十月革命分歧与争执

普列汉诺夫于 1918 年过世之际留下"政治遗嘱",内容涉及极为广泛,虽高度评价列宁的功绩和地位,赞扬他"精通马克思主义",称他是"一个伟大的、非凡的人物"。但普列汉诺夫同时也全面否定十月革命,断言十月革命就是一场政变,而且是一场没有任何前途的政变,布尔什维克正在把俄国带进历史的死胡同。在普列汉诺夫狭隘且极左的视野里,布尔什维克被定性为"俄国社会民主党中的极左派"。在此理论基础之上,普列汉诺夫陷入一种近乎癫狂的否定状态。俄国的马克思主义——他称之为布尔什维克主义的革命理论是不成熟的,也是不合理的。它的出现完全因为俄国无产阶级自身的不成熟,是在俄国封闭、落后、闭塞、愚昧、保守的经济文化土壤中孕育出来的理论,伴随着"劳动者的贫穷、文化落后、觉悟低下"。这样的革命理论是不合适作为新时代的革命理论的。普列汉诺夫还明确地批评列宁,说列宁性格有一种"不可思议的执着",而且几乎偏执,然后用"篡改"的方式"发展"了所谓的马克思主义。在俄国的无产阶级革命斗争历程中,列宁不是一个真正的革命家,而是一个不折不扣的"冒险主义者"。① 由此,普列汉诺夫断言,苏维埃政权的前途一片黯淡,必将遭遇全面饥荒、经济崩溃、联盟破裂、内部解体危机,最后导致全面的失败。

(一) 革命的不同政见

在普列汉诺夫看来,十月革命不过是列宁试图发起的关于社会主义革命的"社会实验",它只能走向"失败"。尤其是这样的失败在普列汉诺夫看来是不可避免的。② 实践证明,普列汉诺夫是错的,但普列汉诺夫不肯放弃自己的观点。他坚持认为,俄国的社会主义革命实验即便获

---

① 〔苏〕普列汉诺夫:《政治遗嘱》,载《独立报》,1999 年 11 月 30 日。
② 〔苏〕普列汉诺夫:《政治遗嘱》,载《独立报》,1999 年 11 月 30 日。

得胜利,也是一场意外。尤其是这样的意外将会造成更严重、更可怕、更具有毁灭性和破坏性的结果,最终让全体俄国人民遭受难以估量的损失。十月革命的胜利只能引发更为严重的"灾难",问题在于这些灾难是不可避免的。① 核心的问题就在于要不要推动十月革命?十月革命的性质到底如何?在革命之后要不要在俄国推动社会主义革命和建设?实践最终证明,列宁的判断是科学的,列宁的选择是正确的,列宁推动的革命是具有历史性进步意义的。

1. 普列汉诺夫极为抵触十月革命

普列汉诺夫曾发表很多文章和言论,极力反对十月革命。因为普列汉诺夫认定,俄国政治经济文化都极为落后,在整个欧洲都是最落后的国家和地区;俄国的资本主义仅仅处在起步阶段,它所能容纳的生产力还远远没有释放出来;资本主义社会还远未死亡,资产阶级远未死亡;无产阶级远未成熟,走社会主义道路的条件还不够充足,不能推动社会主义革命。普列汉诺夫甚至提出很右的观点,为了维护和保障广大无产阶级和劳动人民的根本利益,必须容纳和接受资产阶级参与"管理国家",实现国家利益最大化。② 因为资产阶级是一个成熟的阶级,推翻资产阶级临时政府就不是无产阶级现阶段的最佳选择,而是只能选择同资产阶级各个集团的合作。因为俄国的工人阶级人数太少,力量薄弱,没有单独夺权和掌控国家权力的资质,冒险行动必遭失败。而俄国农民保守性和落后性也决定,他们最在乎的不过是土地的归属问题,最多关心到农村公社的命运,但这些关心还涉及不到"用社会主义制度代替资本主义制度"的程度。③ 总而言之,俄国的"社会主义变革"不切实际,最主要的因素就是占俄国大多数的农民文化程度太低,对无产阶级革命的觉悟程度太低,无论是在思想上还是组织上,都没有对无产阶级领导的"社会主义革命做好准备",④ 这样的革命注定要走向失败。

---

① 〔苏〕普列汉诺夫:《在祖国的一年》,王荫廷、杨永译,北京:生活·读书·新知三联书店1980年版,第22页。
② 〔苏〕普列汉诺夫:《在祖国的一年》,王荫廷、杨永译,北京:生活·读书·新知三联书店1980年版,第207页。
③ 〔苏〕普列汉诺夫:《在祖国的一年》,王荫廷、杨永译,北京:生活·读书·新知三联书店1980年版,第65页。
④ 〔苏〕普列汉诺夫:《在祖国的一年》,王荫廷、杨永译,北京:生活·读书·新知三联书店1980年版,第22页。

2. 列宁推动十月革命的科学决断

二月革命之际，无产阶级在革命浪潮的洗礼中已经成熟起来，尤其是在核心的大城市彼得堡，政权、军队和武装力量控制在人民的手中，俄国人民推动社会主义革命具备了最坚实的武装基础。列宁批判了俄国社会民主党人在二月革命后所犯的错误，也就是工兵代表苏维埃在"得到大多数地方苏维埃信任"之后，掌控了足够的国家政权力量，最后还是"把国家政权奉送给资产阶级和它的临时政府"。① 这是严重的错误，而且是历史性的错误。因为反动无能的资产阶级临时政府是不值得信任的，不能保障俄国工人阶级和广大劳苦大众得到他们最迫切的"和平、面包和自由"。② 更卑鄙的是，资产阶级反动临时政府还参与了无耻的帝国主义战争，将俄国和俄国人民引入战争的巨大灾难中。而对俄国的无产阶级来说，不进行革命，俄国人民就不能摆脱帝国主义战争的荼毒，就不能实现广大民众期待的民主、自由与"和平"。因为这是无产阶级革命最基本的诉求。从更广阔的视野来说，这是世界走向和平的必由之路。列宁还进一步指出，西欧先进的资本主义国家已经展开了社会主义革命斗争，积累了丰富的斗争经验和教训，已经成长为巨大的历史力量，可以为俄国的无产阶级革命提供巨大的支持。

（二）党内的激烈争论

要不要展开十月革命，布尔什维克党人和孟什维克党人之间展开激烈的争论。从马克思到恩格斯、从恩格斯到列宁，都系统地阐释了革命形势与革命运动的辩证关系。也就是说，马克思主义的经典作家都支持在合理的革命形势和条件下发动无产阶级革命。而实践也最终证明，列宁领导的十月革命不是政变，不是没有准备、毫无由头的冒险主义，而是长期酝酿、积极发动，并能在关键时刻实现质的转变的一场革命。这场革命事实上做到了颠覆旧制度、建立新政权的历史变革，是值得载入史册的标志性事件。从这个意义上来讲，普列汉诺夫的指责和诋毁是站不住脚的。值得一提的是，20世纪末期，苏联解体，东欧剧变，苏联社会主义模式一夜崩塌，惊呆了太多的人。而很多学者和理论家都是追根溯源，重新启用普列汉诺夫对十月革命的"政变"定调，试图寻找到社

---

① 《列宁全集》第二十九卷，北京：人民出版社2017年版，第153页。
② 《列宁全集》第二十九卷，北京：人民出版社2017年版，第59页。

会主义第一个国家解体失败的根基性原因。有原因才有结果,这是符合逻辑的认识过程。但反过来用结果去阐释原因,这本身就是本末倒置的做法。

1. "政变"还是"革命"

到底是十月革命还是"十月政变",这是列宁为代表的布尔什维克党人和普列汉诺夫为代表的孟什维克党人之间的激烈争论。这样的争论核心就是要不要把资产阶级的民主革命尽快推展到社会主义革命阶段。普列汉诺夫把列宁已经成功领导的十月革命指责为"十月政变"。到底是政变还是革命,关键在于区别革命与政变的关系。革命的核心是夺取政权问题,就是阶级政权的颠覆;政变发生在阶级内部,就是国家控制权的内部转移。十月革命是布尔什维克领导的无产阶级从资产阶级和小资产阶级掌控的临时政府夺取政权,建立了得到广大工农兵支持的苏维埃政权。这是一场地地道道的革命,一场无产阶级的革命。普列汉诺夫看不到政变与革命的本质区别,所以混淆视听,颠倒黑白,这是很不科学准确的判断。[1]

十月革命成功之后,普列汉诺夫明确认可,接受国家"政权已转到工农代表苏维埃的手中"。[2] 但在自己的"政治遗嘱"中,普列汉诺夫再次挑起争论,诋毁十月革命。这本身说明,普列汉诺夫在自己的政治立场上是不坚定的、反复多变的。普列汉诺夫进一步指责十月革命是一场布朗基式的冒险主义。这样的指责本身就是没有区分冒险行为和革命实践的关系。布朗基主义是少数职业革命家通过阴谋、刺杀、暴动等暴力方式,在短期内实现革命政权的转移。这和列宁引导的布尔什维克革命具有本质的不同。为了夺取革命政权,布尔什维克党进行了长期的准备;社会革命党和孟什维克组成的资产阶级临时政府屡弱无能,掌控国家权力的能力太低,在夺取政权的时候,布尔什维克党已经在许多城市取得了事实上的领导权;布尔什维克党的行动赢得了很多革命士兵的支持,这是革命获得成功的基本力量;同时还采纳了深化革命性的土地纲领,使得布尔什维克党在很短的时间内就赢得了广大农民的支持,让无产阶

---

[1] 〔苏〕普列汉诺夫:《在祖国的一年》,王荫廷、杨永译,北京:生活·读书·新知三联书店1980年版,第462页。

[2] 高放、高敬增:《普列汉诺夫评传》,北京:中国人民大学出版社1985年版,第615页。

级革命的领导权很快辐射到农村地区。

2. 形势与革命的辩证关系

要不要在合理的革命条件、恰当的时间推动无产阶级革命,无论是马克思还是恩格斯都有准确而科学的论断。马克思指出,"社会革命"的启动不是偶然的,而是生产力发展到一定阶段,生产力和生产关系发生尖锐的、不可调和的矛盾时所产生的社会运动。恩格斯也明确指出,任何社会革命的发生都有其特定的社会历史背景。而且,社会革命产生的历史震荡和效应是无可比拟的。也就是说,任何社会革命的发生,必然有其特定的、总体的"社会状况和生活条件"。这是社会革命的基础和前提。① 列宁也指出:"革命既不能制造,也不能规定顺序"。革命不能"预订","因为革命是发展起来的"。尤其是按照其特定的社会历史条件、革命形势和革命主体的要求才能产生。② 也就是说,革命需要恰当的形势:统治阶级不能照旧统治,劳动人民不能照旧生存,这就是革命阶级发动阶级革命的极好时机,"强大的革命运动"就会在革命形势和革命行动中相结合而到来。③ 所以,无论是理论的还是现实的,无论是客观的还是主观的,无论是国内的还是国外的,从二月革命到十月革命的爆发,这是纯理论家的普列汉诺夫所不能准确把握的现实和态势。而同时作为革命家和政治家的列宁就能审时度势,把握好历史的绝佳机遇,推动革命。

三、能否实行社会主义争论

在要不要发展资本主义问题上,普列汉诺夫力主在俄国推动资本主义发展。因为俄国资本主义发展严重不足,社会经济和文化条件不充分,已经影响到在俄国推行社会主义革命。普列汉诺夫借助唯物史观原理佐证自己的主张。④ 当下的俄国就应该大力发展资本主义。在此基础上为工人阶级争取更多更大的政治自由,为无产阶级将来夺取政权、管理国家积累经验和基础。普列汉诺夫坚持,转向社会主义革命有一个长期的

---

① 《马克思恩格斯文集》第二卷,北京:人民出版社 2009 年版,第 352 页。
② 《列宁全集》第二十九卷,北京:人民出版社 2017 年版,第 392 页。
③ 《列宁全集》第二十六卷,北京:人民出版社 2017 年版,第 275 页。
④ 〔苏〕普列汉诺夫:《在祖国的一年》,王荫廷、杨永译,北京:生活·读书·新知三联书店 1980 年版,第 203 页。

过渡时期。因为新制度的建立和旧制度的崩溃不可能"同时并举",二者是前后铺垫的逻辑关系。① 在认定推动社会主义革命的依据上,列宁和普列汉诺夫的选择是不同的。列宁态度更为坚决,比普列汉诺夫走得更远。在革命积累的外部条件和要素上,二人的认识也不同。列宁认定,历史的进步和发展既然没有任何固定的格式和模式,"历史顺序是不容许或不可能有这类改变"无疑是荒唐的。② 而普列汉诺夫的认定则不同。二人在"工农民主专政"命运上的思考也不同。列宁认定,俄国的命运到底是资产阶级革命前途还是社会主义革命前途,取决于我们自己,尤其是取决于我们的选择与奋斗。普列汉诺夫则坚持僵化的决定论。

(一) 要不要发展资本主义

要不要发展资本主义,普列汉诺夫是一个坚定的支持者。他力主在俄国推动资本主义发展,而且借助唯物史观原理佐证自己的主张。列宁指出,在思想和理论领域普列汉诺夫是马克思主义者。但在理论推展到实践领域,普列汉诺夫又退化成一个右倾主义路线的革命者,而且倒退得很厉害,让人瞠目结舌。普列汉诺夫得出结论:无论是马克思的经典理论还是俄国的落后现状,再加上西欧资本主义发展的势头,都是俄国大力发展资本主义的理论和现实依据。

1. 在俄国推动资本主义发展

在普列汉诺夫看来,俄国落后的经济和文化水平、俄国民众愚昧保守的文化教育水平,都是俄国走社会主义道路的现实障碍。普列汉诺夫由此得出结论,俄国应该走资本主义发展道路。因为在普列汉诺夫看来,正因为俄国的资本主义发展严重不足,社会经济和文化条件不充分。社会主义是一种组织性的存在,这样的社会组织是一种全面的、整体的、变革性的组织。这样的组织存在也需要全面的、成熟的、系统的基础——经济文化、社会的基础。这样的基础目前是没有的,或者是不完整的。狭隘的、保守的、落后的、片面的旧基础,使得目前在俄国推行社会主义革命是不合适的。③ 普列汉诺夫进一步阐明,俄国基础薄弱落

---

① 《普列汉诺夫机会主义文选》上册,虚荣译,北京:生活·读书·新知三联书店1964年版,第162页。
② 《列宁全集》第四十三卷,北京:人民出版社2017年版,第376页。
③ 《普列汉诺夫文选》,张光明编,北京:人民出版社2010年版,第72页。

后的状况最终成为走社会主义道路的阻碍。所以，在普列汉诺夫看来，在俄国大力发展资本主义，对俄国人民来说是好事，而且是大好事。资本主义在俄国越是发展，它所积淀的社会基础越是雄厚，这是俄国进行社会主义革命必须予以考虑的革命条件和基础。①

2. 借唯物史观原理佐证观点

在普列汉诺夫机会主义的政治路线看来，资本主义发展的历史性的趋势是不可阻挡的，尤其是这种历史趋势是社会主义革命的前提和基础。普列汉诺夫甚至断言，谁阻挡了这种历史大势的发展，谁就相当于背叛了无产阶级的革命事业。② 这是普列汉诺夫依据俄国的具体情势及西欧资本主义发展态势做出的结论。不仅如此，普列汉诺夫还借用马克思的经典言论予以佐证。就俄国的发展水平来说，资本主义生产方式还有很大的空间和余地，来"容纳"它"全部生产力"。问题在于，这样的生产力空间和历史动力还远远没有释放出来。这就需要大力推动俄国资本主义的发展程度和水平，才能真正推动俄国社会主义革命的发展。③ 也就是说，无论是从生产力的发展程度来说，还是从生产关系的发展层次来说，当下的俄国就应该大力发展资本主义。"凡是已经有可能用另一种更高的生产关系来代替资产阶级生产关系的地方"，才可以消灭资本主义；反之就要为社会主义革命的发展"扫清道路"。也就是说，扫清社会主义革命的道路就是推动社会主义革命的先决基础。④ 普列汉诺夫对俄国选择走社会主义道路没有异议，但怎么走？分几步走？就有了不同于列宁的看法和想法了。我们"以马克思的学说为依据"推行"社会主义政策"，就必须"有自己的逻辑"，那就是基点深厚的物质和现实基础，才能将社会的发展水平推向新的高级阶段。⑤

---

① 《普列汉诺夫机会主义文选》上册，虚荣译，北京：生活·读书·新知三联书店 1964 年版，第 172 页。
② 《普列汉诺夫机会主义文选》上册，虚荣译，北京：生活·读书·新知三联书店 1964 年版，第 174 页。
③ 〔苏〕普列汉诺夫：《在祖国的一年》，王荫廷、杨永译，北京：生活·读书·新知三联书店 1980 年版，第 203 页。
④ 《普列汉诺夫机会主义文选》上册，虚荣译，北京：生活·读书·新知三联书店 1964 年版，第 126 页。
⑤ 〔苏〕普列汉诺夫：《在祖国的一年》，王荫廷、杨永译，北京：生活·读书·新知三联书店 1980 年版，第 23—24 页。

(二) 俄国革命战略两步走

在普列汉诺夫看来，俄国最迫切的任务不是推进社会主义革命而是大力发展资本主义。而发展资本主义的关键举措就是推动资本主义自由民主制度的发展。普列汉诺夫认为，俄国人民要进行社会主义革命，俄国的无产阶级首先要做的就是和资产阶级联手，先颠覆和推翻封建沙皇的专制制度，然后在此基础上建立资产阶级民主制度。这样的举措一边可以为工人阶级争取更多更大的政治自由，一边为无产阶级将来夺取政权、管理自己的国家积累经验和基础。但在资产阶级民主制度转向无产阶级民主制度的道路上充满曲折的斗争。

1. 自由民主制发展奠基

普列汉诺夫认为，把"社会发展的这两个环节""在俄国的社会历史实践中合二为一。问题不仅仅于此，俄国人民如果选择这样做，就意味着不但推迟了俄国的资产阶级民主革命，而且也推迟了无产阶级社会主义革命"。① 基于上述的思考和认识，普列汉诺夫坚定认为，俄国的革命必须分两步走，先是资产阶级民主革命，然后才是社会主义革命，而且二者的先后步骤不能混淆合并。普列汉诺夫无限制地上升了自己判断的格调。"这是神圣的真理"，谁拒绝谁就是"不可救药的空想主义者"。② 普列汉诺夫做出推断：如果俄国的无产阶级抢先取得国家政权，这个政权的专政因为缺少足够的积淀和储备，必将走向失败。普列汉诺夫借用了恩格斯的观点：任何一个特定的阶级，其最大的不幸就在于在没有充分的条件和准备下掌控了国家政权。不可避免的结果要么是惨痛的失败，要么是毁灭性的打击。如果俄国的无产阶级这么做，俄国的革命也必将失败。因为俄国的历史进程远远没有成熟，烘烤社会主义革命大"馅饼"所需要的"面粉"还没有打磨好。③

2. 社会主义革命长期过渡

普列汉诺夫认为，资本主义的深度发展，可以积淀出深厚的经济、

---

① 《普列汉诺夫文选》，张光明编，北京：人民出版社2010年版，第79页。
② 〔苏〕普列汉诺夫：《在祖国的一年》，王荫廷、杨永译，北京：生活·读书·新知三联书店1980年版，第203页。
③ 〔苏〕普列汉诺夫：《在祖国的一年》，王荫廷、杨永译，北京：生活·读书·新知三联书店1980年版，第207页。

政治、社会和文化基础,尤其是政治基础极为关键,资产阶级制度的自由和民主同样可以为无产阶级将来掌控国家政权进行广泛的准备。社会主义革命决不能走"毕其功于一役"的路子。① 普列汉诺夫尤其反对考茨基之流关于"不断革命"的荒唐论调。基于此,俄国的无产阶级应该大胆地和资产阶级联合起来,共同推进资产阶级民主制度的进步。但普列汉诺夫还没有糊涂到失去自己底线的程度,无产阶级和资产阶级的合作是有界限的,因为二者的"一致性决不会达到同一性的地步",因为资产阶级更容易和比他们更落后的阶级沆瀣一气,站在同一条战线上。德国的无产阶级就是最明显的反面教材。俄国无产阶级坚持两个阶级之间的合作必须要注意这一点。② 普列汉诺夫确立了既团结又斗争的原则。当资产阶级坚持走革命道路的时候,"我们同它一起走";当资产阶级放慢革命的脚步或者是放弃革命斗争的时候,我们就坚决地批判它、斗争它。而且,这样的斗争策略和斗争原则是长效性的。③

(三) 社会主义革命不同依据

在把握俄国"工农民主专政"的命运上,如果偏重客观条件及外在因素的考虑,那么无疑会选择"资本主义前途",普列汉诺夫的思考和研究都是合理的。但如果偏重主观条件和内在因素的考虑,那么无疑会选择"社会主义前途",这样的前途无疑符合列宁的思考和研究。但如果综合考虑这两种情况,就会得出这样的结论:俄国实现社会主义革命"'客观条件'的不足"完全可以被"无产阶级的政治能动性和国际无产阶级的援助""所克服",基于这样的思想路线斗争,只要把无产阶级的革命能动性发挥出来,放置在革命过程的首位,历史"能动性的发挥"将是革命走向成功的基础。④ 而列宁恰恰实现了这样的转变,普列汉诺夫却没有。公正地来说,在走向社会主义革命的前途和道路上,普列汉诺夫是理性的,也是稳健的,但这样合理的理性和稳健也是相对的。在期待社会主义革命的前途上,普列汉诺夫"激进的"心态和愿望一点也

---

① 《普列汉诺夫机会主义文选》上册,虚荣译,北京:生活・读书・新知三联书店1964年版,第162页。
② 《普列汉诺夫机会主义文选》下册,虚荣译,北京:生活・读书・新知三联书店1965年版,第227页。
③ 《普列汉诺夫机会主义文选》下册,虚荣译,北京:生活・读书・新知三联书店1965年版,第66页。
④ 曹浩瀚:《列宁革命思想研究》,北京:中央编译出版社2012年版,第97页。

不比列宁差。这个时候的普列汉诺夫极大程度地强化了社会主义革命的主观能动性问题。

1. 社会主义革命不同抉择

关于要不要推进社会主义革命、怎样推进、什么时候推进，列宁的看法和认识是变化的。列宁最初对资本主义的判断更多是否定性的："垂死的""挣扎的""腐朽的"发展阶段。列宁不否认落后国家推行和坚持国家资本主义的优势，但列宁绝不会故步自封、僵滞不变。作为革命家，列宁相比普列汉诺夫的优势就在于能审时度势，能在最关键的时候作出最关键的判断，并付诸实施。20世纪初的列宁，在对待资本主义的问题上、在批判民粹主义分子的时候，态度更为坚决强硬，似乎比普列汉诺夫走得更远、更右一些。但当革命机遇到来的时候，列宁不但推动无产阶级和资产阶级联合起来颠覆和推翻专制制度，而且能在最关键的时候做出决断，颠覆资产阶级政权，夺取无产阶级革命的胜利。

2. 革命外部条件不同认识

在革命积累的外部条件和要素上，列宁和普列汉诺夫的认识有相当大的差距。无产阶级在资本主义社会准备的程度是没有定论的，也没有什么统一的尺度，更没有什么明确的标准。因为无论是西欧近代工业发达国家还是俄国这样专制愚昧的落后国家，具体的国情民情都是很不同的。正如列宁所说的，既然没有统一的标准、固定的格式、规范的套路，那么俄国的革命者就可以依借自己的社会力量和历史条件，去推动、去创造这样的历史进程，最终"走向社会主义"。历史的进步和发展既然没有任何固定的格式和模式，"历史顺序是不容许或不可能有这类改变"无疑是荒唐的。① 这里可以看出，列宁掌握和灵活应用的是马克思主义的精神，而不是受限于各种结论和认识。

3. 工农民主专政不同思考

其实，俄国的命运到底是资产阶级革命前途还是社会主义革命前途，用列宁的话来说，这"两个时刻"都非常接近我们，而且取决于我们自己，尤其是取决于我们的选择与奋斗。在这个问题上法国和德国的无产阶级都是俄国无产阶级的先驱和榜样。普列汉诺夫用了马克思恩格斯在

---

① 《列宁全集》第四十三卷，北京：人民出版社2017年版，第376页。

《共产党宣言》中的话来阐明自己的观点。就是当资产阶级还有足够的革命斗志和勇气时，无产阶级应该和资产阶级一起进行反对封建专制制度的革命行动。① 俄国的无产阶级也可以这么做。如果让俄国的布尔什维克已经获得相当程度发展的资本主义条件，那么，俄国的布尔什维克有什么理由不这样做呢？可以说，普列汉诺夫也是非常期待社会主义革命的成果出现在俄国历史舞台上的。

---

① 张光明编：《普列汉诺夫文选》，北京：人民出版社2010年版，第79页。

第三部 时代衍射

第七章　列宁世界历史理论阐释

从马克思到恩格斯再到列宁，不断开拓论证了世界历史理论的演绎进程，并由此构成了列宁阐释其世界历史理论的根基。世界历史理论不是单一的知性科学，而是综合了历史学、经济学、政治学和哲学的理论形态；法国历史学家对近代历史的开拓性认识和德国黑格尔的历史哲学也为世界历史理论奠基了深彻的学理基础。某种程度上讲，世界历史理论是认识全球化进程的科学根据。通过这一理论，我们能够从世界历史的高度审视全球化进程、思考无产阶级革命、阐发世界无产阶级革命意义，也能够从世界历史进程阐发社会主义革命建设与亚非拉民族革命运动的历史伟业。列宁世界历史理论有其伟大的时代价值：其一就是要用民族和世界的双重视野科学认识社会主义革命和建设事业；其二就是站在民族历史和世界历史的高度把握无产阶级革命：民族范围内的无产阶级世界革命事业和世界范围内的民族革命事业具有双向拓展的路径倾向。

一、世界历史基本内涵

列宁阐释了世界历史的基本蕴涵：就是在帝国主义战争和无产阶级革命大时代的视域下阐释世界历史发展格局；阐发帝国主义战争和无产阶级革命进程的内在关系。列宁还阐明一国革命可能成为世界革命直接序幕的世界历史发展状态：社会主义革命是一项世界历史性的事业。社会主义革命愿景下的世界历史发展趋势：包括资本主义经济政治发展不平衡的格局，社会主义可以在一国或数国首先取得胜利，但社会主义事业不能在一国或者几个国家建成。列宁还阐明了一般规律不排斥个别发展阶段具有特殊性的世界历史发展规律：包括世界历史发展的一般性规律论释，也包括俄国首创社会主义国家的特殊道路和模式。

(一) 世界历史发展时代格局

列宁的时代正是帝国主义战争和无产阶级革命的大时代，正因为如此，列宁由马克思经济学视野研究的世界历史转向政治学视野研究的世界历史。这样的世界历史视域下，既是资产阶级开拓世界历史的开始，也是无产阶级启动社会主义革命的开始。而这样的世界历史也展示了最本质、最鲜明的阶级特质——无产阶级的时代特质。在列宁的世界历史理论视域中，时代的考察和认识首先是从帝国主义的存在开始的。在分析世界范围内的革命形势之后，列宁得出明确结论：帝国主义的存在和发展并不全是坏事，它是无产阶级展开社会主义革命的前阶和"前夜"。① 帝国主义扩张、侵略全世界的时代，就是无产阶级展开社会主义革命以及寻求民族解放的民主革命运动的时代。

1. 世界历史发展进程和时代特征

世界历史进程是在一定的生产方式的促发下延伸的人类社会生存状态。在马克思历史唯物主义的视野中，世界历史的进程是占主导性生产方式决定的进程。更为明白地来说，就是资产阶级在全世界范围内开拓的人类历史，这个历史进程最初是由资本主义生产方式主导的历史，然后在历史必然性和人类社会自身能动性的合力下，转向社会主义的世界历史进程。列宁的世界历史理论就是建立在马克思世界历史理论基础之上的新的理论开拓。列宁指出，从民族历史到世界历史的过程其实就是时代的演进过程，这个演进过程深含唯物辩证法的蕴意。就是在人类社会历史整体的、普遍的、一般的运动过程中，也包含着"个别的、局部的、有时前进、有时后退的"历史运动。这个运动过程不但能保持一种基本前进方向的"偏离运动"，而且这样的"偏离运动"具有自己的"一般形式和一般速度的情形"。人类及人类社会不能准确地把握各个时代发展速度的快慢、成就的多少，但可以准确把握"时代的中心"——阶级存在的中心。因为"这个或那个时代的中心"，就是世界历史继承展示的内容、方向、背景和特点。列宁进一步指出："只有在这个基础上"，无产阶级才能准确地把握时代的基本特征。就是从世界历史中"个别国家的个别事件"② 出发，延伸到世界范围内的国家和事件视角，

---

① 《列宁全集》第三十二卷，北京：人民出版社2017年版，第218页。
② 《列宁全集》第二十六卷，北京：人民出版社2017年版，第143页。

进入到世界历史的进程，展望到全球化的高度，才能真正回答无产阶级革命的时代课题。

2. 战争与革命并举的世界历史

列宁在经济学的视域中，科学地阐释了帝国主义存在的基本特质。列宁认为，帝国主义的集中必然促生垄断组织的出场，并成为时代生活最具影响力的组织化存在。在列宁看来，资本的集中展示为银行资本和工业资本的集中，然后生成庞大的、控制力超强的金融资本，金融资本的掌控者就是金融寡头。为了保障金融资本的垄断利益，商品大规模输出的时代转化为资本输出的时代。帝国主义国家掀起一浪高过一浪的瓜分狂潮，世界版图沦丧在帝国主义国家的统治之下，人类社会进入"帝国主义时代"。[1] 列宁指出，帝国主义国家存在着不可忽视的政治经济不平衡的发展结构，决定着不平衡的实力结构。全世界都被分化成"为数众多的被压迫民族"和"少数几个拥有巨量财富和强大军事实力的压迫民族"[2]。帝国主义时代成为对抗性的时代，从国内的无产阶级和资产阶级之间的对抗，到国外帝国主义国家与被压迫民族之间的对抗，再到帝国主义国家之间的对抗。这就是帝国主义战争频频的时代，被压迫民族进行民族和民主革命的时代，各民族无产阶级进行大规模革命的时代。

(二) 世界历史发展进程序幕

马克思主义经典作家认为，社会主义革命必将是一项世界历史性的事业。因为资本主义开辟了世界历史，建立了辐射力遍布全球的世界市场，无产阶级和广大被压迫民族遭受的苦难是世界性的，社会主义革命的幅度、范围及辐射力也是世界性的，每一个国家和民族的革命行动都在直接和间接地影响着其他国家和民族。这是马克思主义关于无产阶级革命"同时胜利论"的认识阶段，这样的认识也同样辐射到最初的列宁及第二国际的领导人。在世界历史的大视域下，列宁准确地把握了俄国无产阶级存在的优点和缺陷。需要明确的是，列宁是把俄国无产阶级革命的历史伟业置放在世界历史的范围内进行考察的。这样的考察可以得出一个自然而然的结论：俄国无产阶级革命是世界无产阶级革命的一部分，就是一国革命的成功可能成为全世界无产阶级革命和民族革命的直

---

[1] 《列宁全集》第四十七卷，北京：人民出版社2017年版，第399页。
[2] 《列宁全集》第三十九卷，北京：人民出版社2017年版，第232页。

接序幕。

1. 社会主义革命是世界历史性事业

列宁指出，如果没有西欧工业化发达国家无产阶级的强力支援，俄国的无产阶级无疑将陷入"孤军作战"的状态。这样的斗争和革命想要获得胜利，希望渺茫，非常艰难，"遭到失败"势属必然。① 世界历史进程的演进，使得列宁准确地把握了帝国主义时代无产阶级革命的内在特质和外在基础，尤其是在经济政治发展不平衡规律的论演基础之上，从而在理论视域上超越了马克思和恩格斯关于社会主义革命进程及条件的同时性和相约性认识。这是列宁在《论欧洲联邦口号》一文中阐释的代表性观点。② 为了进一步阐释和论证这一观点，列宁在《无产阶级革命的军事纲领》一文中，将这一理论进一步成熟化和系统化。列宁指出，不平衡规律使得无产阶级革命的成熟度也是不平衡的。无产阶级革命在不同国家、不同民族、不同条件、不同时点存在较大的差异性。这使得无产阶级革命之后的很多国家还将是"资产阶级的或资产阶级以前的国家"③。列宁指出，俄国无产阶级发动的社会主义革命行动不可能符合全世界"无产者的统一行动"，因为资本主义发展不平衡状态可以辐射到全世界所有的国家和民族。当世界上绝大多数国家都停留和滞落在前资本主义和初级资本主义"发展阶段"的时候，根本就不具备展开社会主义革命的条件。

2. 俄国革命是世界社会主义革命序幕

列宁指出，俄国无产阶级是整个欧洲"最优秀的革命无产阶级"。也就是说，"俄国无产阶级的组织、修养和觉悟程度"都远远比不上欧洲其他国家的工人阶级。但主观要素的欠缺并不影响特定的历史时期、特定的历史条件下的革命行动。而这一革命行动的伟大意义就在于：它可以在很短的时限内让俄国无产阶级"成为全世界革命无产阶级的先锋"，④ 这一伟大的信念成为列宁毕生为之奋斗的精神动力。列宁指出，俄国无产阶级革命的成功，并不意味着俄国的无产阶级革命能成为世界

---

① 《列宁全集》第十二卷，北京：人民出版社 2017 年版，第 142 页。
② 《列宁全集》第二十六卷，北京：人民出版社 2017 年版，第 367 页。
③ 《列宁全集》第二十八卷，北京：人民出版社 2017 年版，第 88 页。
④ 《列宁全集》第二十九卷，北京：人民出版社 2017 年版，第 90 页。

无产阶级革命的"发展前提"。俄国的无产阶级要取得革命的成功,就离不开世界各国无产阶级的支持,这才是俄国无产阶级革命的"充分保证"。俄国无产阶级革命的成就将是世界无产阶级革命一份小小的革命工作,即便遭受失败,俄国无产阶级的革命经验也为世界无产阶级的运动提供革命借鉴。全世界的无产阶级革命和俄国的无产阶级革命是相互的、关联的、不可分割的。列宁以无产阶级革命大无畏的精神和勇气做出了这样的阐释:无论是在俄国的无产阶级革命以前,以及在革命之后,我们都无比坚信地面对这样的可能:"要么是资本主义比较发达的其他国家立刻爆发或至少很快爆发革命,要么是我们灭亡。"[1] 这是晚年的列宁在《政论家札记》中重申的观点:俄国的无产阶级革命和世界无产阶级的革命运动息息相关、不可分离。

(三)世界历史发展革命愿景

列宁指出了世界历史发展格局,就是经济政治不平衡格局下的社会主义革命愿景,列宁论证的这一结论对世界各国的无产阶级革命运动产生了巨大的影响。为了论证二者之间存在的必然联系,得出合乎世界历史运行态势的科学结论。列宁开辟了世界历史的新时代,人类进入到新的文明周期。但列宁也明确指出,对于这一关乎着人类文明的伟大事业,以后无论哪一个国家的无产阶级、在什么时间、什么地点、用什么样的方式发动无产阶级革命,都是不重要的。最关键的是,革命胜利的起点就预示着革命最终胜利的结局。

1. 经济政治发展不平衡格局

列宁对世界历史的发展格局有一个总体性的判断:那就是在帝国主义战争和无产阶级革命的大时代,人类社会处在一个不平衡的发展格局中。这个判断是科学的,是建立在资本主义经济政治发展不平衡规律的理论和社会主义可能在一国取得胜利的理论基础之上的结论。在列宁看来,从19世纪中后期开始,在经历19世纪末一直延伸到20世纪初,资本主义推动的政治经济发展不平衡的格局由相对稳定转向不平衡状态最终进入极致失衡的状态。具体表现为国内生产力高度有序的发展和生产关系掌控的无序状态之间的严重不平衡,也由此引发了本国资产阶级和无产阶级两大阶级力量的不平衡状态;在国际范围内,引发了帝国主义

---

[1]《列宁全集》第四十二卷,北京:人民出版社2017年版,第45页。

与帝国主义国家之间、帝国主义国家与广大被压迫民族之间生存境遇的不平衡状态。为此，列宁在唯物辩证法的世界观视域下，并借助经济学的分析方法，站在世界历史的高度上，运用大量的经济数据和材料，准确地阐释了资本主义经济政治的不平衡状态。这样的不平衡状态在国内展示为各个企业、各个托拉斯、各个工业部门之间的不平衡，在国际上则展示为帝国主义国家之间的瓜分不均造成的更大更多的不平衡。这是世界无产阶级和广大亚非拉民族取得民族革命胜利的前奏。就是说，世界历史的旧格局该打破了，打破旧格局的力量已经站在了世界历史舞台的最前沿。

2. 一国或数国首先取得胜利

列宁阐释了"帝国主义体系薄弱环节"的观点。所谓的"薄弱环节"，其实就是帝国主义统治体系和统治秩序中矛盾最集结的国家。这样的国家，国内的阶级矛盾和国际上的国家之间的矛盾达到最尖锐的状态。而且，帝国主义国家和它被压迫掠夺剥削的殖民地国家之间的民族矛盾达到最尖锐的状态。三个最尖锐的矛盾促生帝国主义统治链条中最薄弱的环节，这个环节就是无产阶级革命最容易突破的关节点。也就是说，资产阶级统治失败的节点就是无产阶级革命成功的历史节点。当然，列宁也准确地定位了这个"最薄弱的环节"。这个最薄弱的环节不是最发达的国家，因为发达国家不仅有成熟的工人阶级队伍、成熟的组织形式和革命力量，而且资产阶级的统治能力也是成熟的、强悍的，很不利于无产阶级革命打破这个统治链条。这个最薄弱的环节也不是非常落后的国家，因为太过落后的国家，资本主义发展不足，无产阶级还不能成熟到直接接受革命的程度，革命缺失最基本的条件和基础。这个最薄弱的环节，是资本主义有所发展但发展不足的国家，无产阶级基本成熟但不完全成熟。最主要一点，是在所有帝国主义国家中国内外矛盾最为集中、最为尖锐、最能达到崩溃边缘的国家。正是在这样的科学论释和演绎之下，列宁引领俄国的无产阶级发动开创性的革命行动，并获得历史性的成功。列宁也为此作出高度评价："这个伟大的日子离开我们愈远，俄国无产阶级革命的意义就愈发明显。"①

---

① 《列宁全集》第四十二卷，北京：人民出版社2017年版，第180页。

(四) 世界历史发展规律展示

列宁指出，无产阶级革命运动是普遍的，在一切发达国家都可以看到它的前导和影子。俄国无产阶级革命是人类社会生产力发展到一定的前提下展开的，是帝国主义时代的天然对立物。就是说，俄罗斯革命的特殊性又展示了社会主义革命发展的总路线。也可以这样说，俄国的无产阶级革命形式不同于西方发达国家，而且也不同于其他东方国家无产阶级革命道路和革命形式。也就是说，俄国的无产阶级革命在这场具备特殊因素的革命中，必将获得一些特殊性和创新性的内容，"产生某些局部的新东西。"① 列宁明确指出，落后国家的无产阶级革命运动不过是先进国家无产阶级革命运动的跟进过程，先进国家的无产阶级革命运动不过是落后国家无产阶级运动的预演而已。但因为二者不具备同一时空条件，就是具体的"历史条件、政治制度和工人运动的形式不同"，因此产生的革命运动的"同样趋势"也有"不同的表现"。②

1. 世界历史发展一般性规律论释

马克思主义历史理论是典型的决定论，世界历史也一样，不可能脱离其内在的规律而演绎出自己独自的运行过程。也就是说，世界历史的产生、运行、变化、发展是有规律的。就世界革命的策源地和爆发点而言，不是等待世界基本矛盾运行到不可包含容纳的程度，才可以创造出爆发革命的条件，而是在世界生产力和生产关系矛盾运动的引导下，在国际生产、国际分工、国际交往、国际联系的大视域下，落后的民族国家同样可以和发达国家产生广泛的竞争和争夺关系，由此引发出深彻而广泛的矛盾，使之成为落后国家和民族生发革命的原动力。也就是说，世界历史的总体进程中，矛盾是分化和转移的，资本主义在全世界范围内的剥夺不但启动了本国资产阶级和无产阶级的矛盾。而且，资产阶级的掠夺行动还激化了工业化国家和非工业化国家之间的矛盾。资产阶级的剥削和掠夺是全世界范围的，无产阶级的反抗和革命也是全世界范围的。这就使落后的民族国家往往成为国际国内矛盾的集结点，成为无产阶级革命的策源地。列宁指出，是帝国主义时代的特殊境遇，将俄国无产阶级推到了革命舞台的最前面。列宁在《论粮食税》一文中做出了极

---

① 《列宁全集》第四十三卷，北京：人民出版社2017年版，第374页。
② 《列宁全集》第十七卷，北京：人民出版社2017年版，第161页。

为恰当的借喻：世界历史在1918年之间出现了精彩的一幕，一个前所未有的"两半的社会主义"出现在世界历史的舞台，而且紧密关联，两个各自占半的社会主义酝酿依借的革命条件和基础是截然不同的。德国无产阶级革命占据的是"生产、社会经济条件"，而俄国无产阶级革命占据的是"政治条件"。① 但无论哪一种历史条件，无论哪一种模式的革命，都是世界历史运行规律普遍演绎的产物。

2. 俄国社会主义革命特殊形式

正如列宁所指出的"世界历史发展的一般规律"的基础之上，反而展示了在发展形势、发展顺序、发展模式上的个别性、特殊性和具体性。尤其需要指出的是，世界历史一般规律的运行和演绎"反而是以此为前提的"②。普列汉诺夫在其发表的《革命札记》一文中，明确指责列宁的论断是错误的。普列汉诺夫指出，俄国的无产阶级根本不具备推动社会主义革命的资质，列宁的《四月提纲》是一本关于俄国无产阶级革命荒唐言论的集合。列宁在《论我国革命》中回应道，普列汉诺夫没有吸纳唯物辩证法的精髓，没有用历史的普遍联系和运动发展的视野去看待俄国的无产阶级革命。所以根本看不到俄国无产阶级革命的特殊形式。就是不能把握俄国无产阶级革命具备的革命形式、革命顺序、革命道路、革命手段。也就是说，革命的条件和革命道路是依据革命的具体历史形势不断变化的。普列汉诺夫不能恰当地运用唯物辩证法，看不到社会历史进程的重要变化，怎么可能把握俄国无产阶级革命的具体形式、特殊的途径、具备的条件。如果说生产力的发展和进步也没有遵循固定的格式，那么俄国的无产阶级为什么不可以先进行自己的革命，然后再发展自己的生产力呢？即便所有的无产阶级革命需要相当的生产力发展水平，那么谁又能准确地标注出发展水平的界限呢？列宁掷地有声地回答道，即便是欧洲发达国家有足够的生产力水平推动无产阶级革命，但革命的基础和前提条件是不一样的，就是生产力的发展程度和水平的不一致性。而无产阶级组织成熟度的不一致性，决定无产阶级展开自己革命行动的不一致性，由此促发革命形势、革命手段和革命层次的不一致性。

---

① 《列宁全集》第四十一卷，北京：人民出版社2017年版，第200页。
② 《列宁全集》第四十三卷，北京：人民出版社2017年版，第374页。

二、世界历史逻辑进程

列宁世界历史视域的逻辑结构,是沿着马克思开拓创举的生产力逻辑,在承袭和改造黑格尔的理论逻辑之后,延伸到全球化发展逻辑。也就是说,从理论逻辑的起点来看,列宁的世界历史理论养分不可能割离黑格尔的世界历史理论。马克思主义是一种典型的生产力逻辑论说。列宁在世界历史的新的视域中延伸到全球化的逻辑阶段。列宁世界历史视域的价值意蕴,就是论释和把握全球化特质的思考维度。全球化给世界历史一个完整的时空方位和特质定位,世界历史让全球化获得一个全新的信息场,列宁在这样的大视域下,实现"两个时代"划分的重大理论突破。就是两种制度、两种政权、两种主义、两种意识形态并列共存,并展示"世界性交替"[①] 的历史时代,而世界历史理论的真正意义就在于为世界上所有的社会主义国家提供参与世界历史的理论指导。[②]

(一) 世界历史逻辑结构

列宁阐释和论证的世界历史理论有一个明显的理论延伸过程。列宁是在马克思恩格斯关于世界历史的一系列经典著作之上,完成了世界历史理论的基本构筑,阐释了自己在世界历史理论领域的基本思考。在研究《马克思和恩格斯通信集》时,列宁引证和总结了世界历史理论的基本特点,并对恩格斯的阐释予以高度评价。在理论获得时代性的"伟大"进程中,人类社会历史的进程是"二十年比一天长";就世界历史理论认识的高度而言,那是"一天等于二十年的时期"。[③] 更为深刻地来说,这是世界历史进程在革命与和平时期的不同表征。列宁阐释了世界历史视域的逻辑结构,就是列宁承袭改造了黑格尔的理论逻辑,继承了马克思开拓创举的生产力逻辑,最后延伸到列宁论演的全球化发展逻辑。

1. 承袭改造的黑格尔理论逻辑

在悉心研究黑格尔历史哲学的基础之上,列宁进一步完善和熟化了自己的世界历史理论。某种程度上讲,这个理论吸纳过程既完成对马克

[①] 《列宁全集》第三十六卷,北京:人民出版社 2017 年版,第 208 页。
[②] 赵家祥:《社会主义是世界历史性的事业》,载《哲学研究》,1998 年第 10 期,第 3—9 页。
[③] 《马克思恩格斯文集》第十卷,北京:人民出版社 2009 年版,第 203 页。

思世界历史理论的逻辑回溯，也完成对既有理论的继承和改造双重任务——对马克思世界历史理论的继承和对黑格尔世界历史理论的改造。在这里，我们可以明确地予以表述：列宁完成的不但是一座理论高峰的攀越，而且完成了一座新的理论高峰的竖立。在黑格尔那里，世界历史理论的存在意义是历史时代的根据。但在列宁进一步阐发之下，可以得出这样的结论：世界历史是整体性的存在，民族历史是它的"器官"。世界历史与民族历史对立统一的辩证关系，演绎着无产阶级革命的前途和命运。世界历史在唯物辩证法的原则中前行，唯物辩证法在世界历史中得到演证。帝国主义寻找到自己世界历史的存在，无产阶级革命延伸出自己世界历史的价值。资本主义社会开拓出世界历史的空间，社会主义革命赢得世界历史的时间。可以这样说，在马克思世界历史理论的奠基之下、黑格尔世界历史理论的促发之中、世界无产阶级革命实践的基础之上，列宁的世界历史理论获得自己的时代蕴涵，为世界历史的进步作出了伟大的理论论演，这是世界历史时代认识的新高度。这样的理论也是自由概念的发展，是阶级意志的进步，是必然性的过程，是世界地理的延伸，是世界存在的基本形式，是法国大革命演绎的结果。

2. 马克思创举的生产力逻辑

马克思认为，历史过程不能缺少世界各个民族的普遍性交往和深藏世界历史变革背后的资本动力，世界历史推进的根本动力在于资产阶级的全世界的侵略、扩张和剥夺，就是来自资本主义生产方式在全球范围内的发展。更为明确地说，生产力的逻辑背后是资本逻辑的作用，资本运动的基本矛盾。虽然，马克思的世界历史理论的学理根基来自黑格尔，但马克思明确的是，世界历史运行的动力绝不是黑格尔的绝对理念、世界精神和自我意识。马克思指出，在资本无限膨胀吞噬利润的内在冲动之下，资本主义生产方式开拓了一个将全世界联结为一体的新时代，这个时代就是世界历史的时代。这个时代，人类社会的进步发展比人类历史进步的总和还要多，这是一个科学、技术和人类文明共步的时代，但也创造了一个以资本为核心的不公平的世界。而这个不公平的状态也比人类社会历史的任何一个发展阶段更显著。这样的时代，地域性的个体正在转化为世界性的个体，个别性的个体正在转变为普遍性的个体，民族历史性的个人正在转变为"世界历史性个人"。在列宁所处的世界历史时代，帝国主义战争和无产阶级革命如火如荼，同时展现在世界舞台的中心，这也是资本主义文明和共产主义文明并举的时代。而推动这个时代最基本动力是生产力、是技术、是生产方式的变奏，这是马克思生产力逻辑背景下的世界历史理论，并在此基础上展开全球化时代的总体观照，这也是列宁世界历史理论的起点。

3. 列宁开拓的全球化发展逻辑

黑格尔在绝对精神的理论逻辑基础之上展开世界历史的认识，马克思在生产力逻辑的视域下阐释自己的世界历史认识，列宁在全球化发展逻辑的视域下展开自己的世界历史认识。因为马克思生活在自由竞争的资本主义阶段，他不可能具备全球化的视域，而只能是世界历史的视域，虽然我们不可能否认马克思那里有关于全球化问题的很多论释。列宁生活在全面垄断的资本主义发展阶段，使得他必然具备更为宽广、更为深纯的全球化视野来探讨世界历史。也就是说，马克思的世界历史视域在列宁那里获得全球化的视野。这不仅仅是时代的进步，更是一种视野的进步、阶级革命的进步。十月革命之前，列宁展开的世界历史理论主要阐释了帝国主义时代帝国主义的战争以及由此引发的无产阶级革命的问题，世界无产阶级革命和俄国无产阶级革命的内在促动和相互作用的问题，无产阶级革命和世界被压迫民族之间的相互支持和帮助的问题，世界无产阶级革命对世界历史的促动等，这些问题都是深具全球化视野的世界历史理论的延伸。列宁的世界历史理论深含着全球化的视野，而且将马克思的世界历史理论开拓到新阶段。列宁在撰写《卡尔·马克思》一文中阐释了世界历史理论蕴含的辩证法原理，最终展示了它全部的蕴涵和内质。

(二) 世界历史价值意蕴

在马克思看来，地域性社会主义国家的存在只能是一种狭隘性、保守性和封闭性的存在，在世界普遍联系和交往的时代，世界历史的过程就是消弭这种滞后性因素的过程。更简单地来说，世界历史的过程就是消灭地域性社会主义国家的过程、让全球化的共产主义走向全人类的过程。在列宁看来，资本主义开拓了世界历史，但世界历史不是简单的资本主义化，也不是纯粹的"西方化"或者是工业化，更不是民族特性消失的"一体化"。和马克思的世界历史理论相比较，列宁的世界历史理论既是继承的又是发展的，既一脉相承又相对独立，既有根源起点又有时代创新。总体而言，列宁的世界历史理论具有科学的理论价值，又有时代的指导价值；即便在全球化发展的今天，列宁的世界历史理论依然具有新时期的借鉴价值。世界历史是有其自身的运行规律的，并在各个国家、民族、阶级和群众力量的参与和促动下展示其发展趋势。

1."两个时代"划分重大意义

列宁指出，在阶级社会，阶级要素是核心要素，决定着时代发展的"内容""方向""背景"和"特点"等等。① 这其实是马克思主义的阶级理论在世界历史视域下的再认识。可以看出，列宁在这里找到了划分时代的最主要的依据——阶级的依据。列宁认为，十月革命是人类社会最具有划时代的要素，人类社会从俄国的十月革命开始，进入到一个全新的文明时期。在阶级这个政治要素的分割下，列宁进一步划分了十月革命以前的资本主义时代："崛起的时代""衰落的时代""动荡的时代"。② 这些时代的划分展示了列宁在世界历史视域下的新的思考。可以看出，列宁完全是在阶级要素的划分下得出的结论，最大限度地发挥了阶级要素在每个时代的决定性作用。但列宁在这里只关注了资产阶级的存在、资产阶级要素的作用。在第三个时代的划分上没有考虑到无产阶级出现在世界历史舞台的地位和作用。

十月革命以后，列宁在阶级中心要素的基础上又提出了"两个时代"的划分。列宁指出，十月革命后出现了两个时代并举的事实——"资产阶级时代和社会主义时代"。列宁进一步细化了分划时代的要素，将先前的阶级要素转为国家制度的要素，而且突出了两种国家制度的历史地位、历史关系和历史命运。从历史结果的视角来看，"两个时代"是"交替的"；从历史事实的视角来看，"两个时代"是"并举的"；从历史命运的视角来看，"两个时代"必将是"替代的"。从理论视角来看，"两个时代"的划分意义就在于提出一种合理的思维原则，而这个思维原则不仅仅是经济的要素更是政治的要素，不仅仅是阶级的基点更是制度的基点，不仅仅是粗化的模式更是细化的模式，不仅仅是现实的格式更是未来的格式，不仅仅是理论的动点更是实践的动点；从实践的视角来看，"两个时代"的划分意义就在于标注出社会主义革命的新时代，突出和强化了无产阶级历史主人翁的角色和地位，展示了人类文明

---

① 《列宁全集》第二十六卷，北京：人民出版社2017年版，第143页。
② 《列宁全集》第二十六卷，北京：人民出版社2017年版，第144页。

的新进程。

2. 世界历史发展态势全域思考

世界历史的发展趋势就是所有系统性因素共同作用的结果。但不能否认的一点就是，世界历史进程的主导性因素依然是资本主义生产文明的开拓和延伸。正如列宁所指出的，"国际化"成为人类社会发展的大趋势。也就是说，在世界历史的舞台中心，发挥主导性影响的主体依然是资本主义国家和国际垄断联盟。但资本主义开辟的世界历史，其最大的变量就是无产阶级走上了世界历史的舞台，共产主义革命的出场成为世界历史的最大亮点。这一不可抗拒的事实、不可抗拒的力量必将引领不可抗拒的历史潮流。当然，列宁也明确指出，这个整体性的全球化过程不是对民族特性及民族形式的直接抹杀，而是各个民族因素的再造和再整合。更为抽象地来说，就是世界历史发展进程的一般规律从来不抵触和消弭民族特性的元素。资本主义的全球化正如帝国主义的托拉斯化是不可避免的一样。但需要明确的是：这样的世界历史进程和趋势不是一个模式、一种道路、一个方向，而是展示出最普遍的民族多样性存在。

在马克思看来，处在地域性地位、地域性影响力和地域性发展阶段的社会主义国家，绝不能自绝前路地阻断与周围世界的普遍联系和交往。就是说，地域性社会主义国家只有积极主动地参与和推动这个历史进程，看清历史的大趋势才能做出历史的大选择。列宁科学地阐释了世界历史大视域下社会主义的世界化发展问题。具体来说，全球社会主义事业必然是地域性社会主义国家的结果和选择。也正因为此，深具世界历史大视野的列宁让走上社会主义道路的苏维埃国家，积极融入世界市场，大力推动苏维埃俄国和外部世界的普遍联系，借助资本主义民族国家的人、财、物，全面推动俄国苏维埃的建设事业。所以，"社会主义共和国"必须和自己所面对的世界发生普遍的联系才能真正地"生存下去"。① 就苏维埃俄国所面临的艰难困境和极为落后的条件而言，布尔什维克党要做的最关键的一件事就是"把自己的生存同资本主义的关系联系起来"。②

---

① 《列宁全集》第四十一卷，北京：人民出版社2017年版，第167页。
② 《列宁全集》第四十一卷，北京：人民出版社2017年版，第167页。

3. 社会主义国家全球化进程

列宁的世界历史理论给予全世界无产阶级以最广博的历史视野和历史胸怀，就是在普遍联系的世界和普遍交往的时空中完成社会主义政权的建设，然后才能走上共产主义社会的光明大道。可以看出，从新经济政策到苏维埃政权的建设再到全世界被压迫民族解放运动的支持，无一不体现了列宁深远的世界历史视野和广阔的世界历史胸怀。列宁还进一步阐明了社会主义国家参与世界历史进程必须坚持的原则：共产主义的方向是不容怀疑的，马克思主义的旗帜是不容倒置的，社会主义道路是不可诋毁的，无产阶级革命的政权是不容颠覆的，这是宏观性的原则；就具体的原则而言，参与世界历史进程的国家应该保持自己的民族特性，坚持自己的发展道路，开拓自己的发展模式，这恰恰是构成世界历史的必要条件而不是对民族特性、国别形式和区域模式的覆灭。对社会主义革命事业来说，没有世界历史就没有民族历史的未来，但没有民族历史就没有世界历史的前途。在融入世界历史的过程中，列宁从来都是主动性规划，积极性参与，开放性容纳。因为列宁准确地把握了这一点：如果说世界历史的普遍性需要民族的独立性，世界性的历史进程不需要牺牲民族性的存在，而是需要它的再生化存在。

全社会的所有民族都最终"走向社会主义"，这是人类社会共同的命运，这也是列宁阐释的关于世界历史发展进程的普遍性和特殊性关系原理。① 对此，邓小平也准确地把握了我国所处的经济文化背景、社会历史环境、生产力发展条件、市场机制运行的状态等中国国情，在坚持社会主义基本原则的前提下，拓展出中华民族缔造社会主义的新模式、新方向和新道路。就是缔造出具有中国特色的社会主义发展模式，这也是列宁世界历史的普遍性和特殊性关系原理在中国的具体化运用。邓小平坚信，结合历史情势对马克思列宁主义的时代发展，包括对它的超越，"社会主义是必由之路"，② 是人类社会前进的方向，是人类文明的共同选择。可以看出，黑格尔最初构想的、马克思科学论证的、列宁亲身践行的世界历史进程和中国特色社会主义道路完整地结合起来。

---

① 《列宁全集》第五十九卷，北京：人民出版社 2017 年版，第 48 页。
② 《邓小平文选》第三卷，北京：人民出版社 1993 年版，第 225 页。

三、世界历史双重范式

列宁世界历史视域的经济与政治双重维度，包括马克思创设的世界历史划分的经济维度和列宁开拓的世界历史划分的政治维度。列宁论释的世界历史视域的民族与国际双重视野，既包括民族历史视野的狭隘性和批驳，也包括世界历史视野的开放性和肯定。列宁展开的世界历史视域的"民粹"与科学双向革命，就是展开对村社社会主义革命的深刻批判、反思，推动科学社会主义革命的历史进程、历史道路和历史选择。马克思的世界历史理论是典型的经济学划分标准，而列宁划分的标准则是政治学原则。某种程度上是因为马克思和列宁所处的时代迥然不同。马克思要为自己的理论体系寻找到科学系统的论证，对处在资本主义上升阶段的时代来说，经济学无疑是最好的研究视域。但对处在资本主义衰落阶段的列宁来说，战争与革命是时代的主题，只有直截了当的政治思维才能思考明白无误的政治问题，这是列宁展开世界历史理论分析的思维依据。

（一）世界经济与世界政治双重维度

马克思创设世界历史划分的经济维度，而列宁则论证了世界历史时代的政治维度。列宁指出，俄国布尔什维克政权建立在"两个具有世界历史意义的时代"：就是世界无产阶级革命的时代和资本主义与社会主义"世界性交替"① 的时代。世界历史的最终实践进程证明：列宁在随后的认识中放大和扩张了这种政治维度，过于乐观地估计了帝国主义战争和无产阶级革命时代的后果。列宁指出，帝国主义发动战争的最终后果就是无产阶级的革命选择，"没有别的出路"。② 这是列宁对无产阶级革命必然性的科学判断。列宁在《论我国革命》中，从理论的高度上总结了"两个时代"③ 俄国无产阶级革命的历史进程。而且俄国人民最需要做的就是"在工农政权和苏维埃制度的基础上赶上别国人民"。④ 这是列宁晚年时期世界历史政治划分标准和经济划分标准思想的融合。

---

① 《列宁全集》第三十六卷，北京：人民出版社2017年版，第208页。
② 《列宁全集》第二十九卷，北京：人民出版社2017年版，第181页。
③ 《列宁全集》第二十六卷，北京：人民出版社2017年版，第134页。
④ 《列宁全集》第四十三卷，北京：人民出版社2017年版，第372页。

1. 马克思世界历史经济维度

马克思借助了黑格尔世界历史的理论成果，但马克思依借的是生产力到生产方式的经济学标准来划分的，而在黑格尔那里则是自由概念和理性精神的分析。马克思依借生产力和生产关系的基本矛盾来阐释世界历史的根本动力，并以此作为区划世界历史时代的标准。马克思世界历史理论的起点是生产方式的核心基础，在此基础之上的阶级和阶级斗争成为世界历史进程的动力。生产方式和阶级斗争成为敲开世界历史大门的理论之砖。马克思借助社会主义生产方式来论证人类未来世界历史的基本形式，但马克思也一直停留在经济学的思维中看待世界历史的发展进程。马克思的思维是单线论、是经济学的世界历史视域。晚年的马克思也得出结论：社会历史发展的道路和模式不是唯一的。但马克思并没有确定这样的道路，也没有确定这样的认识：无论是俄国还是印度和中国，经济文化的严重滞后成为东方国家走上社会主义革命道路的严重阻碍。马克思晚年的《资本论》中关于西欧历史发展道路认识的澄清、对伊·查苏利奇的复信、关于资本主义卡夫丁峡谷跨越的条件，都能说明问题。恩格斯也持有这样的观点："较低的经济发展阶段解决只有高得多的发展阶段才产生了的和才能产生的问题和冲突，这在历史上是不可能的。"① 经济因素和经济标准成为马克思恩格斯阐释世界历史理论的基本标准，而且没有实质性的改变。

2. 列宁世界历史政治维度

世界历史有它独特的维度划分。可以说，在马克思那里的经济标准在列宁那里延伸为政治标准。列宁指出，阶级和阶级斗争决定着整个阶级社会的核心和内容，也决定着整个社会的趋势和特质。列宁还进一步阐释了以生产方式为核心分划的资本主义和社会主义时代内容，而资本主义社会本身也存在上升的时代、衰弱的时代、动荡的时代分划。② 列宁关于资本主义社会时代分划思想的政治标准在《帝国主义是资本主义的最高阶段》一书中得到系统的深化，马克思的经济维度在列宁这里已经完全升华为政治维度的逻辑图式。列宁指出，世界历史视域下的社会主义革命时代，各国的无产阶级革命是关联的、相互间必须能实现足够

---

① 《马克思恩格斯文集》第四卷，北京：人民出版社2009年版，第458页。
② 《列宁全集》第二十六卷，北京：人民出版社2017年版，第144页。

的阶级支持。俄国无产阶级单独进行自己的革命，最终"必然要遭到失败"。① 无产阶级革命是不合适在每一个国家发动的，因为每一个国家都不可能成熟到发动革命的程度。而是少数发达国家的无产阶级革命带动全世界无产阶级的革命，② 列宁借助政治维度的理论视角阐释了它对世界历史划分的认识。列宁认为，俄国的革命就是在"欧洲最落后的国家"诞生世界上第一个社会主义国家，那"正是俄国的落后和它向最高形式的民主制的'飞跃'（即越过资产阶级民主而达到苏维埃民主即无产阶级民主）之间的矛盾"促动的。③ 这里以经济水平相对滞后和政治革命基础强大的不平衡性，既能阐释法国和英国资产阶级革命的不平衡性，也能说明俄国无产阶级革命的不平衡性。俄国无产阶级成熟的程度是俄国无产阶级革命最基本的要素。列宁关于世界历史时代的政治维度思考已经完全成熟。

（二）民族历史与世界历史双重视域

列宁指出，考察世界历史需要具备民族与国际双重视野。就国内的革命斗争而言，列宁领导的俄国无产阶级革命面临的最多挑战来自"民粹主义"。在19世纪末20世纪初的俄国，民粹主义泛滥成灾，严重地影响了马克思主义的传播，极大地滞涩了俄国无产阶级的社会主义革命运动。就世界历史进程、世界历史潮流、世界历史发展的趋势来看，俄国的民粹主义分子完全陷入民族主义的狭隘领地。列宁指出，俄国民粹主义分子就是一帮不食人间烟火的知识分子群，躲在远离人民群众的书斋里阐释出一大堆毫无用处的理论，试图一叶障目。所以，列宁既要批驳民粹主义分子在民族历史视野上的狭隘性，同时要拓展自己世界历史视野的开放性。

1. 民族历史视域狭隘性

列宁指出，俄国的民粹主义分子着迷于主观经济学，用一种失败的、缺少科学基础的理论和方法来考察俄国革命，过度强调俄国农村公社的历史地位和作用。列宁在考察欧洲的资本主义发展态势以及俄国的资本主义发展状况之后得出结论：世界范围内的资本主义已经开始衰落，走

---

① 《列宁全集》第十二卷，北京：人民出版社2017年版，第142页。
② 《列宁全集》第二十八卷，北京：人民出版社1990年版，第151页。
③ 《列宁全集》第三十六卷，北京：人民出版社2017年版，第291页。

上了自己的穷途末路；而对俄国而言，无论是在城市还是在农村，俄国民粹主义分子的错误结论就在于既没有看清楚世界历史进程中资本主义的发展状态及前途命运，也没有看清楚俄国村社面临的崩溃和没落状态，而是得出一种过时、落伍、反动、继续走资本主义革命道路的结论。资本主义在俄国的地位、前途、命运以及对待它的态度，是列宁和民粹主义分子的根本分歧。列宁指出，俄国的民粹主义分子缺少世界历史的基本视野，让自己沉湎在俄国的"民粹"状态中不愿苏醒。这种顽固落后的民族主义情绪使得他们过度美化沙皇俄国时期的村社制度，试图在最陈旧的社会经济形态基础上构建社会主义革命的大厦，这是抵制和否认世界历史潮流的愚蠢行径。

2. 世界历史视域开放性

列宁指出，要在世界历史发展的大潮流、大环境、大背景、大趋势的维度上，认识和思考世界社会主义革命的趋势、方向和可能性。正是在历史唯物主义基本原理的阐释、论证和支撑之下，列宁科学、辩证地论证了俄国无产阶级革命的背景、条件、特点及存在的优势和劣势，同时也阐释了世界社会主义革命的诸多课题。列宁指出，俄国的无产阶级革命只有在世界历史广博延展的视野下，才能科学地阐释其在世界无产阶级革命进程中的地位、作用和意义；才能阐释世界无产阶级革命对俄国无产阶级革命的促动、影响和启动效应。唯有如此，才能科学地阐释世界历史和无产阶级革命以及广大亚非拉民族解放运动的关系。列宁指出，要实现俄国的无产阶级革命，就必须融入世界历史进程。俄国民粹主义狭隘的民族视野只能葬送俄国革命的大好前程。

（三）民粹与科学社会主义双向革命

对俄国来说，是走民粹主义的"农民社会主义革命"还是走马克思主义的"科学社会主义革命"，这是摆在俄国人民面前两条不同的革命道路。对俄国的民粹主义来说，坚持以俄国传统的农村公社为基点，并对之进行合理化的改造以后，就可以成为新时代社会主义革命的基础，革命的主体无疑是广大的农民。在革命的手段上，民粹主义完全放弃了科学社会主义所指引的暴力革命和阶级斗争，而是自然而然地选择改良道路。在民粹派的思想家们看来，完成俄国的农村公社的现代改造，就是完成了俄国的社会主义革命。列宁系统、科学地批判了俄国民粹主义关于俄国村社社会主义革命的道路、方式、手段及革命基础，并系统地阐释了俄国走科学社会主义革命之路的科学性、现实性和必然性。

1. 农民社会主义革命批判

列宁站在世界历史的高度，在世界历史视域下既阐明了俄国农村公社的落后性，也明确地指出了世界范围内资本主义生产方式的落后性、腐朽性。而俄国的民粹主义分子看不到世界历史的发展潮流，试图在落后的资产阶级社会经济关系和野蛮的"农奴制的社会经济关系"基础上构筑社会主义大厦，① 这不仅仅是空想的而且是反动的。但列宁也很合理地分析了民粹主义坚持农民革命道路的依据。列宁指出，俄国是一个传统的农业国家，有着深厚的农业基础、传统、文化和文明，农民社会主义革命的选择，来自对俄国传统经济社会深厚的情感所致。为此，俄国的民粹主义非常关切农民的生存状况，极为同情俄国农民的生存苦难，倡导和宣传"到民间去"的服务意识，这是很容易让人感动的言论和行径。问题在于民粹派没有看清楚世界历史的进步，而让自己的革命选择停留在历史的情绪中不愿向前迈进一步。"在研究社会经济过程时，民粹派通常作这种或那种道德上的结论"。而且这种道德结论明显是非科学的情感选择。② 由此，农民社会主义革命道路的选择，很大程度上是一种价值判断而不是一种政治选择，他们倡导和推动的农民社会主义革命最终只能被滚滚的历史潮流淹没。

2. 科学社会主义革命选择

列宁指出，站在世界历史潮流的大背景下，俄国的无产阶级只有一种选择，那就是科学社会主义革命道路的选择。俄国的无产阶级和沉湎在"对资本主义的感伤主义的批评"③ 情调的民粹派不同，面对艰难的生存境遇和被压迫的地位，俄国的无产阶级只能选择更为激进、更为彻底、更为坚决的革命道路和方式。列宁在对俄国的资本主义社会做出"科学辩证的批评"④ 之后，认识到俄国人民必须选择社会主义革命道路的必要性和重要性。列宁指出，在落后、野蛮、专制的沙皇俄国，延续着没有充分发展却已开始腐朽没落的资本主义生产方式，又面对着走入

---

① 《列宁全集》第十九卷，北京：人民出版社2017年版，第326页。
② 《列宁全集》第三卷，北京：人民出版社2013年版，第552页。
③ 《列宁全集》第二卷，北京：人民出版社2013年版，第168页。
④ 《列宁全集》第二卷，北京：人民出版社2013年版，第218页。

自己崩溃衰落历史周期的国际资本主义世界，这样的客观现实怎么能把资本主义当作自己最高或最后的社会形态呢？尤其是资本主义生产方式存在的不可调和的内在矛盾，必然将自身引向灭亡崩溃的结局，俄国人民需要这样的文明洗礼吗？列宁指出，俄国人民要摆脱目前的困境，就必须大胆、积极、勇敢地融入世界历史进程，坚定地走社会主义革命道路，才不会重蹈资本主义世界的覆辙。这样，俄国人民选择的社会主义革命道路不单单是参与到世界历史的进程，最主要的是创造了这一历史进程，坚定地走社会主义革命道路，俄国人民将进入新的世界历史文明的周期。

第八章　列宁现代化理论探究

现代化是指没有经历过西方工业化的国家借助先进的技术和设备实现国民生产和国民经济快速发展的世界进程和潮流。从生产技术视角上来看，有蒸汽化、电气化和核能化的现代化划分。马克思恩格斯时代的现代化更多指的是"蒸汽时代"① 的现代化。其实就是建设"新的工业"的现代化。19世纪80年代电力的广泛使用引起第二次工业革命、第二次现代化。马克思和恩格斯得出结论：社会主义革命只有在先进的生产力条件下才能取得胜利。十月革命之后，列宁领导的苏维埃政权面临的重大问题就是在俄国推动社会主义现代化，这是苏维埃政权最需要解决的时代课题。列宁指出，社会主义现代化就是无产阶级在夺取国家政权以后，借助国家权力的强有力保障，用最先进的科学技术和设备促进国民经济的发展，要在经济实力、科学技术、武装力量、生活水平等方面全面赶超资本主义国家，彻底改变落后的面貌，实现从经济到政治、从农业到工业、从文化到制度再到人的现代化的赶超。列宁关于俄国现代化的蓝图展示了俄国人民走向新的文明时期的雄心和决心。

一、农业现代化理论

重视农业生产是推动农业现代化的关键步骤，具体举措就是高度重视农业生产，提高农业劳动产出，推动先进农业科技设备的使用。在生产方式上，农业合作道路成为俄国农业现代化最主要的生产关系组合方式。列宁指出，市场经济是实现农业现代化的客观要素，推行粮食税为农业现代化奠定基础，要利用市场交换和商品流通促进农业现代化。为了进一步推动俄国的农业现代化建设，列宁明确指出，推动国家农业资

---

① 《列宁全集》第三十八卷，北京：人民出版社2017年版，第124页。

本主义，培植租让制使之成为农业现代化的主要形式，采取代购代销制使之成为农业现代化的基本形式，建立租借制使之成为农业现代化的重要形式。

（一）农业现代化关键步骤

农业生产是社会主义建设的基础问题、核心问题和关键问题。农业问题、农业生产问题不但关系着工业化的问题、电气化的问题，更关系着俄国社会主义的前途和命运问题。列宁认为，农业现代化是小农经济向现代经济过渡的主要路径。列宁明确指出，俄国经济文化非常落后，村社经济占据主导地位，俄国农业现代化发展之路的重要因素就是解决好几个关系：工业和农业的关系、农民和工人的关系、农村和城市的关系、大工业和农业经济体系之间的关系问题。

1. 重视农业劳动产出率

十月革命以后，苏维埃政府最重要的一项任务就是提高农业劳动生产率，增加农产品产出数量，全力提高社会生产力。而农业生产关键是粮食生产、粮食储备的问题，农业生产的"真正基础是粮食"储备。① 没有充足的粮食生产和储备，就不可能赢得农民对苏维埃政权的支持，城市和农村之间的联系就可能被割断，就会对苏维埃的政权带来巨大的危险，这是苏维埃政权要解决的核心任务之一。而且，对刚刚掌握国家政权的布尔什维克党来说，所有的"政治问题"都集中为一个问题，那就是"无论如何都要提高农业劳动生产率"，增加产出，增加农产品的供应数量和质量。② 或者说，新经济政策的核心要务、第一要务就是提高农业劳动生产率。为了促进俄国的农业生产，"新经济政策"实行的全部政策和举措，都是为了提高农民的生产积极性。"新经济政策"的实施可以最大限度地提高粮食生产，恢复和扩大工业生产，为俄国的工业化提供充足的工业原料，再通过市场的商品交换，实现农产品和工业品互动消费，带动广大农民最终走向农业合作化的道路。为此，列宁还提出了气势宏大的"全俄电气化计划"。这个计划当然也是全俄农业领域的现代化计划。

---

① 《列宁全集》第四十卷，北京：人民出版社 2017 年版，第 151 页。
② 《列宁全集》第四十二卷，北京：人民出版社 2017 年版，第 295 页。

2. 农业科学技术普及应用

列宁在很多文章及报告中明确指出，俄国的现代化只有建立在"现代大生产的技术基础"之上，才能真正实现。① 这是列宁多次论及的俄国共产主义社会的建设标准。某种程度上讲，为了实现苏维埃俄国的现代化，在推动农业科学技术的普及及普遍运用上，列宁几乎做到了极致的程度。更为明确地来说，无论是电气化、工业化还是农业化，都是科学技术化。没有科学技术的普及及普遍运用，俄国的现代化就是一句空话。为了实现现代化的目标，苏维埃政府应该做的、必须做的就是生产出较多的农业机械设备、电力设备和辅助设备，然后在全国范围内尽可能地采用最新的农业机器、技术、设备，推进农业生产，促动农业现代化、工业现代化和动力电气化的同步发展，将整个国民经济体系连成一片，筑造成一个整体，使得农民、工人、科技劳动者成为社会主义国家建设的主力军。而且，一体发展还可以实现农业和工业在国民经济体系中的协调发展。列宁在其最后一篇论文《宁肯少些，但要好些》中指出：苏维埃要巩固自己的政权，保持工人阶级对农民在国家建设中的领导权，就必须在科学技术的带动下，"发展我们的大机器工业，发展电气化"，② 俄国现代化的"希望就在这里，而且仅仅在这里"，③ 这就是俄国农业现代化的必由之路。

（二）农业现代化必然选择

农业合作化就是农业现代化发展的组织形式。从合作化到合作社的道路，是俄国农业现代化面临的重大时代课题。农业合作化是实现农业现代化的重要目标，合作化就是将全国的农民组织起来，将全俄国的小农经济改造成集体经济和合作化经济，使俄国人民走上全民所有制和集体所有制的道路。合作社是对合作化制度的归结，是对合作化成果的组织保留，也是对合作化的系统提升，是俄国农业现代化的根本道路。

1. 农业合作化现代化目标

列宁指出，如何把分散的劳动力和劳动形式组合起来，形成强有力的合作模式。就是分散的农民必须在组织化的引领下走向农业现代化。

---

① 《列宁选集》第四卷，北京：人民出版社2012年版，第364页。
② 《列宁全集》第四十三卷，北京：人民出版社2017年版，第395页。
③ 《列宁全集》第四十三卷，北京：人民出版社2017年版，第396页。

合作化就是把农民组织起来,将遍布全国的小农经济改造成集体经济和合作化经济,实现旧式农民的彻底改造,这也是俄国农业社会主义改造的必然之路。合作化道路既能实现劳动形式的实质性转变,还能实现农民阶级身份的革命性转变,既能保证农民的利益又能保证国家的利益,既能保证农业发展的需要又能保证国民经济体系的良好运行。列宁在过世之前,对合作化的改造和道路予以高度评价:"合作社在我国具有非常重要的意义",非常符合"我们国家制度的特点",就我国现有的条件下,"合作社""同社会主义完全一致"。① 就是要完全实现合作化,这是俄国实现社会主义现代化的根本道路。②

2. 合作社制度现代化道路

合作化是组织、是形式、是社会关系的组合,某种程度上也是手段、方式和中介,而合作社则是道路、是方向、是目标。合作社是对合作化的制度归结和保留,也是它的提升。列宁指出,只有合作化的运动转到合作社制度的建设,让全体俄国农民参与到合作社的组织体系中,俄国的农民才能成为社会主义社会的新公民。合作社是俄国村社经济转向社会主义农村经济的根本道路。列宁指出,合作社是把俄国的旧式农民改造成社会主义社会新公民的制度形式,这也是俄国农民走上社会主义道路的主要方式。俄国的合作社就是对深受剥削、压迫的农民,深受愚昧、落后文化影响的农村,深受专制、野蛮生产方式控制的农业,实现社会主义制度和原则的根本改造。具体的举措就是要利用好市场和商品关系、走迂回渐进的路线、坚持过渡性计划、建设多层次的经济结构与之相适应等等。实践最终证明,俄国合作化和合作社制度改造非常成功,为俄国的社会主义现代化奠基了深厚的物质基础。

(三) 农业现代化客观要素

推行粮食税政策对苏维埃俄国来说是及时的,也是正确的。既得到了俄国农民的大力拥护和支持,也大幅度地恢复和支持了国民生产,巩固了工农联盟关系,为俄国的农业现代化奠定了发展动力和民众关系的双重基础。在社会主义改造的过程中、在资本主义向社会主义过渡期间,是否保留市场、是否容许商品生产和商品交换,也是苏维埃俄国面临的

---

① 《列宁全集》第四十三卷,北京:人民出版社2017年版,第370页。
② 《列宁全集》第四十三卷,北京:人民出版社2017年版,第41—42页。

一个重大的理论与实践问题。列宁在考察俄国的经济社会发展水平及状况后得出结论：苏维埃俄国必须保留商品生产、商品交换，保留市场和货币的存在。这也是推行新经济政策的关键举措之一。

1. 推行粮食税奠基农业现代化

列宁在苏维埃俄国推行的新经济政策中，一项最重要的举措就是用粮食税代替余粮收集制，这是满足俄国农民合理要求、改善俄国农民生存状况、调整城乡关系、缓解工农矛盾的核心政策。粮食税的重要举措就是在全国范围内，"按照社会主义方式"，① 用商品交换的方式、购买的方式、"工业品换取农产品"的方式，恢复和促动农村经济的发展，并以此"作为社会主义"结构，建立"唯一现实基础的大工业"，② 也是俄国苏维埃的大工业。列宁指出，推行粮食税，就是在现有的生产力和生产关系的基础上，认可俄国农民小生产者的独立性和合理性，许可小私有经济的存在，并保护他们必要的利益。苏维埃要改变无偿调拨农产品的做法，在平等的市场交换的基础上尽快改善工农之间的紧张关系。列宁指出，布尔什维克只要深入研究一下，就能准确地知道俄国工农关系的状态，而且只要把握好两个最基本的原则就能推行好粮食税这一基本政策。其一就是要给俄国的农民以充足的空间和自由，就是给予一定自主经营的自由、"周转的自由"；其二就是"供应商品和产品"，③ 推行商品供应和生产。

2. 借助市场促进农业现代化

在社会主义建设的进程中，列宁意识到，只有保持市场和市场交换，才能真正促动俄国的农业现代化。做出这样的保留举措就是要在落后的生产力和生产关系的状态下，维护广大公民的利益，促进商品生产和商品交换，就是要在市场和货币流通的推动下实现俄国农业的现代化。列宁指出，这样的举措其实是由俄国落后的经济和社会发展状况决定的。这就要求苏维埃要学会借助资本主义的经济元素推动社会主义的经济建设。列宁明确指出，社会主义的经济建设就是要明确地"利用资本主义"，借助资本的刺激和促动俄国的国内市场，把资本主义经济要素全部

---

① 《列宁全集》第四十二卷，北京：人民出版社2017年版，第239页。
② 《列宁全集》第四十一卷，北京：人民出版社2017年版，第353页。
③ 《列宁全集》第四十一卷，北京：人民出版社2017年版，第54页。

容纳进"国家资本主义的轨道"。但国家必须掌控资本主义存在的要素以及发挥作用的方式、范围及影响。利用资本主义，就是要让其成为"小生产和社会主义之间的中间环节"，成为"提高生产力的手段、途径、方法和方式"①。在国家政权的掌控下、在国家资本主义形式的运作下，借助和利用商品货币的资本主义生产要素，是促进俄国农业现代化的必要举措。

（四）农业现代化基本形式

如何看待和利用资本主义的经营方式，利用国家资本主义促进农业现代化，是列宁对俄国现代化的重要突破。列宁突破了马克思主义者先前对资本主义经营元素普遍的抵触和对立理念，从俄国具体的经济和发展状况出发，大胆地借助进而利用资本主义的合理因素，以促进社会主义经济建设的发展，尤其是促进农业现代化的发展。更为明确地来说，就是把先前的生产力要素提升到利用资本主义生产关系的要素，将社会主义农业现代化建设理论和实践拓展到新的领域，为新经济政策的推行奠定理论基础。在详尽考察俄国经济社会发展的基础上，尤其是在俄国经济、文化、科技、教育都极端落后的前提下，列宁得出结论：苏维埃俄国不推行和展开与资本主义世界的交往联系，就不可能实现自己的农业现代化发展，也就不可能维持自己的生存。

1. 租让制是农业现代化主要形式

列宁指出，租让制就是俄国苏维埃政府发展经济、实现现代化的重要手段、方式和途径，本质上就是国家资本主义的重要形式。就是苏维埃俄国吸引和接纳国内外的资本家掌控和支配苏维埃一定数量的国家农业资源和农业财产，然后把这些农业财产和农业资源交给资本家，利用资本家具有的资金、技术、管理经验、市场运作、国际交换等优势，参与社会主义国家的农业现代化建设。具体的操作模式就是苏维埃国家和资本家签订合同，确定好双方的农业责任权利和义务，促成资本主义物质要素的交流流通，利用社会主义的农业资源财产，实现农产品和农业设备生产和交流，为俄国的农业现代化奠定深厚的基础。就是利用社会主义农业生产资料从事农业生产，"以其资本赚取利润"，并把一部分农

---

① 《列宁全集》第四十一卷，北京：人民出版社2017年版，第217页。

产品交给苏维埃政府。① 当然，苏维埃政府要出让一部分利益和利润，双方各取所需，实现二者的互惠互利发展。在列宁看来，租让制就是借助资本主义社会的农产品、农业技术、农业成果、农业设备，是国家资本主义的基本形式，是新生的苏维埃政府为了巩固国家政权必须和资本主义展开经济交往和活动的方式，是苏维埃俄国走向农业现代化的主要形式。

2. 代购代销制是农业现代化基本形式

农业代购代销制度就是让商人和资本家代替国家进行农业代购代销，建立更为良好通畅的购销渠道，促进苏维埃社会主义国民经济体系的良性运作。具体而言，农业代购代销就是把商人资本家吸收到农业现代化建设的体系中，由这些商人资本家代替国家进行一定的农业代购代销活动，国家指定、指派和委派国内外商家公司担负农产品的推销和代销，并给付相当的佣金，发挥他们在市场运作及市场活动的灵活性和优势，为农业现代化的发展做出贡献。列宁指出，不能搞自由贸易，这意味着俄国的灭亡。② 推动对外贸易垄断制，是列宁为了融合到世界的经济全球化体系中，避免脆弱的苏维埃农业经济体系遭受灭顶之灾，是促进苏维埃俄国农业现代化建设的重要应对之策。这是苏维埃政府在流通领域采取的国家资本主义形式。代购代销制度对流动农产品、活跃农村市场、推动城乡交流、提升农民生产和交换的积极性具有极为重要的作用。尤为重要的是，农业代购代销的国家资本主义对俄国的农业现代化具有巨大的推动作用。

3. 租借租让制是农业现代化重要形式

租借制就是将国家农业资源和农业资产租借给国内外资本家进行农业生产经营活动，苏维埃政府收取租金，经营的农业资本家获得利润，互惠互利，按期收回。租让制成为俄国农业现代化的重要形式之一，它不仅仅能促进国民经济尽快恢复，而且成为全世界经济体系都接纳的"生产力的方式"，租让制的存在意义巨大，这是列宁领导的苏维埃政府

---

① 《列宁全集》第四十一卷，北京：人民出版社2017年版，第150页。
② 《列宁全集》第三十五卷，北京：人民出版社2017年版，第408页。

从世界经济运行的普遍规律中推演作出的决策。① 列宁对资本家说："我们向你们提出一个世界性的纲领时是从世界国民经济的观点来考察租让问题的"，对于努力恢复国民经济、推动农业现代化的苏维埃来说，具有极为重要的现实意义。② 尤其让"俄国现在出现在全世界的面前"，具有极为重大的战略意义。它的推行和实施，对苏维埃的社会主义经济建设产生重大影响。③ 农业租借租让制对于缓解工农矛盾、推动城乡关系、很好地利用国家农业资源和农业资产、刺激农业生产经营、活跃农业市场经济、丰富国民经济生活、推动国民经济的良好运行具有极为重要的意义。农业租借租让制是推行国家资本主义的重要形式，是俄国农业现代化建设的主要组成部分。

4. 贸易垄断制是农业现代化关键形式

列宁指出，苏维埃俄国必须实行对外贸易垄断制，这是对新生的、极其脆弱的苏维埃经济体系采取的严密保护举措。因为在帝国主义时代，经济全球化形成了帝国主义国家之间和落后国家之间巨大的、惊人的"贫富悬殊"状态，而在这样的贸易体系和交易规则下，"在帝国主义时代，除了对外贸易垄断制以外，任何切实有效的关税政策都谈不上"，这是一个非常现实的问题。只有强有力的国家政权才可以使得新生的国民经济体系维持运转和生存。④ 因为这个经济体系脆弱到几乎"任何一个富有的工业国都能够把这种关税保护完全摧毁"。这是一个不可接受的现实，所以，贸易垄断制的保护是必要的而且是必需的。⑤ 针对党内存在的一些放弃关税保护的言论，列宁指出，如果苏维埃政府推行布哈林的贸易政策，那几乎意味着"俄国工业完全失去保护"，让自己脆弱的经济体系暴露在资本家残酷无情的贪婪和围攻之下。⑥ 就俄国目前的生存状况和面对的恶劣环境，我们不需要任何"完全虚假的、纸上空谈的贸易保护主义"。明确的、专断的、决绝的贸易垄断制就是我们现在需要的

---

① 邢广程：《苏联高层决策70年——从列宁到戈尔巴乔夫》第一分册，北京：中国社会科学出版社2007年版，第301页。
② 《列宁全集》第四十卷，北京：人民出版社2017年版，第73页。
③ 《列宁全集》第四十卷，北京：人民出版社2017年版，第72页。
④ 《列宁全集》第四十三卷，北京：人民出版社2017年版，第334页。
⑤ 《列宁全集》第四十三卷，北京：人民出版社2017年版，第334页。
⑥ 《列宁全集》第四十三卷，北京：人民出版社2017年版，第334页。

现代化制度。①

二、工业现代化理论

十月革命之后，列宁提出了自己的工业现代化思想。在列宁看来，所谓的工业现代化就是按现代化的方法，从事工业生产和经营活动。更准确地来说就是"向电气化过渡"。② 俄国的工业化就是电气化，就是现代化。这是列宁在电气时代得出的关于工业现代化建设的重要结论。列宁指出，发展大工业是社会主义现代化建设的物质基础，现代重工业是发展大工业的物质基础。实现全国电气化以促动工业现代化，因为全国电气化就是苏维埃俄国的工业现代化，是苏维埃政府的"第二个党纲"。由落后的农业国变为先进的工业国是现代化的"总路线"，就是运用先进工业技术设备，奠基国民经济计划性发展的前提和基础，这是苏维埃俄国社会主义现代化的宏伟目标。

（一）推动工业现代化

列宁指出，发展大工业，建设工业现代化。这是摆在苏维埃政府面前巨大的历史任务。如果没有大工业的发展，尤其是没有工业现代化的发展，对俄国这个小农经济占主导地位、经济结构封闭落后的农业国家来说，社会主义的现代化建设和发展就是一句空话。只有大工业的发展才具有关键性的意义，只有工业的现代化发展才具有决定性的意义。从生产力的变革视角来说，工业现代化是苏维埃革命的物质基础；从生产关系的变革视角来说，只有工业现代化的发展，才能解决关于小农的问题。总的来说，现代重工业是发展大工业的物质基础。

1. 大工业是现代化建设物质基础

在列宁看来，新生的苏维埃政权要掌握大工业及其生产，提供大工业的产品，这对俄国的社会主义建设至关重要。它不仅可以满足俄国广大农民对工业产品的需求，而且能够给他们提供充足的生活资料和工业资源；既能促动农业生产的现代化发展，又能改善国民的生存状况。尤其是让俄罗斯的广大民众看到苏维埃大工业生产背后运作的制度"同资本主义制度的差别"。这样的意义无比巨大。因为只有这样，才能最大限

---

① 《列宁全集》第四十三卷，北京：人民出版社2017年版，第335页。
② 《列宁全集》第四十二卷，北京：人民出版社2017年版，第58页。

度地吸引农民和市民,让他们支持新生的无产阶级政权,参与到国民经济体系的建设中,"建立起正常的社会主义社会的基础"。① 从更为深刻的意义来说,社会主义工业化就是要有高度发达的工业生产能力,要有丰富的工业财富创造能力,以满足俄国人民不断增长的工业品的生产和生活需求。列宁指出,苏维埃政府重要的责任和任务之一,就是借助大工业的生产改造农业生产,让广大农民认识到新技术、新机器、新设备的巨大能量,把俄国旧式的农业生产纳入到俄国大工业的轨道中来,使之成为俄国大工业生产的基础、国民经济体系中的重要一环。就是要让俄国的农民站到社会主义经济建设的战线中来。

2. 现代重工业是工业化物质基础

在俄国工业化发展的宏伟蓝图中,列宁非常强调重工业的基础性和重要性。列宁特别指出,如果没有重工业,就不可能真正恢复国民经济的生产,不可能建设社会主义事业的大厦,苏维埃政府就可能遭受失败、走向"灭亡",苏维埃社会主义国家就不可能成为一个"独立国家"。列宁把重工业的发展几乎置放在社会主义革命生死存亡的重要位置上予以认识。② 这样的认识和结论尤其在俄国无产阶级政权诞生的初期是极为准确的。国内外的敌人虎视眈眈,反动势力随时准备消灭新生的苏维埃政权,政治、经济、军事、外交、生存环境等无一不是危机重重。而捍卫无产阶级新生政权最主要和最能借助的力量,就是重工业提供的武力装备和军事实力。但那个时候的俄国,无产阶级掌控的重工业技术和能力是非常脆弱的,度过最艰难时期的苏维埃政权最需要发展的就是重工业。列宁指出,俄国的无产阶级夺取国家政权以后,其中最重要的一项任务就是恢复生产力,提高劳动产出率,保障国民经济供应,保护国民"最根本的利益"。这既是苏维埃的经济目标,又是社会主义国家的政治任务。③ 可以说,没有现代化重工业为基础的社会主义国家,就相当于没有自己的现代化的基础。

(二) 实现全国电气化

列宁把电气化确定为苏维埃俄国的"第二个党纲",俄国的电气化

---

① 《列宁全集》第四十一卷,北京:人民出版社 2017 年版,第 108 页。
② 《列宁全集》第四十三卷,北京:人民出版社 2017 年版,第 286 页。
③ 《列宁全集》第四十二卷,北京:人民出版社 2017 年版,第 380 页。

战略规划成为社会主义经济建设的核心任务。列宁明确指出，没有电气化，就不能真正展开俄国国民经济体系的建设，不可能恢复农业的生产和经营活动，就不可能实现工业化的发展。① 列宁在制定和推行被誉为苏维埃"第二个党纲"的全俄电气化计划中，把俄国社会主义工业化的系统性、整体性和全面性完全展示出来。② 就是把大工业的发展推进到现代化技术水平的基本要求。

1. 苏维埃俄国工业化必由之路

在如何实现俄国的现代化问题上，列宁响亮地提出，俄国的现代化就是电气化。电气化战略是列宁根据俄国落后的小农经济现状提出来的发展规划。列宁指出，俄国长期处在落后、封闭、保守、效率低下的农奴制度之下，而资本主义经济体系在俄国发展严重不足，建立现代化的国民经济体系基础很差。列宁指出，没有"现代大工业的技术基础"，俄国的工业化就是一句空话，俄国的现代化更是无从谈起。也就是说，只有推行全国的"电气化"，才意味着苏维埃俄国的工业化有了最基本的保障，电气化成为苏维埃俄国工业化的必由之路。③ 电气化不仅仅是俄国农业现代化的技术基础，而且还是工业现代化的物质基础，更是俄国现代化的动力基础。列宁最后将俄国的电气化上升到政治层面和马克思主义理论层面予以认识：俄国的电气化决定俄国无产阶级革命的胜利与否，是俄国社会主义革命战胜资本主义的法宝，是俄国走向共产主义的保证。

2. 苏维埃俄国的"第二个党纲"

关于俄国电气化战略及思想在俄国大工业和农业现代化的具体运用中，列宁所展示的决心和意志是极其高涨的。列宁指出，对于推行俄国的电气化，不能拘泥于"一般的原理"，不能拘泥于理论上的认识，不能把理论教条化和形式化，而是要将这个革命性的纲领现实化、"具体化"、操作化。④ 简而言之就是实践化。列宁指出，俄国的布尔什维克党"必须给新的经济建设造成新的技术基础"。这个基础广泛地来讲就是工

---

① 中央编译局编：《列宁专题文集 论社会主义》，北京：人民出版社2009年版，第180—181页。
② 《列宁全集》第四十卷，北京：人民出版社2017年版，第158页。
③ 《列宁全集》第四十卷，北京：人民出版社2017年版，第159页。
④ 《列宁全集》第四十二卷，北京：人民出版社2017年版，第7页。

业化，简而言之就是电气化。就是要在全国推广电气化，在电气化的基础上"建设一切"，准确地来说，就是建设苏维埃的电气化，然后是工业化，最后是现代化。列宁把俄国电气化的思想认识提高到战略化的高度并予以坚决推行。为了具体落实这一战略决策，在列宁的强烈要求下，俄国的苏维埃政府专门组建成立"俄罗斯国家电气化委员会"，以推动和实施工业化总路线。①

（三）实施工业化总路线

列宁制定和推行的"全俄电气化计划"是一个"伟大的经济计划"，其意义就在于不但奠基了苏维埃俄国的工业化基础，更在于奠基了俄国人民的现代化基础，尤其是为俄国从社会主义走向共产主义的康庄大道奠基了坚实的物质基础。②更准确地来说，这个党纲就是推进俄国的电气化发展。这个伟大的发展规划涵盖了俄国国民经济体系的所有行业，辐射到俄国的每一个区域的进步，关系到俄国每一位国民的福祉。最终，在苏维埃俄国形成一个各部门、各地区、各行业、各群体全员参与的国民经济计划，而这样的计划将彻底改变俄国经济技术贫穷落后的面貌，引导苏维埃走上社会主义工业化和现代化的道路。

1. 先进设备是工业化的大事

在列宁看来，无论是电气化战略还是大工业化决策、包括对重工业极端重要性的认识，都最终落实到先进技术设备的问题上。俄国是整个西方资本主义工业化国家中最落后、最保守、最封闭的国家。先进的工业、技术及装备对俄国来说都是不存在的，或者是极其落后的。走上社会主义道路的苏维埃俄国，要保卫新生的国家政权，要实现自己的现代化战略，就必须大力引进西方发达国家的先进技术设备。列宁几乎把引进西方发达国家的先进技术设备定格为生死存亡的大事件。列宁在开放和发展与西方国家的经济贸易关系上，把引进吸纳先进技术设备放在首位，而且尤其注重重工业技术设备的引进。列宁指出，粮食、医药、燃料应当放在首位，但工业和重工业的发展则能保障国民经济体系的独立性、稳定性，能保证苏维埃政权的安全性。而对俄国的工业和重工业的发展来说，最要紧的就是先进的技术设备。列宁进一步指出，引进先进

---

① 《列宁全集》第六十卷，北京：人民出版社2017年版，第378页。
② 《列宁全集》第四十卷，北京：人民出版社2017年版，第143页。

设备时要注意引进先进技术设备运作的先进管理经验和生产运作模式。在引进先进技术设备的时候，还应该有计划性和长效性。

2. 国民经济计划性发展目标

计划经济是资本主义市场经济的对立物，计划性经济是针对市场经济运行缺陷的补足，这是马克思主义经典作家的基本共识。所以，俄国在十月革命之后，社会主义的经济发展模式一定是计划性的而不是市场性的。从这个意义上讲，国民经济计划性发展自然成为社会主义现代化建设的宏伟目标。在1918年4月，列宁就对俄国的自然资源和国家资产进行全面的、系统的、彻底的调查研究，为俄国的工业化发展和国民经济发展规划提供翔实的技术和数据支持。就是说，俄国社会主义经济建设的起点就是一个全面的、翔实的、科学的整体规划。这个整体规划包含两个方面：生产技术方面和经济管理方面。前者的计划性规划包括产业规划、生产布局、成本节约、能源保障、电力提供、生产能耗、劳动成本、人力因素、资产调拨、资源利用、产品供给、设备引进、资金吸引等等。这样的规划几乎包含了国民经济发展要素的方方面面。后者的计划性规划包括规模化经营、计划性生产、托拉斯运营等等。就是借鉴现代大工业的发展模式，"特别是从托拉斯的角度，把生产合理地合并和集中于少数最大的企业"，促进俄国国民经济体系的计划性发展。①

三、文化现代化理论

文化现代化理论是列宁社会批判思想的重要组成部分，是俄国人民在工业现代化和农业现代化基础之上构筑的思想与精神领域的现代化。俄国人民的社会主义现代化进程需要与之相适应的文化现代化水平和理论。列宁指出，重视教育和强化城乡联系是实现社会主义文化现代化的关键工作。"两种文化"思想是文化现代化的理论铺设，列宁"两种文化"思想是对"民族文化"思想的超越；社会主义文化和全世界工人国际文化的宣扬，旨在为俄国的无产阶级革命以及全世界所有无产者发动的革命提供文化支撑和论证；民族性与阶级性是无产阶级现代化文化的本质特征，民族性与阶级性相结合的文化才是无产阶级的现代化文化，民族文化和世界文化相结合才是无产阶级现代化文化的方向。

---

① 《列宁全集》第三十四卷，北京：人民出版社2017年版，第212页。

（一）文化现代化核心要素

现代化是整体性的，社会主义现代化也一样。相比较资本主义现代化，社会主义现代化作为时代最新的现代化模式，更要展示出从经济到政治、从文化到制度、最终到人的总体性的现代化特性。在这个现代化体系中，经济现代化是基础，政治现代化是结构，文化现代化是要求，制度现代化是保障，人的现代化是落点。列宁指出，俄国的社会主义现代化，只打造经济基础和政治结构是不够的，社会主义现代化要有一场彻底的文化革命，一场彻底的文化现代化。就是要构筑经济现代化和政治现代化所必需的科学环境、人文素养、教育水平和精神文明。俄国无产阶级要有与实现社会主义现代化相适应的文化水平，重视教育和强化城乡联系是实现社会主义文化现代化的关键。

1. 社会主义现代化文化要求

列宁强调指出，俄国作为欧洲最落后保守的国家，科学、教育、文化素养的缺失状况近乎恶劣，文盲率在全欧洲都是领先的。在沙皇俄国的腐朽统治下，俄国堕落为一个野蛮、愚昧、专制、保守的国家，也是欧洲文化最落后的国家。不要说构筑社会主义文化底蕴和成分，即便是发展资本主义文化的层次和成分，俄国的文化基础在全欧洲都是最落后的。列宁指出，要实现俄国社会主义文化现代化，就要制定出长期的发展规划，要有计划、有步骤、循序渐进地实现俄国文化的整体提升。争取在一个相对的时限内，达到欧洲普通文明的水平。要实现俄国的文化现代化，俄国的布尔什维克党和苏维埃政府需要做大量艰苦辛劳的工作。列宁也明确指出，俄国的社会主义文化现代化要从最具体的工作开始：就是"努力扫除文盲"。"当我们有文盲的时候是不能实现电气化的。"列宁其实也是在说，一个文盲普遍的国家是不可能实现自己的现代化的。这是文化现代化最基本的工作，就是让俄国的社会主义国民们"有文化，有觉悟，有教养"。① 这就是我们的文化工作，要竭尽全力，让全体俄国人民都沐浴在文化和人文素养的阳光下。

2. 社会主义文化现代化要素

为了实现俄国文化现代化，列宁特别强调两方面的具体工作。其一

---

① 《列宁全集》第四十卷，北京：人民出版社2017年版，第161页。

就是高度重视教育，大力发展俄国的教育事业，让接受教育的国民都能成为社会主义国家合格的、有素质、有教养、有文化的公民。而对苏维埃政府来说，这个工作的具体化过程就是砍掉其他部门的杂冗开支，大力增加教育经费；大幅度提高教师的社会地位和经济地位，让他们拥有社会主义新政权之下的崇高地位；提高教育在国民制度体系中的地位，使之成为苏维埃制度的支柱。其二就是强化城乡联系，让广泛的城乡联系打开城乡之间的封闭和界限，让城市成为带动农村地区发展的文化驱动，让广大的工人阶级和农民阶级在广泛的文化联系中成长为新型的社会主义国民。同时要推广和展开社会主义先进文化的宣传和教育，以此展示无产阶级文化的先进性和革命性。

（二）文化现代化理论铺设

"民族文化"是路标派在十月革命之前提出的一种狭隘的、具有民族主义倾向性的文化口号。"民族文化"打着保护民族文明和文化的旗号，真正的本意是为了对抗俄国的社会主义革命运动和世界范围内的无产阶级革命。列宁认为，"民族文化"都有不大发达的"民主主义和社会主义的成分"①双重内涵。而这两个不同的文化成分折射出广大劳动群众和被剥削群众的文化需要，是他们日常的文化精神支柱，和他们的生存条件和生活环境直接相吻合。列宁明确指出，这不是每个民族文化的全部内容，它还包含资产阶级的剥削文化，渗含着腐朽野蛮的"黑帮"和"教权派的文化"，②他们在俄国的文化体系中占据统治地位。布尔什维克和苏维埃就是要加强"民主主义的和全世界工人运动的国际文化"的宣扬力度。

1. 列宁"两种文化"思想超越

"民族文化"的喧嚣者名义上是路标派分子，其实代表着俄国农庄地主、东正教神甫、不成熟的资产阶级的文化诉求。他们的胆怯懦弱，甚至不敢将关于民族文化最起码的真理性认识表达出来，而是唠叨着关于文化认识的一般空话。列宁戳穿了这种虚伪的本质，他们本不是资产阶级阵营的分子，但他们的所作所为和资产阶级如出一辙，通过散布超阶级的文化来掩饰阶级的存在、阶级的利益、阶级的斗争。为了应对路

---

① 《列宁全集》第二十四卷，北京：人民出版社1990年版，第126页。
② 《列宁全集》第二十四卷，北京：人民出版社1990年版，第10页。

标派对俄国社会民主党的围攻，列宁在 1909 年撰写的《论〈路标〉》一文中予以坚决回击。列宁指出，无产阶级推动的社会主义革命还涉及有一个什么样的文化选择的问题。只有那些害怕革命、害怕进步的人才拒绝先进的文化革命。俄国的"自由派资产阶级"① 是没有勇气面对革命性最为彻底的工人阶级的社会主义运动的，这个运动其实是"工人和农民的民主运动"，是真正的、最具有革命性的历史运动。② 路标派的行动其实和俄国社会民主党有一个共同的方面——就是"民粹主义和马克思主义"共同的方面，就是"通过诉诸群众来保卫民主"。其实也是宣扬"民族文化"及其运动，某种程度上讲也是进步的、合理的。③ 为了进一步完成无产阶级革命所需要的文化准备，列宁在 1912 年至 1913 年之间撰写了大量关于文化方面的文章，从《论"民族文化"自治》到《关于民族问题的批判意见》等，列宁全面系统地阐释了无产阶级革命的文化底质，论证了社会主义革命需要的文化蕴涵。④

2. 世界工人运动国际文化宣扬

列宁领导的俄国无产阶级革命从来不掩饰自己的阶级立场，就是高扬"民主主义的和全世界工人运动的国际文化"口号，旨在为俄国的无产阶级革命以及全世界所有无产者发动的革命提供文化支撑和论证，旨在和本国的资产阶级和全世界范围内的资产阶级进行对阵。列宁提出并高扬这个口号还有另一种考虑，那就是吸纳和接受每一个民族文化中关于民主主义和社会主义的革命营养，然后补充到这个广阔的理论系统中，为俄国以及全世界无产者的解放运动提供精神动力和文化支持。列宁为首的无产阶级革命团队向路标派展开的斗争还涉及文化的宣传和斗争问题。路标派代表的资产阶级甚至出现一种极端化的做派，直接掩饰文化争论的阶级问题，也否认列宁代表的无产阶级文化存在任何阶级属性。更为明确地来说就是，在文化的阶级性问题上，掩盖和拒绝回答问题本身就是在"掩盖问题的实质"，尤其是拒绝面对文化的阶级性和斗争性

---

① 《列宁全集》第二十二卷，北京：人民出版社 2017 年版，第 130 页。
② 《列宁全集》第十九卷，北京：人民出版社 2017 年版，第 172 页。
③ 《列宁全集》第十九卷，北京：人民出版社 2017 年版，第 172 页。
④ 《列宁全集》第二十四卷，北京：人民出版社 2017 年版，第 120 页。

问题。① 可以看出，列宁提出的"两种文化"思想，深刻地把握了其内在的特质——它的阶级性。列宁时代，就是世界历史进入全球化演变的历史阶段，世界历史文化必然具备"民主主义的和全世界工人运动的国际文化"内涵，这是"民主主义的和全世界工人运动的国际文化"产生的基础。这一切，都可以从这个阶级所宣扬的文化中看出来："民主主义的和全世界工人运动的国际文化"。②

（三）无产阶级现代化文化

无产阶级是超越自己民族文化的赶潮人，但不是简单地拒斥，更不是直接地放弃自己的民族文化。尤其不是民族主义分子那种盲目自大的，沉湎在自己封闭、保守、陈旧落伍的民族文化圈层里打转的文化，而且民族主义分子拒绝接纳国内外风起云涌的世界文化。列宁代表的无产阶级文化引领者响亮地提出：无产阶级文化是民族性和阶级性的结合，是二者的完美统一。无产阶级文化不放弃民族文化的民族特性、民族蕴涵、民族气质。无产阶级文化具有鲜明的民族性和阶级性，是二者在无产阶级革命进程中的融汇。这种文化视域在世界无产阶级革命的运动中得到升华。

1. 民族性与阶级性现代化文化

马克思恩格斯强调指出，任何社会的统治思想都是统治阶级的思想，具有鲜明的阶级性。列宁指出，无产阶级应该坚守自己的文化原则，就是让无产阶级有自己的文化宣传阵地。这样的文化宣传阵地和文化宣传机器要尽可能保持"完备的完整的"文化形式以"实现这个原则"；③ 这就是思想的原则、文化的原则、思想和文化的阶级性原则。这里不仅能看到列宁已经走出马克思恩格斯所规范的文化阶级性视野；更为明确地来说，列宁已经走向文化的民族性领地，开拓出文化阶级性和民族性相统一的思考路径。如果说路标派高调宣扬的"民族文化"是对民族文化的民族性的张扬，那么列宁提出的"两种文化"则是对民族文化的阶级性的张扬。列宁突出了民族文化的阶级性，更寻求民族文化阶级性与民

---

① 黄力之：《列宁论民族文化文化的悖论辨析》，载《马克思主义研究》，2009年第9期，第80—88页。
② 《列宁全集》第二十四卷，北京：人民出版社2017年版，第123页。
③ 丰子义：《列宁视野中的民族文化》，载《哲学动态》，2008年第4期，第5—10页。

族性的统一。需要强调指出的是,在阶级社会的背景之下,任何民族的文化首先展示的是阶级性文化,是阶级构成不可或缺的一部分,成为某种阶级、某种阶级制度的标识。然后在阶级文化的沉淀和升华下转变为民族性的文化,成为整个民族文化存在的"集体意识"和"集体无意识"。这是一个民族和另一个民族在文化本质上的区别,无产阶级的文化也不例外。列宁在批评路标派对民族文化过于标榜的做法的时候,既反对他们用文化的民族性诋毁和否认文化的阶级性,也反对一部分党内的极左观点。这是无产阶级追求的阶级性与民族性相统一的现代化文化。

2. 民族文化和世界文化现代化

列宁指出,民族文化只是每个民族自己的文化。在世界历史的大视野中,无产阶级只有把自己的民族文化容纳到现代化的世界文化大阵营中才不会枯竭。列宁指出:"民族文化"和"民族文化自治"① 只能针对民族内部的小视野提出来,没有无产阶级现代化文化的蕴涵。在全世界的文化大视野下,民族文化不但不能把自己的民族性和阶级性对立起来,而且也不能把自己的民族文化局限在民族活动的范围内,而是要在无产阶级现代化的视域中推展到全世界的范围。俄国的民族文化和全世界的无产阶级革命文化绝不是非此即彼的隔离关系,而是在波澜壮阔的社会主义革命浪潮中融为一体,升华为全世界的现代化文化。为此,列宁提出"民主主义的和全世界工人运动的国际文化"口号,② 以促成全世界无产阶级文化中民主主义和国际主义的现代化意蕴。俄国无产阶级要做的就是,和国际领域里的资产阶级文化思想家们进行彻底对抗,就是借助无产阶级的现代化文化在全世界的范围内完成对资产阶级现代化文化的对抗。更进一步来说,无产阶级不会将自己的视野局限在同"每个民族资产阶级文化、资产阶级民族主义"③ 相对抗的层面上。在民族文化走向世界文化的进程中,无产阶级需要确定的民族性文化不是被简单地取消,而是在另一种意义上的升华;阶级性不是被简单地放大,而是在世界革命进程中的延伸。这样,民族的文化才能升华为世界的文化,这是世界无产阶级革命文化的方向。

---

① 《列宁全集》第二十三卷,北京:人民出版社 2017 年版,第 473 页。
② 《列宁全集》第二十四卷,北京:人民出版社 2017 年版,第 123 页。
③ 《列宁全集》第二十四卷,北京:人民出版社 2017 年版,第 126 页。

第九章　列宁全球化理论演证

列宁论证了全球化思想的时代背景与历史条件、理论渊源与时期分划、历史必然与基本蕴涵、经济全球化与金融全球化以及应对全球化的基本策略。在全球化视域下的民族主义论中，列宁论及全球化视域下的民族主义，包括全球化视域下民族主义的蕴涵阐释，全球化视域下民族主义的本质诠释；论及全球化视域下民族主义的关涉要素，包括全球化视域下的民族主义与国际主义，全球化视域下的无产阶级革命与民族自决。在全球化视域下的"世界体系"中，列宁首先论及"世界体系"就是帝国主义时代的资本主义，依附性和过渡性的"世界体系"，"世界体系"的盘剥本质和掠夺性结构，"世界体系"中的民族觉醒与革命问题；其次，论及"世界体系"与民族问题，包括"世界体系"的民族关系是国际剥削和压迫关系，"世界体系"的民族问题其实是世界性的问题，"世界体系"中亚非拉地区的民族解放运动；最后，论及"世界体系"与社会主义的问题。

一、列宁全球化理论总体论释

世界历史有其内在与外在相结合的逻辑规定，有其产生运行变化发展的历史过程，有其庞大、系统、复杂的动力系统，有世界历史过程和个人主体的互动作用。黑格尔关于民族历史走向世界历史的过程认识是突破性的，关于人的整体性生成充满了世界历史的蕴涵。但黑格尔的世界观整体是唯心主义的，其"欧洲中心论""英雄史观"和"动机决定论"都是其理论体系的致命缺陷。列宁本人既没有提出也没有使用过"全球化"的概念，但阐释了极为丰富的全球化思想。列宁在很多领域都有自己的突破性认识。列宁研究了新课题，解决了新问题，提出了新思路。马克思恩格斯关于全球化第一阶段的思考是对资本主义上升时期——自由竞争资本主义时期全球化发展浪潮的理论回应。总体而言，列宁的全球化思想主要集中在资本主义发展的第二个阶段——帝国主义阶段全球化发展的本质、特征、结构、体系、态势等层面的思考。

（一）时代背景与历史条件

资本主义在向全世界范围内扩张的时代，必然引发席卷全球内的经济、政治和文化运动的总体过程。第一次全球化浪潮从 15 世纪末开始延伸到 19 世纪中期。列宁面对的是全球化的第二次浪潮——19 世纪下半叶到 20 世纪初之间的发展浪潮。第三次全球化浪潮从 20 世纪 70 年代开始延续到现在。全球化就是人类社会打破 1500 年以来基本生活"彼此隔绝"的状态，结束了"完全与世隔绝"的生存、生产和生活方式。从新大陆的发现到新航路的开辟，从蒸汽机的发明到交通通信手段的变革，资本主义生存方式扩张到全球的每一个角落。① 这就是资本主义推动的全球化过程，资产阶级享誉"开创世界历史"的殊荣。全球化的第一个阶段，社会主义从空想走向科学，马克思主义走上了世界历史的舞台。19 世纪 70 年代以后，世界进入"密集全球化时期"，世界被分割为两大部分：英法美德等为首的资本主义国家成为工业化国家；亚非拉国家沦陷为殖民地和半殖民地。② 19 世纪 80 年代末的俄国也成为资本主义世界政治经济体系的一部分，帝国主义的多元化发展态势使得单一性和局部性的推动力量成为多元化和互动性的推动力量。全球化进程的联系、沟通和融汇程度进一步强化，使得世界范围内的各种经济和政治矛盾达到空前尖锐的程度，全球化的时代全面铺开，③ 这是列宁登上历史政治舞台的时期。

1. 全球化时代背景

19 世纪 70 年代到 20 世纪之交，也是载入史册的第二次全球化浪潮，以电气化的发展为标志，通信和交通手段转变为电讯、汽车、飞机，英

---

① 〔美〕斯塔夫里阿诺斯：《全球通史——1500 年以后的世界》，上海：上海社会科学出版社 1999 年版，第 3 页。

② 〔英〕戴维·赫尔德等：《全球大变革——全球化时代的政治、经济与文化》，北京：社会科学文献出版社 2001 年版，第 30 页。

③ 〔美〕伊曼纽尔·沃勒斯坦：《现代世界体系》第三卷，北京：高等教育出版社 1998 年版，第 81 页。

国主导的第一次工业革命的发源地转移到美国和德国。① 人类进入新的时代——由"蒸汽时代"进入"电气时代",这也是帝国主义发展的新阶段,列宁称之为"最新资本主义时代"——帝国主义时代。这一时期,资本主义世界经济体系在全球确立,人类社会之间的普遍联系和全面交往引发了人类社会更为深刻的变化。② 布哈林认为,世界就是资产阶级的世界和无产阶级的世界,而帝国主义国家之间的矛盾已经尖锐到必须"以火和剑来解决争议问题"。③ 列宁指出,从私人垄断到国家垄断再到跨国垄断,帝国主义国家的全球扩张必然激化其深刻的内在矛盾,并在全球范围内扩展开来。列宁站在世界历史进程的新高度、在全球化的基本视野中阐释了"帝国主义论"。20 世纪 20 年代初是全球化浪潮发展的新阶段,人类社会进入"两制共存"时代,列宁将马克思主义理论拓展到新的阶段,准确地把握了帝国主义统治体系的最薄弱环节,而且通过自己的革命实践行动,将俄国引上社会主义道路。可以说,列宁领导的俄国十月革命,既和人类社会历史进程的发展程度相适应,也和全球化历史发展进程相契合。

2. 全球化现实变革

在全球化的时代背景下,列宁所阐释的全球化理论必然有其深刻的现实依据。这是列宁论证"两制共存"的时代、俄国社会主义制度化建设的基本视域。列宁准确地阐释了 19 世纪后期俄国卷入全球化浪潮的客观事实,并在这一客观事实的基础上推导了俄国社会主义革命的基本理论。就是说,俄国的革命是否要走一条特殊的道路。因为,全球化给俄国带来的历史变革到底是进步的还是退步的?给俄国革命带来的历史和现实基础到底会产生什么样的革命模式?这样的问题成为俄国革命道路上最富有争议的问题。马克思恩格斯的东方社会理论研究了"俄国农民村社是否会走上资本主义道路"和"俄国无产阶级与西方无产阶级革命的关系"等有关俄国问题。这些思考给列宁提供了系统的理论路径。列宁在马克思恩格斯的基本视域下,在俄国革命面临的特殊情势下,阐释

---

① 〔美〕斯塔夫里阿诺斯:《全球通史——1500 年以后的世界》,上海:上海社会科学出版社 1999 年版,第 292 页。
② 《列宁全集》第二十七卷,北京:人民出版社 2017 年版,第 389 页。
③ 〔苏〕尼·布哈林:《世界经济和帝国主义》,北京:中国社会科学出版社 1983 年版,第 1、131 页。

了俄国革命的特殊性,指出了民粹主义在全球化发展态势下国外市场以及革命发展态势等方面的错误结论,并以此为据论证了俄国无产阶级革命的基本方向和道路。列宁指出,全球化的时代是一个转折性的时代,全球化的发展必然为社会主义革命带来新的挑战、新的机遇。列宁思考和解决的时代课题有:全球的经济垄断对无产阶级革命的影响、无产阶级展开的议会斗争与革命斗争的关系、帝国主义战争和无产阶级革命的关系、帝国主义全球化时代发达国家工人阶级革命对俄国革命的影响、俄国无产阶级革命和被压迫民族解放运动的互动关联等等。可以说,列宁的帝国主义理论是这一历史时段对全球化进程认识的高度总结与概括。

(二) 理论渊源与时期分划

马克思恩格斯奠基了全球化理论成熟的世界观和方法论,列宁阐释了对全球化的深刻认识,把马克思主义在全球化领域认识的层次开拓到新的阶段。列宁指出,马克思"完整的哲学世界观",① 是从矛盾的、普遍的、辩证的方法去考察全球化世界历史进程,这是一脉相传的历史唯物主义世界观和方法论。需要指出的是,黑格尔关于"世界历史理论"的深刻阐释,也是列宁全球化思考的理论渊源。更为明确地来说,在研究和思考马克思恩格斯的社会批判理论以后,列宁还探寻了这个理论的历史源头。可以说,是黑格尔的历史哲学准确地把握了人类社会历史进入全球化发展时期的脉搏,并予以整体性的认识和思考;是马克思世界历史理论的源头,成为列宁全球化世界历史理论的渊源。在列宁看来,黑格尔的世界历史理论是一个严密的逻辑整体。世界历史的纵向视角是阶段的、矛盾的、规律的,从横向的视角来看则是整体的、进步的和发展的。

1. 全球化理论渊源

《德意志意识形态》是马克思恩格斯全球化世界历史进程的思想起点,《共产党宣言》是这个思想体系历史出场的标识,在《〈政治经济学批判〉导言》和《资本论》等论著中实现全球化世界历史理论的系统阐释和发展。需要指出的是,东方社会理论是全球化世界历史理论的重要组成部分。在列宁看来,这是在社会主义革命发展的不同阶段分别展示出不同的理论成果和形式。列宁在研究大量的马克思恩格斯的经典著作

---

① 《列宁全集》第二十三卷,北京:人民出版社2017年版,第468页。

并充分吸纳了他们在全球化历史进程中的重要理论构成之后，集中阐明无产阶级在全球化历史阶段所能展示的"世界历史作用。"这是列宁在新的历史视域下所能阐发的关于无产阶级的新的历史任务和使命。① 列宁还重点阐明从欧洲革命时期的巴黎公社再到俄国革命历史时期"马克思主义这个无产阶级的学说获得更大的胜利"。② 这也是世界历史进程中无产阶级革命胜利的历史时期，马克思研究世界历史进程的客观辩证法和历史运动的科学方法论都完整地展示出来。③ 这也是列宁研究全球化世界历史进程的性质、结构、特征、时期、趋势等理论问题的起点，为列宁关于全球化世界历史理论的阐释创建了基本的分析框架。列宁也同时研究了黑格尔的《历史哲学讲演录》，进一步在理论源头上进行探索和开拓。列宁进一步指出，在黑格尔那里，"世界历史是个整体"，这里有唯物史观的"萌芽"。需要指出的是，列宁的世界历史动力善恶观明显受到黑格尔的影响，④ 并拓展了黑格尔关于世界历史恶的动力的历史杠杆作用。

2. 全球化时期分划

列宁的全球化思想散见各个时期的著作、文章和报告等材料中，但基本可以分划出三个时期。第一阶段是从列宁参与革命到资产阶级取得革命胜利，时限是从1893年至1914年。第一阶段可以称之为民主主义革命时期。这个时期，列宁的全球化思想偏重于经济全球化视野的阐释，因为西方发达国家对全世界的征服和掠夺是全球化发展的动力，列宁同时也揭示了资本主义发展的规律和全球化的本质。资本主义在全球范围内的掠夺本质没有任何掩饰，这也是资本主义发展的基本规律，俄国也不能逃脱这种历史命运。列宁从经济全球化的视角阐释了新的历史环境和革命条件。

第二个阶段是帝国主义战争和无产阶级革命阶段，时限从1915年延伸至1917年。这是社会主义革命不断展开的"大的历史时代"。无产阶级和资产阶级实践的斗争成为时代的主旋律，时代的主体、"中心""内

---

① 《列宁全集》第二十三卷，北京：人民出版社2017年版，第1页。
② 《列宁全集》第二十三卷，北京：人民出版社2017年版，第4页。
③ 《列宁全集》第六十卷，北京：人民出版社1990年版，第272页。
④ 《回忆列宁》第一卷，上海外国语学院列宁著作翻译研究室译，北京：人民出版社1982年版，第739页。

容""方向""背景"等都成为准确地展示时代的基本内容。① 列宁在概括 1914 年以后世界历史发展的基本态势及特质以后,把这个时段称之为帝国主义与无产阶级的革命时代。资本主义世界经济的普遍联系以至全球经济成为整体性的考察对象,从"世界性"到"世界历史"的考察、从"世界体系"到"世界革命"的阐释、从"全球"到"国际化"的论述,列宁的全球化思想已经全面成熟。

第三阶段可以称之为社会主义建设阶段,时限从 1918 年延伸至 1923 年。列宁在《论我国革命》代表性著作中指出,俄国的无产阶级掌控国家政权以后,人类社会进入"两制共存"的时代。列宁系统地阐释了"两制共存"的现实性和可能性,而"布尔什维主义"已经成为"世界现象"。② 两个阵营的对垒已经成为全世界范围内的大事件。但列宁也明确指出,世界范围内的无产阶级革命运动正在风起云涌,我们并不孤单,因为我们的事业是全世界所有劳动人民的事业。列宁指出,苏维埃国家如果脱离全球化进程,在自身极为弱势的基本条件下,必然会被世界经济体系边缘化、孤立化和封闭化,社会主义革命必将走向失败。

(三)基本蕴涵与历史必然

马克思恩格斯指出,全球化就是资本主义国家推动的世界联系,也是一个总体性的过程,包含着各国经济状态从相互隔离走向相互依赖和融汇的有机过程。"使在场和缺场纠缠在一起"。③ 这样的全球化进程包含着社会生产力的国家化内涵和生产关系的全球化组织,是人类社会进步的资金、人力、资源、信息、通信等要素统统包含在其中的过程。列宁的全球化思想具有丰富的内涵。基本有全球化生成的动因、矛盾、本质、特征、规律和趋势论,全球化的周期论、资本主义世界经济体系论、帝国主义论、世界革命序幕论、一球两制共存论、东方社会理论等等。无论是马克思恩格斯还是列宁,都从时代的视角给予关注,并阐释了全球化的蕴涵。列宁明确指出,全球化的进程已经将俄国卷入世界经济和世界政治、世界交往和世界革命的全球化体系中。这样的大背景和大视域下,必然引发俄国无产阶级如何进行自己革命的重大问题。

---

① 《列宁全集》第二十六卷,北京:人民出版社 2017 年版,第 143 页。
② 《列宁全集》第三十八卷,北京:人民出版社 2017 年版,第 282 页。
③ 〔英〕吉登斯:《现代性与自我认同——现代晚期的自我与社会》,北京:生活·读书·新知三联书店 1998 年版,第 23 页。

1. 全球化基本蕴涵

马克思恩格斯思考的全球化是典型的生产力视域。从机器生产中心区到农业的生产区的区分，就能准确地把握马克思恩格斯关于全球化思考的基本定位。① 列宁从生产关系的视角阐释了全球化。帝国主义造成了一个时代，使整个世界分成了两类国家：剥削和压迫的少数国家和被剥削被压迫的多数国家。列宁全球化视野中，世界已经完全陷入被帝国主义侵略和掠夺的旋涡里。② 无产阶级就是要在"资本主义国家的包围"中寻求生存、获得发展壮大，最终实现自己的解放理想。③ 列宁论证了"两制共存"历史时代的全球性联系思想，探索落后国家走上社会主义道路的问题、阐释社会主义与资本主义的世界经济关系，尤其提出无产阶级政权要借鉴和利用资本主义社会的一切先进进步的东西建设社会主义事业的思想。列宁还阐释了在"两制并存"的世界格局中，无产阶级所代表的历史方向。列宁指出，理论上"两制并存"的时代，帝国主义国家依然占据主导地位，决定着世界历史的发展方向，但这是暂时的。无产阶级事业的前提是无产阶级必须捍卫自己的政权存在，用革命的力量保护新生的革命制度。列宁借助马克思主义的辩证法武器强调指出，"世界历史发展的一般规律"丝毫不排除历史发展的特殊性，俄国就是这个"特殊性"。这个特殊性就是俄国人民能够建成社会主义，而且这种特殊性完全"符合世界发展的总的路线"——实现全人类的共产主义现实。④ 俄国的革命已经成为世界社会主义革命的序幕。

2. 全球化历史本质

全球化的现代转型能完成文化和精神文明的创新。当然，到目前为止的全球化进程，主导性因素依然是资本主义国家。从阶级要素的角度来看，全球化就是资本主义化、资本主义的现代化。这样的现代化是不平衡不公平的甚至两极分化很严重的全球化。这是马克思主义者对全球化本质的基本理解。19世纪末20世纪初的列宁，是从垄断资本主义的视角去解读全球化的本质的。列宁指出：全球化不过是帝国主义在全球

---

① 《马克思恩格斯文集》第五卷，北京：人民出版社2009年版，第520页。
② 《列宁全集》第三十八卷，北京：人民出版社2017年版，第101页。
③ 《列宁全集》第四十卷，北京：人民出版社2017年版，第24页。
④ 《列宁全集》第四十三卷，北京：人民出版社2017年版，第374页。

范围内的新的垄断形式而已。全球化不过是具备一定的"条件"下，有一定的"速度"、一定的"矛盾"、一定的"冲突"、一定的"动荡"的过程。而且包含的不仅仅是"经济的，还有政治的、民族的等等"① 要素的过程。列宁还从资本主义政治经济发展的不平衡规律和被压迫民族解放运动视角阐释道，全球化不过是资本主义世界扩张导致资本主义经济和政治因素的分解过程。这个分解过程成为西欧发达资本主义国家以外的民族，实现与资本主义国家政治和经济分离的条件。当然，这样的分离将是一场又一场的革命，会让资本主义的殖民统治秩序走向瓦解和破产。列宁进一步指出，从人类社会进步的层次和水平的视角来看，全球化还是人类社会的制度化过程。

很多西方学者对全球化还存在"新帝国论"的分析和认识。这样的认识起点来自列宁的帝国主义论。列宁在20世纪初详细地阐释了帝国主义的产生、本质、特质、组织形式及发展趋势等。在列宁帝国主义论的视野中，资本主义推动的全球化不过是帝国主义掠夺和控制世界的结果和新的形式，是帝国主义新的垄断运动。西方发达国家流行的"新帝国论"虽然理论起点来自列宁，但试图全面替代列宁的"帝国论"。在新的历史时代，帝国主义的全球化改变了自己的方式和手段，但列宁关于帝国主义的全球化认识并没有脱离现代化的政治和经济视野。

（四）经济全球化与金融全球化

列宁指出，资本主义推动的经济全球化浪潮给俄国带来了巨大的变化，俄国小农经济依偎的村社已经走上穷途末路。资本主义机器大工业的发展已经破坏了俄国的国民经济体系，并把它抛入世界经济体系之中，而世界经济也联结成一个统一的整体。资本主义的内在本质及扩张本能使得它们离开海外市场就不能生存发展，而俄国的国内市场已经沦落为世界市场的一部分。以此看来，无论是基于无产阶级革命需要的国际支持，还是因为社会主义建设需要的世界市场，俄国人民只有在全球化浪潮中才能推动无产阶级革命和建设事业的发展。经济全球化的内在本质是金融垄断资本的贪婪本性及金融全球霸权的存在，这既是帝国主义的危机也是资本主义世界的深刻矛盾。

---

① 《列宁全集》第二十七卷，北京：人民出版社2017年版，第145页。

1. 经济全球化探索

列宁深刻地阐释了自己在经济全球化领域里的思考。列宁指出，无论是从市场扩展还是国际分工，俄国已经深深地卷进资本主义全球化的经济体系中，并折射出世界历史发展的新的图景。由于资本主义在全球范围内的扩张和渗透，资本主义国家出现了深度和广度两个视角上的市场划分："深度发展"的市场和广度方向发展的市场。深度发展的市场就是国内市场，广度发展的市场就是海外市场。这里的市场蕴含着资本主义全球化发展的内向尺度和外向尺度。这里既有资本主义经济全球化发展的内在动力，也有其外在体系；既能说明经济全球化的内在结构和组织，也能说明世界市场和殖民地开拓的重大意义。在《再论实现论问题》一文中，列宁进一步指出，资本主义的发展构型分为两个过程，其一是外向过程，另一个则是内向过程。外向过程的发展其实就是"横的发展"，内向过程就是"纵的发展"。"两个发展"视角能完整地概括出资本主义经济体系扩张的全过程。列宁在《什么是"人民之友"以及他们如何攻击社会民主党人？》一文中谈到：资本主义发展和开拓到俄国最落后的地区，表面上推行的文明体系，本质上却是自己剥削和掠夺的制度。在世界范围内更是如此，国际资本几乎把手伸到俄国的每一块"边疆地区"，促成"各种工业部门中的精神振奋与企业家的活动"，表面上的某种进步和发展，[1] 外国资本家却因此赚得盆盈钵满。[2] 这也使得"整个欧洲的资本家"的"魔掌""伸向拥有亿万居民的世界"。无限掠夺、无限剥削、世界性的疯狂追逐引起了巨大的破产和破坏。但从头到脚都坏透了的国际资本家是不在乎这些的。[3] 这对他们来说根本就是"没有什么可奇怪的"事情。[4] 资产阶级卷入世界各地的战争，瓜分世界市场的扩张，推行侵略性的殖民政策，这就是资本主义经济全球化的本质。

列宁指出，在深度和广度都得到极大发展的资本主义全球化经济体系，表面上看上去庞大强悍、富有侵略性和扩张性，但其脆弱的基础就在于离不开广阔的海外市场。在《论所谓市场问题》一文中，列宁指出，资本主义的存在本能就是扩张，就是发展，就是绝不会把自己局限

---

[1] 《列宁选集》第一卷，北京：人民出版社2012年版，第233页。
[2] 《列宁全集》第二卷，北京：人民出版社1984年版，第82页。
[3] 《列宁全集》第五卷，北京：人民出版社2013年版，第73—74页。
[4] 《列宁全集》第四十四卷，北京：人民出版社2017年版，第39页。

在"本国的范围"。① 而是基于剩余价值无限制追求的内在本质以及外在竞争带来的巨大的生存压力,迫使资本家超越本国疆界,大规模地开拓海外市场。这就是资产阶级发财致富的基本秘诀,这其实也是资本主义经济全球化的基本动力。列宁指出,资产阶级对国外市场的依赖程度几乎是难以置信的。因为资本主义只有匹配自己国内的发展速度,才能获得自己的生存空间。资本主义经济体系内在的无计划、破坏性、不平衡的结构,使得资本家大量的剩余资本不得不"寻求国外市场"进行投资,才能获得自己的生存。② "无限扩大",③ 不断前进成为资本主义经济体系运行的基本规律。资本主义追逐的永远都是扩大再生产,而且不断"超出村社、地方市场、地区以至国家的界限,"不断寻找"国外市场"以获得生存。④ 列宁还进一步指出,落后国家一旦卷入世界市场的旋涡,那几乎是不可挽回的。而且形成一种深度的交叉和交往关系,互相借重,不可分离。俄国资本主义只有借重经济利益的原则,才能维持资本主义国家相互间的合作和共存。

在经济全球化大潮中,社会主义要获得自己的生存,就必须融入世界经济体系,避免被抛弃于体系之外、被边缘化,最终失去发展的动力。列宁指出,要整个苏维埃俄国制定出全盘的发展规划,积极融入全球化大潮。资本主义和社会主义就政治和意识形态而言,是敌对性的阶级斗争和阶级对抗关系。但在经济体系来说,对垒的阵营并不是一分为二的存在,而是对立性的两面,是一个不可分离的经济统一体。这样的世界体系一体中,资本主义世界的发展离不开俄国的广阔市场,俄国的发展必须借重资本主义的资金、技术、管理经验。苏维埃俄国可以通过租让制、租借制、对外贸易等诸多方式,实现和资本主义世界经济体系的对接。从世界无产阶级革命运动的视角来看,世界范围内的民主革命运动以及俄国的无产阶级革命也是世界范围内的。俄国的无产阶级革命以世界范围内的民主革命运动为拓展空间的依存、历史力量的借助,二者的有效促动使得全世界的社会主义革命运动得到发展。

---

① 《列宁全集》第二卷,北京:人民出版社 2013 年版,第 80—81 页。
② 中央编译局编:《列宁专题文集 论资本主义》,北京:人民出版社 2009 年版,第 35 页。
③ 《列宁全集》第四卷,北京:人民出版社 2013 年版,第 44 页。
④ 《列宁全集》第三卷,北京:人民出版社 2013 年版,第 50 页。

2. 金融全球化思考

进入全球化发展的历史周期，在新的经济组织和发展模式之下，"商品生产"依然占据着"统治地位"，"依旧被看作是全部经济的基础"。① 但为了掠夺到丰厚剩余价值的资本家早已厌倦在生产领域打拼，而是转向金融领域，转向一种虚拟资本的投资和发财梦，展开金融诈骗和掠夺，实体经济的基础遭到了巨大的破坏。② 更为准确地来说，帝国主义在人类社会的当代视域发展得更为强大、更为严密、更为贪婪。金融寡头将传统的银行转型为现代的"投资银行"，他们不仅吞噬了产业资本和金融资本，而且和国家的金融杠杆结合起来，共同构成强大、凶悍的资本存在。金融全球化的背景下全是金融寡头和银行家的游戏，金融资本的世界统治和国际范围内的盘剥不过是他们的日常科目。

金融垄断资本的本性就是要在全球的范围内实现自己的金融盘剥和金融扼杀。这个时段的资本家已经不习惯和不太喜欢打打杀杀的游戏了，他们一旦出手就是要把一个国家的经济成就吃空拿净、毫不留情。这就是新时代的资本家和资本家的金融帽子戏法。金融全球化就是"资本主义已成为极少数'先进'国对世界上绝大多数居民"实行"金融扼杀的世界体系"。这个世界体系更具有隐蔽性、掠夺性和侵占性。③ 资本主义经历了从经济霸权到政治军事霸权最后走向金融霸权的时代。货币成为控制全球经济社会生活最主要的武器。资本货币的债券化、证券化、股权化等虚拟形式，使得金融资本帝国随时可以将自己的金融和经济风险转嫁到其他国家，引发一系列的金融地震和危机。列宁同时指出，资本主义自由经济的形式为金融资本的全球横行创造了巨大的自由空间。金融帝国凭借自己在整个金融体系链条中的高段位控制，肆无忌惮地鲸吞蚕食着其他各国的战略资源、国家财产和经济成果。为了实现这个目的，金融帝国和金融寡头们挖空心思、绞尽脑汁，创造和发明出各种各样的金融产品、金融手段和金融杠杆，然后撬动全球资本、搅动世界金融秩序。列宁尖锐地批判道："帝国主义的趋势之一，即成为'食利国'。高利贷国的趋势愈来愈显著"，"资本输出"和"剪息票"成为金融资本家

---

① 《列宁全集》第二十七卷，北京：人民出版社 2017 年版，第 342 页。
② 《列宁全集》第二十七卷，北京：人民出版社 2017 年版，第 342 页。
③ 《列宁全集》第二十七卷，北京：人民出版社 2017 年版，第 327 页。

掠夺世界财富的主要手段。① 金融资本高度集中积聚，金融资本家借助绝对不平等的金融地位和秩序，成为世界级别的"食利国"。② 列宁论证的帝国主义的寄生性或腐朽性极具创见性，历经全球化浪潮的深层推动，依然没有过时。金融垄断资本的恶性膨胀及全球性统治和盘剥，是金融全球化的最深本质。

从矛盾的对抗和尖锐性也能阐释出金融垄断资本推动金融全球化的内在本质。在列宁看来，即便在帝国主义时代，进入资本主义金融控制的全球化时段，资本主义的基本矛盾转化为金融资本控制的社会化生产和广大劳动人民失去控制权之间的深刻矛盾。这样，社会化大生产促发的经济垄断转向金融垄断，金融垄断资本家的控制占有和多数劳动人民之间被掠夺被盘剥的关系成为全社会最主要的矛盾。也就是说，资本主义的基本矛盾不但没有消失，反而转化成更隐蔽、更尖锐、更具有欺骗性和掠夺性的形式。尤其是进入后帝国主义时代，资产阶级政府宣传的"人人都是资本家"的论调充满无耻的欺骗性，更多的财富、更多的福利转移到金融寡头和金融垄断资本家那里。在金融垄断资本发展的最初阶段，这个阶级不过是对国家政治经济生活的控制，在后金融垄断资本主义阶段，则实现了对全世界政治经济生活的控制；人人生活在金融资本的控制和奴役之下，这才是真实的、活生生的现实。在后金融资本主义阶段，金融垄断资本无限扩张的趋势和广大劳动民众支付能力越来越小的矛盾异常尖锐。当这个矛盾破裂崩溃的时候，就是资本主义金融危机祸漫全球的时候。这正如马克思所作出的尖锐的批判，资本主义"一切现实的危机的最终的原因"，不过是有限的消费能力和"绝对的消费"之间不可调和的矛盾。③ 列宁在《帝国主义论》中也阐述道，帝国主义时期的矛盾尖锐到难以置信的程度，"全世界金融资本"正在酝酿着无产阶级革命取得最终、完全、彻底胜利的"最强大的动力"。这样的动力也是历史的动力、经济的动力。④ 但无论如何，资本主义基本矛盾最终促成的结果就是："私有经济关系和私有制关系已经变成与内容不相适

---

① 《列宁全集》第二十七卷，北京：人民出版社2017年版，第436页。
② 〔法〕弗朗索瓦·沙奈：《突破金融危机——金融危机缘由与对策》，齐建华、胡振良译，北京：中央编译出版社2009年版，第6页。
③ 《马克思恩格斯文集》第七卷，北京：人民出版社2009年版，第548页。
④ 《列宁全集》第二十七卷，北京：人民出版社2017年版，第435—436页。

应的外壳了。"但"这个外壳迟早总是会被消灭的",陷入历史的烟尘。①这就是资本主义金融帝国和金融世界的最终结局。

二、全球化视域下民族主义论

列宁明确指出,民族主义就其运行的本质和状态来看,都不能脱逃被资产阶级意识形态控制并最终服务资产阶级政权的存在。尤其要注意的是,无论民族主义宣扬得多么"公正"、多么"纯洁"、多么"精致"、多么"文明",其内在的本质是一样的。② 为此,列宁专门告诫了党内外的马克思主义者,共产党人要特别警惕民族主义对共产主义运动的侵蚀。因为民族主义只能对无产阶级的革命运动带来巨大的破坏:"愚弄、分裂和削弱"工人,侵蚀他们的革命意志、精神和品质,③ "消灭他们的先锋队"。这其实也是帝国主义战争"唯一真实的内容、作用和意义"。民族主义最终成为帝国主义政府利用的工具。④ 列宁阐释了全球化视域下的民族主义,既有全球化视域下民族主义的蕴涵论析,也有全球化视域下民族主义的本质论释。列宁还阐释了全球化视域下民族主义的关涉要素,包括全球化视域下的民族主义与国际主义,全球化视域下的无产阶级革命与民族自决。

(一) 全球化视域下民族主义基本阐释

对于进入全球化发展周期的资产阶级来说,民族主义既是资产阶级战胜封建主义的武器,也是其推动民主运动的借口,他们的理由在列宁看来无一不是冠冕堂皇。为了在全世界的范围内推行"商品生产"这种新的生产方式,资产阶级开拓了世界市场,然后用铁和血的手段、用战争和暴力的掠夺、侵占和殖民的模式,让全世界都打上资产阶级民主主义的烙印,这就是资产阶级在全球化背景下的民族主义运动。如果说帝国主义和霸权主义融为一体,那么民族主义和殖民主义则实现结合,民族的利益成为阶级的利益,民族主义的事业成为资产阶级的事业,民族主义甚至是资产阶级发动侵略战争、参与帝国主义殖民掠夺的最好旗号。在全球化的新的发展视域下,民族主义也是无产阶级战胜资本主义的锐

---

① 《列宁全集》第二十七卷,北京:人民出版社2017年版,第438页。
② 《列宁全集》第二十四卷,北京:人民出版社2017年版,第136页。
③ 《列宁全集》第三十二卷,北京:人民出版社2017年版,第58页。
④ 《列宁全集》第二十六卷,北京:人民出版社2017年版,第12页。

利武器。

1. 全球化视域下民族主义蕴涵

全球化进程给民族的发展和进步带来巨大的挑战和机遇。所以，民族问题是全球化进程中极为重要的话题，由此衍生的民主主义也是极为重要的理论课题。如何看待和应对全球化进程中的民族主义，到底是用全球化去销蚀民族主义的狭隘存在，还是用民族主义去抗衡全球化的进程，列宁在这个问题上阐释了系统的看法。列宁不仅准确地定位了民族的概念，而且提出了全球化语境中民族主义的蕴涵。列宁指出，首先，民族主义展示为一种强烈的民族意识，并成为民族利益、民族形象、民族尊严的强力维护体系，这种群体性意识表现为对该民族的强烈认同感、归属感和忠诚感，并逐步上升为民族的集体心理，具有极强的持久性特质。其次，民族主义会上升为一种思潮的存在形式。这是民族主义在特定的历史时期形成的、具有特定蕴涵的民族思想体系和民族心理意识的混合体，展示出一种强烈的、捍卫民族利益的倾向性，展示出该民族强烈的政治情绪和明晰的社会倾向，而且在不同的历史时期表达出不同的关注点和相同的聚焦点。最后，民族主义上升为意识形态之后的存在方式。这样的民族主义成为一个民族捍卫民族利益、维护民族尊严、处理民族问题的基本原则，成为民族与民族之间相处的价值准则。尤其是像对待全球化这样具有世界历史意义的潮流，民族主义会极大地影响甚至决定该民族的国际关系准则和处理国际问题的基本立场。从民族心理到民族思潮再到民族的意识形态，列宁展示了全球化背景下民族主义的基本蕴涵。

2. 全球化视域下民族主义本质

关于民族主义的本质性认识，捷尔纳认为，民族主义其实是一种概念联合，是两个概念之间的"桥梁"——"民族的概念"和"家的概念"之间的结合。这样的理论视域中，"家"不过是"民族"的"物质体现形式"，"民族"不过是"家"的集合，是"想象的团体"。这样的民族主义本质上更多的是一种形象化和意念化的解释。[①] 而列宁对民族主义的认识是在全球化发展的背景下、在帝国主义阶段、在无产阶级革命与世界革命交汇的舞台上所阐释的认识。在列宁的全球化视域看来，

---

① Ernest Gellner, *Nationsandnationalism*, Ithaca: Cornell University Press, 1993, p.134.

民族主义就是资产阶级在全世界范围内展开活动的政治武器和政治原则，使得资产阶级政府维护自身利益的政策具有了一副全球化的外壳。在列宁看来，所有资产阶级政府和资产阶级学者对民族主义认识的最大误区就在于忽视和抹杀了民族主义存在的阶级性，尤其是民族主义在全球范围内的阶级性存在意义。在全球化背景下，阶级与阶级之间的对抗和斗争会转化为世界各民族与民族之间的对抗和斗争；而民族与民族之间的对抗和斗争会渗含或者掩盖在全球性阶级斗争对抗的外壳下，阶级斗争有了全球化的历史蕴涵。就资产阶级而言，他们会把自己装扮成全民族利益的代表者，借助世界民族与民族之间的对抗、矛盾和斗争构筑自己在全世界范围内阶级统治的力量、体系和阵营，民族主义沦落为全球性阶级斗争的工具和手段。列宁还进一步指出，民族主义在全球化发展阶段则深具全球化的蕴涵和内质。而且，上升时期成为无产阶级号召民族进行阶级对抗的全球性旗帜；但对下降时期的资产阶级来说，民族主义则成为其推动全球性政治压迫的工具。

（二）全球化视域下反对民族主义意蕴

在全球化的视域下，列宁阐释了自己在民族主义问题上的科学认知。列宁指出，全球化时代，马克思主义者应该合理地对待民族问题，绝不应该张扬和鼓荡民族主义，旗帜鲜明地反对民族主义是无产阶级最正确的革命路线。因为民族主义已经成为资产阶级维持其政治统治和发动掠夺战争的工具，无产阶级的革命运动无论从形式上还是内容上都不需要民族主义的掺拌。在全球化的背景下，无产阶级在国内需要团结所有的民族参与到整个运动中来；在国际上需要团结一切可以团结的民族，推动全世界范围内的社会主义革命运动。为了无产阶级自身的利益，无产阶级明确反对民族主义，这是我们最基本的态度和政策。因为无产阶级要实现"反对剥削的斗争"的胜利，就决不能"依赖民族主义"。民族主义在无产阶级革命的事业中，只能是批判的对象，只是革命进程中需要应对的挑战。①

1. 反对大民族主义和小民族主义

列宁指出，全球化时代，无产阶级在革命中对待民族主义的基本策略就是明确地区别大民族主义和小民族主义。列宁反对民族主义但不是

---

① 《列宁全集》第二十五卷，北京：人民出版社 2017 年版，第 256 页。

笼统的、模糊的、一概的反对,而是对民族主义予以具体的、科学的分析。列宁指出,必须明确地区别大民族主义和小民族主义并予以区别性对待。共产党人只有旗帜鲜明地反对民主压迫,同时也必须旗帜鲜明地反对大民族主义。这是全球化视域下的无产阶级革命,而且成为世界无产阶级革命的先决或者是一部分。这样的支持是不需要讲求严格的时间、地点、条件和场合的,这是全球化时代无产阶级革命的特殊性蕴涵所决定的。因为这样的革命要求已经由民族革命要求转变为资产阶级革命要求,是为了夺取和占有服务于资产阶级利益,是资产阶级革命道路上的倒退行为。因为这样的革命不仅仅是阶级性的而且还是民族性的;因为在这个时代,资产阶级借助民族主义的旗帜剥削和压迫其他民族,捍卫的完全是资产阶级自身的利益。而无产阶级的革命要求则是世界性的、全球性的革命要求。无产阶级对资产阶级这样的民族革命要求态度是极其明确的:坚决"反对压迫民族的特权和暴力,同时丝毫也不纵容被压迫民族谋求特权"①。更为准确地来说,全球化时代,无产阶级应当反对小民族主义,就是在全球化视域下必须旗帜鲜明地反对民族主义。

2. 反对民族压迫和阶级压迫

列宁指出,全球化的视域下,无产阶级革命中反对民族主义就是反对民族革命运动中的民族压迫和阶级压迫。就是要区别对待资产阶级所宣传的民族主义。就是看这样的民族主义到底是为了民族的利益还是为了资产阶级自身的利益,尤其是在民族主义旗号下掩藏的民族压迫和阶级压迫问题。为此,列宁专门批评卢森堡因为欠缺全球化发展的基本视域,所以在民族主义问题上有明显的错误认识。卢森堡偏狭于波兰的民族主义斗争,而忽视了大俄罗斯民族主义问题。就是只留意于民族内部的民族主义阶级斗争,而忽视了全球化时代民族范围以外的民族主义斗争。就是忽视了全球化视域下无产阶级革命中的民族压迫和阶级压迫。譬如说,无产阶级支持的民族革命本身还蕴含着"谋求本民族特殊地位的趋向"。波兰人民反对俄罗斯大民族主义就是反对民族压迫的正确选择和决策。就是波兰人民既要反对大俄罗斯的民族主义对波兰人民的民族压迫,也要反对本国的资产阶级借着民族主义的旗号压迫其他民族。②

---

① 《列宁全集》第二十五卷,北京:人民出版社 2017 年版,第 243 页。
② 《列宁全集》第二十五卷,北京:人民出版社 2017 年版,第 243 页。

也就是说，在全球化时代，任何民族革命都必然牵涉其他民族的无产阶级革命。无产阶级革命就是要区分这场斗争中的民族压迫和阶级压迫问题，而不是一般意义上的"否定民族主义"。更准确地来说，在世界普遍联系的全球化时代，无论是俄国还是波兰、犹太民族，他们的民族利益在无产阶级革命的历史进程中是完全一致的。

(三) 全球化视域下民族主义关涉要素

全球化时代，必须处理好民族主义与国际主义、无产阶级革命与民族自决的关涉性要素。民族主义与国际主义是全球化进程中两个不可阻挡又密切关联的历史潮流，二者的对立统一关系又直接关涉着各个民族的民族革命和无产阶级的社会主义革命。民族革命是阶级革命的前提、基础和准备，阶级革命是民族革命的升华和发展。民族革命是全世界无产阶级革命的关键组成，全世界无产阶级革命又是民族革命的基本要素。民族革命离开世界无产阶级要求自己的阶级民主、民族独立和民族自决，就是孤军奋斗、难以为继，而世界无产阶级革命离开民族独立和民族自决的民族革命又失去了自己最关键的革命阵地。如果民族无产阶级在自己奋斗的民主纲领中"删去民族自治这一条"，对世界无产阶级革命来说，就如否认民族自决斗争中没有阶级民主，"那同样是错误的"。[①]

1. 全球化视域下民族主义与国际主义

列宁指出，在全球化的背景下论及的民族主义，其背后是寻求民族独立、民族自决、民族平等的政治诉求和民族解放。而在民主民族革命蓬勃发展、世界历史体系全面重构的大舞台上，各个民族的关系出现了两个基本趋向：其一就是资产阶级推动的全球化进程，把全世界所有的民族都纳入到世界体系之后，残酷的帝国主义掠夺与殖民压迫促发了全世界被压迫民族的觉醒，被压迫民族都试图建立自己的民主民族政权，这是民族主义在全球化视域下的基本蕴涵。其二就是夺取和建立国家政权后的民族国家，在全球化的浪潮中展开和各民族之间的交往活动。这样的交往活动范围广泛，形式多样，旨在消除各个民族之间的文化隔阂，推动更有利于民族进步的世界体系的发展，这是全球化视域下国际主义的基本蕴涵。但无论如何，民族主义与国际主义这两种历史趋势既符合世界历史进程的基本规律，也符合世界各民族发展的基本需求。需要进

[①] 《列宁全集》第二十七卷，北京：人民出版社2017年版，第255页。

一步指出的是，这样的世界历史大趋势，其实是资本主义在全球化时代开拓推展的必然结果，也凝含着全世界范围内最深刻的民族矛盾和阶级矛盾。对无产阶级来说，这样的矛盾在全球化视域下会演化成如何对待民族主义和国际主义的问题。就是要在民族主义的立场上维护各个民族的平等尊严和利益，反对任何民族特权和压迫；在国际主义的立场上维护世界各个民族的完全的、彻底的阶级解放。

2. 全球化视域下阶级革命与民族自决

列宁指出，民族解放只有在阶级解放斗争的基础上才能彻底实现，也就是在全球化时代民族解放和阶级解放共步的革命运动。而民族解放和平等是世界范围内阶级解放和平等的重要内容和基础。为此，列宁明确地阐释了全球化时代无产阶级解放斗争的双重使命：反对一切民族主义，反对大俄罗斯主义；在民族平等的原则上推动民族独立和自决，更要推动全世界范围内的民族平等。在此基础上，尊重全世界每一个民族的自决权，推动世界各个民族的独立革命，是俄国无产阶级革命必须接受的历史使命、必须完成的历史任务，也是全世界无产阶级革命必须接纳的革命内容。这是全球化时代、世界普遍联系的大前提下，无产阶级革命和民族民主革命共为一体的时代内容。就是说，完成各个民族的团结合作以及展开对资产阶级的斗争，就是消除全世界资产阶级造成的世界各个民族之间的民族隔阂、民族矛盾、民族仇恨，实现世界民主的民族大团结，建立一个全世界无产者都能参与和共同生活的"跨民族的共同体"，这必将是全人类社会的共同价值选择。① 用列宁自己的话来说就是，建立起全世界无产者的"民族纲领"，在全世界无产阶级革命经验的基础之上，尤其是在俄国无产阶级革命的基础之上，建立全世界的"民族纲领"。这是在全球化的视域下、在世界普遍联系的基础上，无产阶级推动阶级革命和实现民族自决的内在关联。②

三、全球化视域下世界体系论

全球化视域下的"世界体系"，就是帝国主义时代的"世界体系"，也是帝国主义时代的资本主义。列宁论释了依附性和过渡性的"世界体

---

① 《列宁全集》第二十五卷，北京：人民出版社 2017 年版，第 288 页。
② 《列宁全集》第二十五卷，北京：人民出版社 2017 年版，第 288 页。

系",阐明了"世界体系"的盘剥本质和掠夺性结构,论证了"世界体系"中的民族觉醒与革命问题。在"世界体系"与民族问题上,"世界体系"关涉着民族问题和殖民地问题,"世界体系"的民族问题其实是世界性的问题,"世界体系"中亚非拉地区的民族解放运动掀起了历史进步的新高潮。在"世界体系"与社会主义的关系问题上,列宁指出,世界体系理论重心转向社会主义。社会主义成为世界体系的重要组成部分,世界体系为社会主义的发展提供了广阔的发展背景。

(一) 世界体系与帝国主义

在全球化时代,世界体系衍生的无论是殖民问题还是民族问题,抑或是无产阶级的革命问题,都是世界性问题。而这些问题的探讨和认识都必须在帝国主义"世界体系"的盘剥本质和掠夺性结构下予以思考,尤其是在全球化的视域下予以思考。在世界体系的基本架构下,民族问题扩展为殖民地民族解放运动问题,无产阶级革命扩展为世界社会主义运动问题。这是"世界体系"理论在全球化视域下拓展为时代的关键论题。在全球化的视域下,列宁将世界体系中的民族问题自然而然地衍生到殖民地民族的解放运动问题。这样的问题视域是基于全世界范围内的殖民地化状态,基于帝国主义国家对殖民地的残酷剥削和掠夺,基于世界两极分化的基本格局,更是基于殖民地民族觉醒后风潮云涌的解放运动思考的。总体来说,世界体系的运转,激发了极其尖锐的矛盾,最终导致全世界被压迫民族和无产阶级联合成集体力量。

1. "世界体系"依附性和过渡性特质

列宁的世界体系论阐释了世界历史进程推展到全球化阶段的基本认识,对全球化时代资本主义世界完成了一次整体性的阐发。列宁明确指出,资本主义国家已经成为极少数占尽先机的"先进国家",这些国家已经形成一个世界体系。全球化视域下,进入帝国主义时代的世界体系不过是帝国主义国家对全世界其他国家和民族展开"殖民压迫"和"金融扼杀"的政治经济金融体系。① 在列宁时代,世界体系的运转更需要在政治学的视域中予以认识。因为广阔展开的全球化时代,"金融政策"和"世界殖民政策"融为一体,成为帝国主义掠夺、剥削和压榨全世界

---

① 《列宁全集》第二十七卷,北京:人民出版社2017年版,第327页。

的"特殊时代"。① 这是一个两极世界的时代：一极就是帝国主义宗主国掌控着世界政治经济舞台的核心力量；另一极就是深受剥削控制的殖民地和半殖民地。列宁指出，在全球化时代，帝国主义国家掌控的垄断金融资本的扩张过程和维护以及保障这种扩张过程的国际政策是相适应的。在这个两极分化极为明显的时代，不仅仅是国家的两极分化，更是"殖民地国家"与"殖民地占有国"之间的对立分化。"殖民地国家""在政治上、形式上是独立的"，但在金融和外交领域被完全控制，沦落为帝国主义国家的"附属国"，这是全球化时代世界体系依附性的另一种展示。② 在这里，我们可以准确地把握出全球化时代世界体系运转的"依附性"关系和"过渡性"特征。

2. "世界体系"盘剥本质和掠夺性结构

世界体系就是殖民掠夺、资本盘剥、势力扩张。这一本质在帝国主义时代展现得淋漓尽致、暴露无遗。列宁指出，在全球化时代的世界体系，帝国主义不断开拓出自己势力范围，资本主义先前的经济上层建筑就会生长成"非经济的上层建筑"。这样的上层建筑就是为了进一步扩张帝国主义的金融政策和强化其意识形态，就是强化其"夺取殖民地的趋向"。③ 但所谓的帝国主义的殖民政策，就是残酷无情的掠夺政策；帝国主义的国家存在，就是掠夺本质的形式。这样的掠夺政策和掠夺形式由先前的殖民地和附属国转化为势力范围的占有，就是从先前的经济利益的掠夺逐渐转化到政治利益的控制。帝国主义国家和殖民地之间的剥削与压迫关系，转变成宗主国和附属国之间控制与被控制的关系。这是全球化时代帝国主义世界体系的盘剥本质和标志性结构。更为明确地来说就是，帝国主义国家的目的就是在自己的殖民体系中打造出一个维护其国际剥削、国际压迫、国际统治的世界体系。列宁明确指出，全球化时代，"世界体系"就是靠国家实力分割世界利益。而且就现实的实力而言，真正处在世界体系最高端的国家无非是几个"极少数富国"。④ 这里的形象论述阐明了帝国主义国家的盘剥本质及世界体系的掠夺结构。我们在这里看到的是一个完全不平等的国际秩序，一个完全不平衡的世

---

① 《列宁全集》第二十七卷，北京：人民出版社2017年版，第390页。
② 《列宁全集》第二十七卷，北京：人民出版社2017年版，第398页。
③ 《列宁全集》第二十七卷，北京：人民出版社2017年版，第397页。
④ 《列宁全集》第二十八卷，北京：人民出版社2017年版，第79页。

界体系。

3. "世界体系"中民族觉醒与革命问题

列宁指出,在世界普遍联系发展的时代,也就是在全球化浪潮席卷世界的时代,帝国主义控制下的世界体系已经完全沦落为一个极不公正、极不平衡、极为严重的两极分化的格局。世界上被剥削、被掠夺、被压迫的民族已经占到了全世界总人口的四分之三以上。帝国主义的残酷压榨和掠夺警醒了全世界的被压迫民族,使得被压迫民族的解放运动成为世界范围内的革命风潮。帝国主义战争激发了全世界范围内的民族解放革命。列宁同时也指出,作为全球化普遍联系时代中最先进、最革命的无产阶级,要让民族解放运动的风潮和世界社会主义革命风潮互相促动起来,使之成为改变旧的世界体系的核心动力,开辟出世界历史发展的新时代。民族解放运动是世界社会主义革命的前提。无产阶级应该把赢得民族独立和民族解放的力量视为社会主义革命的同盟军。因为他们都面对着自己共同的革命对象、革命的敌人。同样,民族革命只有和无产阶级革命联合起来,才能实现自己的民族解放。"全世界无产者联合起来"① 转变为"全世界无产者和被压迫民族联合起来"。② 时代的号召指引了全世界范围内无产阶级革命运动和民族解放运动的普遍实践活动,人类的社会历史进入"一个新阶段",这是人类文明的新纪元。③

(二) 世界体系与民族问题

列宁指出,随着全球化时代的不断展开,帝国主义国家之间的争夺只能越来越激烈尖锐,这是垄断资本主义运行的基本结果和模式。在世界体系的社会批判视域中,所有的民族问题最终转化为殖民地民族的解放运动问题。因为实现民族自决、赢得民族独立是所有殖民地民族最终的、唯一的选择和出路。马克思恩格斯在他们早期的革命生涯中非常关注民族的独立和解放问题,而且明确指出,无产阶级革命与民族革命相结合,这是具有世界历史进步意义的革命行动。民族问题的本质其实就是民族内部的阶级剥削和压迫,而且随着资本主义经济体系的扩张,最终演绎为世界范围的核心问题。列宁指出,十月革命可以为民族解放运

---

① 《马克思恩格斯全集》第四十三卷,北京:人民出版社1982年版,第485页。
② 《列宁全集》第四十卷,北京:人民出版社2017年版,第73页。
③ 《列宁全集》第二十七卷,北京:人民出版社2017年版,第406页。

动提供物质和精神支持，民族解放运动又能极大地拓展无产阶级革命的阵地，而全面觉醒的亚非拉民族展开的解放运动必将是全世界无产阶级革命的前夜。

1. "世界体系"的民族关系是剥削压迫关系

列宁认为，在全球发展不公平、不平衡的中心和外围结构的世界体系中，民族关系不过是国际范围内的剥削与被剥削、压迫与被压迫的关系。国际垄断资本家借助自己在全球政治、经济、军事、技术等诸多方面的优势，向资本输入国强制性输入资本，把所有的殖民地国家搁置在被奴役的境地，全面控制殖民地国家的国民经济体系，掠夺超额的垄断利润。国际垄断资本家还直接投资办工厂开公司设立银行，直接控制殖民地国家的国民经济。帝国主义国家的金融寡头和金融资本家依靠掠夺的大量超额垄断利润，输出商品、输入原料、扩大资金投放地、拓展商品倾销地。尤其是原料产地的控制和掠夺，使得殖民地国家和帝国主义国家之间变成彻底的剥削和被剥削、掠夺和被掠夺、控制和被控制的关系，尤其是全球范围内的对抗性关系。列宁指出："最新资本主义的基本特点"就是让整个世界最终变成"最大企业家的垄断同盟的统治"。而这样垄断同盟统治的存在目的无他，就是为了实现全世界范围内"所有原料产地"的"独自霸占"。① 这样，国际垄断同盟的统治有了更为深厚的物质基础，而且变得更加"巩固无比"。这就是全球范围内的统治基础，以及由此生成的全球范围的世界体系。不仅如此，国际垄断组织还极尽可能，打击和破坏一切竞争者带来的挑战，以此保证自己的全球性垄断控制。用列宁的话来说就是，它们不惜用"国家垄断法"来应对各种所谓的"意外事件"，维护有利于自己剥削、掠夺和控制地位的全球世界体系。总之，在列宁全球化的视域下，帝国主义时代"世界体系"的民族关系就是国际剥削和压迫关系。

2. "世界体系"的民族问题和殖民地问题

在列宁看来，全球化时代资本主义世界体系不过是"极少数'先进'国对世界上绝大多数居民实行殖民压迫和金融扼杀的世界体系"。这样的世界体系内，核心的问题就是民族问题、殖民地的问题。② 某种

---

① 《列宁全集》第二十七卷，北京：人民出版社2017年版，第395页。
② 《列宁全集》第二十七卷，北京：人民出版社2017年版，第327页。

程度上讲，这两个问题其实是一个问题，或者是一个问题的两面。民族问题是站在主体性角度上分析问题，殖民地是站在客体性角度上分析问题；民族问题是站在角色角度上分析问题，殖民地问题是站在地域角度上分析问题；民族问题是站在被压迫民族角度上的思考，殖民地问题更多是从压迫者角度上的思考；民族问题的核心是民族的独立，殖民地问题的核心是殖民地的解放。但无论是民族问题还是殖民地问题，都是全球化时代世界历史进程中展现的问题。从历史视域的角度分析，殖民地问题的生发远早于民族问题。因为，殖民地掠夺和殖民主义时代远早于民族自身的觉醒与独立。殖民地问题最初产生于资本主义的资本积累阶段和自由竞争阶段，是资产阶级为了开拓自己的商业资本活动而伴生的结果。甚至可以说，殖民地问题生发于全球化起步的时代。就是说，商业资本的垄断贸易带来了宗主国与殖民地之间的不平等交换，最后转变成一种暴力的劫掠，殖民地成为资本主义生存的外在基础。在资本主义上升的全球化时期，殖民地不过是资本主义生存的商品销售地、原料产地和资本投放地，是剩余价值的源泉。在帝国主义的全球化时期，殖民地成为帝国主义国家得以生存的势力范围，是帝国主义国家垄断利润的生息地。

3. "世界体系"的民族问题是世界性问题

民族问题在世界体系成为核心问题的时候，就是要真正地消灭民族问题的时候。而要达成这个目标，就必须消灭阶级剥削和阶级压迫。这样，人类社会的进步和解放成为人类命运的共同选择。"任何民族当它还在压迫别的民族时，不能成为自由的民族。"民族问题成为时代的焦点和核心问题，压迫民族和被压迫民族之间的矛盾已经尖锐到不可忽视的地步，民族解放运动不再是地域性问题、个别民族的问题，而是世界性的问题、全球性的问题。[①] 而民族解放运动和无产阶级革命运动共同书写了人类社会历史的新篇章。在列宁看来，因为全世界无产阶级的命运和全世界民族独立自决的命运是密切关联的。民族资产阶级的民族解放和无产阶级的阶级解放就可以在世界体系的舞台上实现共时态的联合。促成和实现"各民族和各国的无产者和劳动群众"的大联合，为了共同的"革命斗争"、为了"打倒地主和资产阶级而彼此接近起来。"当然，这

---

① 《列宁全集》第六十卷，北京：人民出版社2017年版，第162页。

种"接近"可以是联合,可以是合作,可以是共同的革命行动。"因为只有这种接近,才能保证战胜资本主义",是"消灭民族压迫和不平等的现象"①的根本保证,也是实现无产阶级革命的基本要件。

(三) 世界体系与社会主义

在世界体系视域下,列宁准确地阐释了俄国一国能否彻底建设成社会主义的基本思想。因为资本的存在是一种国际性和全球化的存在,是一种国际性和全球化的力量。由此决定的无产阶级革命也是国际性和全球性的。② 所以,对已经获得国家政权的苏维埃政府来说,"最大的历史课题就是:必须解决国际任务",实现一国革命向世界革命的转变。③ 总体而言,十月革命之后的俄国出现了革命任务及方向的转向,这样的转向也必然使得列宁在"世界体系"理论的阐释中实现了社会主义理论认识的转向。列宁明确指出,社会主义就是能接受"世界体系"的一切优秀成果,社会主义革命和建设任务只有在"世界体系"中才能完成。列宁甚至这样强调,作为时代的马克思主义者,真正的社会主义就是能够吸纳人类社会文明的一切成果,尤其是资本主义"世界体系"的文明成果。列宁进一步指出,世界上一切民族走上社会主义道路的方式"不会完全一样"。④ 需要指出的是,社会主义国家的民主形式、革命形态、发展形式、改造速度等等方面,都会显示每个民族自己的特点。⑤

1. 列宁"世界体系"理论社会主义转向

十月革命以后,随着革命形势的转变和布尔什维克党工作重心的转移,列宁阐释的"世界体系"也实现了重大的理论转向,就是从先前的世界无产阶级革命和殖民地民族革命问题转向社会主义革命和建设的基本问题。包括社会主义建设道路和方向、新经济政策实施和推进、社会主义电气化、社会主义工业化、社会主义合作化、一球两制、新时期资本主义国家和社会主义国家的和平相处、一国不能最终完成社会主义革命和建设的任务、东方社会理论和民族解放运动的关系、苏俄社会主义和"世界体系"联系的手段和途径等等。列宁指出,俄国社会主义革命

---

① 《列宁全集》第三十九卷,北京:人民出版社 2017 年版,第 164 页。
② 《列宁全集》第三十九卷,北京:人民出版社 1986 年版,第 347 页。
③ 《列宁全集》第三十四卷,北京:人民出版社 2017 年版,第 6 页。
④ 《列宁全集》第二十八卷,北京:人民出版社 2017 年版,第 163 页。
⑤ 《列宁全集》第二十八卷,北京:人民出版社 2017 年版,第 163 页。

的胜利仅仅是革命成功的第一步,夺取政权之后是巨大的、持久的、艰难的社会主义建设任务。社会主义如果没有在生产力水平、科技力量、经济基础、文化结构和精神信仰的层面上实现真正的社会主义,那就不是真正的社会主义,也不可能真正地建设社会主义。列宁进一步指出,布尔什维克的胜利是最初的胜利、夺取政权的胜利。无产阶级的建设工作才刚刚起步,"我们至多才获得一半的胜利",社会主义的革命和建设之路漫长而遥远、艰辛而光明。① 列宁指出,布尔什维克党和苏维埃政府将面对"另一半的、更艰苦的任务"——进行经济建设的任务。② 从国内角度讲,就是夺取政权之后的经济建设;从国际角度来讲,就是国际社会主义革命事业的一部分。③

2. 社会主义与"世界体系"的密切关联

列宁指出了全球化视域下世界普遍联系和全面交往的基本特质。资本的力量是全世界的,所以社会主义事业也是世界历史的事业;无产阶级的进步是全世界无产阶级的进步,而不是一两个或者几个国家无产阶级的进步。也就是说,列宁准确地把握了一条历史的脉搏:无论是社会主义革命还是社会主义建设,全球化发展的世界体系下,根本不可能离开资本主义的文明成果。更为准确地说就是,苏维埃俄国不和西方发达国家发生经济和科学技术联系就不能建设社会主义。④ 列宁指出,俄国的社会主义建设基本方略就是要充分利用资本主义世界一切文明的东西,并以此促进无产阶级政权建设。为此,在《论"左派"幼稚性和小资产阶级性》一文中,列宁指出,就俄国落后保守的经济基础和面貌而言,就无产阶级政权建设最初的基础而言:多种经济成分的并存、多种组织形式的运转、多种渠道借助人类文明的科技和文化成果,对"苏维埃共和国目前的情况"来说,是历史性的进步,而不是现实性的反动。⑤ 列宁甚至还依借"两半"社会主义来阐释和论证苏维埃的社会主义建设与资本主义世界的普遍联系。为了苏维埃俄国的社会主义建设事业,我们没有什么可以害怕的东西。布尔什维克党就是有足够的勇气和视野去探

---

① 《列宁全集》第四十卷,北京:人民出版社2017年版,第3页。
② 《列宁全集》第四十卷,北京:人民出版社2017年版,第6页。
③ 《列宁全集》第四十卷,北京:人民出版社2017年版,第3页。
④ 《列宁全集》第四十一卷,北京:人民出版社2017年版,第167页。
⑤ 《列宁全集》第四十一卷,北京:人民出版社2017年版,第195页。

索一切未知的领域，开拓一切最新的空间，利用一切可以利用的先进力量，才能真正打开通向社会主义康庄大道的引航灯盏。

3. 社会主义能容纳"世界体系"优秀成果

列宁明确指出，在苏维埃社会主义国家的经济建设进程中，离不开资本主义的文明成果。也就是说，离不开"世界体系"中的一切优秀成果。甚至可以说，苏维埃政府对"世界体系"中资本主义文明成果的吸纳和利用的程度，几乎决定着苏维埃政府社会主义国家经济建设的成功与否。这是一个典型的、在"世界体系"的视域下阐释和论证的社会主义发展路径。列宁还进一步指出，吸纳和接受资本主义国家人才和智力资源的重要性。如果没有资产阶级学术、技术、科学、生产、管理方面的专家来指导苏维埃进行自己的社会主义建设，发挥他们的专长，怎么可能奢谈建成社会主义呢？列宁还特别指出，俄国的苏维埃政府不但要在政治力量上形成一种战略均势，而且要善于利用这种均势。这种均势其实是"世界体系"在新的历史发展阶段——全球化发展阶段的一种态势。要让社会主义制度的优越性展示出越来越多的巨大动能，最终战胜资本主义。关于和平竞赛，列宁特别指出，和平共处必然造成和平竞赛的格局，苏维埃社会主义国家实力的增长，将极大地拓展社会主义的影响力，使社会主义制度受到全世界的广泛接受，这就是社会主义战胜资本主义的历史契机。因为，"一切民族都将走向社会主义，这是不可避免的。"[①] 也就是在全球化发展的视域中，在"世界体系"共存共在的前提下，在资本主义优秀文明成果的吸收和利用上，俄国苏维埃政府的社会主义国家走在了历史的最前列，列宁的思想可谓光照后世。

---

① 《列宁全集》第二十三卷，北京：人民出版社2017年版，第163页。

第十章　西方马克思主义理论诘难

　　西方马克思主义批判列宁的时代境遇不同、思想起点不同、时代语系不同。西方马克思主义展开的多维度否定和批判也蕴含着西方马克思主义和列宁主义的深刻争论：在哲学观上是"多元马克思主义"还是唯物主义一元论；在世界观上是主客体、启蒙、否定辩证法还是唯物辩证法；在实践观上是"实践一元论"还是"物质一元论"；在历史观领域是人本主义还是唯物史观；在认识论上是实践一元论还是唯物反映论；在政治观上是"真理的政治"还是阶级的政治；在民主观上是领导权、自觉意志、"替代性民主"还是无产阶级民主专政；在国家观上是国家社会主义还是社会主义国家；在理论特质上是社会批判理论还是马克思主义意识形态学说；在价值向度上是自我意识的行动哲学还是无产阶级的解放理论；在体系构筑上是整体性的社会体系还是金融资本的统治；在研究路径上是"重述列宁"还是"回到列宁"。基于西方马克思主义与列宁主义的关系学合理论析可以得知：西方马克思主义也不是列宁主义的完全并立物，西方马克思主义与列宁主义存在着互动促发的关联关系。

一、话语系迥异语境

　　"西方马克思主义"① 是 20 世纪二三十年代出现在西方社会历史舞台的重要思潮，是西方发达国家无产阶级革命寻找新的革命道路而演化发展的马克思主义分支和流派。从思想渊源、学理背景、理论关联等视

---

① "西方马克思主义"的提法首先是德国的柯尔施在 1930 年撰写的《〈马克思主义和哲学〉问题的现状：一个反批判》一文中首先提到的。梅洛·庞蒂在《辩证法的历险》中，在分析和批判所谓"正统的"马克思主义再次提及"西方马克思主义"的名称，以此出现了一种和其他马克思主义截然不同的马克思主义流派，西方马克思主义的说法及名称由此流传开来。

角上来讲,无论是第二国际的修正主义马克思主义还是西方马克思主义,无论是苏联东欧马克思主义还是中国化的马克思主义,都在马克思主义理论体系的背景下形成并立格局。二战以后的西方马克思主义站在全球化发展的大潮流背景下,以现代资本主义的高度发展和科学技术进步带来的巨大冲击为话语体系,试图在批判苏联东欧僵化教条的社会主义模式中寻找和论证出新的社会主义道路。一言以蔽之,西方马克思主义的历史贡献是不可抹杀的。系统的阐释、逻辑的演绎、精致的推理、多位的推进、整体的质疑、传统的批判、巨量的颠覆、体系的重构,使得西方马克思主义在马克思主义的理论阵营中,搭建了一座世所瞩目的理论大厦。在审视和借载列宁社会批判思想体系的课题上,西方马克思主义的历史回应、理论对峙、重大反响基本涵盖在批判、否定和颠覆的层面上,肯定和推进的内容很少。西方马克思主义普遍认为,列宁的思想不过是布尔什维克在自己残酷的政治斗争中,最终形成并发展起来的"特殊的""粗陋的"社会意识形态,是社会主义并不精致的发展模式。①

柯尔施就认为,西方马克思主义的出现先是因为发达国家的无产阶级革命家和思想家对西方式社会主义道路的新的探索,但更多则是因为对俄国无产阶级革命的历史回应。柯尔施明确指出:当马克思主义和列宁主义向西方发达资本主义国家传播的时候,首先面对的就是西方发达国家截然不同的革命形势、条件和基础,列宁的思想和卢卡奇及其他"西方共产党人"形成理论对峙,在共产国际内部出现"两种革命"理论的尖锐"碰撞"和思想的"直接交锋"。结果是西方的共产党人并不能对列宁和列宁主义表示自己内心的尊重。② 柯尔施提出了与列宁主义完全对立的革命性纲领。柯尔施直接认定,列宁的唯物主义是"没有一个人想认真地提出异议的观点"。问题在于这个思想是不具有合理性的。③ 列宁的哲学不是"评价过去、现在和未来各个科学发现的最高司

---

① 〔加〕本·阿格尔:《西方马克思主义概论》,北京:中国人民大学出版社1991年版,第126页。

② 〔德〕卡尔·柯尔施:《马克思主义与哲学》,纽约伦敦:每月评论出版社1970年版,第134页。

③ 〔德〕卡尔·柯尔施:《马克思主义与哲学》,纽约伦敦:每月评论出版社1970年版,第136页。

法权威",不是值得依赖的时代学说。① 帝国主义时代凝造的列宁主义,并不能满足现实斗争的需要,尤其是不能满足国际政治领域尖锐的阶级斗争的需要。② 列宁主义已经过时,西方发达国家的无产阶级革命必须探索自己的理论道路。但无论如何,对列宁主义来说,西方马克思主义则是它的另一个流派,是非主干的发展,二者对立统一的关系构成马克思主义发展史上的理论构架。

(一)批判的迥异境遇

西方马克思主义经历了从 20 世纪初一直到 20 世纪七八十年代的历史周期,经历了资本主义国家的战争、复兴和强大,亲历了科技理性给人类社会带来的伤害,更考证了苏联社会主义模式对世界产生的重大影响。总体来讲,列宁社会批判思想展示了十月革命的新风貌、新纪元、新时代,促动了马克思主义发展的新里程。而西方马克思主义确立了马克思主义的新的流派,展示了新的发展路向和模式,展示了发达国家背景下的无产阶级革命新态势。总体而言,列宁主义和西方马克思主义所处的时代境遇不同、面对的挑战任务不同、自然科学融聚的变革不同。

1. 所处时代境遇不同

西方马克思主义的发展周期很长,列宁的时代和西方马克思主义的时代虽有交叉但多有不同。列宁生活在帝国主义时代,无产阶级革命进入历史实践的时代。列宁面对的是成功的无产阶级革命实践,面对的是无产阶级革命的政权建设,以及社会主义的方向和道路问题。虽起点的时代接近,但西方马克思主义首先面对的是失败的无产阶级革命实践过程,彷徨无助的革命斗争和方向问题,以及俄国无产阶级革命的成功给西方无产阶级革命实践带来的巨大思想和实践冲击。列宁主义领导下的俄国无产阶级革命,从组织工人武装力量到夺取国家政权再到社会主义建设,列宁社会批判思想在时代进程中开拓了许多重大的理论课题,是站在西方发达国家无产阶级革命的对应历程中实现的深刻的自我批判和反思。

---

① 〔德〕卡尔·柯尔施:《马克思主义与哲学》,纽约伦敦:每月评论出版社 1970 年版,第 130 页。
② 〔德〕卡尔·柯尔施:《马克思主义与哲学》,纽约伦敦:每月评论出版社 1970 年版,第 119 页。

2. 面对挑战任务不同

就面对的挑战和任务而言，列宁主义不但要应对第二国际修正主义分子对马克思主义的篡改和修正，还要批判修正主义思想的哲学基础：新康德主义、马赫主义、主观社会学、唯意志论、实用主义、庸俗进化论等诸多资产阶级哲学流派。在无产阶级革命实践中，出现很多重大理论课题，面对很多不同的挑战，需要完成截然不同的历史任务，而且还要批判俄国的民粹主义、批判修正主义、批判帝国主义、批判机会主义、批判官僚主义，批判俄国革命和建设进程中形形色色的反马克思主义和伪马克思主义对俄国革命事业的诋毁和破坏。西方马克思主义发展的周期更为宽泛，所以批判的对象则更为广阔一些。意识形态的霸权、教条化的列宁主义、僵化的斯大林模式、列宁哲学的黑格尔倾向、苏联的人道主义灾难、法西斯的思想控制与恐怖统治、西方发达国家的工具理性和技术理性、西方发达国家无产阶级革命意识的销蚀等等，都是西方马克思主义批判的对象，也是西方马克思主义在不同历史时期完成的任务。

3. 科学融聚变革不同

列宁时代，物理学已经开拓了深刻的微观领域研究，获得了前所未有的进步，而且人类社会在电学、化学等诸多领域获得突破性的进展，为人类社会进入电气化阶段奠定了科学技术基础。自然科学领域的重大突破和成就不仅为人类社会的第二次工业化开辟了新的道路，更为无产阶级革命尤其是社会主义建设带来新的、重大的挑战。西方马克思主义不仅经历了列宁主义时代的变迁，更经历了列宁主义之后的时代变迁，尤其在二战结束以后，人类社会在自然领域取得了爆炸式增长，使得人类文明进入到第三次工业革命的发展周期。这样的变革带来的时代挑战、时代课题及时代任务截然不同。譬如说，列宁主义时代人类社会依然面临科学发展不足、技术进步缓慢等很多问题。但对第二次世界大战后的资本主义国家来说，人类社会已经触及到技术进步过快、工具理性对人性的扼杀等问题。这是西方马克思主义很多流派悉心思考的时代课题，而这样的时代话语已经超越了列宁主义的历史语序。

（二）批判的思想起点

西方马克思主义从诞生到发展，演绎了内在的逻辑进程，其思想理论的起点完全起自西方发达国家社会主义革命失败之后的深度省思。这样的自我批判和反思必然涉及如何看待列宁主义以及列宁指导的俄国无产阶级革命道路问题。但对西方发达国家的无产阶级来说，列宁主义没有社会主义革命的国际意义，它只是俄国革命实践的产物，而且充满了各种狭隘性。

1. 发达国家阶级革命失败的原因归结

列宁主义是"公式化"的马克思主义，列宁主义已经过时，这是西方马克思主义创始人在亲身参与发达国家无产阶级革命失败以后得出的结论。同时，卢卡奇、葛兰西、柯尔施等西方马克思主义者最先明确自己理论批判的对象，并对第二国际的修正主义展开严厉的批判，做出深刻的反思。在西方马克思主义初创者看来，工业化国家社会主义革命失败最大的原因就是第二国际修正主义者对马克思主义的可耻背叛、对资产阶级政权推行右倾的投降路线、对无产阶级革命道路的严重歪曲和破坏。但西方马克思主义在这时期也感染了左倾化的思想苗头。列宁对卢卡奇的左倾思想倾向进行了尖锐的批判：卢卡奇的马克思主义思想已经脱离了现实的路径，只是停留在口头上的思想，思想很左，实践会很坏，① 完全不符合无产阶级革命实践的要求和条件，是一种沉陷在理论激情的论调，不可能真正指导无产阶级的革命运动。在如何对待俄国革命经验的问题上，列宁指出，不能过度强调俄国的革命经验和道路，这不过是社会主义革命道路的一种形式，而不是普遍真理。过度强调一种革命形式和方式，无疑会犯左的错误，会给无产阶级革命带来不必要的损失。如果把俄国革命的经验"像神像一样地挂在墙角，向它祷告。这样做是得不到什么的"。这不是真正的马克思主义。② 但在事实上，西方马克思主义最终还是走上了无产阶级革命左倾思想的道路。

2. 西方马克思主义对十月革命的曲解

在西方马克思主义看来，俄国的十月革命就是一种"公式化"的革命，是对马克思主义革命的背叛。西方马克思主义者尤其没有意识到十月革命的国际意义，这一点列宁明确地予以阐释。十月革命的意义不是"按广义来说的"，而是"按最狭义来说的"。更为准确地来说，就是按

---

① 《列宁全集》第三十九卷，北京：人民出版社2017年版，第128页。
② 《列宁全集》第四十三卷，北京：人民出版社2017年版，第291页。

照俄国的情形展开的无产阶级革命形式。① 对西方发达国家的无产阶级来说，十月革命具有的启示意义和推动作用是不可忽视的。但俄国的十月革命只有在俄国这样特殊的政治、经济和文化背景下才能发生的革命，不可能对西方发达国家的无产阶级革命产生最直接的鼓动效应。因为任何国家和民族所展开的无产阶级革命都会有自己不同的形式。② 西方马克思主义者只是进行了一般意义上的批判和反思，并由此构成西方马克思主义的理论起点。列宁指出，从民主的形式到专政的类型再到道路的模式，无产阶级革命都具有自己的民族特色和民族印迹。真正的历史唯物主义绝对不会用清一律的"浅灰色给自己描绘这方面的未来"。从这个意义上讲，西方马克思主义既没有在实践中取得突破性的革命成果，也不可能在理论上获得重大成就。反过来也成立，西方马克思主义"在理论上更贫乏，在实践上更可笑的了"。这是完全不负责任的理论推敲。③ 在西方马克思主义者看来，列宁主义是"特殊的粗陋的社会主义模式的意识形态"。④ 但对马克思主义来说，列宁社会批判思想是马克思主义发展的新的理论形态。

（三）批判的时代语系

科莱蒂在"实证主义马克思主义"视野下认定，列宁主义只能完成俄国革命的指导，对现代西方发达国家的无产阶级革命来说，列宁主义已经完全"过时了"。马尔库塞指出，列宁完全低估了资本主义的经济活力、政治潜力，时代所限使他不可能认识到资本主义的自我复活能力和重生能力，更不可能认识到新的历史时代无产阶级地位的变化。从这些问题来看，列宁主义"在事实上拒不从新情况中引出理论推论"，这不但是错误的，而且是倒退的。"列宁主义全部发展的特征"使得自己已经完全走出了历史的视野。这样的理论指导下的革命必然发生历史的错误，这是对列宁主义的全盘否定。列宁指出，十月革命在全世界范围内的"重演"也存在着深刻的历史必然性，二者是密切关联、深刻相同

---

① 《列宁全集》第三十九卷，北京：人民出版社2017年版，第5页。
② 《列宁全集》第二十八卷，北京：人民出版社2017年版，第163页。
③ 《列宁全集》第二十八卷，北京：人民出版社2017年版，第163页。
④ 〔加〕本·阿格尔：《西方马克思主义概论》，北京：中国人民大学出版社1991年版，第132页。

的。① 这是它的特殊意义和具体意义，也是它的普遍意义和国际意义。但列宁从来不否认每个国家和民族在走社会主义道路问题上的多样化选择和模式。列宁特别指出，马克思主义基本理论的运用，"只是总的指导原理"的运用，而不是具体的运用。② 这是马克思主义一般的方法论意义。卢卡奇在《列宁》中论述到，列宁和马克思在对待自己理论的运用态度上是一样的。"列宁从来没有把受时间、空间限制的狭隘的俄国经验一般化。"他只是以他"天才的洞察力直接认识到我们时代的基本问题——探讨革命——在它初次出现的时间、空间"——就是关于俄国革命成功经验的适用的范围。③ 没有谁会否认时间和空间也是变化的，列宁对革命问题的一般阐释在不同的时间和空间里是变化的。

1. 工业化国家革命低潮的产物

从现实的基础和条件而言，"西方马克思主义"是西欧无产阶级革命遭受挫折并进行深刻反思的理论成果。俄国的十月革命取得胜利相比对西欧发达国家工人运动的失败，形成了巨大的反差。这是西方发达国家马克思主义理论家和革命家试图思考和解决的问题。但随着人类历史进步的幅度远远超出思想和理论的把握尺度，发达国家的工人运动彻底陷入低潮，西方马克思主义者不得不蛰回书斋，沉湎于自己脱离实践进程的理论自说状态。需要指出的是，西方马克思主义最先反对第二国际修正主义理论对资本主义的妥协、让步、保守和消极态度，并要求在理论和实践上积极推动工人阶级的革命运动。但是，第三国际强制要求其他国家和民族的无产阶级照搬照抄俄国的革命道路和革命方式，这也成为西方马克思主义批评的对象和内容。西方马克思主义结合本国的实际情况，在吸取其他国家基本经验和教训的基础之上，阐述了西方发达国家的工人阶级运动，论证了社会主义道路和方向，提出了不同于传统认识视域的无产阶级革命战略和策略。从总体性革命到意识形态革命再到领导权革命等等都是其理论成果。最初的西方马克思主义基本理论和列宁主义并不是对抗性的，而是差异性的表现。但随着革命的实践进程，西方马克思主义和列宁主义在共同的方向和道路上反而是渐行渐远。西方马克思主义甚至走上了和列宁主义完全对抗甚至敌对的路径。很多思

---

① 《列宁全集》第三十九卷，北京：人民出版社2017年版，第1—2页。
② 《列宁全集》第四卷，北京：人民出版社2013年版，第161页。
③ 〔匈〕卢卡奇：《列宁》，坎布里奇：马萨诸塞理工学院出版社1917年版，第19页。

想家完全否定列宁主义，认为列宁主义不过是单纯俄国革命环境的产物，没有任何国际意义。列宁主义是"在俄国的特殊的经济和社会状况中"共有"物质根源"上形成的理论体系，是列宁自我认定的"唯物主义哲学"，它不能"回答今天需要的革命无产阶级哲学"问题，① 它是僵化的、教条的和公式化的思考模式。

2. 马克思主义探索的历史驱动

20世纪五六十年代是西方马克思主义发展的高潮时期。批判资本主义的技术理性、批判极权社会主义、省思僵化的社会主义模式、探索西方发达国家的社会主义道路、反对共产主义革命运动中的个人崇拜等，促成了西方马克思主义的深度发展。这个时期的西方马克思主义出现了一种倾向：就是把斯大林模式、极权社会主义的根源归结到列宁和列宁主义。西方马克思主义者认为，列宁主义只关注物质基础的建设、更注意经济基础的决定作用而忽视思想文化建设，忽视人民生活的基本需要。西方马克思主义批判列宁主义只讲求集中制而忽视民主制的建设，关注了制度的集中而忽视民众的民主要求，法制建设要求被破坏，个人崇拜现象严重，官僚主义盛行，社会体制严重抑制了人民群众的主动性和积极性。在推动社会主义革命运动过程中以及处理民族关系中推行霸权主义，破坏了民族关系和社会主义国家之间的关系。在建党原则上，卢森堡重点批评民主集中制只有集中没有民主的原则。柯尔施等人也批评了列宁的建党学说和无产阶级专政学说。柯尔施则强调社会主义发展道路和模式的普遍性和特殊性辩证关系。列宁明确指出，每个民族的历史条件、经济结构、文化层次、生活方式、思想水平等等都有自己的特点，也由此决定了社会主义道路的不同特点。② 在探索社会主义新的建设道路的问题上，列宁指出，俄国苏维埃的革命道路和形式"不改变工人国家的实质"，但"社会主义建设的方法和形式"是完全可以选择的，也是可以改变的。列宁坚持了社会主义道路探索的普遍性和特殊性原理的结合。以此来看，西方马克思主义既有理性和合理性的认识，也有严重的背离和歪曲。

---

① 〔德〕卡尔·柯尔施：《马克思主义与哲学》，纽约伦敦：每月评论出版社1970年版，第130页。

② 《列宁全集》第二十八卷，北京：人民出版社2017年版，第163页。

3. 人道主义价值观的源导与外引

人道主义是西方哲学流派的主流价值观，在西方具有深厚的、源远流长的历史、文化、社会和人文背景。《1844年经济学哲学手稿》发表以后，几乎在学界掀起一股人道主义马克思主义的思潮。西方马克思主义者几乎把《手稿》奉为经典，坚持认定这才是马克思主义的真谛所在。在深受人道主义思想理念熏陶的西方马克思主义者看来，因为历史渊源的引导、因为革命实践活动的失败反思外引，他们坚持认定，异化和人本主义问题才是马克思主义研究和思考的实践课题。弗洛姆就认为："如果不根据马克思早期著作中所发挥的人的概念，就不能了解他的社会主义观和他对资本主义的批评。"人道主义既是批判资本主义社会的理论基点，也是他们评价和论析马克思主义本身的理论依据。这些学者不但借此批判资本主义社会对人性的扼杀和抑制，揭露资本主义社会的技术和制度对人的严重压迫，尤其是系统化、科层化、官僚化的社会结构造成人的畸形发展、人的尊严丧失等后果。人道主义理论依据也成为西方马克思主义学者攻击社会主义的模式和污蔑列宁主义的理论支点。① 这是西方马克思主义反对列宁、反对列宁主义的内在导引。

4. 脱离工人革命实践的自然结果

就从理论缔造的主体来看，西方马克思主义的理论群体主要是脱离实践生活、被资本主义文化氛围深深熏陶的专业理论家和哲学教授。他们的思维、论点、偏重、嗜好、倾向性，无一不可能对俄国的社会主义

---

① 异化问题和人本主义问题只是马克思哲学视域的一个阶段，甚至在他本人的思想进程中几乎没有留下太多的历史痕迹。思想走向成熟和广阔天地的马克思和马克思主义从来没有在异化问题和人道主义问题上停留过，更没有纠结过。只是因为遗留手稿的挖掘与发现、后人的高度推崇，又契合西方思想文明的人道主义价值观根基，才使得该问题成为马克思主义思想史和发展史上的重大理论课题。需要指出的是，异化问题和人道主义问题依然是马克思主义哲学史上需要研究思考的问题。就列宁而言，其本人并没有看到马克思的"三大手稿"，也没有更多地关注过人道主义问题。但就其马克思主义思想的发展过程中，自然而然地涉及对人道主义问题的思考、认识和态度。在捍卫马克思主义的科学权威上，列宁曾经明确地批判了民粹主义的"一般人性"，批判了娜伦·托尔斯泰"不抵抗主义"中渗合的人道主义思想，批判了考茨基的"纯粹民主"，他们都是俄国资产阶级人道主义思想的代表。列宁对人道主义持坚决批判的态度也能看出，列宁非常重视社会主义、集体主义价值原则及社会主义条件下的"人人为我，我为人人"关系原则的研究和贯彻。这里能看出列宁对人道主义思想的科学考察。所以，简单粗暴地将列宁主义和人道主义进行分割和对立，这是不合适的，也是不科学的。

革命家列宁和列宁主义产生偏执偏见——对列宁的哲学普遍持批评态度，否定列宁的唯物主义，否定列宁的辩证法，否定列宁的认识论，否定列宁提出的哲学党性原则。他们认为，列宁哲学的存在恰恰是"布尔什维克政治斗争""证明"。① 总体而言，对列宁的哲学批判首先是因为哲学家和教授们缺少对《唯物主义和经验批判主义》和《哲学笔记》历史背景的彻底分析，严重夸大论著中存在的缺陷，拒绝思考列宁思想的发展过程，忽视对其理论的具体阐释。尤其是缺少对列宁思想动态的、系统的、整体的研究，而是采取一种断裂式的、板块状的、一般性的批判。最终让自己对列宁思想的批判陷入片面性的分析中。甚至有学者制造《唯物主义和经验批判主义》与《哲学笔记》之间的矛盾和对立关系，使得列宁的思想最终陷入完全的割裂状态。西方马克思主义的个别流派割裂列宁哲学与黑格尔哲学之间的对立统一关系，并以此批评列宁哲学所谓的"形而上学性"。但无论如何，其最重要的视点就是脱离了列宁主义践行的具体的社会历史进程，是脱离具体的物质实践进程的高谈阔论，是典型的书斋言论。

二、多维度否定批判

西方马克思主义对列宁主义展开多维度否定和批判的同时，也展示了全面的争论：在哲学观上是"多元马克思主义"还是唯物主义一元论；世界观上是主客体、启蒙、否定辩证法还是唯物辩证法；在实践观上是"实践一元论"还是"物质一元论"；在历史观领域是人本主义还是唯物史观；在认识论领域是实践一元论还是唯物反映论；在政治观上是"真理的政治"还是阶级的政治；在民主观上是领导权、自觉意志、"替代性民主"还是无产阶级民主专政；在国家观上是国家社会主义还是社会主义国家；在理论特质上是社会批判理论还是马克思主义意识形态学说；在价值向度上是自我意识的行动哲学还是无产阶级的解放理论；在体系构筑上是整体性的社会体系还是金融资本的统治；在研究路径上是"重述列宁"还是"回到列宁"。

（一）多元马克思主义与唯物主义一元论哲学观交错

西方马克思主义的多元论更多是通过对马克思主义的否定性认识来

---

① 〔加〕本·阿格尔：《西方马克思主义概论》，北京：中国人民大学出版社1991年版，第132页。

完成的。在西方马克思主义的多元化视角中，马克思主义的存在本身就是多元的。以此，列宁哲学中关于世界观与方法论的统一性体系、唯物论和辩证法的统一结构、自然观与历史观的统一性形态，完全都是不成立的推定。列宁非常强调马克思主义哲学及马克思主义的一元论和整体性存在。列宁是哲学党性原则的首倡者，但在西方马克思主义者看来，这是绝对不成立的哲学独断论，是强行扣在每一个哲学思想体系上的意识形态的帽子。在西方马克思主义那里，多元论是哲学的生命，是哲学思想争论、交融、碰撞、吸纳、进步的基础，"多元论的马克思主义"是西方马克思主义的生命线。列宁关于哲学党性原则的明确阐释，指出了马克思主义哲学的一元论特性。① 在马克思主义的创始人那里，虽然没有哲学党性原则的直接论释，但其内在的一元论蕴涵则是毋庸置疑的。

1. 多元马克思主义话语体系

马克思主义的整体性存在是一种神话，是一种理论呓语。从葛兰西到马尔库塞再到列斐伏尔，从存在主义到实证主义再到结构主义，没有多少西方马克思主义的思想家想论证马克思主义思想体系的整体性构成。而且把这样的批判准星对准了列宁。列宁关于马克思哲学是"一整块钢铁"的说法，阿尔都塞就明确指出太"过于轻率"，是很肤浅、很不负责的说法。事实上，这样的结论也不符合马克思主义哲学的基本构成。列斐伏尔也指出："我尽可能把马克思主义说成四分五裂"的思想体系，他甚至否认马克思主义的存在。"我甚至否认马克思主义这个名称"。葛兰西认为，马克思主义一元论核心蕴涵不过是关于"对立物的同一性"存在和辩证关系。② 这样的一元论可以展示为唯物和唯心的对立统一，也可以是辩证法和形而上学的对立统一、世界观和方法论的对立统一、自然观和历史的对立统一等。但问题是，这些对立统一是不存在的，都是马克思主义哲学自己强加的认识。所以，在西方马克思主义看来，列宁认定的"一整块钢铁铸成的马克思主义哲学"更是不成立的。③ 在西方马克思主义者看来，多元化的存在可以形成各派观点的争论和对抗，

---

① 《列宁全集》第十八卷，北京：人民出版社2017年版，第350页。
② 〔意〕安东尼奥·葛兰西：《狱中札记》，曹雷雨译，北京：中国社会科学出版社2000年版，第372页。
③ 中央编译局编：《列宁专题文集 论辩证唯物主义和历史唯物主义》，北京：人民出版社2009年版，第112页。

这是马克思主义理论发展的活力。所以，从人道主义到存在主义、从精神分析学说到分析主义、从结构主义到实证主义，从新康德主义到新黑格尔主义，都是马克思主义时代发展的理论构成，马克思主义的丰富和时代进步也来自此处。从思想的基本进路来看，西方马克思主义的各种流派最终走向了合流态势，在新的时代节点上实现了科学主义流派和人文主义流派的趋同。

2. 唯物主义一元论坚决捍卫

无产阶级哲学和无产阶级关于"物质武器"与"精神武器"的论说，恰好是马克思主义唯物一元论的坚守。① 在列宁看来，马克思主义是唯物的辩证的一元论整体。但西方马克思主义不这样认为，他们制造了大量的理论对立：马克思和恩格斯的对立，早年马克思和晚年马克思的对立，恩格斯自身思想的对立，列宁和马克思的对立，列宁自身思想的对立等。这些所谓的对立论无论成立与否，本身就是西方马克思主义理论多元化的折射。而且，西方马克思主义还试图在自己的多元论中实现唯物主义和唯心主义的统一。但无论是他们的"主客体统一"还是"主体能动性"，他们最终的思想落点还是徘徊在物质和意识的边界难以自圆其说。西方马克思主义就是想通过自己"非阶级""非党派""非党性"的哲学体系实现一种哲学的统一。为此，列宁早就阐释了对这一问题的认识：真正的马克思主义者要有清醒的判断，对待一切思想和理论的态度是：注意它，利用它，批判地对待它。同时，不放弃自己完整的和确定的世界观。这就是马克思主义辩证法，一分为二，具体问题具体分析，既不会匍匐在资产阶级科学面前，又不放弃自己的哲学立场和阶级立场，但又能科学地、准确地、理性地对待它的进步和价值。列宁指出，在捍卫马克思主义的整体性上，马克思主义者就像对待"客观真理"的追求勇气，绝不会掉进历史上和实践中所有"反动谬论的怀抱"。这是马克思主义哲学坚守一元论的底线。②

3. 哲学党性原则多元论回击

准确地来说，哲学党性原则是从恩格斯关于哲学基本问题的阐释中演绎出来的。作为意识形态的存在形式，哲学的对抗从来都是唯心主义

---

① 《马克思恩格斯文集》第一卷，北京：人民出版社2009年版，第17页。
② 《列宁全集》第十八卷，北京：人民出版社2017年版，第341页。

和唯物主义、辩证法和形而上学之间的斗争而已。唯一不同的则是不同的时期、不同的关注点、不同表现形式而已。哲学党性原则的提出及捍卫，展示了马克思主义哲学唯物一元论的核心立场，捍卫无产阶级革命理论的意识本质，是欧洲十八世纪以来唯物主义哲学的传统结晶，是 19 世纪以来哲学基本问题斗争的概括总结。在帝国主义掠夺和控制全世界的时代，如果放弃哲学的党性原则，尤其是拒绝接受哲学阵营中的无产阶级和资产阶级意识形态的划分，那几乎意味着放弃自己的阶级立场、放弃无产阶级革命的理想和目标。而第二国际的修正主义思想家们恰恰是这么做的。放弃原则，没有界限的思想结合与嫁接，使"真理的理论"实现"超越党派的斗争"。这正如伯恩施坦喊出的"回到康德去"的口号，试图用康德主义"补充"马克思主义。马赫主义者试图让马赫主义与马克思主义"结合一体"。维·阿德勒坚持认为，只有"马赫主义的认识论"指导下的唯物史观才有历史价值和理论价值。俄国的孟什维克分子尤什凯维奇认为，现代人类社会需要的是虽然平常，但却是调停的哲学，而不是充满攻击性、暴力意识和血腥色彩的马克思主义哲学。自称"马克思权威"的考茨基公开袒护新康德主义和马赫主义，声称只有新康德主义才能让自己获得思想上的进步。可以看出，列宁阐明的哲学党性原则也是捍卫无产阶级革命纯洁性的自然结果，体现了哲学领域的所有对抗和斗争。①

(二) 主客体、启蒙、否定辩证法与唯物辩证法分野

西方马克思主义的重要分支法兰克福学派在唯物辩证法的基础上衍生出启蒙辩证法和否定辩证法。这充分表达了西方马克思主义对辩证法批判性的张扬和拓展。这种批判是全方位、多层面的。从修正主义的马克思主义到传统的马克思主义，从苏联的社会主义到后现代化的资本主义，这样的批判是深刻的，也是值得我们理论赞许的。列宁进一步指出，唯物辩证法并不完全否认渐进的中断，并以此实现对认识过程、认识规律及认识特质的深刻把握，这一点要比庸俗进化论、形而上学和机械唯物主义好得多。列宁指出，认识世界运行变化发展的内在联系，没有唯物辩证法的指导，就不可能把握从量变到质变的转化过程，不可能理解认识是渐进性过程和飞跃性过程的辩证统一。"没有飞跃，渐进性是什么

---

① 《列宁全集》第十八卷，北京：人民出版社 2017 年版，第 371 页。

也说明不了的。"① 当然，没有渐进性，飞跃性是不存在的。二者的对立和统一才是我们认识世界并改造世界最基本的立足点。发展是什么？发展不是重复，尤其不是低水平、低层次、低阶段的反复。发展是对立统一规律在事物内在深处的演绎。这既是唯物辩证法的核心，是逻辑学演证世界的过程，更是认识论的要素。所以，辩证法、逻辑学和认识论，在列宁那里第一次得到最完美的结合。

1. 主客体辩证法非难和批判

在西方马克思主义者布洛赫那里，列宁的辩证法思想是他首先要予以批判的思想对象。布洛赫坚持认为，辩证法的全部内容不过是人类社会创造的自为世界的主客体关系本身。很明显，布洛赫要用自己的主客体辩证法代替马克思主义的唯物辩证法。在布洛赫的主客体辩证法视野中，他首先把批判的准星对准了恩格斯的自然辩证法。他批判恩格斯的自然辩证法是掩盖和遮蔽了人的主体性价值的荒谬错误。而列宁的错误就在于将辩证法教条化、僵硬化、格式化，这是列宁主义走向谬误的世界观和方法论起点。布洛赫说，在列宁那里，辩证法"变成一种具有僵硬的固定的规划和规定的普遍的'世界观'和普遍的方法"。② 为此，布洛赫提出自己的主客体辩证法，就是要祛除辩证法的"本体论基础"和"形而上学的性质"，实现唯心主义和唯物主义的统一，最终实现主体性的张扬。其实，布洛赫是打着"回到黑格尔"的旗号回到了真的黑格尔，反而把马克思主义的唯物辩证法重新颠倒为黑格尔的唯心辩证法。③ 主客体辩证法那里只需要辩证法的主体性和主体存在。但最终的结果是：主客体辩证法成为真正的形而上学。为了张扬哲学世界观中的主体性，后马克思主义者拉克劳和墨菲在自己的结构主义立场上得出结论：现代辩证法就是要批判自由资本主义政治的无能，并在此基础上张扬社会的主体性价值，展示社会主体的主体性存在。

2. 启蒙辩证法和否定辩证法批判

西方马克思主义展示了从启蒙辩证法到否定辩证法的反本质主义逻

---

① 《列宁全集》第五十五卷，北京：人民出版社 2017 年版，第 103 页。
② 〔德〕恩斯特·布洛赫：《主体——客体：对黑格尔的解释》，柏林：韦尔莱出版公司 1951 年版，第 489 页。
③ 〔德〕赫伯特·马尔库塞：《理性与革命——黑格尔和社会理论的兴起》，程志民译，重庆：重庆出版社 1993 年版，第 89 页。

辑体系。他们需要张扬的是个体性的存在，显示被唯物辩证法、被马克思主义、被社会主义制度、被后现代资本主义的技术理性所抑制、所侵蚀、所碎片化的主体价值和主体意义。这样的批判路径就是从卢卡奇的总体性理论到主体性价值，到法兰克福学派主体性辩证法，然后到后马克思主义的主体性存在宣示。而且，葛兰西以自己的"合理辩证法"对唯物辩证法实现了一次全面的、系统的、整体的主体性阐释。在葛兰西的实践哲学视野中，人的主体性只有在人的实践活动中才能得到最全面的展示，这也是人的主体价值在唯物辩证法的溶解，更是唯物辩证法在人的主体性中实现了最合理的诠释。启蒙辩证法把卢卡奇的"总体性"作为辩证法思考的基本原则，把葛兰西的"合理性"作为辩证研究的思想前提，其目的就在于最直接地反对与主客观辩证法相统一的自然辩证法。无论是否定辩证法还是启蒙辩证法，它们哲学视野中的人类社会历史进程是属于主体的、更是属于主体性的。先有主体才有客体，先彰显主体性才能挥发客体性，这样的前提和基础才能涉及主体与客体的统一，主体性与客体性的结合，而不是唯物辩证法或者是自然辩证法相反的结论和认识。无论是霍克海默和阿多诺的启蒙辩证法所张扬的人对自然的征服和控制，还是阿多诺的否定辩证法对主客体辩证法的深度反思，其主旨都是在否定性的视野上寻求社会发展的主体向度而明确反对客体存在的控制本质，但都在总体性上追寻一种深度的主体性批判。

3. 庸俗进化论对唯物辩证法指责

斯宾塞提出的庸俗进化论本质上就是将自然界的进化论衍生到社会历史领域。斯宾塞认可从自然界到社会历史领域的变化和发展，但他认定人类社会历史的变化和发展只有量的过程，没有质的飞跃。而且，社会历史进程的基本动力是外力作用而不是内力作用。在庸俗社会进化论的基础上，斯宾塞得出进一步的结论：所有的社会变革都是对社会历史的巨大破坏和伤害，而不是推动和进步；包括无产阶级颠覆和推翻资产阶级政权的革命行动，那不是人类社会进步的阶梯，而是带来社会的分化、解体甚至崩溃的行径。斯宾塞的政治和社会主张非常明确，就是人类社会的进步不能依靠暴力血腥的革命运动，而是要依靠"完全不可能察觉的阶段"，推行温和缓慢的改良，实现社会的进步。这种改良主义的观点极受第二国际修正主义分子的欢迎。列宁认识到庸俗进化论观点对无产阶级革命带来的危害，对斯宾塞这种充满形而上学格调的言论进行了深刻的批判。列宁指出，无论是斯宾塞本人还是修正主义分子，都掉进了在"哲学上把科学庸俗化的泥潭里"，他们的目的只有一个，那就是"用'简单的'和平静的进化论，去代替'狡猾的'和革命的辩证法"①。这里有一个非常明确的理论问题，就是从世界存在的基本特质和状态问题转向世界存在运行变化的本质问题。对于马克思主义哲学来说，斗争对立面由机械论转向庸俗进化论，这是无产阶级革命运行到实质性阶段的真实展示。

4. 唯物辩证法是世界观之门锁钥

唯物辩证法是真正能为无产阶级革命运动打开世界观之门的锁钥。在马克思恩格斯阶段，马克思主义的研究和思考重心是本体论和实践论，但在列宁阶段则是认识论。这是马克思主义发展史上的时代需求，也是无产阶级革命运动的理论与实践课题。无论西方马克思主义各个流派如何批评抵触，大张挞伐，但都不能改变马克思主义指明的人类社会的光明前途。在列宁时代，要论释认识世界过程中的基本范畴和规律，尤其要证明认识对象自身的、内在的、发展的机制，要说明事物的联系、发展、变化都是对立面的对立和统一。而这一点，恰恰是西方马克思主义要么忽视、要么抵触、要么反对的。因为这是马克思主义应对庸俗进化论、对抗全部形而上学挑战的理论内核。在列宁看来，阐明认识过程中唯物辩证法的基本规律，是理解辩证法的核心，是辨别两种世界观的标尺，是无产阶级打开自己世界之门的钥匙。列宁在认识论方面的深刻揭示和论证既是对马克思主义发展的必然选择，更是时代的使命使然。恩格斯曾明确说过，无论是马克思还是他本人，对他们所面对的时代及敌人来说，首先要做的或者是必须完成的时代任务，就是揭示唯物辩证法的客观性和普遍性问题，并阐明其科学的世界观价值的实践意义。正是基于时代的使命，列宁成为马克思主义时代发展最合适的接棒人，这也是列宁能首次论证并提出对立统一规律是辩证法的核心、明确论证辩证法诸规律之间的内部联系等理论的深刻原因，并为马克思主义的认识论开拓了新的空间和领地。

（三）实践一元论与物质一元论实践观扭结

实践哲学、存在主义、法兰克福学派等诸多学派都倡导和坚持"实

---

① 《列宁全集》第十七卷，北京：人民出版社2017年版，第13页。

践一元论",并以此来对抗马克思主义的"物质一元论"。在"实践一元论"的视野中,世界既不是物质的也不是意识的,而是实践的。世界运行的本质及统一性既不是唯物主义的物质性,也不是唯心主义的精神性,而是他们明确宣布的实践性。"实践一元论""就是在具体历史行动中的对立统一",就是组织化和历史化的"'物'与人所改变了的自然不可分割地联系在一起的具体意义上的人的活动",① 这样的活动既是历史的也是精神的。这是西方马克思主义"实践一元论"最具代表性的观点。所以,在"实践一元论"的视野中,唯物主义的反映论不过是一种"照相理论",是一种消极、被动、无为的客观反映。反映论就是"顺从主义",是"东方集团的官方的无稽之谈"。②

1. 西方马克思主义实践一元论

西方马克思主义者明确宣示:他们所坚持的绝不是马克思主义者的唯物主义一元论而是自己的实践一元论。虽然很多西方马克思主义者从来没有放弃自己宣称的唯物主义和马克思主义的基本立场,但他们就是要提出和马克思主义物质观和实践观截然不同的观点以示不同,更示超越。就是说,人类认识世界和改造世界的起点不是马克思主义者宣称的"物质",而是他们所发现和论证的"实践"。因为在"实践一元论"的哲学视野中,无论是人还是自然,无论是精神还是物质,无论是肉体还是灵魂,无论主体还是客体,都不过是人类实践的要素而已。实践可以实现二元分裂要素的完全的、彻底的、最终的统一,这是"实践一元论"的最终目的。在"实践一元论"看来,"实践"是应对从物质观到实践观二元分裂的思想武器,"实践"是实现世界统一的基础,"实践"和实践活动才是人类社会的起点、认识的起点。在这样的认识视野中,实践上升到本体论的地位,认识论问题实现"本体论"化,哲学的基本问题将不复存在,哲学基本问题的争论自然毫无意义。就是实践性取代物质性的时候,就是"实践一元论"取代物质一元论的时候。西方马克思主义者提出"实践辩证法"或者是"社会实践辩证法"来代替马克思主义的唯物辩证法,然后演变出"主客体辩证法""合理辩证法""历史

---

① 〔意〕安东尼奥·葛兰西:《狱中札记》,曹雷雨译,北京:中国社会科学出版社2000年版,第54页。

② 〔德〕西奥多·阿多诺:《否定的辩证法》,张峰译,重庆:重庆出版社1993年版,第81页。

辩证法""人学辩证法""启蒙辩证法""否定辩证法"等,来对抗马克思主义的唯物辩证法。而上述的所有看法都奠基在"实践一元论"的认识基础之上。在这些自以为消解了二元分裂和二元对立的思想观点坚持看来,辩证法不过是来自人和人自身的活动,绝不是外在世界的客观活动。辩证法绝不是"我们所不知道的什么超个人的集合体"。① 辩证法在这里实现了个人化、主体化、活动化和精神化,哲学基本问题的争论没有了,物质、存在、客体、对象、客观性都是哲学"术语上的面罩",世界统一在人自身的实践活动中。

2. 马克思主义物质一元论

在"物质一元论"的基础上,马克思主义者创立属于自己的科学实践观。实践既是物质和意识对立存在的前提,又是实现二者统一的中介。"革命的实践"就是体现为环境的外在性与人的内在性是一致的,就是环境的外在改变和人的内在活动具有一致性。② 列宁指出,在黑格尔那里,实践成为客观世界向主观认识以及真理过渡的环节。但在马克思那里,实践是认识的标准,是检验认识的标准,也是认识科学性的标准。从这一点看,马克思的观点和黑格尔是相近的。列宁的阐释既能达到批判黑格尔实践认识的唯心主义本质和真理认识的形而上学的基调,还能准确地把握马克思主义实践观的基本环节——实践的环节、认识辩证发展的环节,也就是客观真理不断走向真理认识的过程。这本身就是实践的环节、认识的环节。人们在自己的实践活动中获得认识,在实践中检验认识。这样的认识本身又具有客观现实性和客观的力量、真理的力量,这也是思维的彼岸性存在。③ 实践具有先决的现实性,内含着巨大的物质力量,而人的思维和认识尤其是真理性的思维和认识,必须和这种现实性及力量结合起来,才能获得真理的认识。在马克思主义实践观的根本原则和理论的基础之上,列宁也阐释了自己对实践观的基本认识。列宁指出,实践就是一个过程,这其实也是马克思主义认识论的基本原则。列宁坚决批判了马赫主义的实践观,捍卫了马克思主义客观的、物质的"一元论"实践观。在列宁看来,实践就是恩格斯在《自然辩

---

① 〔法〕让·保罗·萨特:《辩证理论性批判》,林骧等译,合肥:安徽文艺出版社出版1998年版,第131页。
② 《马克思恩格斯文集》第一卷,北京:人民出版社2009年版,第500页。
③ 《马克思恩格斯文集》第一卷,北京:人民出版社2009年版,第504页。

证法》论及的"自在之物"转为"为我之物"的过程。列宁在《唯物主义和经验批判主义》中也一再强调:实践的前提和基础就是"物体是不依赖于我们的知觉而存在着的",① 实践就是"'自在之物'变成'为我之物'"。"为我之物"又深刻地反映了"自在之物"。② 这就是辩证唯物主义的"物质一元论",既是我们认识的源泉问题,又是我们认识的结果。③

三、关系学合理论析

西方马克思主义对原生态的马克思主义展开广泛的反思和校正。思想的立足点不同、理论追求的目标不同、研究的路径不同,使得西方马克思主义和列宁主义出现了极大的理论分野。从这个视角来看,西方马克思主义是列宁主义的对立物。其实西方马克思主义并不是列宁主义的对立物,西方马克思主义只是展示了自己的批判性存在。西方马克思主义不是列宁主义的完全并立物,而是非整体性、非本质性的、非历史性的系统认知,非形态性、非全局性、非实践性的思想体系。总体而言,西方马克思主义的"非传统性"思想路径需要转变,列宁主义的"非完整性"需要时代的应对及拓展。

(一)西方马克思主义非对立性存在

西方马克思主义在马克思列宁主义那里,到底是一个什么样的位置,我们到底该如何看待这个问题,这是一个重大的理论课题,也是一个重大的现实问题。在马克思列宁主义认识定位的单线论思维中,西方马克思主义就是对立性的存在。单线论思维坚持认定,马克思列宁主义的发展是马克思、恩格斯、列宁、斯大林等人开拓的发展形式,除此之外没有任何其他形式、任何派别、任何支脉,而且把马克思列宁主义严重教条化,如有质疑、诘难、反对、批评、批判,那就是马克思列宁主义的敌人和对立物,就是反马克思主义的资产阶级言论,这是极为荒唐的。

1. 西方马克思主义旧属性范畴

如何看待西方马克思主义旧的属性范畴,无论是国内还是国际基本

---

① 《列宁全集》第五十五卷,北京:人民出版社2017年版,第520页。
② 《列宁全集》第十八卷,北京:人民出版社2017年版,第98页。
③ 《列宁全集》第十八卷,北京:人民出版社2017年版,第101页。

有两种观点。其一就认为西方马克思主义不属于马克思主义的基本范畴，是科学共产主义的敌人，是无产阶级革命运动必须予以反对的对象。就其理论本质而言，西方马克思主义是马克思列宁主义的对立物，是修正主义马克思主义、伪马克思主义、反马克思主义理论体系，本质上是资产阶级和小资产阶级的思想言论。某种程度上讲，这是一种极为僵化、教条、保守、充满阶级意识形态阵营划分的狭隘性看法。经过近一个世纪的发展、延续、变形及拓展，无论如何，西方马克思主义已经赢得了自己完全独立的思想地位、政治影响力和文化存在，成为马克思主义不可分割的支流和分派。即便纳含着对资产阶级革命的谄媚言论，但其本身就是西方发达国家工人阶级寻找自身解放和发展道路的思想理论体系。是诸如苏联东欧马克思主义、中国特色马克思主义都可以借鉴学习的内容，也是我们今天必须予以科学面对的思想和理论集群。当然，这个庞大的理论集群还需要很多科学的、系统的、严谨的研究和分析，这是另外一回事。另一种观点认为，西方马克思主义与马克思主义是并列的。这是一种右倾化的、冒险的、夸大的、谄媚式的言论和结论。这种言论或者是结论无疑是对西方马克思主义的另一种极端化倾向。其实就是大肆美化西方马克思主义，甚至有贬低和排斥马克思列宁主义的做法，这是偏颇的，是不可取的。

2. 西方马克思主义批判性展示

就列宁主义而言，它既是马克思主义发展的新阶段，也是时代际遇下世界无产阶级革命运动的理论升华，更是全世界社会主义革命和建设实践的总结；它产生、形成、发展的思想过程，本身就纳含了世界各国无产阶级革命运动的民族形式和民族内容。从这一点讲，西方马克思主义虽然严重诋毁列宁主义、极力反对列宁主义、否定苏联社会主义模式、制造大量列宁主义的对立物，但其立场和批判特质是马克思主义的，理论动机是无产阶级的，奋斗目标是共产主义的，价值体系是人类社会的最终解放。也就是说，西方马克思主义不是列宁主义的对立性存在。更为准确地来说，就是列宁自己也在各种情景下论及了无产阶级革命道路和方式的统一性和多样性的问题，这恰恰是列宁主义探索和推进马克思主义的优秀成果和科学认识。由此也可以看出，列宁主义是苏联东欧社会主义道路的基本模式，是马克思多样性发展的时代成果。据此，这里最合适的科学态度就是：西方马克思主义不是马克思主义偏颇化的宗派，而是一直关照列宁主义、一直批评和批判列宁主义的存在对象，是西方发达国家马克思主义的支流和派别，是社会主义道路探索的时代理论成果，是国家社会主义道路的基本模式。西方马克思主义不在马克思主义之外，而是身在其中，也深在其中。

（二）西方马克思主义的非完全并立

西方马克思主义对列宁主义极尽质疑和批驳之能事，但西方马克思主义不是列宁主义的完全对立物。更准确地来说，西方马克思主义以马克思主义为自己的理论起点，以批判和质疑列宁主义为现实起点。列宁主义为西方马克思主义展示了全新的无产阶级革命图景，这一点是西方马克思主义做不到的。西方马克思主义并不是列宁主义的完全对立性存在。列宁主义在西方马克思主义的视野中是非整体性、非本质性、非历史性的系统认知，是非形态性、非全局性、非实践性的思想体系。所以，西方马克思主义不是列宁主义的完全并立物。

1. 非整体性、非本质性、非历史性系统认知

列宁主义的核心要素是阐释帝国主义时代的无产阶级革命问题。列宁揭示了帝国主义的本质，论证了无产阶级在这个时代的革命道路、方向、策略、手段及同盟军等诸多问题，制定了资产阶级民主革命向社会主义革命转变的战略、策略和方针，提出并亲身践行了社会主义在一个或者几个国家首先胜利的理论，同时也论述了社会主义不可能在一个国家彻底建成的思想。总而言之，列宁主义就是列宁领导布尔什维克党和俄国人民走上社会主义道路的革命和建设理论。其最伟大的理论和现实意义在于——列宁不仅缔造了列宁主义，而且践行了自己创造的理论，尤其成功地完成了自己的理论目标。西方无产阶级在探寻革命道路和革命方式近百年的历史过程和逻辑过程中，从来没有一套完整的、系统的、有效的革命理论和革命策略。西方发达国家的无产阶级革命在这些层出不穷的革命理论中摇来摆去，不知所从，最后只能让马克思最期待的无产阶级革命发生的领地基本停摆了无产阶级革命斗争。无论是他们的文化领导权还是意识形态斗争的争夺，无论是异化论还是人本主义，都没有将西方发达国家的无产阶级从资产阶级的压迫中拯救出来。发达国家的无产阶级不仅没有唤醒他们所谓的阶级意识，实现一场自我意识的觉醒，反而沉陷于麻木和迟钝之中，基本放弃了大规模的、有组织的、整体性的斗争和革命。这即便不是社会发展程度的不成熟，也是组织程度

的不成熟，也完全可以说是自己理论体系发展程度的不成熟。借助社会历史的浪潮以及科学技术的飞速进步，西方马克思主义对资本主义的很多批判和认知可谓剥皮见骨、入木三分，给马克思主义的发展带来很多真知灼见，但不是整体性的、本质性的、历史性的。从这个意义上来讲，西方马克思主义不是列宁主义的完全并立物。

2. 非形态性、非全局性、非实践性思想体系

从思想立意的高度、理论具备的形态可以看出，列宁主义是在马克思主义科学世界观和方法论的基础上探索和延伸的，具备马克思主义整钢的全部构架，是完整、系统、全局性的科学认知体系。无论是列宁的代表性言论还是理论创新的程度，很多都是革命性的、决定性的、划时代的，是被历史和现实已经证明的马克思主义发展新阶段。相比较西方马克思主义的派别林立，体系如云，人物星集，观点奇异，理论葳蕤，思想繁杂，矛盾百出，竞相纷呈，一场场热闹繁盛的理论饕餮和思想盛宴，但最终留在历史舞台上可以当作历史启动力量的几乎没有。这样的理论地位、作用和影响力，是很难作为马克思主义的科学形态而立于马克思主义的思想阵营的，西方马克思主义只能是马克思主义的支脉和流派。这和列宁主义科学形态产生的地位、作用和影响力不可同日而语。从实践性的角度分析，西方马克思主义和列宁主义也不在同一个基点上。列宁主义成功地缔造了人类社会历史上第一个社会主义国家，指导了俄国无产阶级革命的伟大实践，推动了世界范围内的社会主义革命运动。这是列宁主义实践性的直接展示。西方马克思主义理论表面上无论多么繁荣昌盛、情致盎然，却经不起任何真正的实践性检测。可以说，西方马克思主义思想的阵地上埋着一批又一批的理论先驱，一批尚未倒地，另一批就迫不及待地等待入场，然后一批踩着一批的尸身走在世界思想理论阵地的最前列。但当思想和理论的喧嚣沉积之后，热闹的世界舞台上什么也没有，只有成套的思想体系摆在书斋等待后人的研习、解读和学习。西方马克思主义者不是真正的革命家和政治家，打造不出具有时代性的实践理论，无论掀起多么大的理论思潮，都不可能引领发达国家的工人阶级走向新生。他们几乎都是书斋里的教授和理论工作者，学院式的学术研究和象牙之塔的理论摆布不具备全局性和实践性，这是西方马克思主义的最大缺陷。这不是可以和列宁主义完全并列的思想体系。

(三) 西方马克思主义与列宁主义互动促发

西方马克思主义与列宁主义之间需要互动促发。西方马克思主义的"非传统性"思想路径需要转变，列宁主义的"非完整性"需要时代的应对及拓展。列宁主义是社会主义革命道路上的领航灯，是无产阶级革命时代的一面旗帜。但它遭受了西方马克思主义极为尖刻的批判，甚至是全盘性的否定。但某些时候，这样的批判也是深刻的，是我们需要警醒的理论点。就是说，西方马克思主义者对列宁及列宁主义的很多批判是很具有参考价值和思想借鉴意义的。就是说，真正愿意继承和发展列宁主义的马克思主义者需要一种开放性的心态和视野。

1. 西方马克思主义"非传统性"路径转变

西方马克思主义是一个非常泛化的思想阵群，某种程度上是具有浓厚的地域性色彩划分的马克思主义支派，是西方发达国家为背景缔造的工人阶级革命理论，是全球化浪潮基础上的时代产物，这样的时代性特质是其最鲜明的理论蕴涵。西方马克思主义从经济学和政治学的理论阵地转向心理学、哲学、社会学、文化学和人类学的思想阵地，自然只能具备这些理论学科的文化特质，必然失去经济体系变革的意义和政治制度改造的价值，让自己号称的最前沿的革命理论越来越偏离革命的前沿。还有就是西方马克思主义者放弃了马克思主义最基本的阶级意识和阶级视角，转向泛阶级化的、混同阶级化的、非阶级化的、大众阶层化的思考和讨论，最终让自己离开无产阶级的革命领地走向无限泛化以至虚化的领地，失去了自己所能依靠的社会力量。某种程度上可以这样说，走了已近百年的西方马克思主义有时候不知道在为谁说话，也不知道谁站在他们的后面，这样无论说了什么、说了多少就相当于没说什么。这就是西方马克思主义的"非传统"路线，是严重偏离马克思主义理论和认识路线的马克思主义。但总体而言，西方马克思主义有人文主义和科学主义的分野，但又有互相融合的态势，又有被后马克思主义取代的景象。在西方马克思主义那里，可贵的理论探索和原则性的错误相结合，方向性的迷失和转折性的思考相交错。

2. 列宁主义"非完整性"时代应对及拓展

真正的马克思主义者需要一种博大而广阔的胸怀去看待对列宁及列宁主义的批判。他山之石可以攻玉，这就是我们对西方马克思主义的尖刻批判应该持有的态度。哲学观领域到底是"多元马克思主义"还是唯物主义一元论？世界观领域到底是主客体、启蒙、否定辩证法还是唯物辩证法？实践观领域到底是"实践一元论"还是"物质一元论"？历史观领域到底是人本主义还是唯物史观？认识论领域到底是实践一元论还是唯物反映论？政治观领域到底是"真理的政治"还是阶级的政治？民主观领域到底是领导权、自觉意志、"替代性民主"还是无产阶级民主专政？国家观领域到底是国家社会主义还是社会主义国家？在理论特质上是社会批判理论还是马克思主义意识形态学说？在价值向度上是自我意识的行动哲学还是无产阶级的解放理论？在体系构筑上是整体性的社会体系还是金融资本的统治？时代论领域到底是和平与发展还是战争与革命？在主体论领域到底是历史人物还是人民群众？在斗争观领域到底是议会斗争还是暴力革命？在研究路径上是"重述列宁"还是"回到列宁"？马克思主义者对于西方马克思主义和列宁主义之间的关系，要从基本原理、个别结论、社会基础、思想渊源、理论特点、逻辑进程、普遍意义、民族特点等诸多方面进行分析比较，以推动列宁主义的深度研究和创新。这是针对现代资本主义的新锐变化、现代科学技术的飞跃进步给列宁主义带来的巨大挑战而言的，这也是马克思主义者面对的刻不容缓的时代性任务。更为准确地来说，列宁主义的"非完整性"需要时代应对及拓展。

第十一章 西方"列宁学"理论批判

20世纪60年代以来,西方学界逐渐形成一个新的学术思潮——西方"列宁学"。就是以列宁生平、列宁著作及列宁主义为研究对象的非统一非学科性学派。和"马克思学"一样,西方学者"虽然自称是进行'纯粹的''学术研究'",但在现实的背景和事实上的理论拓展,都基本倾向于质疑、批判、否定,包括全面地否认列宁思想的科学性和合理性。① 西方"列宁学"试图表达一种非意识形态的中立性研究,但事实上都对列宁的思想坚持一种近乎顽固的、意识形态的全盘否定态度。他们否定列宁、否定列宁主义、否定列宁主义是马克思主义发展的新阶段,否定列宁是马克思主义在新的历史时期的继承人。西方"列宁学"由于流派众多,参与人物太过复杂,相互的观点常常龃龉抵牾,很难界定为一个严谨、一贯、统一的学派。所以,西方"列宁学"的专家们都是抽取列宁著作和学说中的观点,理论视域辐射不仅有列宁还有列宁同时代和异时代的理论和人物关系,研究范围圈及列宁所有革命活动的范围,但基本都是通过否定列宁最后否定与列宁有关的一切。西方"列宁学"辐射的时间广度已达半个多世纪,但西方"列宁学"的很多观点也不乏客观公正、深入其理的研究分析。祛除西方"列宁学"潜伏表里的意识形态偏见和政治立场的仇视,我们完全可以解读到很多极具批判性的思考和富有创见性的学识。这就成为我们研究、发展和推动列宁主义的他山之石,其深彻的学术价值和启示意义不容我们忽视。

一、西方"列宁学"总体性阐释

某种程度上来说,20世纪60年代在西方国家流行的西方"列宁

---

① 黄颂杰主编:《现代西方哲学辞典》,上海:上海辞书出版社2007年版,第470页。

学",是顶着地域分划的学术帽子,其实是充满意识形态争夺的范畴;是打着研究列宁主义的旗号,其实是否定列宁主义的学术流派;是借助哲学和社会学一般原理的阐释和研究,其实是展示深具阶级阵营分划的价值宣示。西方"列宁学"源起复杂,流派众多,内容极为庞大博杂,阶级性质极为鲜明。西方"列宁学"源起于卢森堡批评列宁的组织原则;包括第二国际修正主义者的责难与否定;西方"列宁学"生成是"冷战"时期意识形态斗争的产物。西方"列宁学"的流派包括西方"列宁学"中的资产阶级思想家,托洛茨基追随者,"卢森堡学"分支,西方"列宁学"中的西方马克思主义学者,西方"列宁学"中的独立学者等。西方"列宁学"的主要内容包括制造列宁同马克思的对立,制造列宁同卢森堡的对立,制造"两个列宁"之间的对立。西方"列宁学"不外乎资产阶级和小资产阶级学术派别两种性质。

(一)西方"列宁学"源起生成

卢森堡批评列宁的组织原则成为西方"列宁学"的起点。列宁强调集中,更强调民主的意义。当然,卢森堡的批评动机也许是出自对俄国革命的真诚关切,却引发了一个不良的理论开端。其后,西方"列宁学"不断引证卢森堡的观点,为该学派的出场提供了理论契机。第二国际机会主义发难是西方"列宁学"的理论来源。列宁领导的社会主义国家革命,经历了资本主义经济大危机及第二次世界大战的严酷考验之后,成为社会主义大家庭的核心角色,建立了以苏联为首的社会主义阵营。阵营的对抗和冷战成为世界格局维系近半个世纪的主调,而西方"列宁学"就是这场旷日持久的意识形态斗争的产物。

1. 卢森堡批评列宁组织原则成为西方"列宁学"起点

列宁曾多次详尽地阐述了无产阶级政党的组织原则。但这个高度概括的、民主集中的、强调统一的党组织原则受到马尔托夫和托洛茨基的责难。而卢森堡应孟什维克的约稿,在新《火星报》撰文批评列宁的组织原则就是"布朗基主义"、专制主义、集中主义。卢森堡认为,社会民主党的纪律完全不能延续资本主义国家带来的陈旧历史规程,因为那本身就是腐朽的、落后的、难以让人容忍的纪律"束缚"。无产阶级政党的纪律应该是自由的、自觉的、自愿的,而无产阶级革命政党要做的恰恰就是打破旧的历史进程中延续的这个充满"奴役性"的"纪律精神"的辖制和约束，① 废弃这种"看守精神"就是无产阶级政党在新的历史阶段的历史任务。② 列宁指出，卢森堡没有真正地把握出党的民主集中制的蕴涵，她只是在宣扬表面和肤浅的东西。列宁指出，在俄国的布尔什维克党内推行民主集中制，就是"讨论自由，行动一致"；"通过决议，提出异议，才能形成我们党的真正舆论"。③ 这是党的民主集中制的真实展现，也是在党内推行普遍民主的有效措施。④

2. 第二国际机会主义发难是西方"列宁学"生成来源

列宁领导俄国的十月革命胜利以后，不但在政治和军事上受到了国内反动势力的围攻，也同时在理论的合法性和实践的合理性上受到第二国际反动思想家们的污蔑。修正主义分子和机会主义者考茨基、鲍威尔就是始作俑者。他们发动激烈的批判，尤其反对列宁通过暴力手段夺取革命政权的做法。机会主义分子也认为，列宁的专制主义理论实践是一个严重的政治错误。不仅如此，共产国际的极左派分子也不甘寂寞，参与进这场充满污蔑和诽谤色彩的批判潮流。这些极左派穷尽各种手段和方式，试图在列宁主义的思想体系中寻找出从哲学世界观、方法论到无产阶级专政政权的各种错误，然后将这些认定的"错误"混同于考茨基主义，一起推到所谓的无产阶级革命的对立面予以反对。列宁过世之后，托洛茨基又大肆攻击列宁的个人生活和革命生涯。无论是第二国际修正主义分子的污蔑还是共产国际极左派的攻击，都成为60年代以后西方"列宁学"攻击列宁革命生涯、污蔑列宁主义和布尔什维克专政的口实。他们大肆挖掘和发挥各种类似的理论材料，并作深度的发挥，成为其否定列宁主义的思想佐证。

3. 西方"列宁学"是冷战时期意识形态斗争的产物

冷战期间，以美国为首的西方阵营重金支持大学教授、研究所、智库、社会机构、民间团体对社会主义阵营展开舆论和思想围攻，通过各种手段，支持意识形态领域的力量对苏联为首的社会主义阵营展开大范围的污蔑，支持各种反动势力在学说、思想、理论、文化、价值等领域

---

① 《卢森堡文选》上卷，北京：人民出版社1984年版，第505页。
② 《卢森堡文选》上卷，北京：人民出版社1984年版，第508页。
③ 《列宁全集》第十三卷，北京：人民出版社2017年版，第63页。
④ 《列宁全集》第三十九卷，北京：人民出版社2017年版，第205页。

展开全方位的歪曲。这样，无论是马克思主义指导下的社会主义道路还是列宁开创的苏联模式、社会主义制度，无论是列宁的个人生活还是他的革命生涯，尤其是列宁主义理论，都成为西方"列宁学"展开攻击的标靶。可以说，资产阶级的御用学者成为这场意识形态斗争的主力军。需要指出的是，斯大林过世之后，赫鲁晓夫对斯大林的全盘否定成为西方"列宁学"围攻列宁和列宁主义的促发性条件。在意识形态对抗极为激烈的冷战背景下，赫鲁晓夫的"秘密报告"被公开以后，那些深怀反共恶意的资产阶级意识形态专家们如获至宝，并借此在全世界的舆论范围内掀起新的反攻高潮。赫鲁晓夫对斯大林的否定几乎直接引发了西方"列宁学"对列宁和列宁主义的围攻和否定。可以说，赫鲁晓夫的"秘密报告"给予西方"列宁学"为首的思想界和理论界以反动口实和材料，这是一场行为及后果极为恶劣的事件，是西方"列宁学"生成的外部条件。

（二）西方"列宁学"流派分支

西方"列宁学"时间跨度很长，参与的群体和相关的思想家、理论家、学者非常之多，构成成分极为复杂，形成一个庞大的理论集群。这个集群的流派大致可以分为五大类：西方"列宁学"中的资产阶级思想家、托洛茨基的追随者、"卢森堡学"及其分支以及卢森堡思想的冒名者、西方马克思主义部分专家学者。这个庞大的理论集群形成一个合力：那就是在马克思主义的发展史上，制造列宁和其他马克思主义经典作家的对立，包括列宁思想的对立，并对列宁及其思想展开全面批判和否定。

1. 西方"列宁学"资产阶级思想家

这是西方"列宁学"成分最为复杂的一部分。其中最主要的构成成分就是考茨基和鲍威尔为代表的修正主义分子及其追随者，他们大肆反对列宁主义、否定十月革命、污蔑社会主义革命道路、攻击共产国际。尤利乌斯·布劳恩塔尔在1967年撰写出版的《国际的历史》中，直接篡改第二国际的历史事实，将第二国际分裂的历史责任推到列宁的头上，而且认定列宁领导建立的共产国际是造成第二国际分裂的直接后果。社会改良主义者泰罗在其1960年出版的《传统的自由主义，马克思主义和二十世纪》一书中认为，列宁就不是真正的马克思主义者，列宁对马克思主义的背叛意味着他所领导的革命是对社会主义事业的扭曲。还有一部分就是本为国际共产主义运动的革命者、共产党员和理论工作者，因为各种各样的原因投奔到资产阶级阵营的分子。这些变节分子投奔到资产阶级的阵营以后，因为其熟悉无产阶级革命背景以及对列宁主义有了深度了解，使得他们很快就变成了围攻马克思列宁主义和共产主义的中坚力量，受到资产阶级国家政府的大力支持。代表人物有巴拉巴诺娃、博克瑠和阿夫托尔汉诺夫，代表性著作有《回忆和经历》《列宁印象记》《世界共产主义：共产国际史》《共产党组织》《党治制的由来》等等，这些著作产生了极大的影响，成为资产阶级阵营反动行径的思想成果，并大受追捧。还有一部分就是资产阶级政府自己豢养的作家、教授和文化工作者，还有一部分逃到西方发达国家"避难"的反动白卫分子，还包括像戈尔特、潘涅库克这样的西方极左派。他们受到资产阶级国家政府的大力支持，利用大学的研究所、各种研究机构和理论平台，大肆污蔑和攻击列宁主义。

2. 西方"列宁学"托洛茨基分子

西方"列宁学"中还有以托洛茨基为代表的共产主义革命运动中的叛逃分子。托洛茨基在列宁过世之后，撰写了大量的著作和文章，大肆污蔑和攻击列宁和列宁主义。托洛茨基的言论及思想成为托派"列宁学"的构成成分。他的追随者以罗伯特·丹尼尔斯和鲁塞尔·布洛克为代表。罗伯特·丹尼尔斯颠倒黑白、混淆事实，宣称托洛茨基的"不断革命论"才是真正的马克思主义革命理论，是全世界无产阶级应该接受的思想体系。而且污蔑列宁是托洛茨基的继承人，是"不断革命论"的发展者。列宁在自己领导的无产阶级革命实践活动中悄悄地采纳和沿用了托洛茨基的"不断革命理论"。这是一个毫不掩饰的理论谎言。[1] 也正因为此，罗伯特·丹尼尔斯得出结论："不断革命论"是正确的。托洛茨基指导的无产阶级革命"行动是正确的"，实践是可行的，它是列宁革命理论的重要来源。[2] 鲁塞尔·布洛克在其1975年出版的《列宁反对斯大林主义的斗争》一书中指出，列宁关于反对官僚主义的思想完全来自托洛茨基。鲁塞尔·布洛克坚持认为，列宁既没有看到布尔什维克党内出现的官僚主义倾向，也没有意识到苏维埃政府在推动社会主义建设

---

[1] 〔美〕罗伯特·文森特·丹尼尔斯：《革命的良心》，高德平译，北京：北京出版社1985年版，第71页。
[2] 〔美〕罗伯特·文森特·丹尼尔斯：《革命的良心》，高德平译，北京：北京出版社1985年版，第73页。

事业中出现的官僚主义倾向。而这些意识的觉醒和反官僚主义思想的成熟，完全来自托洛茨基的启示和理论铺垫。①

3. 西方"列宁学""卢森堡学"分支

卢森堡是一位共产党员，坚定的无产阶级革命家，也是一位颇有理论建树的思想家。但她反对列宁的很多思想观点，被她的拥趸做了进一步的发挥和拓展，最终成为西方"列宁学"中的重要支派。代表人物有保尔·弗谢利希、保尔·列维、伊林·费切尔、巴索等人。卢森堡严厉批评列宁党的组织制度和民主集中制思想中"极端的和无情的集中主义"。指出列宁的集中制使得苏维埃所有的"一切组织"都变成"它的执行工具"。② 这种集中制充满"密谋主义的"色彩，"布朗基密谋集团"的组织运作形式，在列宁集中制的幌子下，其机械性组织原则在俄国的无产阶级革命运动中完全复活。③ 伊林·费切尔也说，我们可以从列宁的建党理论得出确定无疑的结论：无产阶级所有具有重大政治决定性的论断都可以"从'科学社会主义'理论引申出来"。然后就是党借着"劳动群众的阶级利益"代表的名义发号施令、掌控权力，并在任何一种名义上作出自认为正确的决定，而且以此确定"对工人阶级、对革命、对社会主义的背叛并对之进行迫害"。伊林·费切尔得出结论：列宁主义及列宁主义下的制度能产生危害及危险，而罗莎·卢森堡是所有人中最清醒的一个，她准确地看清了列宁革命制度蕴藏的"危险"。④ 在罗莎·卢森堡拥趸的推动下，她对列宁的批判被西方"列宁学"引申为经典言论，并成为整个学派的理论开启者。

4. 西方"列宁学"西方马克思主义学者

相当一部分西方马克思主义者也成为西方"列宁学"流派中的中坚分子。无论是二三十年代西方马克思主义的发起人卢卡奇和柯尔施，还是二战后极为活跃的结构主义马克思主义者阿尔都塞和科莱蒂，他们都借助其哲学思想阐释分析列宁主义的构成成分，他们对列宁及列宁主义

---

① 〔法〕莫西·莱文：《列宁的最后斗争》，哈尔滨：黑龙江人民出版社1983年版，第151页。
② 《卢森堡文选》上卷，北京：人民出版社1984年版，第501页。
③ 《卢森堡文选》上卷，北京：人民出版社1984年版，第504页。
④ 中央编译局国际共运史研究室编：《国际共运史研究资料（卢森堡专辑）》，北京：人民出版社1981年版，第199—200页。

的批判成为西方"列宁学"的有机组成部分。卢卡奇和柯尔施在批判第二国际修正主义分子的思想分野中阐释了对列宁的批评。在他们看来,第二国际修正主义的出现完全因为列宁思想上的"左派"幼稚病导致的。列宁哲学思想中的"庸俗唯物主义"是列宁政治思想错误的根源。在柯尔施看来,依据无产阶级革命斗争展示的时代要求为据,列宁主义明显展示了自己不"充足的理论表现"。而问题的根源就在于列宁充满意识形态格调的唯物主义斗争哲学,这套思想体系已经不能满足时代的革命要求,完全不能作为"革命的无产阶级哲学"。① 科莱蒂等人甚至宣称,列宁是一个不折不扣的黑格尔式的唯心主义者。科莱蒂其中之一的依据就是,列宁对黑格尔关于上帝的各种命题毫不在意。以科莱蒂为代表的西方马克思主义者被冠之以"新马克思主义"的头衔,而且不断吸纳西方"马克思学"和西方"列宁学"中的各种思想观点。而这一西方马克思主义流派的最大特点就是借助马克思主义的东西充实自己来批判列宁主义,并得出一个堂而皇之的结论:马克思主义和列宁主义是完全对立的。无论如何,西方"列宁学"的目的就是制造马克思和列宁之间的"对立"而已。②

5. 西方"列宁学"独立学者

"西方列宁学"的学派中还有一部分完全独立于资产阶级思想阵营的学者,主要代表者是迈耶尔。迈耶尔出生于德国,曾是坚定的反法西斯战士,辗转到美国之后,列宁及列宁主义成为其研究的理论点。他的博士论文《列宁的革命理论》以及50年代发表《列宁主义》一书都围绕列宁及列宁主义展开。迈耶尔的研究成果在西方学界产生巨大的轰动效应,相关的书评达到几十篇。书中论及的言论及得出的结论受到了西方"列宁学"的大肆追捧,并将迈耶尔的研究成果定格为该领域的重大转折点。列宁主义的理论面目似乎在迈耶尔那里揭开了最真实的面纱:列宁主义是对俄国无产阶级革命形势变化的"有效反映"。这样的"有效反映",完全"基于对马克思主义理想不变的信仰和对马克思主义分

---

① 〔德〕卡尔·柯尔施:《马克思主义和哲学》,伦敦:新左派丛书1970年版,第115、113—118页。
② 〔加〕戴维·莱恩:《列宁主义:一种社会学的解说》,剑桥:剑桥大学出版社1981年版,第2页。

析充分性的持续怀疑"。① 这是对马克思与列宁之间、马克思主义和列宁主义之间的对立极为标志性的阐释。这"是一部优秀的著作",它确立了迈耶尔在"该领域的权威地位"。② 迈耶尔的这部论著已经成为 20 世纪 60 年代"西方列宁学"的"经典之作"。迈耶尔因此获得了极高的学术地位。③ 但无论迈耶尔的观点及理论探讨的水平如何,他的著作本身值得马克思主义者和列宁主义者的深刻思考和研究。

(三) 西方"列宁学"主要内容

作为非统一性、非整体性、非学科性的西方"列宁学",虽然流派众多,观点繁盛,莫衷一是,但基本跳不出"否定论"和"对立论"的基本模式。④"对立论"就是制造了大量的对立关系:马克思和列宁的对立,恩格斯和列宁的对立,两个列宁之间的对立等等。国内学者叶卫平在其专著《西方"列宁学"研究》中指出,在列宁主义同马克思主义的关系问题上,西方"列宁学"坚持"对立论"和"原罪说";在如何看待列宁主义基本原理的普遍意义问题上,西方"列宁学"认为,列宁主义应该"描述成落后的农民俄国的产物"。更为恰当地来说,西方"列宁学"的基本格调就是否定马克思列宁主义。

1. 制造列宁与马克思的对立

柯尔施认为,马克思是真实的辩证论主义者,而列宁则是彻底的机械论主义者。列宁的错误就是为了反对资产阶级意识形态,而强化对无产阶级意识形态的论释和批判。⑤ 同时,过于强调唯物主义的价值和意义,从而放弃了辩证法。列宁没有意识到辩证法反对旧唯物主义哲学的地位和价值。在柯尔施看来,无论是马克思还是列宁,他们的哲学世界观都有极为严重的错误,而且这种错误形成一种理论上的延续;同时,列宁还有对马克思的哲学思想的歪曲,二者是对立性的关系。也就是说,柯尔施没有看出马克思是在唯物主义的基本视野上展开和进行的。柯尔

---

① T. S, *International affairs*, 1958, p. 215.
② Thomas Hammond, *American Historical Review*, 1958, p. 138.
③ Thomas Hammond, *American Historical Review*, 1958, p. 145.
④ 〔美〕罗伯特·文森特·丹尼尔斯:《革命的良心》,高德平译,北京:北京出版社 1985 年版,第 624 页。
⑤ 〔德〕卡尔·柯尔施:《马克思主义和哲学》,伦敦:新左派丛书 1970 年版,第 113—118 页。

施看到了列宁对唯物主义的强调使用，但没有看到列宁对辩证法的倚重。无论是列宁的世界观还是他的无产阶级学说，都是在唯物辩证法的基础上论证和实践的。而列宁批判马赫主义、批判庸俗化进化论取代辩证法的错误，这些事实都被柯尔施有意屏蔽。迈耶尔断言，马克思主义就是"经济决定论"，列宁主义就是"唯意志论"。在马克思那里，社会主义革命借重的经济条件和人民群众的力量，在列宁那里变成了意志和权力，列宁只对政党、革命和专政感兴趣。迈耶尔没有意识到，马克思和列宁所处的时代不同，各自的时代使命不同，面对的时代课题也不同，要完成的时代任务也不同。就以此为据，制造了马克思和列宁的对立，这是不合适的。英国的安东尼和布鲁厄则认为，列宁的帝国主义理论同马克思的殖民地理论是对立的。他们断言，马克思关于殖民地和附属国的认识没有在列宁那里得到延伸，列宁放弃了这样的理论成果，反而专注于帝国主义的认识。安东尼和布鲁厄还试图制造列宁和恩格斯之间的对立。他们认为，列宁的工人贵族化倾向与殖民地的存在有直接关联，这样的思想虽然来自恩格斯但却极其"含糊"。① 需要明确的是列宁对恩格斯思想的背离。

2. 制造列宁与卢森堡的对立

卢森堡对列宁的组织原则、国家政权、革命主体、国家交往、民族自决等诸多问题展开了批评，列宁在很多场合也予以恰当回击。但无论如何，这是社会主义革命道路上，对无产阶级革命和社会主义运动不同理解的争论。虽然言辞激烈，但本质不坏，动机崇高，目的明确。可在西方"列宁学"的理论家们看来，这里就大有文章可做。制造卢森堡和列宁之间的对立是西方"列宁学"的重要内容甚至是理论起点。B. 克拉西认为，在卢森堡看来，列宁将无产阶级革命的主动性和能动性"置于优秀分子的家长式领导之下"，列宁的严重背叛本质上就是布朗基主义，就是"恢复雅各宾传统的做法"。这种恐怖主义和专制主义式的政治暴政对无产阶级革命只能带来毁灭性的破坏。卢森堡得出结论：列宁领导的集中制其实是集权制，就是专制主义，它必然导致特权阶层的发生和官僚主义的出现。克拉西最后得出结论：无论列宁主义如何被人误解和

---

① 〔英〕安东尼·布鲁厄：《马克思主义的帝国主义理论》，北京：求实出版社1984年版，第61页。

曲解，有一点不能忽视，它不过是优秀知识分子借助哲学的解释工具强加给劳苦大众的一套理论而已。最过分的是，这套理论是借着为劳苦大众利益服务的名义而阐发的。① 其实，无论我们如何看待卢森堡与列宁之间的分歧以及克拉西对这种分歧的夸大其词，以及克拉西对列宁主义的污蔑，问题的核心不过是如何看待民主集中制的问题。但克拉西的意图则是制造卢森堡与列宁之间的对立，以此达到否定列宁主义的目的。基歇特和维森泽尔就认为，卢森堡在第一次世界大战期间对无产阶级革命的合理性产生怀疑。尤其是德国的广大群众在民族主义利益的煽动下准备参与和支持帝国主义之间的战争，这一切都促发了卢森堡对群众力量的过分自信，认为群众的力量已经胜过一般的改良主义领导人。卢森堡开始批评"党内缺乏政治教育"，而且坚持"在群众和组织的关系中，把党放在首位"，② 这是卢森堡和列宁主义分野的时候。但卢森堡在1918年12月初给瓦尔斯基的信中明确指出："我也曾有过你所有的全部保留和疑虑，但是在一些最重要问题上，我已经放弃了这些看法。"这对坚持制造列宁和卢森堡对立的西方"列宁学"那些人来说，不啻当头一棒。③

3. 制造"两个列宁"的对立

西方"列宁学"还制造了"两个列宁"之间的对立。希洛姆·阿温纳里就认为，在列宁的哲学王国里，存在"机械唯物论"列宁和"唯意志论"列宁的对立。列宁在《唯物主义和经验批判主义》中阐释的唯物主义和"马克思主义的认识论"是渐行渐远，《唯物主义和经验批判主义》中的列宁是"机械唯物论"的列宁。列宁在这里关于唯物主义的认识无论如何"都与马克思在《关于费尔巴哈的提纲》中所批判的机械唯物主义相一致"④。在西方"列宁学"的专家们看来，这个时候的列宁完全站在费尔巴哈的机械唯物主义那一边，停留在前马克思主义的水平，

---

① B. 克拉西：《列宁主义与社会主义》，载《国外社会科学动态》，1980年第1期，第39页。
② 基歇特、冬森泽尔：《卢森堡论组织和群众的关系》，载《国外社会科学动态》，1981年第6期，第46页。
③ 中央编译局国际共运史研究室编：《国际共运史研究资料（卢森堡专辑）》，北京：人民出版社1981年版，第15页。
④ 〔英〕希洛姆·阿温纳里：《卡尔·马克思的社会和政治理论》，剑桥：剑桥大学出版社1980年版，第66页。

因为列宁的反映论是直观的，没有辩证法的革命作用，忽视了实践的实际价值，列宁让自己的研究结论最终停在"经济决定论"的层面上。但到了《哲学笔记》时期，列宁的哲学立场和方法论出现了根本性的转变。在西方"列宁学"的思想家们看来，列宁又从一个"机械唯物论"者转变为一个"唯意志论"。列宁偏向了辩证法，成了黑格尔主义，这不是对马克思主义的接近，而是更远离了马克思主义。迈耶尔就坚持这种观点，二元观念渗透的列宁主义处在一种神秘主义状态。① 波兰学者L.科拉科夫斯基就认为，最初参加革命运动的列宁其实是一个借助恐怖手段进行革命的民粹主义分子，只是在进行二月革命的时候才成为一位马克思主义者，这是列宁革命历程的对立状态。② 科拉科夫斯基有一个明白无误的结论：列宁从来都不是一个真正的马克思主义者。尼娜·塔玛金也认为，二月革命以后的列宁走的就是一条无政府主义之路。《国家与革命》就是其无政府主义思想的集中展现。列宁的目标就是要"毁灭国家"，因为列宁自己就是一个实实在在的无政府主义者。③ 这是西方"列宁学"制造了"两个列宁"的代表性言论。

（四）西方"列宁学"阶级性质

关于西方"列宁学"的阶级性质，苏联的学者坚定而决绝地认定它完全是资产阶级的意识形态理论。西方"列宁学"就是为了资产阶级的统治秩序而存在的思想体系，它所有的真实目的和价值就是为了反对社会主义革命、反对共产主义运动。④ 这是一种相对简单、粗暴、武断的认定。从阶级性角度分析，西方"列宁学"基本有资产阶级"列宁学"和小资产阶级"列宁学"的划分。从无产阶级革命的角度来说，资产阶级"列宁学"基本是我们应该予以批判的对象，小资产阶级的"列宁学"具有可资借鉴的思想内容。但即便是小资产阶级的"列宁学"思想体系，我们也不应该囫囵吞枣、一概接受，而是要有鉴别的吸收，有区分的采纳，有判断的融汇，使之成为马列主义发展进

---

① Alfred G. Meyer. *Leninism*, Cambridge：Harvard University Press, 1957, p. 130.
② 〔波〕莱泽克·科拉科夫斯基：《马克思主义的主要流派以及它们的各种起源、发展和瓦解》，牛津：牛津大学出版社1981年版，第323页。
③ 〔美〕尼娜·塔玛金：《列宁活着！——苏联的列宁迷信》，波士顿：美国哈佛大学出版社1983年版，第50页。
④ 〔苏〕费·维·亚历山大罗夫：《列宁和共产国际》，北京：求实出版社1984年版，第12—15页。

步的思想财富。当然，这里有一个明确的前提就是，我们必须科学、准确、理性的对待小资产阶级"列宁学"的基本立场、思想观点和研究方法。

1. 西方"列宁学"资产阶级性质

关于西方"列宁学"的阶级性质，迈耶尔有自己相对独特的认识，他是从列宁主义的阶级性质去考虑问题的。[1] 但就具体的事实而言，在列宁那里，尤其是列宁主义思想构成的体系板块，不仅仅全是明确的"命令暗语"，更有很多可以多重性解释的"不可知性"。[2] 因为在现实中的列宁表现出多个"列宁"镜像，在理论表达中也不是一副完整的板块，使得用一种维度解读列宁成为"不可能"。迈耶尔由此得出结论：因为现实的列宁和理论的列宁界划，更因为多个列宁的混合镜像，不但列宁本人是模糊的，关于列宁主义的性质也是含混不清的，其实这本身就代表西方"列宁学"的一种姿态。混淆阶级性质的存在，以达到更大、更多、更好的展示和宣传效应。但无论如何，西方"列宁学"不可能掩饰自己本质性的阶级属性。20世纪60年代初，德国资产阶级学者G. 巴尔契阐释了自己的独特看法。关于列宁和列宁主义，西方"列宁学"无疑充满了很多傲慢和偏见。这样的傲慢和偏见不但不能说服一般的马克思主义者，甚至连自己也难以自圆其说。所以，那些真正坚持马克思主义的共产党人是不会接受西方"列宁学"各种顽冥不化的论调的。因为只有真正的马克思主义者才是马克思主义，包括列宁主义最恰切的阐释者，才能真正引发"共产党人的困惑、糊涂和思考"。[3] 可以看出，这里的表征既是对马克思列宁主义的肯定和支持，也是对西方"列宁学"资产阶级性质的表达。其实，西方"列宁学"本身就是资产阶级为了展开意识形态斗争所推动、支持的一场反社会主义的行动。对那个时代来说，这样的斗争背后其实是赤裸裸的、你死我活的阶级斗争，这样，西方"列宁学"的资产阶级性质就昭然若揭了。尤其是西方"列宁学"大都有资产阶级政府、大财团、大公司、基金会的强力支持，目的当然不言自明。就是打着研究列宁的旗号，收集有关列宁革命活动、思想言论、

---

[1] Alfred G. Meyer, *Leninism*, Cambridge: Harvard University Press, 1957, p. 145.
[2] Alfred G. Meyer, *Leninism*, Cambridge: Harvard University Press, 1957, p. 153.
[3] G. 巴尔契：《以共产主义之道还治共产主义之身》，载《马列主义研究资料》，1984年第2期，第240页。

基本文献、著作文章等材料，删繁就简、断章取义，打造出巨量的"列宁学"理论成果，然后对列宁主义和社会主义革命大肆围攻。这里可以得出确凿无误的结论：西方"列宁学"就是西方资产阶级政府的思想代言人，它的资产阶级性质不容置否。

2. 西方"列宁学"小资产阶级性质

西方"列宁学"的更多学者是站在小资产阶级的立场上发声的。虽然这些学者也制造了很多关于列宁和自己先觉者的对立，但这些对立性的思考和认识与资产阶级的西方"列宁学"大有不同。无论这些学者发出了多少责难、批判、诘问和歪曲，但本真的动机是不同的，他们更期待马克思列宁主义的时代进步和发展。卢卡奇在1967年《历史和阶级意识》的出版再序中纠正了自己对列宁的曲解，而且直言对列宁辩证法的误判。因为那个时候他没有看到列宁的《哲学笔记》。很多"卢森堡学"派的思想家们也是宣泄了太多的批判，拿更多是针对斯大林模式的不满，对僵化教条官僚主义的抵制，而在列宁和列宁主义那里寻找"原罪"，这是不公正的。真诚和美好愿望的动机出自自己的阶级意识和立场，错误的结论和认识甚至是误解扭曲的批判都有自己严肃的目的。其实，小资产阶级的西方"列宁学"，虽然不能脱离他们阶级自身不成熟携裹的幼稚性和空想性，但他们绝对没有资产阶级的西方"列宁学"家们恶毒的污蔑和攻击。资产阶级性质的西方"列宁学"就是想颠覆列宁主义的权威，最终否定社会主义制度和道路，将历史的倒车开到历史进步的轨道上来，这才是真正无耻的地方。还应该指出的是，小资产阶级的西方"列宁学"虽然有各种各样的片面性解读、摘引、注释和歪曲，但绝对没有资产阶级西方"列宁学"家们无耻的篡改、伪造和修改。而很多小资产阶级西方"列宁学"家们的认识和思考及批评是极具借鉴性的。如尼尔·哈丁认为，社会主义革命理论必须有予以借鉴和辅助思考的理论成果。还应该指出的是，小资产阶级的西方"列宁学"对资本主义的批判是可资借鉴的。如卢卡奇对资产阶级代议制国家的批判，填补了列宁关于国家和阶级斗争的理论空白。① 其言论虽有瑕疵，但完全可资借鉴。如新时代资本输出的扩大，

---

① 〔英〕安东尼·布鲁厄：《马克思主义的帝国主义理论》，北京：求实出版社1984年版，第128页。

不但不能促进落后国家完成工业化，反而导致世界所有国家的低增长状态理论。这样的理论成果是完全可以借鉴学习的。所以，对于西方"列宁学"，不能一概排斥、全盘否定，而是要用科学的态度、辩证的方法予以处置。

二、西方"列宁学"视域中列宁社会批判思想

作为 20 世纪 60 年代在西方学界兴起的思潮之一，如何看待列宁及列宁主义，这是西方"列宁学"首要的理论课题。而迈耶尔的代表性著作《列宁主义》所奠定的基调、所掀起的争执也许最能代表西方"列宁学"的理论和政治意向。有学者这样评述过，在美苏为首两大阵营激烈对抗的年代，在一场场"没有硝烟的战争"中，迈耶尔有意无意地充当了这场"战争"的"炮手"，站在了意识形态斗争的最前沿，对这个时代引起最多讨论、最多话题的理论与时代课题，展示了最需要的理论与政治姿态。在充满批判性思维的 Robert C. Tucker 来看，迈耶尔同样是一个对列宁主义展开全盘批判的理论家。迈耶尔的代表性著作《列宁主义》充斥着各种各样的"批判性的阐释"。因为迈耶尔既不是为了解释列宁主义的理论，也不是为了纠正其中的观点，除了批判，他没有更多的理论旨趣。[①] 但这样的结论并不让迈耶尔本人感到满意，他认为 Robert C. Tucker 歪曲了他的看法。迈耶尔在自己的著作中提出，应该辩证地、全面地去看待列宁和列宁主义。在迈耶尔看来，为了达到自己的目的，列宁几乎不择手段，没有原则，是一个典型的"政治阴谋家"。但在同时，列宁意志坚定，目标明确，理想高远，展示了一个伟大的政治家的形象。列宁主义充满了伟大的"政治思想和政治战略"，但到处都是各种革命的密谋和手段。[②] 所以，用一种单一的维度和视野，既看不到真实的列宁，也不能准确地把握什么是真正的列宁主义。其实，这就是资产阶级阵营及资产阶级意识形态斗争的本相，也是西方"列宁学"的本相：明明是确定的，却一定要说成是模糊的；明明是否定性和批判性的，却一定要说成是肯定性和赞扬性的；明明是"全面修正"和"彻底否定"，却一定要说成是一种"批判性的阐释"。

---

① Robert C. Tucker, *American Slavic and East*, European Review, 1959, p. 215.
② Alfred G. Meyer, *Leninism*, Cambridge: Harvard University Press, 1957, p. 39.

(一) 西方"列宁学"视域中列宁社会批判思想起点

列宁主义的历史和逻辑起点在哪里，这也是西方"列宁学"家们极为关注又引起巨大争议的话题。有学者认为，列宁并没有经过一个非常明显的非马克思主义阶段，他一进入自己为之奋斗的事业舞台，面对的就是马克思主义在俄国的传播问题、俄国无产阶级革命和前途的问题。这一观点和第二国际马克思主义者的结论截然不同。有学者则认为，列宁的思想里程经历了一个突破和转变的过程。突破第二国际马克思主义观的围拢，准确地把握了时代变化的脉搏，实现了马克思主义和俄国无产阶级革命运动的结合，创造性地推动和发展了马克思主义。无论列宁主义经历了什么样的思想进程，但正因为此，列宁主义的历史和逻辑起点也自然而然地成为西方"列宁学"争执的焦点。

1. 列宁社会批判思想历史起点

诺曼·莱文认为，《怎么办?》就是列宁社会批判思想的历史起点。因为这部著作已经奠基了一个阶级政党展开革命所需要的"基本结构和指导理论"。① 这是列宁主义第一次历史出场的转折点。莱塞克·科拉科夫斯基则认为，列宁社会批判思想诞生的历史过程，历史落点依然是1902年。科拉科夫斯基认为，这个时间段，俄国面临的政治和现实问题，以及这些问题所生发的思想理论。诡谲暴涨的国内外矛盾、极端贫穷的生活水准、残酷无情的政治斗争、愚昧落后的文化土壤，只能生长出极权主义、暴政主义、专制主义、实用主义的思想理论，而列宁主义恰恰就是这种理论的表现形式，是它的后继形式——斯大林主义暴政的"原罪"。在科拉科夫斯基看来，列宁主义就是极权主义和暴政主义，这是对列宁引导的阶级政党强力控制一切、对国家政权的极度渴望、控制得出的结论，这是通过对列宁依赖暴力革命夺取国家政权、借助血腥的战争和斗争维护苏维埃政府后得出的结果，尤其是斯大林主义的残酷暴政更是坐实了科拉科夫斯基的判断。他认为，列宁主义是一种专制主义理论，因为列宁主义扩张了马克思主义，也抛弃了马克思主义，也彻底抛弃了马克思主义缔造的人文价值，缺乏马克思主义理论中的人道主义，不讲人权，没有自由，一党专制，国家控制。在列宁主义治下的国家，

---

① 〔美〕诺曼·莱文:《辩证法内部的对话》，张翼星译，昆明：云南人民出版社1997年版，第334页。

任何一个不宣称自己是独立的、自由的、个体的，不属于无产阶级政党的人要么是敌人，要么是潜在的敌人，这是赤裸裸的专制主义。列宁主义理论的行动力就在于，它能集合所有的力量和机会来夺取政权。就历史维度而言，诸多的西方"列宁学"思想家都坚持认为 1902 年是列宁思想的起点。当然，之前的列宁只能让自己依附和停留在俄国无产阶级第一哲学家普列汉诺夫那里，包括深受第二国际思想家们的影响。更为准确地说，列宁借助"他性哲学镜像"，获得自己的"阐释话语"，这是列宁走向马克思主义哲学王国的基础性台基。更准确地来说，列宁是在唯心辩证法的理论门前把握了"实践辩证法的革命本质"，成就其社会批判思想的历史起点。①

2. 列宁社会批判思想逻辑起点

和很多历史起点定格列宁主义的思想家们不同，西方"列宁学"家们认为，应该从列宁主义的内在逻辑起点去认识列宁主义，而不是纠结于一本书和一个时间界限。尼尔·哈丁强调指出，列宁《怎么办?》的副标题"我们运动中的迫切问题"，就是把握和解读列宁主义的逻辑起点。就是要有问题意识，要在内在的、统一的、一致的逻辑结构中去把握列宁主义的起点，而不是纠结于其中的时间点。列宁主义的诞生，不仅仅作为一种理论，实现"对当代资本主义完整的批判"，更在于它成为推动"世界社会主义革命"②的一种理论信念。而这个理论体系的时间起点不过是 1914 年至 1917 年的世界大战期间，逻辑起点不过是一种危机反应和革命信念的激发。更进一步来讲，列宁主义不仅仅是一种理论"反映"、一种"信念"，更是一种可以严格区别并能有效对抗资产阶级意识形态的"独特的""综合化的意识形态"。③ 在尼尔·哈丁这种危机——反应的思维模式看来，列宁主义的诞生完全是因为战争引发的"政治巨变"，造成了俄国国内巨大的阶级撕裂和民族创伤。而列宁主义就是对这个"巨变"、撕裂和"创伤"的理论反应和总结。在尼尔·哈丁看来，列宁主义的全部思想不过是帝国主义时代世界范围内革命促生的"完整的意识形态"。在现实危机与理论反应的思维模式中，列宁依

---

① 张异宾:《回到列宁:关于"哲学笔记"的一种后文本学解读》，南京:江苏人民出版社 2008 年版，第 8 页。
② 〔英〕尼尔·哈丁:《列宁主义》，达勒姆:杜克大学出版社 1996 年版，第 8 页。
③ 〔英〕尼尔·哈丁:《列宁主义》，达勒姆:杜克大学出版社 1996 年版，第 11 页。

据全球政治经济状况，并结合俄国国内的革命形势，展示出"经济分析以及史学、哲学和政治学轮廓"，"描绘"出一套完整的意识形态理论。也就是说，在尼尔·哈丁看来，列宁主义是"好战的意识形态"；它不是一种全面的批判，而是扩展为国内外重大形势及社会主义未来任务的总体论述。① 也是从这个意义上，尼尔·哈丁实现了时间起点和逻辑起点的双重复合。

（二）西方"列宁学"视域中列宁社会批判思想来源

关于列宁主义的源头，西方"列宁学"也是莫衷一是，基本有唯意志主义的产物，民意党人的理论延续，雅各宾主义的俄国形式，民粹主义的继承体系，特卡乔夫主义的延伸者，教条马克思主义的理论衍射，等等。在列宁主义的源头上，西方"列宁学"形成了一种代表性的或者是共识的言论：列宁是一位极具创建性和开拓性的革命者，但却是一位不成熟或者是不系统的理论家。他的思想往往前后矛盾，结论不一，缺少系统化和理论化。这样的结论在西方"列宁学"那里延伸出一种新的认识：列宁是一位精明老到、意志坚定、权谋超群的机会主义分子，他所建立的制度充满集权化的色彩，是打上专制主义格调的政党，是被少数噬权如利的人掌控的政府管理体系，是被操纵并强行灌输的意识形态机器。正因为如此，西方"列宁学"的很多学者认为，1902年之后的列宁和列宁主义是不值得称道的，要真正地探究列宁主义的思想源头就必须回到《怎么办？》。

1. 民意党人理论延伸

西方"列宁学"的理论家坚持回到《怎么办？》中探究列宁主义的源头。在他们看来，在列宁主义影响下的布尔什维克党和苏维埃政府，都是俄国极端落后的产物，民粹主义思想是列宁主义思想的源头。因为在这些民粹主义分子看来，历史的运动过程就是具有一定政治嗅觉、文化素养和组织能力的人可以干预的过程。如果不足，再加上一些密谋和恐怖的暴力手段就可以完全决定和改变历史。而列宁的革命过程就是沿着这样的轨迹递进的，列宁主义就是上述思想的总结和概括。所以，车尔尼雪夫斯基、特卡乔夫和涅恰耶夫等民意党人的思想产物都是列宁主义的理论源头。民粹主义分子特卡乔夫就认定，社会主义道路完全不符

---

① 〔英〕尼尔·哈丁：《列宁主义》，达勒姆：杜克大学出版社1996年版，第52页。

合俄国人民，真正的俄国革命只需要少数像他这样的革命家就可以完成。在西方"列宁学"的理论家们看来，列宁主义和民粹主义只有"无产阶级"和"人民"这一词汇的区别，除此之外，没有任何本质性的划分。科拉科夫斯基也有自己独断性的结论："大多数历史学家都同意列宁在青年时代受到过恐怖主义形式的民粹主义传统的强烈影响"，无论如何"他的民粹主义传统在某些方面依然十分明显"，这是一个不言而喻的现实。① 西方"列宁学"的理论家们认为，列宁的《怎么办?》与车尔尼雪夫斯基的小说完全同名，这绝不是偶然的。这是列宁对车尔尼雪夫斯基革命精神和品质的高度赞扬，是一种思想和精神上的连续性表现。所以，列宁主义就是民粹主义。尼尔·哈丁则认为，列宁的真正目的是针对那些已经失去革命斗志和意志的"合法马克思主义"者，而不是说二者的理论有什么必然的关系。②

2. 唯意志主义到雅各宾主义理论衍射

西方"列宁学"先是把马克思主义定格为"唯意志主义"，然后认定列宁主义从马克思主义那里传承的是马克思的"唯意志主义"。马克思在自己理论成熟时期阐释的政治关系和制度思想，列宁并没有继承。从思想的本质上来讲，列宁主义是马克思主义的背叛者。而众多西方"列宁学"家们的依据就是列宁1894年第一次公开发表的著作《什么是人民之友以及他们如何攻击社会民主党人?》。在这篇著作中，列宁既背叛了马克思主义的社会分析方法，还背弃了社会主义革命实现的途径；列宁不但否认俄国经历过资本主义的发展，而且迫切要求在现有的社会基础和条件下发动共产主义革命。为了实现自己权谋主义式的革命，列宁在1905年最终从"唯意志主义"者转变为雅各宾主义者。因为没有雅各宾主义这种暴力的、血腥的、密谋的恐怖主义方式和手段，列宁指导的革命不可能成功。而1917年的十月革命本质上就是一场政变。为了论证支持这个观点，西方"列宁学"的理论家们在《怎么办?》这篇文章上大做手脚。尼尔·哈丁就反对类似的观点。他认为，很难准确评估列宁哥哥的死对列宁思想产生的影响，不合适地夸大是没有意义的。而且，

---

① 〔波〕莱泽克·科拉科夫斯基：《马克思主义的主要流派以及它们的各种起源、发展和瓦解》，牛津：牛津大学出版社1981年版，第356页。
② 〔英〕尼尔·哈丁：《列宁的政治思想》第二卷，伦敦：麦克米兰出版社1981年版，第16页。

列宁几乎没有对这件事发表过意见和看法本身也说明问题。早期的列宁是和一些非马克思主义的团体产生过联系，但实践最终证明，列宁的思想和这些非马克思主义团队没有思想上的必然继承关系。尼尔·哈丁指出，就具体而明晰的事实而言，"列宁从一开始就表现了对马克思的强烈兴趣。"他对马克思的著作进行了极为系统和详致的研究。①

3. 教条马克思主义理论产出

戴维·麦克莱伦指出，即便《怎么办？》在列宁主义的思想进程中产生过重要的作用，或者具有重要的意义，但不应该夸大这种意义。② 列宁的目的不过是对俄国革命的发展情势表达自己的反对意见而已。戴维·麦克莱伦认为，列宁在《怎么办？》所表达的观点不仅仅代表自己，还代表其他社会民主党人的观点，包括普列汉诺夫的，这部著作具有很强的综合性和容纳性。③ 因为其后的列宁思想发生了极为重大的转变。在尼尔·哈丁看来，列宁主义才是真正的马克思主义，是俄国无产阶级展开阶级革命的理论支柱。列宁主义是在继承发展马克思主义的基础上展示了自己的理论特质和革命精神，在综合研究的基础之上，使得马克思主义具有了浓厚的意识形态的特质，并成为无产阶级展开意识形态斗争的理论武器。尼尔·哈丁认为，列宁主义就是"教条主义马克思主义"，而且是这种主义的高度理论化的结果。④ 在尼尔·哈丁看来，辩证法是列宁主义的理论基础，也是认识列宁主义的钥匙。就是要发现并认识马克思主义辩证法结构的黑格尔主义思想源头，就能真正把握马克思主义和列宁主义。⑤ 同时，只要准确地把握阶级斗争的对立统一关系，就能准确地把握列宁主义的内质和革命性质。

（三）西方"列宁学"视域中列宁社会批判思想特质

历史的起点不同，基本的立场不同，分析的逻辑进路不同，研究的方法不同，西方"列宁学"各个流派关于列宁主义的理论特质问题，所

---

① 〔英〕尼尔·哈丁：《列宁主义》，达勒姆：杜克大学出版社1996年版，第20页。
② 〔英〕戴维·麦克莱伦：《马克思以后的马克思主义》，李智译，北京：中国人民大学出版社2004年版，第95页。
③ 〔英〕戴维·麦克莱伦：《马克思以后的马克思主义》，李智译，北京：中国人民大学出版社2004年版，第97页。
④ 〔英〕尼尔·哈丁：《列宁主义》，达勒姆：杜克大学出版社1996年版，第4页。
⑤ 〔英〕尼尔·哈丁：《列宁主义》，达勒姆：杜克大学出版社1996年版，第49页。

得出的结论自然也是大不同，基本可认定为有非马克思主义、前马克思主义、本马克思主义论调。西方"列宁学"的代表学者尼尔·哈丁没有放弃自己对列宁主义相当程度上的反对姿态。马克思主义并不是万能的理论存在，而是有自己明显的时代局限性。接近和研究马克思主义，并不一定让我们直接受益。譬如列宁主义，那里只有马克思主义理论展示出来的"本身的教条"和"狭隘的主题"。① 不要对列宁主义抱有太多的理论希望，因为它本身就是"教条主义的马克思主义"。列宁还承袭和发展了普列汉诺夫正统的马克思主义理论，但无论如何，列宁都没有让自己成为彻底的马克思主义者。② 尼尔·哈丁认为，俄国展开的无产阶级革命使得列宁主义停留在马克思主义理论水平的初级阶段。甚至可以说，列宁主义是马克思主义的原教旨主义形式，是一种极不成熟的马克思主义理论形态。为此，列宁没有什么可骄傲的，他应该为自己的理论深感"歉意"。因为这个理论体系对整个世界来说，都不是什么福音书。③

1. 列宁主义不具备马克思主义理论本质

列宁主义本质上就是非马克思主义，这几乎是西方"列宁学"学者最基本的结论：就是对列宁主义的全盘否定。有西方"列宁学"学者甚至认定，列宁主义没有马克思主义的任何科学内涵，而是对马克思主义的完全背叛。列宁主义还停留在前马克思主义水平和层次上。坚持这种观点的学者认为，列宁 1902 年撰写的《唯物主义和经验批主义》是列宁主义的代表作，是列宁主义诞生的标识。但在这部代表作中，列宁完全忽视了人的主体性存在，极力强调超出人的主观意识存在范畴的客观实在性。尤其是列宁过度忽视实践的作用，强调了反映论的意义，让自己的唯物主义重新回到直观唯物主义的水平。这是已经被马克思批判的、放弃的和超越的思维方式。这样的哲学思维引导下的理论认识当然不是历史的进步而是思想的倒退。这不是最糟糕的，列宁在这部著作中开创了政治干预哲学的恶劣先例，为党和国家对意识形态的严厉控制奠定了基础。柯尔施就认为，列宁客体辩证法的认识过程和认识结果，"破坏了存在和意识的辩证的相互关系"，列宁的唯物主义不是真正的马克思唯物

---

① 〔英〕尼尔·哈丁：《列宁主义》，达勒姆：杜克大学出版社 1996 年版，第 6—7 页。
② 〔英〕尼尔·哈丁：《列宁主义》，达勒姆：杜克大学出版社 1996 年版，第 4 页。
③ 〔英〕尼尔·哈丁：《列宁主义》，达勒姆：杜克大学出版社 1996 年版，第 18 页。

主义。① 列宁将马克思恩格斯从黑格尔那里解救出来的唯物主义重新"拖回到从康德到黑格尔的德国唯心主义"的"历史阶段"。② 希洛姆·阿温纳里也持有类似观点：列宁的唯物主义就是机械唯物主义，就是马克思严厉批判的那种机械唯物主义。③ 大多数西方"列宁学"都持有类似的观点：列宁的反映论是直观反映论。

2. 列宁主义始终潜在前马克思主义之外

制造马克思与列宁之间的对立本来就是西方"列宁学"的一个重要理论支点。他们认定，列宁主义是在前马克思主义之外的思想体系，凭借的依据主要在哲学思想领域。西方"列宁学"认为，列宁在《唯物主义和经验批判主义》中的理论逻辑完全抄袭恩格斯的唯物论思路，恩格斯与马克思之间思想的对立自然而然地延伸到列宁这里。这是戴维·麦克莱伦的代表性观点。他认为，列宁的哲学思想没有什么创建性，只是对恩格斯观点的引用和转述，而且引用和转述的还是恩格斯晚年的思想观点。麦克莱伦直接指出，列宁对马克思的思想观点引用非常少，在自己最具有代表性的哲学著作《唯物主义和经验批判主义》中只有四处，而且还不是最主要的论点。"一般说来，列宁所理解的唯物主义是马克思以前的。"这不是真正的马克思主义。④ 莱文也是非常支持和赞同麦克莱伦的观点。他认定，列宁是恩格斯机械思想的继承者，其实也是捍卫了普列汉诺夫的机械唯物主义观点。某种程度上讲，列宁在哲学领域的思考来自恩格斯的思想。恩格斯在《反杜林论》等著作中的理论基调，决定了列宁在《唯物主义和经验批判主义》的理论水平。但无论如何，这些著作都是对马克思唯物论的背反，是在前马克思主义层次的思考。⑤《唯物主义和经验批判主义》和《哲学笔记》之间的对立是直观唯物主义和辩证唯物主义之间的对立。诺曼·莱文认为，《哲学笔记》的哲学思

---

① 〔德〕卡尔·柯尔施：《马克思主义和哲学》，王南湜、荣新海译，重庆：重庆出版社1989年版，第82页。
② 〔德〕卡尔·柯尔施：《马克思主义和哲学》，王南湜、荣新海译，重庆：重庆出版社1989年版，第81页。
③ 〔英〕希洛姆·阿温纳里：《卡尔·马克思的社会和政治理论》，剑桥：剑桥大学出版社1980年版，第66页。
④ 〔英〕戴维·麦克莱伦：《马克思以后的马克思主义》，李智译，北京：中国人民大学出版社2004年版，第114页。
⑤ 〔美〕诺曼·莱文：《辩证法内部的对话》，张翼星译，昆明：云南人民出版社1997年版，第336页。

想不仅使得列宁实现了一场哲学立场的转变，更实现了一次政治立场的革命性转变，这里的思想体系完全是"对未来的布尔什维克主义的一种思想上的论述"。列宁只有在这个历史阶段其思想才是成熟的和成功的。①

　　3. 列宁主义根植于马克思主义理论学说

　　如果说尼尔·哈丁和其他西方"列宁学"者在列宁主义成熟的时间点上有分歧的话，那么在列宁主义基本特质上的认识上，他则完全站到了绝大多数西方"列宁学"者的反面。虽然在合理性的界定上，也有对列宁主义创造性本质的不完全认识，但尼尔·哈丁认为，列宁主义就是马克思主义的理论学说。诺曼·莱文在《辩证法内部的对话》中也坚持认定：马克思主义是"原生形态"的马克思主义，列宁主义是"次生形态"的马克思主义。而且，列宁并没有让自己停留在"次生形态"的水平上，而是努力地将自己的理论认识提炼到"原生形态"的科学高度。因为，对待马克思主义，列宁坚持一种科学的态度："对列宁来说，马克思主义是一种行动的指南，正如理论是行动的指南一样。"② 所以，列宁是一位真正的马克思主义者，列宁主义是真正的马克思主义。关于马克思主义思想的陈述，正如哈丁指出的那样，列宁在1914年对黑格尔哲学的系统研究，使得"辩证法对于1914—1917年期间的列宁思想的坚定性和自我确信起着至关重要的作用"。③ 在这个论点上，杜娜叶夫斯卡娅表达的观点则更为加具体。她认为，列宁在《黑格尔〈逻辑学〉一书摘要》中的哲学思想表达，成为列宁主义严肃的哲学基础：从《帝国主义论》到《国家与革命》最后到《遗嘱》，"莫不如此"。④ 这些著作都是马克思主义思想的总体概括和经典阐释，列宁主义就是马克思主义的传承和发展，是马克思主义发展的新阶段。

三、西方"列宁学"与西方马克思主义异同

　　西方"列宁学"是20世纪60年代在西方发达国家兴起的思潮，它

---

　　① 〔美〕诺曼·莱文：《辩证法内部的对话》，张翼星译，昆明：云南人民出版社1997年版，第360页。
　　② 〔美〕诺曼·莱文：《辩证法内部的对话》，张翼星译，昆明：云南人民出版社1997年版，第360页。
　　③ 〔英〕尼尔·哈丁：《列宁主义》，达勒姆：杜克大学出版社1996年版，第237页。
　　④ 〔美〕杜娜叶夫斯卡娅：《哲学与革命》，傅小平译，沈阳：辽宁教育出版社2000年版，第88页。

的逻辑思路非常明确：就是通过否定列宁的生平活动最终否定列宁主义。西方"列宁学"的本真目的就是完全否定马克思主义。西方马克思主义是寻找欧美无产阶级革命的方向、道路和基本目标的学术派别。从这个要素上看，西方马克思主义完全属于马克思主义的分脉和流派，但其阶级性质则倒退到小资产阶级的立场上，哲学的基本立场多坚持新黑格尔主义和新康德主义的世界观，在实现无产阶级革命的目标上也存在诸多理论阐释，和马克思主义有着明显的理论分野。但作为西方发达国家的文化产物及主要表现形式，西方马克思主义和西方"列宁学"有很多共同地带，有不少的理论交叉。很多西方马克思主义学者就是西方"列宁学"的学者，很多西方"列宁学"的学者又有很多西方马克思主义的观点和立场，二者有很多的共同点，也存在较大的差异分歧。

（一）西方"列宁学"与西方马克思主义同质点

否定列宁主义、污蔑列宁主义，几乎成为西方"列宁学"和西方马克思主义的共同旨趣。他们坚定认为，列宁主义就是对真正马克思主义的彻底背离。虽然在背离的具体观点上有所差异，但整体上都是大同小异。在西方"列宁学"和西方马克思主义那里，马克思主义充满能动性的辩证法成为客体辩证法、自然辩证法、绝对性辩证法，历史成为僵硬的决定论。认识变成对既成事实的直接的、直观的映像。辩证法不再是革命性的方法而是"消极的镜子"，认识不过是客观镜像在主观世界的反映而已，实践的价值毫无意义。这样的反映论最直接的结果就是割裂了物质和意识之间的关系。① 当然，这样的认识论自然可以得出列宁和马克思的对立、列宁对马克思的反对和歪曲。唯物主义的"基本内核"是对"大地创造说"和对"创世说的唯一实际的驳斥"，这是辩证唯物主义的真实本质。② 这些观点在西方"列宁学"和西方马克思主义那里，被放大为对唯物主义认识论的歪曲。西方"列宁学"和西方马克思主义在列宁哲学观上的基本立场是一致的：就是否认列宁主义是能动的反映论，认为列宁在认识论的范围倒退到马克思主义认识论以前的水平。在他们看来，列宁把马克思从黑格尔那里已经解放的辩证法重新回归到客观决定论的水平。西方"列宁学"和西方马克思主义共同否认列宁主义

---

① 〔德〕卡尔·柯尔施：《马克思主义和哲学》，伦敦：新左派丛书1970年版，第117页。
② 《马克思恩格斯全集》第三卷，北京：人民出版社2002年版，第309页。

在党与工人阶级关系问题上的思考,共同割裂工人阶级政党与工人阶级之间的天然关系,共同制造了早期列宁和晚年列宁之间的对立。

1. 指责列宁主义对马克思主义的背离

西方"列宁学"和西方马克思主义不仅指责列宁主义是背离马克思主义的理论学说,而且都否认列宁主义对待工人运动的方式,坚决反对强行的思想灌输,反对用强悍的党组织代替无产阶级革命队伍的时代使命。列宁主义不但是教条主义,而且是充满了宗教色彩的马克思主义原教旨主义。列宁主义完全背叛了马克思主义的阶级本色和革命宗旨,最终变成了政党专权的理论工具,在国家暴力机器的保护下,实现了自己意志支配的革命。在列宁那里,"自发性群众运动"被彻底取消了。在近乎专制的党组织的意识形态理论的强行灌输下,无产阶级革命的性质也出现了本质性的转变:本应该是具有完全自主性和能动性的群众和阶级主体过程转变为僵化的、教条的、强硬的客体过程。① 列宁式的革命和革命意义,无论对西方"列宁学"还是西方马克思主义都是不可接受的、也是坚决反对的。列宁主义对其他落后国家革命的普遍意义也被否决。列宁所鼓动的世界社会主义革命其实是一种堕落,而不是进步。他们共同指责,在苏俄社会主义革命重心的控制下,共产国际成为傀儡,全世界所有其他国家发动的社会主义革命都沦落为俄国社会主义革命的附属物;社会主义事业成为"必须按照其主子的意志行事"② 的摇尾乞怜的活动。

2. 割裂工人阶级与政党之间天然关系

西方"列宁学"和西方马克思主义共同否认列宁主义在党与工人阶级关系问题上的思考。他们有很多自以为是的依据,但最主要的论据就是马克思在《国际工人协会共同章程》表述的原话——"工人阶级的解放应该由工人阶级自己去争取"。西方"列宁学"和西方马克思主义抽取了这句话,先是孤立地理解为马克思对工人阶级争取自己解放所表达的能动性和积极性问题,尤其是剥离了工人阶级在实现自身解放运动的

---

① 〔美〕赫尔伯特·马尔库塞:《苏维埃马克思主义:批判性的分析》,纽约:哥伦比亚大学出版社1958年版,第31页。

② 〔美〕贝特兰·D;沃尔夫;A. J. 帕兰:《列宁和二十世纪》,帕罗奥多:美国斯坦福大学胡佛研究所出版社1984年版,第133页。

过程中所能展示的创造性问题。马克思的本意是强调工人阶级作为历史主体的独立性和革命性问题，但在西方"列宁学"和西方马克思主义那里，则是列宁放弃工人阶级的革命意识和自主性的问题。最初是用政党代替了工人的组织，然后用国家意志控制了工人阶级的意识，最后用领袖的意志代替了国家的意志。关于党和工人阶级之间的关系，马克思不仅吸取了巴黎公社的经验教训，并作出深刻明确的阐释："工人阶级在反对有产阶级联合权力的斗争中"，只有建立自己的"独立政党"，才能领导无产阶级进行无产阶级革命。① 列宁在马克思认识及思考的基础之上，进一步确证了党的独立性、原则性、组织性及革命性，但西方"列宁学"和西方马克思主义完全否认了列宁主义关于阶级、党、群众、领袖之间科学合理的关系。

3. 早期列宁和晚年列宁之间对立关系

西方"列宁学"和西方"马克思主义"共同制造了早期列宁和晚年列宁之间的对立，但对立的阶段、逻辑关系、内在结构以及要达到的目的各有不同。制造这个对立则是他们共同的理论兴奋点。这个对立先是从列宁的两部代表性哲学著作开始的。他们共同认为，列宁只是在《哲学笔记》里才表达了自己对辩证法的兴趣：抽象思维具有独立的认识功能，指认了辩证法、逻辑学和认识论的一体性。而列宁随后又坚决否认认识是包含着认识对象的逻辑过程，尤其是一种抽象化的认识过程。矛盾的无限性被"输入了认识过程"。② 这样，辩证法的意义不仅仅是关于全部世界变化的认识，更在于人类把自己在客观世界中获得的全部认识当作"认识对象"。这样的尝试之后，所有关于主客体谁占绝对主导地位的问题就"失去了全部意义"。③ 列宁指出，黑格尔的逻辑学是了解和掌控马克思学说的一把钥匙。无论是西方"列宁学"还是西方马克思主义，都把列宁的这句原话当作理解列宁主义的理论密钥，并成为他们否定列宁、断言列宁在《唯物主义和经验批判主义》只有直观的反映论的

---

① 《马克思恩格斯全集》第四十四卷，北京：人民出版社1982年版，第732页。
② 〔波〕莱泽克·科拉科夫斯基：《马克思主义的主要流派以及它们的各种起源、发展和瓦解》，牛津：牛津大学出版社1981年版，第462页。
③ 〔波〕莱泽克·科拉科夫斯基：《马克思主义的主要流派以及它们的各种起源、发展和瓦解》，牛津：牛津大学出版社1981年版，第464页。

最大依据。①

(二) 西方"列宁学"与西方马克思主义区划点

西方"列宁学"与西方马克思主义共同点能说明二者在相同的经济、社会、思想和文化形态背景下的共同倾向选择。但西方"列宁学"和西方马克思主义对列宁主义的理论定位各有不同,二者存在的特质、立场、流派、定位、人物、手法、内涵、背景等等,都能说明二者的区别所在。西方"列宁学"认定列宁的哲学观是直观反映论,西方"马克思主义"试图以主观主义的精神和意志代替列宁主义的客观实在性;西方"列宁学"严厉指责列宁意识形态斗争的"灌输理论",西方马克思主义严厉批判列宁丢弃了人的主体能动性;西方"列宁学"几乎是全面否定列宁主义、马克思主义和无产阶级革命运动,西方马克思主义阐释的是一种局部对立、部分对立;总体而言,西方"列宁学"的攻击、污蔑和否定的手法视域宽广,不受限制,甚至没有底线,而西方马克思主义则流派众多,分支广布。

1. 列宁主义与马克思主义理论定位各有不同

西方"列宁学"和西方马克思主义围攻列宁主义的理论分割点定位不同。站在小资产阶级立场上的西方"列宁学"以"左派"的面目来评价和定位列宁主义。在这一派的学者和思想家们看来,列宁的哲学观是直观反映论,看不到唯物主义对意识活动的前导性价值,看不到辩证法对列宁主义的革命性和能动性,看不到实践对列宁主义产生的历史性意义。他们认定列宁的历史观是经济决定论,夸大了经济因素在社会历史进程中的地位和作用,看不到社会历史运动的客观实际过程,尤其是看不到社会主体——人在历史进程中的能动性和创造性。他们认定列宁的政治观是对马克思主义的背叛,试图打着马克思主义的旗号否定列宁主义的合法性存在。在哲学观上,西方"马克思主义"更突出对恩格斯的批判,并以此延伸到对列宁主义的批判。在否定客观规律存在的过程中更突出人性、人文和人的精神要素。完全站在资产阶级立场上的西方"列宁学"是以右的面貌出现在社会历史舞台上,他们对列宁主义污蔑和攻击的程度远超其他流派和分支。在他们看来,列宁是唯意志主义者

---

① 〔英〕戴维·麦克莱伦:《马克思以后的马克思主义》,李智译,北京:中国人民大学出版社2004年版,第108页。

和悲观主义者；列宁本人不过是从政党到领袖的权力意志的产物；社会历史条件被降低在次要的位置，人民群众的作用几乎被抹杀殆尽。在西方"列宁学"的学者看来，列宁的革命生涯从一开始就是为了权力和政治，革命的唯意志论最终战胜了马克思式的社会历史决定论。① 坚称站在马克思主义基本立场上的西方马克思主义远远没有西方"列宁学"这么反动和顽固，他们一样否认列宁的反映论，不认可社会历史的决定论，强调和突出人的价值和意义，但西方马克思主义没有全盘污蔑社会主义革命运动来实现自己的存在价值。

2. 无产阶级政党与工人阶级关系问题各有说辞

西方"列宁学"和西方马克思主义在如何看待无产阶级政党和工人群众的关系问题上的立场、观点也是各有不同。在西方"列宁学"的理论家们看来，列宁在强悍的意识形态斗争背景下产生的"灌输理论"，就是依靠先进的知识分子给工人阶级灌输所谓的先进思想，然后用知识分子代替工人阶级的历史地位和作用，再用政党代替知识分子，最后是政党代替国家，领袖代替政党。这就是西方"列宁学"从工人阶级的政党和工人阶级的关系推导出的结论。B. 克拉西就直言不讳地提出：《怎么办？》一书就是说明了马克思主义的科学理论如何被知识分子所掌握，然后在先进知识分子的灌输和引导下，最终代替了无产阶级的历史地位和作用。知识分子成为无产阶级先锋队最先知觉的一部分，成为无产阶级革命队伍的领导者。最终，"马克思赋予无产阶级的历史使命，便不得不转到'革命的知识分子'手中"，再转让给党组织、领袖、独裁者等。② 在这个问题上，西方马克思主义和西方"列宁学"的基本观点相近或者相似，但西方马克思主义的基调和最终结论要相对温和一些。他们也批评和否定列宁的"灌输理论"，但他们更强调党对工人阶级的替代作用而不是知识分子。这是西方马克思主义者的理论支点，重在对列宁主义丧失人的主观能动性的批判，更在于他们对意识形态理论的斗争及作用的强调。更深层的意蕴在于：西方马克思主义者想阐明，西方无产阶级已经在特定的时代和特定的革命氛景中，失去了自己的革命能动

---

① 〔美〕布兰科·拉齐奇、米洛拉德·M. 德拉奇科维奇：《列宁和共产国际》第1卷，帕罗奥多：美国斯坦福大学胡佛研究所出版社1972年版，第553页。

② B. 克拉西：《列宁主义与社会主义》，载《国外社会科学动态》，1980年第1期，第39页。

性和时代创造性，不再是欧洲发达国家无产阶级革命的主体力量。历史力量的推动之下，只有那些具有"批判思维能力"的知识分子才是欧洲无产阶级新的、开拓性的主体力量。

3. 西方"列宁学"歪曲面远超西方马克思主义

因为阶级立场、批判动机以及理论旨趣的不同，相比较西方马克思主义，西方"列宁学"对列宁主义的污蔑和攻击面远远宽泛一些。不仅仅是列宁主义所涉及的理论，更有列宁主义指引下的实践活动，甚至列宁的个人生平也成为西方"列宁学"污蔑和攻击的标靶，最后是对马克思主义的全盘否定、对社会主义革命的完全否定。关于列宁主义和马克思主之间的对立问题，西方马克思主义阐释的是一种局部对立、部分对立，即便在很多领域有整体性的差别，但不是本质上的对立，而是一种思维方法、研究方法、理论基点及历史情势的不同所致。但在西方"列宁学"那里则不同，他们制造了整体的、彻底的、完全的、颠覆性的对立。西方"列宁学"的目的很明确，不但要彻底否定列宁主义，而且最终要否定马克思主义、社会主义和共产主义。马克思主义最主要的历史任务是揭示资本主义运行发展的基本规律，列宁主义最主要的任务就是实现社会主义从理论到现实的革命性转变，但被西方"列宁学"的理论家们污蔑为理论上的背叛。西方"列宁学"在制造列宁自身"对立论"的程度和范围上也远超西方马克思主义。制造列宁与同时代理论家的对立、与他的继承人之间的对立，这也是西方"列宁学"大肆污蔑攻击列宁主义的口实。① 譬如哲学观上卢卡奇的总体性辩证法和列宁客体辩证法的对立，实践观上葛兰西实践哲学和列宁机械唯物论的对立，政治观上卢森堡的民主政治原则与列宁民主集中制的不同意见被升格为卢森堡与列宁的对立，革命观上关于社会主义革命斗争策略的问题——葛兰西的"阵地战"理论与列宁"运动战"理论的对立等。这样的否定程度和攻击范围，那是西方马克思主义远远不及的。

4. 西方"列宁学"攻击手法宽于西方马克思主义

在批判、否定和围攻列宁主义的手法上，西方"列宁学"可以说是无所不用其极，范围广博、不受限制、没有底线，只要有益于自己批判

---

① 〔美〕罗伯特·文森特·丹尼尔斯：《革命的良心》，高德平译，北京：北京出版社1985年版，第86页。

和否定目的,没有什么手法是不可以使用的。而这一点是西方马克思主义远远不能够的,也是不可能的。除过全面铺开、广泛使用、最有影响力的"对立论"和"原罪说"之外,家族遗传学、民族心理学、社会病态学都是西方"列宁学"揭示列宁生平依据的基本理论,以此来扩展对列宁主义的广泛性研究,以达到一种深度的揭示和批判,最终实现对列宁主义的全盘否定。为了实现他们对列宁主义"唯意志论"转向的论证,唯意志主义、尼采主义、权力至上论、雅各宾主义、马基雅维利主义无一不是论证手法的选择。而在西方马克思主义那里,最多是各种不同哲学流派衍生的思想方法和批判方法,人本主义、存在主义、实证主义、分析主义、结构主义、解构主义、社会批判理论、后现代主义等,无论对列宁主义的泛化性解读程度如何,在西方马克思主义那里起码有一种相对严谨的学理态度对待列宁主义,而这一点是西方"列宁学"做不到的。这里需要对"原罪说"的手法做进一步的分析。在西方"列宁学"那里,马克思主义是列宁主义的"原罪说",列宁思想和理论是斯大林思想和理论的"原罪说"。莱塞克·科拉科夫斯基就断言:"整个马克思主义"那里充斥着极不契合实际的"关于联合体、关于阶级和阶级斗争的理论",它们在本质上都是"浪漫主义"。马克思主义的支持者和拥护者试图"建立一个自称是包含着最大可能限度的自由的极端专制国家的证明"。讽刺和挖苦莫过于此,否定的内容几乎一目了然,马克思主义就不是任何可能接近现实的东西,它不是理想,不是信仰,更不是人类社会未来的共同取向,而是人类社会的"原罪",或者说是人类社会原罪的表现。更是因为马克思列宁主义的唯意志的转向,先是"人民的意志",然后是"党的意志"取代了社会历史规律的存在,人的自主创造性可以随意掌控社会生活的内容,"专制政党寡头政治"的出现势在必然,马克思列宁主义的"原罪说"得到系统佐证。列宁的"普罗米修斯主义"显示了"他企图通过政治手段来组织经济生活的打算,就像列宁的党在它的统治开始时所做的那样"。[①] 阿马尔利克也断言,列宁主义对马克思主义的发展做出了重要贡献,但"列宁主义和斯大林主义所应

---

① 〔波〕莱泽克·科拉科夫斯基:《马克思主义的主要流派以及它们的各种起源、发展和瓦解》,牛津:牛津大学出版社 1981 年版,第 418 页。

负的责任在理论上根源于马克思"。① 当然，斯大林主义的错误来自列宁主义，斯大林所犯的错误应该归因于列宁。阿夫托尔汉诺夫坚信，列宁主义的本质就是"极权的'权力哲学'"，这种理念所缔造的所谓的"新型的国家"其实是"专政的组织独裁制度"，是布尔什维克的"党治制"。② 可以说，马克思列宁主义的"原罪说"既是既定的又是互相论证的。

四、"东方列宁学"创论及体系构筑

对"东方列宁学"创建的必要性论释，就是在系统研究的基础上构筑理论阵线对抗西方"列宁学"污蔑和攻击的必要性，深化对邓小平理论研究的必要性，推动改革开放以来我国列宁学说研究发展的必然性。对"东方列宁学"创建的价值性论释，就是理论与实际相结合研究路径的坚守，列宁学说研究层次的提炼和深化，发展性研究视野的倡导和推动。"东方列宁学"趋于成熟的学理依据包括列宁学说与东方问题关系的探讨和把握，列宁学说与东方问题的重要内容阐释，列宁学说研究中不良倾向的消除，列宁学说各种研究成果的喷涌，西方"列宁学"的对抗和列宁学说的捍卫。"东方列宁学"的研究视野包括东方经济政治和文化研究视野，东方社会主义事业研究视野，全球化和现代化研究视野。"东方列宁学"的时代课题包括拓展"东方列宁学"与东方问题之间的关系域，判别西方"列宁学"与"东方列宁学"性质的问题场，阐明列宁学说与斯大林模式之间的链接点，构筑"东方列宁学"与西方"列宁学"抗衡的阵线区。

（一）"东方列宁学"创建必要性阐释

"东方列宁学"就是政治、经济、文化落后的东方国家对列宁学说研究、阐释、论证的思想体系。因为列宁学说本身是在东方落后国家走上社会主义革命道路中缔造和产生的理论体系，回答了落后国家推动社会主义革命和社会主义建设的问题。所以，在东方政治、经济、社会和文化视域下展开对列宁学的研究具有十分重要的理论和现实意义。列宁

---

① 〔俄〕戴维·W. 洛弗尔：《从马克思到列宁：评马克思对苏联独裁主义所应负的责任》，剑桥：英国剑桥大学出版社1984年版，第2页。

② 〔苏〕阿·阿夫托尔汉诺夫：《苏共野史》，武汉：湖北人民出版社1982年版，第23页。

的学说和理论，不仅仅是关于俄国人民夺取国家政权走上社会主义道路、建设社会主义事业的理论前导，更是全世界所有受剥削、受压迫的民族走上社会主义革命道路的思想先驱。无论是俄国还是其他东方国家，本质上都是政治、经济、文化和社会非常落后的国家，选择社会主义道路，在社会基础和文化背景支持上具有类同性，这是研究"东方列宁学"最根本的意义。从更广泛的地理意义上来说，俄国也是东方国家，列宁学说从起点到内容、从理论轴心再到最后的归结点，东方问题始终贯穿其中，这是研究"东方列宁学"的理论真谛。从对抗西方"列宁学"牵发的理论挑战和意识形态斗争的要素来说，创建"东方列宁学"的意义也是不言而喻。

1. 西方"列宁学"污蔑和攻击对抗的必要性

西方"列宁学"本身就是意识形态斗争的产物和表现，其目的是在西方发达国家支持下否定列宁学说、否定列宁主义，进而否定科学社会主义革命。西方"列宁学"对列宁学说和列宁主义的污蔑和否定，作为硕果仅存的社会主义大国，必须担当起捍卫列宁学说、捍卫列宁主义的历史责任。为此，我们必须构建"东方列宁学"。众所周知，西方"列宁学"诞生于20世纪60年代，从其生发的第一天起就对列宁学说和列宁主义展开各种围攻和批判。从列宁主义本质的"经济决定论"到"唯意志论"，从列宁学说产生的各种"对立论"到促发斯大林主义的"原罪论"，从列宁个人形象的严重丑化歪曲到列宁领导建设的布尔什维克党的敌视，从苏维埃政府合法性存在的质疑到苏联社会主义模式的否定，西方"列宁学"担当的是西方资产阶级政府展开阶级斗争和意识形态决战的前锋角色。社会主义国家的思想阵线如果再装聋作哑，不主动出击，不能勇于担当捍卫列宁学说的权威性和列宁主义的科学性，那无异于拱手出让意识形态斗争的主动权、理论博弈的主动权和学术思考的主导权。再者，西方"列宁学"本身是一个系统的、庞大的、规模的理论体系，如果没有相对应的理论体系与之相抗衡，我们就不可能完成捍卫列宁学说和列宁主义的历史任务。还有，实现列宁学说的广泛性传播和宣传，没有强大的理论体系支撑是不可能实现的，推动列宁主义的时代发展更是无从谈起。从这些意义上来说，构建"东方列宁学"是势在必然。

2. 现实关照基础上深化邓小平理论研究必要性

构建"东方列宁学"，对深化和发展邓小平理论的研究和认识具有极为重要的理论和现实意义。要将中国特色社会主义建设事业推展到新的时代，就必须深化对邓小平理论的研究。要达成这一目的，就必须构建完整、系统、科学的"东方列宁学"。因为二者一脉相承的理论关系，使得"列宁学"在事实上成为邓小平理论的前导。从新经济政策中对市场经济的阐释和利用到列宁对国家资本主义的思考，从发展生产力到把经济建设当成党和国家的首要任务，从改变粮食政策到调动广大农民的劳动积极性，从农村改革到城市改革的带动，从新经济政策的实施到中国社会主义建设事业的两步走，从走出"本本"的教条到"自己来找出路"的社会主义实践之路，从列宁关于社会主义发展阶段的认识到邓小平关于社会主义初级阶段的准确判断，列宁的"东方学"理论既形成了对邓小平理论的现实关照，也促发了中国特色社会主义的理论关照。从这些意义上来讲，构建"东方列宁学"不仅仅能把"列宁学"推展到新的研究阶段，更能把邓小平中国特色社会主义改革与开放理论的研究提升到新的高度上予以思考。

3. 改革开放以来我国列宁学说研究发展必要性

我国学界对列宁学说的系统性和规模性研究始发于改革开放之后。在长达四十年的理论研发周期中，中国学界对列宁学说的研究已经取得丰硕成果。从摆脱最初对列宁学说研究的传统主义视角到将研究的视点拓展到经济建设领域和党的建设领域，从列宁思想遗产的关注到新视角、新方法、新平台研究列宁学说的拓展，从新经济政策到中国的改革开放的外在关联，从列宁学说的本真体系到其对中国特色社会主义理论构建的启示，列宁学说的研究成果已经足以支撑"东方列宁学"的基本构建。从20世纪20年代列宁的《苏维埃政权的当前任务》一直到50、80年代《列宁全集》的两次出版，再到后续的列宁各种论著的出版，为列宁学说的宣传和传播奠定了深远宽广的文献基础。数万篇的研究论文，极具研究分量的代表性著作，成为"东方列宁学"构建的学术基础和学理结构。俞良早1993年出版的《列宁主义研究》、1995年出版的《列宁后期思想探要》、2004年出版的《创论"东方列宁学"》、2006年出版的《关于列宁学说的论争》，彭大成1997年出版的《从列宁到邓小平的伟大探索》、2002年出版的《列宁的社会主义观》，张翼星1992年出版的《列宁哲学思想的历史命运》、2001年出版的《读懂列宁》，中国人民大学1988年出版的《列宁思想史》，叶卫平1991年出版的《西方"列宁学"研究》、李忠杰 1993 年出版的《列宁主义论纲》、左亚文 1998 年出版的《列宁晚年社会主义建设理论与中国的改革实践》、向春阶 2001 年出版的《列宁晚年思想研究》、戴锐 2003 年出版的《列宁社会主义改革思想述论》、顾玉兰 2005 年出版的《列宁社会发展理论研究》、秦莹 2007 年出版的《黑格尔与列宁的逻辑思想》、张一兵 2008 年出版的《回到列宁》、张亮 2012 年出版的《列宁》、侯惠勤 2012 年出版的《马克思恩格斯列宁斯大林论意识形态》、田文峰 2013 年出版的《列宁帝国主义理论及其当代价值研究》、贾淑品 2013 年出版的《列宁、卢森堡、考茨基与伯恩施坦主义》、何萍 2014 年出版的《列宁思想在二十一世纪》、李文峰 2014 年出版的《早期西方马克思主义对列宁政治哲学的思考》、贺瑞 2015 年出版的《列宁主义与新民主主义》、苑秀丽 2016 年出版的《列宁社会主义观的当代解读》、吕世伦 2016 年出版的《列宁法律思想史》、黄枬森 2018 年出版的《〈哲学笔记〉与唯物辩证法》等，列宁学说的研究论著可谓遍地开花，成果丰硕，是对"东方列宁学"构建最强有力的支持。而这些研究成果需要总体的提炼和升华，就必须有一个学说体系的构建才能实现，而"东方列宁学"的构建，无疑是完成这个历史性构建的最优选择。这些大量的著作和论文阐释了马克思主义最基本的立场、观点和方法，尤其是践行了以实践为依据、以人的理论视野为准绳，评述了苏维埃共和国的领袖人物包括联共（布）领袖人物，探讨了 20 世纪 80 年代中期以来苏联（俄罗斯）学术界对列宁学说的认识和理解等等。这些学术理论研究成果是创建"列宁学"的最好理论基础。这个时段学术界最突出的成就就是创造性地提出了"东方列宁学"的概念，并且对"东方列宁学"的含义、结构、体系、构成态势等学术问题展开思考，为该领域理论工作的研究奠定了深彻的基础，发挥出积极有效的促进作用。这是从学术和学理基础角度分析、构建"东方列宁学"的必然性选择。

（二）"东方列宁学"创论价值性论析

某种程度上可以说，列宁关于东方社会主义国家经济建设的很多理论实践并没有在俄国实现，而是在 20 世纪 80 年代以后的中国得以践行。或者说，中国在社会主义改革开放的进程中，吸纳和借鉴列宁社会主义建设的很多经验和教训。从这个意义上来讲，中国的改革开放是列宁新经济政策的延续，是社会主义建设事业的时代延展。在关于列宁主义的诞生时间、"一国首先胜利"论、帝国主义"过时论"、"对立论"和"原罪论"、"经济决定论"和"唯意志论"等诸多具有重大理论争议的问题上，中国当代学者阐释出"东方列宁学"的科学认知，表达出对"东方列宁学"科学、积极和理性的姿态。也就是说，只有在发展的视野上去研究列宁学说，才能真正推动列宁学说的发展，拓展马克思主义发展的新领域，这是"东方列宁学"需要完成的学理任务。

1. 列宁学说研究路径坚守与探索

在无产阶级革命的进程中、在社会主义现代化建设的道路上，理论联系实际成为一项重大的理论与现实课题。因为理论脱离现实，或者是现实脱离理论，这样的现象无论是在俄国还是中国，都以各种各样的形式存在着。就中国的社会主义现代化建设进程而言，构建"东方列宁学"，既可以实现一种理论上的升华、提炼和总结，还可以促进实践与理论的对接，尤其是为推动社会主义改革进程发挥积极作用。更为准确地来说，理论和实践相结合虽然是一切理论都应该坚守的精神和品格，但这里更应该强调的是"东方列宁学"给中国社会主义改革带来的理论提炼。譬如说，我们要从列宁晚年关于利用市场经济促动国民经济体系发展的思想，来推动和拓展中国特色社会主义市场经济体系的发展；研究列宁的租让制、租赁制、租借制思想，以便为中国三资企业的合作经营、共同发展提供理论和实践借鉴；研究和借鉴列宁关于国有企业运用市场规律办事的原则，来促动国民经济体系中的国企改革；借鉴列宁新经济政策中关于粮食税的思路，促动农村经济发展和实现农民减负的问题。

2. 列宁学说研究层次凝练和深化

在列宁学说的研究中，一直存在一种"左"向思维习惯。这种研究倾向在列宁过世之后尤为严重，从而形成了对列宁学说的过渡性解释、拔高性论证，而且在全世界的社会主义运动中不断扩散。这样的研究倾向既不是对科学研究的尊重，也不是对列宁学说应有的态度，最终对社会主义建设带来不良影响。在列宁本真的面目上去研究列宁，在列宁学说定在的历史背景上去研究列宁学说，然后在社会主义具体的实践中去践行，这才是"东方列宁学"应该完成的理论任务。而且要把列宁学说当作科学的思想体系来对待，而不是像西方"列宁学"那样，本真的目的就是为了颠覆列宁学说的权威，为了否定列宁主义。构建"东方列宁学"，就是要捍卫列宁学说的科学性和权威性，要站在社会主义建设事业的高度去研究列宁学。构建"东方列宁学",不要在脱离列宁学说既有的理论层次上研究列宁,也不要在脱离社会历史背景的基础上去发展列宁主义。不仅仅要消除在列宁学研究领域中的"左"向思维习惯,还要把学术界对列宁研究存在的不良倾向矫正过来,引向新的、科学的、理性的研究道路上来。而且要鼓励讨论,提倡争鸣,提炼和深化列宁学说研究的层次,创造一种和谐、自由、轻松愉快的科学气氛,实现列宁学说的时代性发展。

3. 列宁学说研究视野倡导和推动

创建"东方列宁学",本身就借用科学的视野、以发展的姿态,推动列宁学说的传承和发展。这既是马克思主义最基本的世界观和方法论,也是我们对待列宁学说和列宁主义最基本的态度。因为只有在发展的视野上,才能真正做到科学地研究列宁学说,推动列宁主义的时代发展,尤其是推动中国特色社会主义建设事业的时代进步。建设社会主义的途径、方式、手段等问题的研究,对当下中特色社会主义的发展具有最直接的启示价值,对世界社会主义运动的认知具有最直接的现实促发作用,可以最直接地启示当代工人阶级的革命倾向等。而所有这一切,如果没有用发展的视野、发展的方法去研究,都是不可能的。还应该明了的就是:列宁学说自身也是发展的思想体系,它不可能是一个完全封闭的理论架构。只有在不断发展、不断革新的思维体系中才能真正推进列宁学说的进步。如十月革命以前要不要建立无产阶级自己的工人武装问题,要不要夺取国家政权的问题,要不要和资产阶级专制政府决裂的问题,俄国人民要不要完全参与帝国主义战争的问题。如果没有用发展的眼光和思维看问题,就没有列宁学说的进步和发展。

(三)"东方列宁学"创新学理性依据

总体而言,构建"东方列宁学"的各种条件在20世纪90年代已经趋于成熟,在学理方面更是实现系统性的完备:列宁学说与东方问题关系的探讨奠定了"东方列宁学"的关键前提;列宁学说与东方问题重要内容的阐释确定了"东方列宁学"的基本构架;列宁学说研究中不良倾向的消除指引了"东方列宁学"的发展方向;西方"列宁学"的对抗和列宁学说的捍卫确立了"东方列宁学"的发展旨趣;列宁学说各种研究成果的喷涌成为"东方列宁学"构建的理论基础。

1. 列宁学说与东方问题关系探究

改革开放至今，我国学术界从各个视角阐释了列宁学说和东方问题之间的学术关系，探讨了列宁学说产生和推动的东方意义、效应、影响力和价值，阐释了列宁学说在无产阶级政党夺取政权以后开辟的社会主义发展道路，指明了列宁学说在东方国家特殊的政治、经济、思想背景下的理论与现实意义，说明了列宁学说对东方国家和人民坚持反帝反封建斗争的高度评价，探讨了列宁学说对世界社会主义运动的引导和支持。这些理论成果已经构成一个宏大的科学体系，完全能够在东方社会的基本视域下，构筑起具有东方特色、属于东方国家、纳含东方民族气质的列宁学说体系。这样的学说体系更有东方国家和人民推动列宁主义发展、开辟列宁主义研究新阵地的意义。同时，我们还应该指出，列宁学说与东方国家和民族具有政治土壤、经济基质、社会背景、历史底蕴、文化内涵、发展历程的同质性和同类性，这是列宁主义拓展到"东方列宁学"理论体系的内在基础。关于这一点，国内的学术界已经探讨得非常到位。列宁主义对阐明世界历史运行变化的基本进程、马克思主义本质性内容来说，具有普遍意义，而相关的研究与探讨成为构建"东方列宁学"最具标志性的学理成果。①

2. 列宁学说与东方问题内容阐释

国内学术界阐释了一个非常重要的学术观点：列宁社会主义东方胜利论。从更远的视角来看，十月革命以后，无产阶级革命形势逐渐消退，列宁所阐释、论证、推动的无产阶级革命在20世纪20年代以后，在西方发达国家逐渐停歇，沦落在社会历史舞台的深处，没有进一步的发展。列宁正是准确地看到了这一点，才将革命的重心和视点放到了东方社会，从而把东方国家和民族的革命提升到世界历史舞台中心的位置，而且坚信东方国家的民族民主革命和无产阶级革命，将在世界社会主义革命运动中发挥重大作用。就是说，列宁的东方社会理论不仅包括东方落后国家和民族比西方发达国家更容易发生革命的可能，而且也包含东方国家将比西方发达国家更容易确立社会主义制度的基础，更包含世界未来的社会主义革命将在东方获得成就并成为新的发源地的构想。尤其是20世纪90年代以后，随着强大的苏联一夜解体、东欧社会主义阵营全部垮

---

① 俞良早：《列宁主义研究》，南宁：广西人民出版社1993年版，第38—48页。

台，20世纪人类社会最大的地缘政治灾难成为现实，而中国的历史性成就让我们对列宁学说的研究获取了一种新的视角、新的平台和新的空间。这样的历史和现实背景，使得我们更加具备后来者的开阔视野：世界社会主义的革命历程就是从马克思主义所设定的"西方国家决定论"转向列宁主义的"东方国家决定论"。① 这是"东方列宁学"构建的重大理论基石。

3. 列宁学说研究中不良倾向消除

走入20世纪80年代的中国，不但在政治领域了实现了拨乱反正，也同样在学术和思想研究领域实现了一场极具变革性的转折。就是既袪除了学术界对列宁学说的"左"向性思维的拔高解读，也消除部分学者对列宁学说的右向性解读。这些两极化观点认定，列宁学说已经过时，其观点和言论也是言之凿凿，似乎列宁主义真的走出了人类社会的大时代，并且提出了很多自许的修正和发展。但主流终究是主流，不可能脱离时代的历史大河偏向理论的小河汊。还有，就是学术界最终消弭了对列宁学说的硬化和弱化解读模式。就是过于夸大列宁学说对东方国家革命的原则性、革命性和理论性意义，而是生搬硬套的附会，不做任何具有能动性和创造性的拓展，这是教条主义的做派。而经过二十多年的学术研究和沉淀，中国的学术界最终消弭了这两种不良倾向，将列宁学说的研究带上了时代发展的大道。无论是列宁关于《共产党宣言》中"工人没有祖国"的思想还是无产阶级必须变帝国主义战争为国内战争，无论是一国不可能取得社会主义革命彻底胜利的理论，还是一国可以首先胜利而多国不能同时胜利的理论，无论是列宁的新经济政策还是社会主义国家的建设理论，都是国内学术界在各种观点、各种认识、各种视角的争论中获得的共识性认识。这是"东方列宁学"消除各种不良倾向的理论成果。②

4. 西方"列宁学"对抗和列宁学说捍卫

20世纪90年代的中国学术界，在自己很多的学术成果中坚决捍卫了列宁学说的权威性和科学性，有力地驳斥了西方"列宁学"对列宁学说的各种污蔑和围攻。譬如说，西方"列宁学"污蔑列宁主义起初是

---

① 俞良早：《列宁主义研究》，南宁：广西人民出版社1993年版，第104—124页。
② 俞良早：《列宁后期思想探要》，武汉：湖北人民出版社1995年版，第53—64页。

"经济决定论",最后是"唯意志论",而且制造了很多的"对立论"和"原罪论"。在中国的学术界看来,"经济决定论"的污蔑是因为有意忽视了列宁主义思想体系中经济因素和政治活动的对立统一关系,有意漠视列宁在自己的革命活动中是如何贯通和融汇经济因素和政治要素的作用。"唯意志论"的污蔑是把列宁在革命行动和社会主义建设中的主观能动性夸张为主观唯心主义的行径。针对西方"列宁学"污蔑马克思主义和列宁主义之间的"对立论",中国的学术界在很多的研究成果中予以驳斥。列宁主义是马克思主义发展的新阶段,列宁主义和马克思主义是一脉相承的理论关系,割裂二者的关系、制造二者的对立,那是资产阶级意识形态理论家们居心叵测的做法。西方"列宁学"叫嚣列宁学说早期和晚期的"对立论",那是没有看到列宁主义自身的逻辑发展进程、列宁自身理论的扬弃过程。污蔑列宁主义是斯大林主义和斯大林模式的"原罪论",那是没有一分为二的去看问题,列宁主义和斯大林主义的理论继承关系是不容置否的。但斯大林主义模式的僵化及斯大林模式最终走向失败恰恰是对列宁主义的背离,而不是因为列宁主义的牵引。①

5. 列宁学说研究成果喷涌

可以说,20 世纪 90 年代以后国内的学术界在列宁学说的研究领域中处于一种井喷状态。观点纷呈,思想深刻,涉及广泛,使得中国的列宁学说研究登上了新的学术台阶。有学者提出"列宁十月革命战略的思想"。该观点认为,十月革命后,列宁把俄国革命的胜利当作整个欧洲社会主义革命的构成部分,俄国十月革命是欧洲革命推进的成果,十月革命将是欧洲新的社会主义革命的启动。而且,列宁很快实现了革命战略思想的转变:那就是提出和推动一国建成社会主义的战略思想。国内学术界关于"列宁晚年思想"② 的概念、"一国建成社会主义"和新经济政策的理论论释,都折射出国内学者对列宁学说中理论交织点关注的程度。关于社会主义的"直接过渡""顺势过渡""渐进过渡"的问题,也引发了很大的争议和讨论。但无论是"直接过渡"思想缺少因果联系,还是

---

① 俞良早:《列宁后期思想探要》,武汉:湖北人民出版 1995 年版,第 125—129 页。
② 俞良早:《十月革命与列宁战略思想的两次转变》,载《东欧中亚研究》,1997 年第 5 期,第 3—14 页。

"顺势过渡"缺乏事实根据,或者是"渐进过渡"① 思想具有的政治平稳性取向,其理论研究的折射点其实是中国特色社会主义的发展阶段及过渡问题。还有如何评价列宁的新经济政策问题、列宁学说和邓小平理论的关系问题、社会主义革命走向低潮的问题、社会主义道路的坚持问题、社会主义事业的建设问题、改革开放的问题、现代化建设的问题等,都成为列宁学说研究的成果展示,是"东方列宁学"趋向成熟的学理基础。② 而且为20世纪世界社会主义的最大理论成果——邓小平理论的时代出场做了最好的铺垫。

(四)"东方列宁学"创设开拓性视野

构建成熟的"东方列宁学"必须要有理论体系的研究视野。这样的研究视野可以为"东方列宁学"的时代拓展和进步确定最基本的方向。东方经济、政治和文化研究视野为"东方列宁学"确定了最基本的现实平台;而东方社会主义事业研究视野为"东方列宁学"确定了最基本的理论平台;全球化、工业化和现代化研究视野为"东方列宁学"的研究确定了最基本的时代平台。只有三种研究视野的结合,三种平台的共建促进,才能把"东方列宁学"拓展到新的层次和水平上。

1. 东方经济政治文化研究视野

任何思想体系的研究都离不开最基本的经济、政治和文化平台和基础,离不开这样的基础之上所决定的视野,"东方列宁学"也一样。从经济视域来看,东西方的经济发展水平相差较大。西方发达国家在19世纪中叶完成了工业革命,在20世纪初进入垄断资本主义发展阶段,在20世纪中期进入组织化发展阶段。而东方国家都是没有经历过严格意义上的近代化发展阶段,现代化的发展也是参差不齐。无论是俄国还是中国,其经济水平的差异状况直接决定理论研究视域的巨大差异,也决定了东方国家不同的发展道路及发展模式的差异,这是"东方列宁学"必须首先予以关注的研究视野。从政治视域来看,西方发达国家都是资本主义民主制国家,俄国是落后、封建、专制的农奴制国家,然后逐步走上中

---

① 俞良早:《列宁后期思想的政治性质及其发展中的一贯性》,载《上海社会科学院学术季刊》,1998年第2期,第23—31页。
② 俞良早:《邓小平理论与列宁后期思想》,北京:中共中央党校出版社1997年版,第85—89页。

央集权化的社会主义国家；中国是半殖民地半封建社会，然后在落后的经济和不完善的政治体制基础上推动社会主义发展建设。两个东方国家都深受专制主义的荼毒，人民的民主权利受到很大制约。从文化视域来看，西方发达国家的文化水平明显高于东方落后专制的国家。而列宁学说从其生发的领地到其拓展的空间，都是在极其落后的经济、政治和文化背景下诞生和发展的。只有把握这一具体的、真实的、客观的历史情境，才能真正把握对列宁学说的思考，也才能真正做到对"东方列宁学"的时代性研究和拓展。要在东方经济、政治和文化视野下研究"东方列宁学"，这不仅仅有理论意义还有实践意义。

2. 东方社会主义建设研究视野

"东方列宁学"的构建必须在社会主义建设事业的视野上予以研究。这是一个原则性的、结构性的、方向性的研究视野。也就是说，"东方列宁学"关于东方的经济、政治和文化的研究视野，必须在东方社会主义事业的研究视域下才能成就"东方列宁学"的研究构架，就是不但要在东方的研究基地上研究列宁学说，更要在东方社会主义建设的基点上去研究。马克思恩格斯在19世纪中期创立科学社会主义之后，是以西方发达国家为基点，推动了全世界的社会主义革命运动。科学社会主义之路在西方发达国家那里逐渐偏转，先是革命理论的修正，然后是革命原则的背弃，最终是革命行动的终止。但社会主义革命事业并没有停止，而是以一种曲折迂回的路线开拓了新的领地、新的空间，产生了新的形式。这就是列宁学说的诞生和俄国革命的成功。同时，无产阶级革命导师列宁也意识到，在西方发达国家的无产阶级革命不能引领新的革命运动的时候，他的视域也投向了东方国家和民族。苏联社会主义革命和建设取得辉煌的成就以后，在20世纪80年代末轰然倒地，而且直接宣告斯大林模式和苏联东欧社会主义模式的破产。但时移世易，社会主义在东方国家中国结成正果，而且蒸蒸日上，成为社会主义的大本营。这里有社会主义革命的经验，有社会主义改造和建设的教训，有社会主义改革的成功经历，更有社会主义建设事业跟进的结构性和方向性基点——东方社会主义事业的视野。这是社会主义的原则和方向在东方国家的基本视域下、在列宁学说的前导性上拓展的新的研究领地。就是坚持普遍性和特殊性相结合，具体问题具体分析，这是马克思主义提示给我们分析问题和解决问题的原则和方法论。

3. 世界全球化和现代化研究视野

拓展"东方列宁学"的研究视野，就必须面对和考量全球化席卷的浪潮，这是对无产阶级革命导师思考全球化发展态势应有的回应。从技术角度来看，"电气化"成为全球化新阶段的标识，为列宁的社会主义现代化建设打上了深深的烙印。在这个被列宁称之为"最新资本主义时代"——帝国主义时代，帝国主义的发展和无产阶级的革命都出现了转折性的变化。能否深刻地把握这些变化，几乎意味着能否把握世界社会主义革命的基本动向和态势。这里激发了大量的理论课题：全球化浪潮发展新阶段"两制共存"的问题，资本主义主导全球化但融入了社会主义元素的世界新格局问题，全球化生成的动因、矛盾、本质、特征、周期、规律和趋势问题，资本主义世界的经济体系问题，帝国主义问题，世界革命序幕问题，东方社会理论问题等。全球化成为"东方列宁学"展开研究不可忽视的视野。马克思恩格斯时代的现代化更多指的是蒸汽时代的现代化。列宁面对的是 19 世纪 80 年代电力广泛使用引起的第二次工业革命，这也是人类社会的第二次现代化。列宁提出社会主义现代化的概念，并明确指出，苏维埃政权面临的重大问题就是如何在封闭落后、野蛮专制的俄国建立社会主义事业，社会主义现代化成为苏维埃政权最需要解决的时代课题。列宁现代化思想包含着从经济到政治、从农业到工业、从文化到制度再到人的现代化。现代化成为解决社会主义"最深刻的矛盾"的出路所在。现代化成为列宁阐释社会主义的重要视野，也是构建"东方列宁学"必须倚重的研究视野。

（五）"东方列宁学"创构时代性课题

"东方列宁学"作为时代性的理论研究体系，在时代的背景之下，必然会确立时代性的研究课题。这样的课题拓展为"东方列宁学"研究的时代任务。1918 年春，列宁提出，要把发展生产力的根本任务提到党和国家一切工作的首位。发展生产力的思想不但是列宁考虑的时代主题，而且依然是当代社会主义国家需要思考的关键课题，还有关于加强执政党建设的问题等，都是"东方列宁学"和西方"列宁学"必须面对的时代课题。推展西方"列宁学"开拓的路径，走出属于自己的"东方列宁学"之路。新的架构、新的视域、新的体系，"东方列宁学"必须拓展"东方列宁学"与东方问题之间的关系域、判别西方"列宁学"与"东方列宁学"性质的问题场、阐明列宁学说与斯大林政策之间的链接点、构筑与西方"列宁学"抗衡的阵线区。

1. 拓展"东方列宁学"与东方问题关系域

对"东方列宁学"来说，列宁学只是理论根基、前提条件，而"东方列宁学"东方问题的关系域在东方国家。尤其是在时代浪潮的大前提之下，"东方列宁学"与东方问题之间的关系域其实就是"东方列宁学"解决东方问题的基本路径问题。东方国家的问题域不过是社会主义的改革问题、社会主义的建设问题、社会主义的深化发展问题、社会主义市场化和社会主义民主化体制的对接问题、执政党的思想和组织建设问题、文化的交汇和发展问题、经济发展与生态的交错互动问题、全球化浪潮推展的扩张问题、社会主义革命低迷期的姿态和策略问题、东方政治经济文化社会落后背景下的社会主义道路问题等。但这些问题域在列宁学的视域下将展开什么样的问题思考呢？在这里，理论是关键，但问题才重要，解决问题更重要。作为新时代构建的思想理论体系，"东方列宁学"必须搭建起理论和问题之间的关系域。就是达成一种桥段的联结，一种关系的拓展，一种联系的中介，这才是"东方列宁学"走进新时代重大课题的关节点。关系域的拓展，不但使"东方列宁学"的研究更上一层楼，更是将"东方列宁学"拓展到新的发展阶段，使得东方社会主义国家的发展和认识获得全新的研究视野、全新的理论成果。

2. 判别西方"列宁学"与"东方列宁学"问题场

从阶级角度来说，西方"列宁学"无疑是资产阶级意识形态斗争的工具，是站在资产阶级立场上发声的理论学说，也是部分小资产阶级代言的体系。在阶级意识日渐淡化的大时代，西方"列宁学"彰显的学术性已经远远多于阶级性。这就使得"东方列宁学"的基本构筑面对一个最直接的问题：到底是阶级性还是学术性，或者是二者的杂糅混同。就是说，"东方列宁学"的构筑离不开学术与政治的关系域。这里需要提醒的是，列宁学说本身就是政治学说，浓厚的阶级性是其第一表征，无论西方"列宁学"理论家们如何表白自己非阶级、非政治性的中立化立场，但最终无法洗白自己的阶级立场和姿态。他们绝大多数都站在了列宁学说的对立面，肆意攻击和污蔑列宁学说的科学性和合理性。而对推动"东方列宁学"研究和进步的学界来说，首先要确定的不但是自己的研究域和时代课题的问题，更为重要的还有西方"列宁学"和"东方列宁学"性质的问题场。我们绝不能否认"东方列宁学"的政治属性和阶级属性。如果说西方"列宁学"是出现在阶级属性和政治斗争的舞台上，最终转向学术研究的领地。那么"东方列宁学"在构建自己的学术及理论体系中，就必须在历史大时代的视域下展开自己的大课题、大问题。这不是简单的跟风，也不是照猫画虎的随行，而是一种学术与政治关系的理顺过程。

3. 阐明列宁学说与斯大林模式链接点

斯大林是列宁社会主义事业的继任者，但斯大林模式和列宁学说之间的关系如何，是学界论及较少的课题。因为斯大林模式成为西方"列宁学"攻击和污蔑"东方列宁学"的重大口实，进而成为其否定列宁主义以至马克思主义理论与实践的衔接点。就是说，列宁学说开拓的事业是历史性的丰功伟绩，但斯大林最终建成的社会主义却存在各种重大缺陷，掩盖了很多矛盾和危机。当这些缺陷、矛盾和危机并没有在苏联社会主义建设进程中得到缓解、释放和稀释之后，斯大林僵化专制的模式成为苏联社会主义失败的"原罪"，而斯大林模式的"原罪"来自列宁学说、来自列宁主义。某种程度上可以这样说，中国改革的重要内容之一就是消除苏联社会主义模式带来的各种缺陷和弊端。因此，判别斯大林模式和列宁学说之间的关系成为"东方列宁学"的重大理论课题。这个课题的阐释不仅仅涉及割除中国特色社会主义与苏联社会主义模式之间的脐带联系，更要为中国当下的改革开放阐明亟待解决的问题、存在的矛盾、面对的挑战。还需要指明的一点是，只有阐明了列宁学说和斯大林模式之间的关系，才能对西方"列宁学"对列宁学说的"原罪论"展开准确的、科学的、合理的应对。

4. 构筑抗衡西方"列宁学"阵线区

如何认识社会主义，或者说社会主义的本质是什么？这不仅仅是列宁自己不断探索的重大理论问题，而且也是"东方列宁学"衔接列宁学说的理论关节点，更是"东方列宁学"对抗西方"列宁学"最关键的理论区。只有科学地把握社会主义的本质，阐明社会主义发展的方向与道路，才能真正地坚持社会主义事业，走社会主义道路。在十月革命胜利之初，列宁认定的社会主义就是在俄国全国所有的企业中，建立起由工人对生产分配活动进行监督的制度。列宁在 1918 年提出关于社会主义的一个著名公式，这是对社会主义不算完全成熟的、总体性的定位。① 在1920年底实施新经济政策前夕，列宁说，共产主义理想和现实就是俄国的苏维埃制度和"电气化"实现全面的结合。② 在新经济政策的实施时期，列宁认为，凡是被人民称赞"比旧制度好的"就是社会主义的事物。社会主义基本内涵的变动性考量本身就说明对社会主义本质性认识的过程。如何看待俄国多种经济成分的存在及其相互间的关系，这是走上社会主义之路面对的重大理论课题，这样的理论课题即便到现在为止依然是需要深度思考的问题。社会主义的经济结构到底如何？社会主义和资本主义的分割点到底在哪里？什么是社会主义？如何建设和发展社会主义？这是"东方列宁学"抗衡西方"列宁学"对经济构成成分污蔑的关节点。

---

① 《列宁全集》第三十卷，北京：人民出版社2017年版，第211页。
② 《列宁全集》第四十卷，北京：人民出版社2017年版，第30页。

参考文献

一、经典文献

[1] 《列宁选集》第一卷，北京：人民出版社2012年版。
[2] 《列宁选集》第二卷，北京：人民出版社2012年版。
[3] 《列宁选集》第三卷，北京：人民出版社2012年版。
[4] 《列宁选集》第四卷，北京：人民出版社2012年版。
[5] 《列宁全集》第一卷，北京：人民出版社2013年版。
[6] 《列宁全集》第二卷，北京：人民出版社2013年版。
[7] 《列宁全集》第三卷，北京：人民出版社2013年版。
[8] 《列宁全集》第四卷，北京：人民出版社2013年版。
[9] 《列宁全集》第五卷，北京：人民出版社2013年版。
[10] 《列宁全集》第六卷，北京：人民出版社2013年版。
[11] 《列宁全集》第七卷，北京：人民出版社2013年版。
[12] 《列宁全集》第八卷，北京：人民出版社2017年版。
[13] 《列宁全集》第九卷，北京：人民出版社2017年版。
[14] 《列宁全集》第十一卷，北京：人民出版社2017年版。
[15] 《列宁全集》第十二卷，北京：人民出版社2017年版。
[16] 《列宁全集》第十三卷，北京：人民出版社2017年版。
[17] 《列宁全集》第十六卷，北京：人民出版社2017年版。
[18] 《列宁全集》第十七卷，北京：人民出版社2017年版。
[19] 《列宁全集》第十八卷，北京：人民出版社2017年版。
[20] 《列宁全集》第十九卷，北京：人民出版社2017年版。
[21] 《列宁全集》第二十卷，北京：人民出版社2017年版。
[22] 《列宁全集》第二十一卷，北京：人民出版社2017年版。

[23]《列宁全集》第二十二卷,北京:人民出版社2017年版。
[24]《列宁全集》第二十三卷,北京:人民出版社2017年版。
[25]《列宁全集》第二十四卷,北京:人民出版社2017年版。
[26]《列宁全集》第二十五卷,北京:人民出版社2017年版。
[27]《列宁全集》第二十六卷,北京:人民出版社2017年版。
[28]《列宁全集》第二十七卷,北京:人民出版社2017年版。
[29]《列宁全集》第二十八卷,北京:人民出版社2017年版。
[30]《列宁全集》第二十九卷,北京:人民出版社2017年版。
[31]《列宁全集》第三十一卷,北京:人民出版社2017年版。
[32]《列宁全集》第三十二卷,北京:人民出版社2017年版。
[33]《列宁全集》第三十三卷,北京:人民出版社2017年版。
[34]《列宁全集》第三十四卷,北京:人民出版社2017年版。
[35]《列宁全集》第三十五卷,北京:人民出版社2017年版。
[36]《列宁全集》第三十六卷,北京:人民出版社2017年版。
[37]《列宁全集》第三十七卷,北京:人民出版社2017年版。
[38]《列宁全集》第三十九卷,北京:人民出版社2017年版。
[39]《列宁全集》第四十卷,北京:人民出版社2017年版。
[40]《列宁全集》第四十一卷,北京:人民出版社2017年版。
[41]《列宁全集》第四十二卷,北京:人民出版社2017年版。
[42]《列宁全集》第四十三卷,北京:人民出版社2017年版。
[43]《列宁全集》第四十四卷,北京:人民出版社2017年版。
[44]《列宁全集》第四十五卷,北京:人民出版社2017年版。
[45]《列宁全集》第四十六卷,北京:人民出版社2017年版。
[46]《列宁全集》第四十七卷,北京:人民出版社2017年版。
[47]《列宁全集》第四十八卷,北京:人民出版社2017年版。
[48]《列宁全集》第四十九卷,北京:人民出版社2017年版。
[49]《列宁全集》第五十卷,北京:人民出版社2017年版。
[50]《列宁全集》第五十一卷,北京:人民出版社2017年版。
[51]《列宁全集》第五十二卷,北京:人民出版社2017年版。
[52]《列宁全集》第五十三卷,北京:人民出版社2017年版。
[53]《列宁全集》第五十四卷,北京:人民出版社2017年版。
[54]《列宁全集》第五十五卷,北京:人民出版社2017年版。

［55］《列宁全集》第五十六卷，北京：人民出版社2017年版。

［56］《列宁文稿》第二卷，北京：人民出版社1978年版。

［57］中央编译局编：《列宁专题文集　论无产阶级政党》，北京：人民出版社2009年版。

［58］中央编译局编：《列宁专题文集　论社会主义》，北京：人民出版社2009年版。

［59］中央编译局编：《列宁专题文集　论资本主义》，北京：人民出版社2009年版。

［60］中央编译局编：《列宁专题文集　论辩证唯物主义和历史唯物主义》，北京：人民出版社2009年版。

［61］中央编译局编：《列宁专题文集　论马克思主义》，北京：人民出版社2009年版。

［62］中国人民大学马列主义发展史研究所：《列宁思想史》，上海：上海人民出版社1988年版。

［63］《马克思恩格斯文集》第一卷，北京：人民出版社2009年版。

［64］《马克思恩格斯文集》第二卷，北京：人民出版社2009年版。

［65］《马克思恩格斯文集》第三卷，北京：人民出版社2009年版。

［66］《马克思恩格斯文集》第四卷，北京：人民出版社2009年版。

［67］《马克思恩格斯文集》第五卷，北京：人民出版社2009年版。

［68］《马克思恩格斯文集》第七卷，北京：人民出版社2009年版。

［69］《马克思恩格斯文集》第八卷，北京：人民出版社2009年版。

［70］《马克思恩格斯文集》第九卷，北京：人民出版社2009年版。

［71］《马克思恩格斯文集》第十卷，北京：人民出版社2009年版。

［72］《马克思恩格斯全集》第一卷，北京：人民出版社2002年版。

［73］《马克思恩格斯全集》第三卷，北京：人民出版社2002年版。

［74］《马克思恩格斯全集》第十一卷，北京：人民出版社1995年版。

［75］《马克思恩格斯全集》第二十五卷，北京：人民出版社2001年版。

［76］《马克思恩格斯全集》第二十六卷，北京：人民出版社2014年版。

［77］《马克思恩格斯全集》第四十四卷，北京：人民出版社1982

年版。

[78]《斯大林文集》，北京：人民出版社 1985 年版。

[79]《斯大林选集》上卷，北京：人民出版社 1979 年版。

[80]《斯大林选集》下卷，北京：人民出版社 1979 年版。

[81]《毛泽东选集》第一卷，北京：人民出版社 1999 年版。

[82]《毛泽东选集》第二卷，北京：人民出版社 1999 年版。

[83]《毛泽东选集》第三卷，北京：人民出版社 1999 年版。

[84]《毛泽东文集》第五卷，北京：人民出版社 1999 年版。

[85]《毛泽东文集》第六卷，北京：人民出版社 1999 年版。

[86]《毛泽东文集》第七卷，北京：人民出版社 1999 年版。

[87]《毛泽东文集》第八卷，北京：人民出版社 1999 年版。

[88]〔苏〕布哈林：《布哈林文选》上册，北京：人民出版社 1981 年版。

[89]〔苏〕布哈林：《布哈林文选》中册，北京：人民出版社 1981 年版。

[90]〔苏〕普列汉诺夫：《普列汉诺夫文选》，张光明编，北京：人民出版社 2010 年版。

[91]〔苏〕普列汉诺夫：《普列汉诺夫机会主义文选》下册，虚荣译，北京：生活·读书·新知三联书店 1965 年版。

[92] 中共中央马克思恩格斯列宁斯大林著作编译局：《卢森堡文选》上卷，北京：人民出版社 1984 年版。

二、文献选编

[1]《国际共产主义运动史》编写组编：《国际共产主义运动史》，北京：人民出版社 2012 年版。

[2] 中央编译局编：《德国社会民主党关于伯恩施坦问题的争论》，北京：生活·读书·新知三联书店 1981 年版。

[3] 中央编译局国际共运史研究室编译：《俄国民粹派文选》，北京：人民出版社 1983 年版。

[4] 中央编译局编：《苏联共产党代表大会、代表会议和中央全会决议汇编》第一、二分册，北京：人民出版社 1964 年版。

[5] 中共中央文献研究室：《建国以来重要文献选编》第四、十三、

十八册，北京：中央文献出版社 1993 年版。

［6］中共中央文献研究室：《十一届三中全会以来党的历次全国代表大会中央全会重要文件选编》上卷，北京：中央文献出版社 1997 年版。

［7］中共中央文献研究室：《十六大以来重要文献选编》中，北京：中央文献出版社 2006 年版。

三、国内专著

［1］洪宇：《简明俄国史》，上海：上海外语教育出版社 1987 年版。

［2］彭树智：《修正主义的始祖——伯恩施坦》，西安：陕西人民出版社 1982 年版。

［3］郑彪：《重读列宁的帝国主义论》，载《中国经济前沿与世界新时代》，北京：中国经济出版社 2010 年版。

［4］王长江：《苏共：一个大党衰落的启示》，郑州：河南人民出版社 2002 年版。

［5］袁贵仁：《马克思的人学思想》，北京：北京师范大学出版社 2014 年版。

［6］孙伯鍨：《卢卡奇与马克思》，北京：法律出版社 1997 年版。

［7］王晓升：《西方马克思主义意识形态理论》，北京：社会科学文献出版社 2009 年版。

［8］高放、高敬增：《普列汉诺夫评传》，北京：中国人民大学出版社 1985 年版。

［9］刘佩弦、马健行：《第二国际若干人物的思想研究》，北京：中国人民大学出版社 1994 年版。

［10］曹浩瀚：《列宁革命思想研究》，北京：中央编译出版社 2012 年版。

［11］徐艳玲：《全球化、反全球化思潮与社会主义》，济南：山东人民出版社 2005 年版。

［12］李琮：《当代资本主义论》，北京：社会科学文献出版社 2007 年版。

［13］陈炳辉：《西方马克思主义的国家理论》，北京：中央编译出版社 2004 年版。

［14］叶卫平：《西方"列宁学"研究》，北京：中国人民大学出版社1991年版。

［15］俞良早：《列宁主义研究》，南宁：广西人民出版社1993年版。

［16］俞良早：《列宁后期思想探要》，武汉：湖北人民出版社1995年版。

［17］俞良早：《创论"东方列宁学"》，南京：南京师范大学出版社2004年版。

［18］张振鹏：《马克思社会批判理论及其当代价值》，沈阳：辽宁大学出版社2009年版。

［19］张振鹏：《恩格斯社会批判思想研究》，北京：学习出版社2019年版。

四、国外专著

［1］〔古希腊〕亚里士多德：《政治学》，吴寿彭译，北京：商务印书馆1981年版。

［2］〔法〕卢梭：《社会契约论》，何兆武译，北京：商务印书馆1980年版。

［3］〔德〕康德：《未来形而上学导论》，庞景仁译，北京：商务印书馆1978年版。

［4］〔德〕黑格尔：《小逻辑》，贺麟译，北京：商务印书馆1982年版。

［5］〔德〕黑格尔：《逻辑学》下卷，杨一之译，北京：人民出版社1976年版。

［6］〔德〕费尔巴哈：《费尔巴哈著作选集》上卷，荣震华、李金山译，北京：生活·读书·新知三联书店1962年版。

［7］〔匈〕卢卡奇：《列宁》，台湾远流公司译，坎布里奇：马萨诸塞理工学院出版社1927年版。

［8］〔匈〕卢卡奇：《历史与阶级意识》，杜章智等译，北京：商务印书馆1999年版。

［9］〔匈〕卢卡奇：《卢卡奇文选》，李鹏程译，北京：人民出版社2008年版。

［10］〔意〕安东尼奥·葛兰西：《狱中札记》，曹雷雨译，北京：中国社会科学出版社2000年版。

［11］〔意〕安东尼奥·葛兰西：《实践哲学》，徐崇温译，重庆：重庆出版社1990年版。

［12］〔意〕安东尼奥·葛兰西：《葛兰西文选》，李鹏程译，北京：人民出版社1992年版。

［13］〔德〕卡尔·柯尔施：《马克思主义和哲学》，王南湜、荣新海译，重庆：重庆出版社1989年版。

［14］〔苏〕托洛茨基著、中央编译局编：《托洛茨基言论》上册，北京：生活·读书·新知三联书店1979年版。

［15］〔德〕爱德华·伯恩施坦著、殷叙彝编：《伯恩施坦文选》，北京：人民出版社2008年版。

［16］〔苏〕克鲁吉柯娃：《列宁在国际舞台上反对机会全义的斗争》，北京：人民出版社1958年版。

［17］〔美〕斯蒂芬·科恩：《苏联经验重探——1917年以来的政治和历史》，陈玮译，北京：东方出版社1987年版。

［18］〔俄〕亚历山大·雅科夫列夫：《雾霭——俄罗斯百年忧思录》，述弢译，北京：社会科学文献出版社2013年版。

［19］〔俄〕根纳季·亚纳耶夫：《捍卫苏联的最后一搏》，胡昊译，北京：社会科学文献出版社2012年版。

［20］〔加〕本·阿格尔：《西方马克思主义概论》，北京：中国人民大学出版社1991年版。

［21］〔斯洛文尼亚〕齐泽克：《神经质主体》，万毓泽译，台北：桂冠图书股份有限公司2004年版。

［22］〔法〕莫西·莱文：《列宁的最后斗争》，叶林译，哈尔滨：黑龙江人民出版社1983年版。

［23］〔加〕戴维·莱恩：《列宁主义：一种社会学的解说》，剑桥：剑桥大学出版社1981年版。

［24］〔美〕尼娜·塔玛金：《列宁活着！——苏联的列宁迷信》，波士顿：哈佛大学出版社1983年版。

［25］〔英〕尼尔·哈丁：《列宁的政治思想》第2卷，伦敦：麦克米兰出版社1981年版。

[26]〔英〕尼尔·哈丁：《列宁主义》，达勒姆：杜克大学出版社 1996 年版。

[27]〔美〕保尔·M. 斯威齐、哈里·马格道夫：《列宁在今天》，纽约伦敦：每月评论出版社 1970 年版。

[28]〔英〕埃斯特·金斯顿—曼：《列宁和马克思主义的农民革命问题》，牛津：牛津大学出版社 1985 年版。

[29]〔苏〕费·维·亚历山大罗夫：《列宁和共产国际》，郑异凡译，北京：求实出版社 1984 年版。

[30]〔英〕戴维·麦克莱伦：《马克思以后的马克思主义》，李智译，北京：中国人民大学出版社 2004 年版。

[31]〔美〕贝特兰·D、沃尔夫、A. J. 帕兰：《列宁和二十世纪》，帕罗奥多：斯坦福大学胡佛研究所出版社 1984 年版。

[32]〔美〕布兰科·拉齐奇、米洛拉德·M. 德拉奇科维奇：《列宁和共产国际》第 1 卷，帕罗奥多：斯坦福大学胡佛研究所出版社 1972 年版。

[33]〔俄〕戴维·W. 洛弗尔：《从马克思到列宁：评马克思对苏联独裁主义所应负的责任》，剑桥：剑桥大学出版社 1984 年版。

五、外文专著

[1] Alfred Schmidt, *The Concept of Nature in Marx*, London, 1971.

[2] Stuart Elden, *Understanding Henri Lefebrve*, London and New York: Continum, 2004.

[3] Butler, *Laclau and Zizek*, *Contingency*, *Hegemony*, Universality, Verso, 2000.

[4] Thomas Hammond, *American Historical Review*, International affairs, 1958.

[5] Alfred G. Meyer, *Leninism*, Harvard University Press, 1957.

六、期刊文章

[1] 考茨基：《帝国主义战争》，载《新时代》，1917 年 2 月 16 日。

[2] 安德烈·冈德·弗兰克：《不发达的发展》，载《每月评论》，1966 年第 4 期。

［3］B. 克拉西：《列宁主义与社会主义》，载《国外社会科学动态》，1980年第1期。

［4］G. 巴尔契：《以共产主义之道还治共产主义之身》，载《马列主义研究资料》，1984年第2期。

［5］周全华：《列宁语境中的民粹主义择义》，载《政治学研究》，2014年第2期。

［6］黎惠民：《"小农经济稳固论"简介》，载《教学与研究》，1964年第3期。

［7］包毅：《列宁与葛兰西意识形态理论比较及其启示》，载《理论探索》，2012年第1期。

［8］黄力之：《列宁论民族文化的悖论辨析》，载《马克思主义研究》，2009年第9期。

［9］韦定广：《欧洲文化之社会文明视野：列宁的分析及其思想基础》，载《江西社会科学》，2008年第1期。

［10］丰子义：《列宁视野中的民族文化》，载《哲学动态》，2008年第4期。

［11］张晓忠：《论列宁早期著作中关于经济全球化的思想》，载《当代世界与社会主义》，2008年第4期。

［12］何剑：《当代帝国主义与列宁的帝国主义论——介绍一些苏联学者的观点》，载《世界经济与政治内参》，1987年第4期。

［13］刘维春、刘怀玉：《全面理解列宁资本主义观的历史意义和当代意义》，载《实践与文本》，2007年第10期。

［14］黄力之：《列宁无产阶级文化理论的探析》，载《毛泽东邓小平理论研究》，2011年第5期。

［15］张秀琴：《物化、总体性与阶级意识——卢卡奇意识形态理论研究》，载《社会科学论坛》，2005年第7期。

［16］余源培：《论马克思主义哲学发展史上的列宁阶段——兼评"西方马克思主义"对列宁哲学思想的诘难》，载《复旦大学学报》，1982年第5期。

［17］禹国峰：《列宁早期世界历史思想浅探政治标准与经济标准的相对分离和融合》，载《中共南昌市委党校学报》，2008年第1期。

［18］张冀星：《"西方马克思主义"与列宁主义》，载《北京大学学

报》，1988 年第 3 期。

[19] 丰子义：《世界历史与时代——列宁"世界历史"理论探析》，载《江海学刊》，2008 年第 3 期。

[20] 张保和、李兴建：《列宁对伯恩施坦修正主义的认识与批判》，载《前沿》，2009 年第 12 期。

[21] 李后梅、贾淑品：《列宁对伯恩施坦政党观的批判》，载《教学与研究》，2012 年第 3 期。

[22] 奚广庆：《学习列宁同机会主义斗争的大无畏的革命精神》，载《教学与研究》，1992 年第 1 期。

[23] 刘维春：《民主的陷阱——西方马克思主义、后马克思主义对列宁民主思想的历史回应》，载《洛阳师范学院学报》，2015 年第 7 期。

[24] 孔明安：《怎样的列宁：普遍的抑或具体的？——兼论列宁的〈唯物主义与经验批判主义〉》，载《东岳论丛》，2013 年第 7 期。

[25] 吴嘉蓉：《论"世界历史"视野下列宁的时代观及其当代价值》，载《科学社会主义》，2010 年第 8 期。

[26] 韩爱叶：《重述列宁：真理抑或政治——兼论齐泽克对当代西方左翼政治理论的批判》，载《马克思主义与现实》，2014 年第 1 期。

[27] 叶卫平：《西方"列宁学"浅析》，载《教学与研究》，1987 年第 1 期。

[28] 孙景峰、刘会强：《列宁世界历史理论的建构及当代意义》，载《吉林大学学报》，2003 年第 2 期。

[29] 俞良早：《十月革命与东方社会主义战略》，载《湖北大学学报》，1997 年第 4 期。

[30] 俞良早：《对十月革命胜利初期列宁国有化思想的探察》，载《社会科学研究》，1994 年第 6 期。

[31] 仰海峰：《文化理论：从马克思到西方马克思主义》，载《北京大学学报》，2017 年第 3 期。

[32] 仰海峰：《后现代语境与马克思哲学总体性概念的再思考》，载《现代哲学》，2004 年第 10 期。

[33] 张振鹏：《马克思社会批判理论的最初奠基》，载《河北师范大学学报》，2008 年第 4 期。

[34] 张振鹏：《马克思社会批判的四重历史论域》，载《北方论

丛》，2008 年第 5 期。

［35］张振鹏：《马克思社会批判理论三个基本要素及其维度分析》，载《理论月刊》，2010 年第 5 期。

七、硕博论文

［1］白音：《辩证法的"三者一致"——黑格尔、马克思和列宁》，吉林大学博士论文，2013 年。

［2］刘敬东：《列宁代议制思想研究》，湖南师范大学博士论文，2012 年。

［3］樊欣：《列宁党内民主理论研究》，中共中央党校博士论文，2014 年。

［4］田文峰：《帝国主义理论及其当代价值》，华中师范大学博士论文，2012 年。

［5］高正文：《列宁的法律革命思想》，南京师范大学博士论文，2002 年。

［6］王进芬：《列宁共产党执政思想研究》，南京师范大学博士论文，2007 年。

［7］郑东艳：《列宁文化观研究》，东北师范大学博士论文，2014 年。

［8］徐芹：《列宁早期俄国资本主义发展思想研究》，南京师范大学博士论文，2012 年。

［9］吴夏：《列宁对民粹主义的批判及其当代价值》，华中师范大学硕士论文，2015 年。